IGW 7-21

BIBLIOTHÈQUE DU VOYAGEUR

LE GRAND GUIDE DE L'ALLEMAGNE

Traduit de l'allemand et adapté
par Jeanne-Marie Gaillard-Paquet, Érica Ménard, Sylvie Puech,
Patrick Jézéquel et Cécile de Laubier

GALLIMARD

Aucun guide de voyage n'est parfait. Des erreurs, des coquilles se sont certainement glissées dans celui-ci, malgré toutes nos vérifications. Les informations pratiques, adresses, numéros de téléphone, heures d'ouverture, peuvent avoir été modifiés ; certains établissements cités peuvent avoir disparu. Nous serions très reconnaissants à nos lecteurs de nous faire part de leurs commentaires, de nous suggérer des corrections ou des compléments qui pourront être intégrés dans la prochaine édition.

1er dépôt légal : février 1992
Dépôt légal : septembre 1996
N° d'édition : 78418
ISBN 2-07-056887-3
Imprimé à Singapour

Ceux qui ont fait ce guide

Wieland Giebel, originaire de la Thuringe, responsable d'édition de l'ouvrage *Insight Guides The New Germany*, publié aux éditions Apa, est lui-même l'auteur de plusieurs chapitres : « L'Allemagne réunifiée », « Deux histoires, un peuple », « Bienvenue en Allemagne », « Eisenach et Gotha », « La forêt de Thuringe », « Erfurt et Weimar », « De Iéna à Chemnitz », « Dresde », « Le massif de l'Elbsandstein », « Les musées de Berlin », « Depuis Berlin jusqu'au Harz », « Halle, Mersebourg et Leipzig » et « De Dessau à Wittenberg ».

Roger Jopp enseigne l'histoire à Düsseldorf. On lui doit les chapitres : « Des origines au XVIIIe siècle », « Le monde des sciences » et « Heidelberg ».

L'encadré « Les immortels du sport allemand » est dû à **Norbert Thomma**.

Reinhard Böhme a écrit le chapitre « Sur les pas des frères Grimm ».

Les chapitres « Quand le vin est tiré », « Croisière sur le Rhin », « La vallée de la Weser », « La côte et les îles de la mer du Nord », « Hambourg », « La côte de la mer Baltique » sont dus à **Horst Kuhley**.

Joachim Beust est l'auteur du chapitre « La forêt Noire ».

Carla Meyer et **May Hoff** se sont associées pour rédiger les chapitres « La Franconie », « Les Alpes bavaroises » et « Munich ».

Maja Specht et **Michael Bienert** ont formé un autre tandem pour la rédaction des chapitres « Guten Appetit ! » et « La

Giebel

Jopp

Meyer

Route romantique », ainsi que les encadrés « Louis II de Wittelsbach, roi de Bavière », « Ludwig van Beethoven » et « Goethe ».

Le chapitre « Le bassin de la Ruhr » a été écrit par **Walter Jacobs**.

L'historien munichois **Martin Clemens** est l'auteur du chapitre « Deutschland über Alles... ».

On doit le chapitre « Artistes et penseurs » à **Dietmar Hertl**, qui a fait ses études d'histoire et de sciences humaines à Munich.

Herbert Hammon est l'auteur du chapitre « Quarante ans de partition ».

Le chapitre « La réunification » est dû à **Matthias Geis**.

On doit à la journaliste **Petra Dubilski**, originaire de Berlin, l'important chapitre « Berlin » ainsi que l'encadré « Des Berlinoises » et « Potsdam ».

Enfin, **Barbara Hinz**, qui vit à Munich, est l'auteur des chapitres « De Berlin à la mer Baltique », « Les lacs du Mecklembourg » et de l'encadré « Hiddensee ».

Le photographe **Erhard Pansegrau**, bien connu des éditions Apa, est l'auteur de la plupart des clichés qui ornent le présent ouvrage.

D'autres photographes ont participé à l'iconographie du guide : **David Baltzer**, **Victor Barrientos**, **Harald Hauswald**, **Michael Hughes**, **Sabine** et **Karl-Heinz Kraemer**, **Kai-Uwe Müller** et **Stephan Maria Rother**.

Jeanne-Marie Gaillard-Paquet a déjà traduit de l'allemand pour la Bibliothèque du Voyageur *Le Grand Guide de l'Autriche*, *Le Grand Guide de la Hongrie* et *Le Grand Guide du Rhin*.

Bienert

Dubilski

Vogel

Pansegrau

Table

Table

Table

Cartes

Informations pratiques 381-383

La carte des *Länder*

DEM DEUTSCHEN VOLKE

1
2

L'ALLEMAGNE RÉUNIFIÉE

L'Allemagne est devenue le point de mire du monde au cours de l'automne 1989. Les images qui, à cette époque, furent diffusées sur toute la planète se sont profondément gravées dans les esprits : le Mur de Berlin, enfin apprivoisé, devient un simple mur ; les gens en font l'escalade comme par jeu, le démolissent, le mettent en pièces, le rasent ; la porte de Brandebourg s'ouvre ; les larmes de bonheur inondent les visages des deux cités de la frontière béante. La division de l'Allemagne, résultat de la Seconde Guerre mondiale, n'a duré que quelques décennies, la guerre froide est définitivement terminée, les ennemis d'antan sont devenus des partenaires.

Des Allemands qui découvrent leur pays

Aujourd'hui les Allemands débordent de curiosité, toutes les destinations leur étant désormais accessibles. La nouvelle Allemagne offre une variété infinie d'attractions touristiques. Les Allemands de l'Est découvrent le Sud, les Alpes, la Route romantique. Ils font le tour des châteaux fabuleux de la Renaissance sur la Weser, ne se lassent pas d'admirer la cathédrale de Cologne. Ils peuvent aller maintenant à l'Opéra de Francfort et assister aux manifestations musicales de Hambourg. Ceux de l'Ouest, eux, peuvent de nouveau arpenter le Rennsteig sur les pas de Goethe, dans la forêt de Thuringe (Thüringer Wald), redécouvrir la splendeur et l'éclat des édifices construits par Auguste le Fort à Dresde, ou ramer le long des châteaux et des chaumières, sur les six cent cinquante lacs du plateau de Mecklembourg. Enfin, les arpenteurs d'asphalte seront pleinement satisfaits dans les grandes villes, qui présentent une gamme infinie de trésors culturels et d'attractions. Le désir de vacances individuelles dans une nature vierge s'affirme de plus en plus. De nombreuses communes, ainsi que les syndicats d'initiative, proposent, généralement en accord avec les chemins de fer allemands, des solutions idéales pour les familles. Une forme de tourisme « doux » favorise la marche à pied, les promenades à bicyclette ou en bateau. Sur le seul territoire de l'ancienne R.D.A., trois parcs nationaux, six réserves biologiques et cinq nouveaux parcs naturels ont été aménagés. Le visiteur ne peut rester indifférent à leur attrait. Il sera même dépaysé, tant il y découvrira de variété, par le spectacle de la grande plaine de l'Allemagne du Nord, avec ses bâtiments hanséatiques en brique, par les côtes de la mer du Nord et de la mer Baltique, par les Mittelgebirge avec leurs villes épiscopales libres entourées de remparts, et par les villages romantiques des Alpes. Dans de nombreuses villes, les traces

des siècles passés s'associent harmonieusement à l'atmosphère de la vie moderne. Ils sont le symbole de la stabilité dans la mutation, les témoins éternels de l'histoire allemande.

Bien des édifices, monuments et églises, doivent leur célébrité aux hommes qui y ont composé ou joué de la musique, écrit des poèmes, aimé, souffert ou régné, ou qui en ont été les commanditaires, voire les maîtres d'œuvre. Une longue suite d'événements et de personnalités éminentes alimentera donc l'intérêt nouveau que suscite l'histoire allemande. Certes, il est agréable de présenter les destinations et les trajets les plus enrichissants, les églises les plus impressionnantes et

Pages précédentes : fête de l'unité allemande devant le Reichstag, le 3 octobre 1990 ; traditions et modernité ; le mot anglais romantic *désigne à l'origine le pittoresque dans un paysage ; l'immensité d'un chantier de construction aéronautique. A gauche, enfance insouciante ; à droite, adolescence en révolte.*

les musées les plus importants, mais il ne faudrait pas passer sous silence les côtés sombres de l'Allemagne : mémoriaux des camps de concentration, zones contaminées par la radioactivité autour de Ronnebourg, eau polluée des fleuves et des rivières, forêts malades.

L'Allemagne a retrouvé sa dimension passée le 12 septembre 1990, presque un an après la chute du mur de Berlin, quand les ministres des Affaires étrangères des quatre puissances victorieuses de la Seconde Guerre mondiale et ceux des deux États allemands, encore séparés à cette date, ont signé le protocole de réunification. La réunification officielle date du 3 octobre. Jamais encore un État n'a été dissous aussi rapidement et aussi radicalement que le furent la République démocratique allemande et la République fédérale allemande. La reconnaissance de la frontière Oder-Neisse avec la Pologne met également un point final à ce chapitre de l'histoire qui n'avait jamais pu être refermé jusqu'alors.

Au cœur de l'Europe

Sur le plan géographique, l'Allemagne occupe le centre de l'Europe. Toutes les voies de communication européennes se croisent sur son territoire. Pour la traverser du nord au sud, on part de **List**, dans l'**île de Sylt**, et on aboutit à **Obertsdorf,** dans l'**Allgäu**, après avoir parcouru 876 km. Depuis Aix-la-Chapelle, à l'ouest, jusqu'à Görlitz à l'est, il faut compter environ 630 km à vol d'oiseau. L'Allemagne d'aujourd'hui couvre une superficie de 357 000 km^2 ; sa population s'élève à quatre-vingts millions d'habitants, ce qui fait d'elle l'État le plus peuplé d'Europe. Trente-cinq millions de voitures roulent sur les routes allemandes et, d'ici à l'an 2000, ce chiffre passera à quarante-cinq millions. Les voies de communication nord-sud sont parmi les plus fréquentées du monde. Sur les autoroutes et les routes nationales, la circulation pose souvent des problèmes, malgré un réseau routier très bien entretenu et constamment élargi. A côté des liaisons aériennes intérieures, les chemins de fer assurent des correspondances rapides entre les principales agglomérations, dans des conditions de confort optimales, tout en préservant l'environnement.

La puissance économique et les qualités proverbiales des Allemands – méticulosité, solidité, sens du bien-être général – sont à la fois respectées et craintes de leurs voisins. Leur étroite insertion dans la Communauté européenne et la Conférence pour la sécurité et la coordination en Europe finiront par éteindre les inquiétudes suscitées par cette grande puissance qui occupe le centre de l'ancien continent.

Minorités

La plus importante minorité religieuse d'Allemagne est constituée par les vingt-sept millions trois cent mille catholiques, dont le nombre est monté à environ trente millions après la réunification. L'ancienne R.D.A. ne comptait même pas 1 % d'étrangers. Du reste cette maigre population resta très isolée et

n'eut guère d'influence dans la société. En revanche, 7,6 % d'étrangers vivaient dans l'ancienne R.F.A.

Une nouvelle carte des Länder

L'ouest de l'Allemagne, avec deux cent cinquante habitants au kilomètre carré, a une densité de population nettement plus élevée que l'est, qui n'en compte que cent cinquante. Il n'empêche que des secteurs comme ceux de Leipzig et de Halle sont de grandes agglomérations très industrialisées. Malgré cela, presque un quart de la population de l'Allemagne de l'Est vit encore dans des localités de moins de deux cents habitants, contre

6 % seulement en Allemagne de l'Ouest. Depuis le 3 octobre 1990, la nouvelle République fédérale d'Allemagne se compose de seize Länder : la **Bavière**, le **Bade-Würtemberg**, la **Rhénanie-Palatinat**, la **Hesse**, la **Rhénanie du Nord-Westphalie**, la **Basse-Saxe**, le **Schleswig-Holstein**, la **Sarre**, ainsi que le Land de **Hambourg** et le Land de **Brême**, sont les « anciens Länder ». La R.D.A. a rétabli ses anciens Länder : la **Thuringe**, la **Saxe**, le **Brandebourg**, la **Saxe-Anhalt**, le **Mecklembourg-Poméranie occidentale**. Enfin, **Berlin** est devenue un Land à part entière. A l'est, en réalité, le tracé ancien, qui entérine des disparités très importantes entre ces Etats fédérés, a fait l'économie d'une véritable restructuration. Si, en effet, au premier coup d'œil, le découpage de l'Allemagne orientale semble harmonieux, il a été l'objet d'âpres discussions et se trouvait en concurrence avec d'autres projets. Le traité d'union entre les deux États allemands prévoyait par exemple, en raison de l'enclavement berlinois et des liens historiques unissant Berlin à la région, une révision des relations entre la ville et le Brandebourg. Certains leaders politiques préconisaient le regroupement de Hambourg, du Mecklembourg et du Schleswig-Holstein ou encore la répartition de la Saxe-Anhalt sur le Brandebourg et la Saxe ou sa réunion à la Basse-Saxe. Un choix géopolitique a donc fixé les frontières entre les six nouveaux Länder : il s'agit pratiquement du même découpage que celui que les Soviétiques avaient instauré en 1947 et que la R.D.A. avait dissous en 1952. Si, aujourd'hui, la Saxe relance sans aucun problème sa forte tradition industrielle, en revanche le Mecklembourg-Poméranie ne dispose que de chantiers navals, de sols peu fertiles, de stations balnéaires désaffectées. Un système de péréquation financière permet d'aider les Länder les plus défavorisés.

A gauche, la Trabant traverse le Mur ; à droite, le drapeau aux couleurs de l'unité allemande.

Quant aux frontières actuelles des Länder occidentaux, elles sont d'origines diverses, plus ou moins anciennes. Certains États anciens, comme la Bavière et les villes hanséatiques de Hambourg et Brême, ont été épargnés par la restructuration. Le Bade-Wurtemberg date de 1951 et correspond au regroupement de trois Länder. La Sarre, elle, ne fait partie du territoire fédéral que depuis 1957. Les Länder ont un rôle de contrepoids politique et démocratique face au pouvoir central, mais il n'est pas définitif. La fédération prend une importance grandissante. Le Bundesrat, ou Conseil fédéral, doit veiller à sauvegarder l'autonomie des Länder pour assurer un réel équilibre démocratique.

Her walther vō der vogelweide.
xlv.

DES ORIGINES AU XVIIIe SIÈCLE

Les plus anciens ossements humains découverts en Allemagne ont été trouvés dans la vallée du Neckar : l'*Homo heidelbergiensis* a cinq cent mille ans. L'homme de Néanderthal a vécu, il y a cent mille ans, près de l'actuelle Düsseldorf, avant de disparaître, voici à peu près trente-cinq mille ans, au cours de la dernière période glaciaire. On a retrouvé sur le lac de Constance des traces de cités sur pilotis datant de huit mille ans et qui protégeaient les hommes des animaux, des ennemis. Enfin, dans la lande de Lünebourg, on peut voir d'énormes pierres tombales datant de cette même époque, que l'on appelle, en Allemagne du Nord, *Hünengräber*, tombeaux des géants. On croyait que seuls les géants avaient pu remuer de tels blocs.

L'une des premières civilisations d'Europe centrale se développa entre 800 et 400 av. J.-C : la civilisation de la Tène, qui a donné son nom à la civilisation celtique du second âge du fer et dont l'origine demeure obscure. Des Celtes s'étaient établis dans des régions s'étendant du Nord de la France jusqu'aux Balkans, où ils étaient cultivateurs et commerçants et, à la différence des peuples germaniques installés plus au nord, ils construisirent des cités que les Romains appelèrent *oppida.* La plus importante colonie au sud du Danube se trouvait près de Manching-Ingolstadt, remarquable lieu de fouilles. Au milieu du Ier siècle av. J.-C., les peuplades germaniques poussèrent plus au sud. Les Romains tentèrent, eux aussi, de conquérir la Gaule celtique (en 58 av. J.-C.) et de repousser leurs frontières jusqu'au Rhin et au Danube. Toute la zone de peuplement celte passa rapidement sous la domination de l'Empire romain et les Celtes furent « romanisés ».

Les Teutons

Dans *La Germanie*, ouvrage écrit vers 98, l'historien Tacite décrivait les hommes qui vivaient sur les frontières septentrionales de la Rome impériale en ces termes :*« Des yeux bleus, des cheveux roux, une haute stature, très puissants à l'attaque, mais moins résistants aux travaux rudes ».* Leurs tendances belliqueuses et la migration de toutes les tribus germaniques entre le Ier et le IVe siècle – période de forte migration de populations, provoquant des conflits répétés avec l'Empire romain secoué par des crises internes – les rendaient dangereux aux yeux des Romains. Entre l'an 100 et l'an 570, les Vandales, les Goths et bien d'autres quittèrent leurs contrées d'origine pour gagner la France, l'Angleterre ou l'Afrique du Nord.

Miniature extraite du Manessischer Handschrift *représentant le célèbre troubadour Walter von der Vogelweide (1170-1230).*

Les Romains en terre germanique

Sous l'autorité de l'empereur Auguste (23 av. J.-C.-14 apr. J.-C.), les Romains s'efforcèrent d'étendre leur zone d'influence vers le nord, et leurs légions traversèrent le Rhin et le Danube avec la ferme intention d'annexer la Germanie à l'Empire romain. Mais, en l'an 9 apr. J.-C., dans la forêt de Teutobourg, les guerriers Chérusques, sous le commandement de leur chef Arminius, vinrent à bout de trois des meilleures légions romaines, menées par Varus. Les Romains durent se résoudre à accepter le Rhin et le Danube comme frontières et à se protéger de ces redoutables Germains. Ils entreprirent alors d'ériger un mur long de 550 km, le *Limes,* dont il subsiste encore des ruines. Des camps militaires, des miradors et de sévères contrôles de frontières furent mis en place pour protéger l'Empire des barbares. L'adoption des tribus germaniques comme partenaires de l'Empire, des présents en argent, et un actif commerce frontalier de fourrures, de vin, d'ambre et d'esclaves permirent à Rome de contrôler relativement bien la situation.

Des villes furent bâties le long des lignes romaines, comme par exemple Ratisbonne *(Castra Regina),* Mayence, Trèves et Augsbourg. Des théâtres, des bains, des rues pavées, des ponts, des maisons et de belles villas furent construits dans la lointaine et inhospitalière Germanie pour rendre la vie plus agréable. C'est le passage du Rhin par des tribus de Vandales, au plus tard en 406, qui provoqua la première invasion des Germains dans l'Empire romain, alors en pleine débâcle. L'histoire de l'Allemagne et de l'Europe occidentale fut, par la suite, dominée par les tribus germaniques qui succédèrent peu à peu aux Romains dans cette région ainsi qu'en Europe centrale. Nombre de ces tribus, qui avaient activement participé à la chute de Rome, se sont perdues dans l'oubli.

Clovis, roi des Francs

La tribu des Francs fut épargnée par le destin. En effet, vers le milieu du IVe siècle, elle s'installa dans l'actuelle Belgique et n'en bougea plus, se contentant de petites incursions en Gaule romaine. Mais tout changea après l'avènement du jeune Clovis, fondateur de la dynastie des Mérovingiens, alors âgé de quinze ans. Sacré roi des Francs en 481, il se convertit au christianisme et se fit baptiser en 496.

Cet empire immense et morcelé réussit à garder son unité grâce à l'aide de l'Église, même si, au cours des cent cinquante années qui allaient suivre, trahisons et meurtres, divisions de l'Empire et conquêtes furent constants. Partout où les Francs étendaient leur territoire, ils nommaient des évêques, représentants de l'Église qui était déjà, depuis 380, Église officielle de la Rome impériale. A l'époque de la désintégration de l'Empire romain, les évêques occupaient d'importantes fonctions administratives. Clovis pouvait compter sur cette structure administrative et les évêques étendirent leur autorité grâce à son pouvoir. Par son exemple, Clovis incita nombre de Francs à se convertir au christianisme. Le développement de la foi suivit alors l'expansion de l'Empire des Francs. Mais les Mérovingiens perdaient de leur pouvoir au fur et à mesure que s'étendait leur zone d'influence. Le véritable pouvoir politique était alors entre les mains des maires du palais, les chefs de la noblesse, notamment les membres de la famille qui devait devenir la dynastie carolingienne. La question de savoir qui pouvait prétendre à la couronne – celui qui la portait par tradition ou celui qui gouvernait effectivement le royaume – fut résolue en 751 par le pape Zacharie, qui sacra le Carolingien Pépin roi des Francs. Selon la vieille coutume franque, Pépin le Bref divisa son empire, avant de mourir, entre ses deux fils. Mais Charles et Carloman se querellèrent bientôt, et seule la mort prématurée de Carloman sauva l'empire d'une lutte fratricide.

L'empire carolingien

A partir de 768, Charlemagne régna sur le plus vaste empire de toute l'Europe occidentale. Comme son prédécesseur, Charlemagne n'avait pas de résidence permanente ; il voyageait constamment avec sa suite à travers le pays et résidait dans des châteaux impériaux appelés *Pfalz*. Il y tenait une cour, recevait les messagers et y rendait la justice. L'histoire de Charlemagne, qui s'était lui-même décerné le nom de Charles le Grand pourrait se résumer à une succession de guerres : contre les Lombards en Italie, puis contre les Arabes en Espagne, enfin contre les Saxons, ce qui lui permit d'assujettir pour longtemps des tribus germaniques barbares à l'est du Rhin. Il fallut à Charlemagne plus de trente ans pour soumettre cette peuplade germanique, au cours de campagnes sanglantes, pour finalement les convertir au christianisme et les annexer à l'Empire franc. Charlemagne, roi des Francs, devint chef tout-puissant du monde occidental chrétien. Seules l'Angleterre, l'Espagne du sud et l'Italie du sud échappaient à son emprise. C'est en désaccord avec l'Empire byzantin (ou Empire romain d'Orient gouverné par Irène, puis par Nicéphore) qu'il se proclama héritier légitime de l'Empire romain. Et c'est tout naturellement qu'eut lieu à Rome, le jour de Noël de l'an 800, le couronnement de l'empereur d'Occident.

Les objectifs avoués de Charlemagne étaient d'administrer l'empire et de l'élever sur le plan culturel. Il unifia les statuts des différentes tribus, divisa l'empire en régions qu'il plaça sous le contrôle d'administrateurs directement responsables devant lui. Dans sa résidence favorite d'Aix-la-Chapelle, il fit venir des gens qui avaient reçu une éducation latine. Il fit ouvrir des écoles dans presque toutes les abbayes de l'empire. Ces abbayes n'étaient pas seulement des centres d'éducation. Leurs domaines constituèrent aussi des régions modèles au sein de l'Empire : de nouvelles cultures y furent introduites, sans compter de nouvelles méthodes, comme les assolements en libre tenure toujours en usage plusieurs siècles après. Des missionnaires quittèrent les abbayes et les monastères pour prêcher la bonne parole. Des moines venus

d'Irlande (Boniface et Kilian) fondèrent les premiers évêchés dans des régions encore barbares au VIIe siècle (à Wurtzbourg, à Fulda). La règle de saint Benoît (« Ora et labora » : « Prie et travaille ! ») fut adoptée par la plupart des communautés monastiques. Grâce à l'aide des clercs et des laïcs formés dans ces abbayes, Charlemagne s'efforça d'introduire le latin comme langue officielle de l'Empire. Les écoles, au sein des abbayes et des palais, enseignaient l'art des enluminures, rédigeaient des actes et, grâce à l'apport d'érudits venus de l'Europe entière (Alcuin d'York, Paul Diacre, Théodulfe), copiaient et traduisaient des auteurs de l'Antiquité, ouvraient des bibliothèques.

A gauche, tour de guet le long de la Limes ; ci-dessus, le globe impérial ; à droite, le buste de Charlemagne.

Naissance de l'Allemagne

Charlemagne, dont le royaume s'étendait des Pyrénées à l'Elbe et de la mer du Nord au Tibre était franc, et la division de l'Empire n'était pas envisageable sous son règne. Il fallut attendre trente années après sa mort pour qu'elle s'accomplisse : en 843, ses petits-enfants signèrent le traité de Verdun qui allait être à l'origine de l'Allemagne. Louis le

Germanique (843-876) gouverna un pays immense dans lequel le terme d'allemand apparaît pour la première fois pour désigner une communauté unie. En 911, quarante ans après la mort de ce premier roi allemand, son dernier descendant mâle, Louis l'Enfant, disparut et, avec lui, la dynastie carolingienne en Germanie. Huit ans plus tard, la monarchie passa aux mains du chef de la tribu contre laquelle Charlemagne s'était si férocement battu : le roi saxon Henri Ier.

Otton le Grand

C'est son fils Otton qui devait prendre une des plus importantes décisions pour l'Europe chrétienne d'Occident : bouter hors du pays les Hongrois, peuple nomade originaire des steppes d'Asie et très belliqueux. Les Hongrois s'étaient avancés loin sur le territoire allemand, tirant parti de l'absence d'unité parmi les tribus germaniques. En 955, Otton, à la tête d'une armée qui réunissait toutes les tribus de son empire, affronta les envahisseurs à Lechfeld, dans le sud-ouest de l'Allemagne, et leur infligea une cruelle défaite.

En outre il réussit à écarter la menace d'un morcellement de l'Empire entre les princes ambitieux. Il délégua aux évêques de hautes fonctions administratives : c'étaient des érudits expérimentés dans l'administration et qui, dépourvus d'héritiers, étaient inoffensifs pour le roi. Son trône ainsi raffermi, Otton Ier, comme l'avait fait Charlemagne, intervint en Italie et se fit reconnaître roi des Lombards. Il s'interposa dans le chaos politique qui sévissait à Rome et annexa les Slaves d'Occident à la chrétienté. En 962, le couronnement à Rome d'Otton comme empereur fut une reconnaissance symbolique, comme cela avait été le cas pour Charlemagne. Otton Ier était le chef unique et incontesté du monde chrétien.

L'Église et l'empire

A partir de 962 et sans interruption jusqu'en 1806, à la fin du premier Empire germanique, les droits de l'empereur restèrent liés à ceux du roi de Germanie : personne ne pouvait être couronné empereur sans être d'abord roi. Seuls les rois allemands pouvaient succéder aux empereurs romains, défenseurs de l'Église. Ce qui explique le terme de Saint Empire romain germanique, en usage plus tard, qui reflétait la position particulière de l'empereur, contrôlant la Rome éternelle et exerçant les pouvoirs du roi de Germanie. Durant des siècles, cette situation fut tantôt responsable d'une absence d'intérêt pour les affaires allemandes, tantôt d'une indifférence à l'égard de l'Empire, notamment en Italie. Les deux couronnes étaient, en effet, difficiles à concilier.

Les relations entre les Carolingiens et l'Église avaient été caractérisées par la réciprocité des services rendus : Charlemagne faisait des conquêtes au nom de l'Église et celle-ci avait, grâce à Charlemagne, étendu sa sphère d'influence. Elle devint indispensable à l'administration de l'Empire.

Sous Otton Ier, l'Église préserva l'intégrité de l'Empire. Cependant, malgré tous les avantages que présentait cet échange de bons procédés, il était évident que cet accord contenait en germe nombre de conflits qui éclatèrent au grand jour au XIe et au XIIe siècle. L'Église avait accepté de plus en plus de tâches séculières, ainsi de nombreux évêques avaient aussi le titre de prince. La tentation était donc grande d'intervenir dans l'élection d'un évêque et d'accorder des titres ecclésiastiques selon le bon vouloir de l'empereur. Le pas fut vite franchi ! L'empereur, bien sûr, exerça ce privilège en tant que chef du monde chrétien. Mais cette subordination des offices ecclésiastiques au pouvoir civil affaiblit peu à peu le pouvoir religieux. Les prélats estimèrent aussi, plus tard, que le pape devait faire prévaloir son autorité sur l'empereur. L'inévitable critique qu'avait suscitée la sécularisation de l'Église, et qui s'était notamment manifestée en France à l'abbaye de Cluny, fut imitée par plusieurs abbayes en Allemagne et en Italie avant d'être reprise par le pape lui-même.

L'Eglise tout entière réclamait une réforme, mais ces exigences menaçaient la stabilité de l'Empire. Le conflit éclata au grand jour en 1076, quand l'empereur Henri IV nomma, conformément à la tradition, le nouvel archevêque de Milan. Le pape Grégoire VII, qui lui demandait de revoir sa décision, fut destitué par Henri. Grégoire VII excommunia Henri et lui interdit de régner sur l'Allemagne et l'Italie. L'empereur, inquiété par l'opposition des nobles, dut se résoudre à rencontrer le pape dans sa retraite de Canossa (dans l'Apennin) en 1077. L'autorité religieuse de l'empereur était sérieusement mise à mal.

De gauche à droite, le monastère de Maria Laach ; armure de la fin du Moyen Age ; miniature représentant la construction d'une ville ; un combat singulier.

Les conséquences sur la monarchie

Les princes refusèrent dès lors de reconnaître la souveraineté de l'empereur. Ce n'était plus la naissance qui devrait décider du titre, mais le seul choix des nobles. Même les remarquables rois de la dynastie Hohenstaufen, Frédéric Ier Barberousse (1152-1190), Henri VI (1165-1197) et Frédéric II (1212-1250), ne purent reconquérir tout le pouvoir impérial. Le conflit se poursuivit et la monarchie affaiblie était à la merci des intérêts des

grands. Les dynasties se succédèrent durant cent cinquante ans. Deux rois tentèrent même de trouver des solutions dans la guerre civile. Jusqu'à ce que, en 1356, le choix du monarque fût enfin régi par une charte : sept princes (les Électeurs) allaient dorénavant choisir le roi autorisé à porter le titre d'empereur, mais sans détenir de réelle autorité.

A cette époque l'architecture prit son essor selon des critères nouveaux. Le style roman qui s'était imposé autour de l'an mille, faisait encore des emprunts aux formes romaines, comme la voûte en plein cintre par exemple. Mais, dans l'ensemble, il gagna en sobriété, en spiritualité et en équilibre. Si le roman était utilisé surtout pour les édifices religieux, il avait aussi pour mission de symboliser le pouvoir temporel de l'Église, grâce aux énormes blocs de pierre superposés formant de larges assises, aux proportions imposantes des édifices et aux tours puissantes qui dépassaient souvent les bâtiments profanes.

La littérature médiévale

La période de stabilité politique qui commença à la fin du XIVe siècle pour s'achever au XVe siècle fut extrêmement riche. Pour la première fois apparut une littérature germanique. Elle s'enracinait dans la tradition orale pour donner la poésie héroïque (*Heldenlieder*), ainsi que dans les légendes et contes féeriques, comme les *Formules magiques de Mersebourg* (*Merseburger Zaubersprüchen)* par exemple, qui datent de l'Allemagne barbare, avant l'ère chrétienne. Ce n'est qu'au VIIIe siècle et avec la christianisation qu'une véritable tradition littéraire avait vu le jour, même si l'héritage des tribus barbares devait peser encore longtemps. Les chansons de geste (*Heldenlieder*) furent mises par écrit.

A la même époque se développa une poésie affranchie des préoccupations religieuses. Ces textes se nourrissaient des légendes orales, des sagas et autres récits que faisaient les ménestrels, ou encore des contes orientaux recueillis au cours des croisades. Vers 1170, la littérature médiévale germanique devint réellement florissante. Un idéal y fut en particulier abondamment célébré, celui des chevaliers, dont on connaît la place au Moyen Age. De magnifiques poésies et des épopées en prose furent composées. « Courtois » devint alors synonyme de bien élevé, courageux et pur. Le chevalier devait posséder à la fois courage, force et intelligence, sans compter une grande équanimité, un idéal d'honneur, de loyauté et de respect d'autrui. Ces vertus devaient être acquises par une lutte intérieure acharnée. Les aventures que le héros vivait dans sa quête de la perfection étaient la trame même du lyrisme chevaleresque. Ces œuvres subissaient d'une part l'influence française (c'est le cas des romans de chevalerie sur le thème du roi Arthur d'Hartmann von Aue, *Erec* et *Irwein,* inspirés de Chrétien de Troyes), et d'autre part l'influence de l'épopée comme dans *Parzival,* le long poème du Bavarois Wolfram von Eschenbach.

Les traditions germaniques servaient en tout cas de source d'inspiration. Ainsi, dans la *Chanson des Nibelungen,* anonyme, on retrouve des thèmes de l'époque des migrations tribales, comme la lutte contre les Huns ou le déclin des tribus germaniques, et, du valeureux Siegfried au traître Hagen, ce sont des vertus plus germaniques que chrétiennes qu'exaltent les héros.

Un autre genre s'impose, la poésie des troubadours *(Minnesang)*, consacrée à l'amour d'une dame pure et noble. Les *Minnesänger* ont montré dans leurs compositions toute la gloire et la pauvreté de la vie de cour de l'époque. Leur meilleur représentant, Walter von der Vogelweide (1170-1230), décrivit sa vie errante et le début de l'effritement de la chevalerie aux XIIe et XIIIe siècles. En effet, un esprit décadent devait s'installer parmi les nobles. Les vers moraux et satiriques prirent le relais des chansons de geste et s'attaquèrent au relâchement des mœurs, accordant aussi une attention toute nouvelle aux paysans et aux bourgeois.

Villes et centres commerciaux

Les villes existant en Allemagne à la fin du premier millénaire, telles que Cologne, Augsbourg, Ratisbonne, furent presque toutes fondées sur d'anciens camps romains. Siège des évêchés, elles devinrent le foyer de la religion catholique. Plus tard, des villes s'établirent autour des points de peuplement que furent les abbayes (Munich), les châteaux (Nuremberg), les gués (Francfort), ou au carrefour des routes marchandes. Les gens se regroupaient là où ils pouvaient trouver protection et là où ils avaient espoir de faire des affaires. Les princes ne tardèrent pas à reconnaître les avantages de tels regroupements de population. Ils levèrent des droits de douane et des impôts, ils purent acquérir des denrées rares, s'assurer la présence de bons artisans et trouvèrent là des lieux sûrs qui garantissaient l'autonomie de leur territoire. Beaucoup se sentirent ainsi encouragés et tentèrent par toutes sortes de largesses d'attirer artisans et commerçants en plus grand nombre. Mais ces villes séduisaient aussi les aventuriers, les nobles déshérités et les paysans en déroute. Ainsi, entre 1100 et 1250, le nombre de villes fut multiplié par dix. De plus, les nouveaux arrivants étaient libres au bout d'un certain temps. Les cités se développèrent et, avec elles, la prospérité, puis la confiance des bourgeois. Ils construisirent leurs propres fortifications, au sein desquelles se nichaient les habitations toujours plus nombreuses, et ils promulguèrent leurs propres lois.

A gauche, les travaux de la terre ; ci-dessus, l'échoppe d'un cordonnier.

Les villes devaient peu à peu prendre conscience de leur importance et, très souvent, elles parvinrent à s'affranchir du joug de leur suzerain, non sans heurts toutefois ni sans effusions de sang. Cependant, les négociations demeuraient souvent pacifiques, notamment pour les villes puissantes qui, grâce à leurs richesses, se passaient aisément de l'autorité d'un suzerain. Celui-ci revendait alors ses droits à la ville, les uns après les autres. Les citoyens développèrent leur propre administration avec leur police, leur cour de justice et leur système de défense.

Les cathédrales qui s'élancent vers les cieux reflètent bien l'assurance et l'habileté des artisans, ainsi que la prospérité des bourgeois. C'est à partir du XIIIe siècle que l'on entreprit leur construction à Fribourg, Strasbourg, Cologne et Ratisbonne, et il fallut des siècles pour les achever. Ce nouveau style architectural provenait du nord de la France. La hauteur de ces édifices, leurs voûtes majestueuses glorifiaient le Tout-Puissant en même temps qu'elles symbolisaient l'unité de l'homme qui se réalise à la fois sur terre et dans le ciel.

Citadins et paysans

Si tous les citoyens pouvaient jouir de certaines libertés, tous les habitants de la cité médiévale n'étaient pas libres et égaux en droits. La classe la plus importante de la ville était constituée de ceux à qui elle était redevable de sa prospérité : les commerçants, unis en corporations *(Gilden)*. Eux seuls siégeaient au conseil municipal et négociaient directement avec le pouvoir. Entre le XIIIe et le XVe siècle, une autre classe économiquement influente se battit pour gagner une part du contrôle dans de nombreuses villes : celle des artisans. Chaque corps de métier avait une corporation (*Zunft*) qui vérifiait le prix, la qualité et la quantité des produits. Les abus étaient punis, les maîtres admis ou rejetés, et on s'occupait des artisans trop âgés aussi bien que des veuves. Les corporations organisèrent des actions de protestation à Augsbourg, Braunschweig, Nuremberg et dans bien d'autres villes. Elles réussirent même à obtenir des représentants au sein des conseils municipaux.

La ville médiévale abritait aussi une tout autre population. Entre 30 et 60 % des citadins vivaient en marge de cette société, privés de tous droits civils. On comptait parmi eux les valets, les bâtards, les mendiants, voleurs et lépreux, sans inclure ceux que leur métier reléguait au ban de la société : les bourreaux ou les fossoyeurs. Ces gens survivaient souvent grâce aux aumônes de l'Église ou aux œuvres de charité. Le théologien officiel de l'église catholique, saint Thomas d'Aquin (1225-1274), avait souligné que le riche devait utiliser son argent avec un certain sens de la responsabilité. Seuls ceux qui donnaient aux pauvres, disait-il, pouvaient espérer la miséricorde de Dieu. Aussi, dans de nombreuses villes allemandes, on ouvrit des hôpitaux, des hospices de vieillards ou, comme à Augsbourg, la Fuggerei, établissement construit à l'intention des pauvres.

Les Juifs vivaient tout à fait en marge de la société urbaine, et chaque ville médiévale avait son ghetto, quartier généralement séparé du secteur occupé par les chrétiens. Les Juifs étaient soumis à des prescriptions strictes de la part de leurs concitoyens catholiques, et furent victimes de pogroms et d'expulsions.

Dans les campagnes, où vivaient 90 % de la population, la peste faucha une quantité incroyable de paysans, frappant un groupe social dejà durement touché par des conditions de vie plutôt pénibles. A l'origine, les peuplades germaniques ne connaissaient que le statut d'homme libre. Mais, durant les siècles d'agitation provoquée par d'interminables conflits, les terres se trouvèrent souvent inoccupées, et une classe de grands propriétaires se constitua. Les affaires d'une masse de petits fermiers, constamment obligés de servir dans l'armée, sombrèrent dans la faillite, et ceux-ci cédèrent leurs terres aux seigneurs, en échange d'une dispense de service militaire. Ils reçurent alors des terres à cultiver, contre lesquelles ils devaient fournir au seigneur des services tels que la construction de routes, une part de leur récolte... Parmi ces paysans vivait une autre classe, celle des serfs, qui résidaient sur les terres du seigneur et n'étaient pas autorisés à se déplacer ou à se marier sans la permission de celuici. A l'exception de quelques périodes de bien-être et de progrès, le statut et la situation économique des paysans ne s'améliorèrent guère au Moyen Age.

Vers la Réforme

En ces temps difficiles, la religion chrétienne promettait une compensation dans l'au-delà pour la souffrance d'ici-bas. Dans les villes et les campagnes, on vivait dans un esprit de dévotion, comme l'attestent les nombreuses chapelles et toutes les églises où l'on pratiquait des pèlerinages, mais aussi le culte des reliques et les manuscrits populaires de l'époque. Cette ferveur religieuse avait aussi son revers, par exemple les persécutions de « sorcières » qui marquèrent la fin du Moyen Age dans toute l'Europe. Au XVIe siècle, quand ces persécutions faisaient rage comme jamais auparavant, les femmes vécurent perpétuellement dans la crainte des dénonciations. Pour « prouver » les actes de sorcellerie, les bourreaux se livraient aux tortures, et si la victime avait survécu à ces mauvais traitements, elle était condamnée à être brûlée vive.

Dans ce climat général de dévotion sinon de fanatisme, le déclin moral de la papauté, la pauvreté spirituelle du clergé et son inculture étaient surtout l'objet de critiques. Les prélats s'offraient de coûteuses demeures et vivaient dans le luxe. En échange d'une certaine somme, tout chrétien recevait l'absolution et écourtait ainsi son passage au purgatoire. Aux XVe et XVIe siècles, des théologiens indignés s'acharnèrent à dénoncer la corruption de l'Église. Le moine augustin allemand Martin Luther (1483-1546) tenta de réformer l'Église par des thèses jugées provocatrices quand elles furent rendues publiques, à Wittenberg. Les tentatives de l'Église pour le convaincre d'hérésie et les débats qu'il mena contre ses adversaires servirent sa popularité. Luther osa renier l'autorité du pape et rejeter tout intermédiaire entre Dieu et les fidèles.

Il trouva appui parmi toutes les classes sociales : dans la petite noblesse, chez un grand nombre de bourgeois et chez les paysans pauvres. Sa colère contre le pouvoir de l'Église, s'ajoutant à la discrimination que les paysans subissaient, déclencha une rébellion générale. Les idées de Luther sur « l'égalité des chrétiens » étaient, pour les paysans, un argument imparable contre le servage et l'injustice sociale. En 1525, dans le sud-ouest de l'Allemagne, on commença à incendier des abbayes et des châteaux. Sous le commandement de Florian Geyer, la révolte s'enflamma comme une traînée de poudre. Mais la contre-offensive des nobles brisa la rébellion des paysans mal armés et peu organisés. Luther, dont ils avaient recherché le soutien, conseilla aux nobles – sous prétexte que rien n'est plus dangereux qu'un insurgé – de châtier impitoyablement les rebelles qui voulaient renverser l'ordre divin. Plus de cent mille paysans furent tués au cours des combats et des mesures répressives qui s'ensuivirent.

L'unité de l'Église était rompue et la chrétienté occidentale se trouvait partagée entre les catholiques et ceux que l'on appelait les protestants. Les princes qui cherchaient à défendre leur indépendance accueillirent les enseignements de Luther comme une véritable bénédiction, en particulier dans l'Allemagne du Nord et du Centre. La question religieuse devint un problème territorial et chaque suzerain décida désormais de la confession de ses sujets. L'Empire était devenu un puzzle de petits États rivaux, et cette division fut déterminante pour l'histoire du pays.

A gauche, jeunes aristocrates prenant le bain ; à droite, officier porte-drapeau de la guerre de Trente Ans.

Sans un profond changement dans la manière de percevoir le monde et les progrès de la science, les succès de Luther auraient été impossibles. Si, au Moyen Age, on croyait que la vie sur terre n'était qu'une dure mise à l'épreuve en prévision de la vie éternelle, cette

attitude se modifia au cours du XVe et du XVIe siècle. On s'efforça d'interpréter l'ordre du monde de manière plus rationnelle et l'on voyait un nouvel hommage rendu à Dieu dans les succès que remportait cette interprétation. Sous l'influence de l'Italie, on s'intéressa de nouveau aux cultures grecque et latine. Découvertes et inventions se multipliaient. Ainsi, on reconnut que la Terre était une sphère ; Christophe Colomb découvrit l'Amérique et Martin Behaim construisit son globe terrestre (tous deux en 1492) ; Gutenberg inventa l'imprimerie en 1445, facilitant la propagation des idées nouvelles. Si des universités s'étaient ouvertes au XIIIe et au XIVe siècle à Paris, Bologne ou Prague, elles s'étaient surtout intéressées à la théologie. En Allemagne, un certain nombre d'universités furent fondées au XVe siècle (Leipzig en 1409, Fribourg en 1455), qui se tournaient vers des disciplines profanes. Des salles de lecture et d'écriture furent créées dans les villes, pour répondre à la curiosité intellectuelle des citoyens qui cherchaient aussi à éduquer leurs enfants. La lecture et l'écriture entrèrent dans la vie quotidienne.

La guerre de Trente Ans

En dépit des tentatives de l'Église catholique pour faire échec au protestantisme luthérien et

récupérer le terrain perdu, cette confession demeura la force religieuse et politique dominante en Europe jusqu'en 1600. Les conflits religieux se confondaient avec les rivalités entre princes. En 1618, le conflit armé qui avait commencé en Bohême (la « défenestration de Prague ») enflamma toute l'Europe centrale. La France et la Suède intervinrent en faveur des protestants, alors que l'Espagne et l'Angleterre prenaient position pour les catholiques. « *La guerre nourrit la guerre* », telles étaient les pratiques des soldats et de leur chef Wallenstein, à qui le poète Schiller devait plus tard dédier un drame. Les mercenaires vivaient sur le pays et finissaient par se battre pour la partie adverse. Les populations étaient malmenées, leurs demeures assiégées et mises à sac, tout cela au nom du Christ ! Bientôt, nul ne sut dire ce qui avait déclenché ces guerres civiles. L'Europe centrale était dans un tel état d'épuisement après trente ans de guerre que les négociations finirent par aboutir à un accord. Le traité de Westphalie, signé en 1648, apporta la reconnaissance des confessions et la division *de facto* de l'Empire germanique en mille huit cents semi-États et territoires. Le Saint Empire romain germanique avait cessé d'exister.

L'émergence de nouvelles nations

L'Allemagne se remit lentement de ses blessures. Cependant, les conditions de vie s'améliorèrent peu à peu, favorisées par l'absolutisme monarchique de nombreux princes qui suivaient l'exemple de Louis XIV. Ils se considéraient comme placés par Dieu sur terre et responsables devant Lui seul.

Deux vastes États, celui des Habsbourg (Autriche) et la Prusse-Brandebourg, qui appartenaient aussi à l'Empire, passèrent au rang de grandes puissances aux XVIIe et XVIIIe siècles – l'Autriche en grignotant la Turquie au sud-est, la Prusse, en absorbant l'un après l'autre les territoires disloqués qui l'entouraient. Au XVIIIe siècle, ces deux États étaient gouvernés par des monarques qui se considéraient comme « les premiers serviteurs de l'État » plutôt que comme des ayants droit. Ils ne tenaient pas leur pouvoir de Dieu, mais de la raison. Le roi Frédéric II le Grand (1712-1786) de Prusse et l'empereur Joseph II (1741-1790) d'Autriche se laissèrent fortement influencer par le nouvel état d'esprit dont on pensait qu'il changerait le cours du monde, celui des Lumières.

La Prusse, sous Frédéric II, abolit la torture, admit la tolérance religieuse et protégea les droits des individus. Cependant, à la même époque, le roi de Prusse menait de sanglantes guerres de conquête, la noblesse jouissait de tous les privilèges possibles et les paysans restaient asservis aux grands propriétaires terriens. Plus tard, l'histoire allemande devait être marquée par la confrontation avec les idéaux révolutionnaires français, par la lutte pour l'unité nationale et par la rivalité entre deux puissances dominantes en Allemagne : la Prusse et l'Autriche.

A gauche, Frédéric le Grand, roi de Prusse ; à droite, portrait de Martin Luther par Cranach l'Ancien.

ARTISTES ET PENSEURS

Le Hollandais **Jan van Eyck** (1390-1441) fut l'un des premiers à préférer la technique de la peinture à l'huile à celle de la détrempe. Il transmit à ses portraits une expression encore jamais atteinte. Les premiers nus apparurent, qui reproduisaient fidèlement l'anatomie humaine. Les tableaux d'intérieurs ou des nefs d'église intégraient, pour la première fois, des notions de perspective. Et les dernières peintures gothiques en diptyque ou triptyque préfigurent ces bouleversements qui devaient aboutir à la Renaissance. De saisissants retables (celui d'Issenheim notamment) sont attribués à **Matthias Grünewald** (vers 1460-1528), qui puise son inspiration dans un mysticisme exalté aux tendances expressionnistes d'une luminosité et d'une richesse chromatique bouleversantes.

On prêta par erreur à **Albrecht Dürer**, de Nuremberg (1471-1528), la paternité d'un grand nombre d'œuvres de Matthias Grünewald. Des séjours en Hollande et en Italie firent d'Albrecht Dürer un immense artiste, qui sut embrasser les tendances des époques gothique et moderne pour atteindre la perfection de son art dans le respect de l'esprit humaniste et la reconnaissance de l'Antiquité. Dans la variété de ses dessins, il exprime tout l'idéal d'un *Homo universalis.* Il fut orfèvre, peintre, dessinateur, graveur, et il écrivit sur l'art. Durant des siècles, il est resté le plus grand portraitiste allemand. Il suffit, pour s'en convaincre, de voir son *Autoportrait* de 1500, son *Portrait du sabotier* et son fusain *la Mère de l'artiste.* Ses personnages semblent portés par une grande force intérieure, et sur leur visage, véritable miroir de l'âme, transparaît toute la sobriété de la raison.

Les contemporains de Dürer les plus célèbres furent **Hans Holbein l'Ancien** qui peignit *l'Autel dans le vignoble*, et **Hans Holbein le Jeune**, son fils, l'un des plus remarquables peintres de la Renaissance allemande (1497-1543). Avant de mourir de la peste à Londres, il fut le peintre officiel d'Henri VIII, réalisant de célèbres portraits de la famille royale et de gentilshommes britanniques. Ces tableaux, ainsi que son autoportrait de 1542, en font un maître de la physionomie. Son ensemble de gravures sur bois, *la Danse de la mort,* est une œuvre stupéfiante qui représente, pour beaucoup, l'apogée de l'art graphique allemand et, en tout cas, le chef-d'œuvre de cet artiste.

Dans l'insistance de la forme, qui abandonne l'équilibre classique entre le corps et l'esprit, certains ont pu voir les débuts du maniérisme, comme par exemple chez **Hans Baldung** (1485-1545), qui fut élève de Dürer. La distorsion en forme de S des corps humains démesurément étirés, d'une part, la représentation de la nature à partir de l'observation et de l'invention, d'autre part, sont

représentatifs de ce courant. **Lucas Cranach l'Ancien** (1472-1553) réalisa d'abord des œuvres dans le style de la Renaissance classique. Alors qu'il était peintre à la cour de Wittenberg, Cranach fit la connaissance de Luther, qu'il peignit souvent lui et sa famille. C'est ainsi qu'il se fit connaître comme le peintre de la Réforme, encore qu'il ait entrepris des commandes pour des catholiques.

A gauche, Voyageur sur la mer de nuages, *de C.D. Friedrich ; ci-dessus, autoportrait d'Albrecht Dürer.*

Du mysticisme à la Réforme

Le mysticisme allemand remonte loin dans le Moyen Age. Le moine dominicain Johannes Eckart, dit **maître Eckart** (1260-1327), prêchait le concept d'union mystique : puisque l'âme se tient entre Dieu et les créatures terrestres, et puisque le but de toute vie est l'accomplissement de la volonté divine et son retour vers Dieu, les hommes peuvent retrouver cette unité par la pratique de l'ascétisme et la miséricorde divine. Vingt-huit points de sa doctrine furent dénoncés dans un procès en hérésie intenté par l'archevêque de Cologne. Durant les deux siècles qui suivirent, ses enseignements influencèrent la philosophie allemande, puisqu'il écrivit et prêcha en allemand et non plus en latin.

Johannes Tauler (1300-1361) de Strasbourg, un autre dominicain, poursuivit l'œuvre d'Eckart. A la fin du XIVe siècle, *Theologia Deutsch* parut sans nom d'auteur à Francfort, avant d'être réédité par Luther en 1518. Le mysticisme était perçu comme une doctrine typiquement allemande, c'est-à-dire comme une théologie catholique anti-papale et anti-romaine. Ces courants favorisèrent la propagation de la Réforme en Allemagne : l'église luthérienne d'alors favorisait la souveraineté des princes allemands face au pape et à l'empereur ; la langue en usage dans l'église luthérienne et employée dans la Bible devint le langage usuel : l'allemand.

Si les courants du mysticisme avaient ouvert la voie, dans les classes populaires, à une révolte contre les forces au pouvoir, l'humanisme, lui, a joué un rôle de catalyseur dans les milieux instruits, les classes dirigeantes et les ordres de chevalerie. Il se confondit bientôt avec le mouvement de la Réforme. Les humanistes mirent en question la rigide vision du monde des scholastiques et la domination intellectuelle de l'Église. Ces connaissances scientifiques de l'Antiquité, transmises par la culture arabe, furent l'objet d'une curiosité nouvelle. L'idéal vers lequel on tendait alors était celui d'un être instruit, curieux de tout, que son éducation et son bon sens poussaient à agir dans l'honneur.

La plupart des humanistes s'efforcèrent d'étudier les sources anciennes, traduisirent et éditèrent les textes de l'Antiquité, pratiquant le latin et le grec pour leurs études scientifiques. **Philipp Melanchthon** (1497-1560) assistait dès l'âge de douze ans à des conférences à l'université de Heidelberg, et il devint professeur de grec à Wittenberg à vingt et un ans. C'est là qu'il se lia à Martin Luther. Galvanisé par l'esprit bouillonnant de Luther, ce penseur froid et réfléchi contribua à mettre en forme et à répandre les enseignements nouveaux. Il aida Luther à traduire la Bible en allemand et le soutint dans de nombreuses querelles religieuses qu'il eut à mener.

Deux grands humanistes allemands ne rejoignirent pas la Réforme, malgré leur ferme opposition au conservatisme de la papauté et de l'empire : l'un deux était le grand-oncle de

Melanchthon, **Johannes Reuchlin** (1455-1522). Il se fit connaître par la publication d'une grammaire hébraïque, facilitant ainsi l'étude comparée des textes originaux et des traductions grecques de la Bible. Il réclama que l'on introduise la Kabbale dans l'étude des textes sacrés.

Le second, **Ulrich von Hutten** (1488-1523), chevalier du Saint Empire romain germanique, étudia les langues étrangères, le droit et la littérature et fut également écrivain. Avec ses *Lettres aux hommes noirs (Dunkelmännerbriefe),* en 1517, il s'éleva contre le déclin moral dont il avait été témoin à Rome et il rejoignit le camp de Johannes

Reuchlin. Son programme concordait avec les idéaux de Martin Luther. Il se prononça pour une réforme du Saint Empire romain, soutenant que l'empereur devait prendre son indépendance vis-à-vis de Rome et, soutenu par les ordres de chevalerie, il finit par prendre la tête de la révolte des chevaliers.

La prose et la poésie allemandes

C'est par Prague que **Cola di Rienzo** et **Pétrarque** introduisirent la doctrine humaniste en Allemagne. Ils trouvèrent notamment un fervent admirateur en la personne de **Johannes von Neumarkt,** ministre de Charles IV, qui s'efforçait de traduire en langue allemande la subtilité et la rhétorique des textes grecs et latins. Dans ce but, il réforma la langue en usage à la chancellerie de Prague, et c'est cette langue qui prit ensuite de l'extension et dont il imposa l'usage dans l'administration impériale. Puis **Martin Luther** (1483-1546) établit les fondements de l'allemand moderne avec sa traduction de la Bible, ses essais polémiques, ses lettres, ses récits, ses hymnes et ses discours. Les querelles acharnées provoquées par la Réforme éveillèrent une sorte de conscience nationale. L'humanisme allemand s'affirma, en quête de valeurs populaires, fier de sa langue et de sa culture. Les festivals de théâtre, les concours de chant *(Meistersang),* les vers de mirliton et les comédies du cordonnier de Nuremberg, **Hans Sachs** (1494-1576), la merveilleuse satire *la Nef des fous* (*Das Narrenschiff),* de **Sebastian Brant** (1457-1521), marquèrent les débuts de la littérature allemande. Sans oublier **Jorg Wickram** le père du roman allemand (mort vers 1562), ni les *Volksbücher.*

Cette littérature allemande, c'est aussi les aventures des chevaliers sans peur et des marchands aventureux : *Fortunatus* (1509) gagne la prospérité, le respect et le bonheur en faisant parfois appel à la magie, alors que ses fils gaspillent tous leurs biens et finissent dans la misère. A la même époque, les servantes du diable, les sorcières, étaient persécutées *(Hexenhammer,* 1487). Ce thème est exploité par la littérature : *Faust* et *l'Historia von Dr Johann Fausten.* Les motifs personnels d'inquiétude se mêlent à la peur des hérétiques et des fous. L'ouvrage *le Juif éternel* (1602) traduit à la fois la crainte des forces du démon et le besoin de se justifier.

Martin Opitz (1596-1639) élabora, dans son *Buch von der deutschen Poeterei*, les règles qui redéfinissaient la langue, les genres, le mètre et une sorte de code : seule la noblesse pouvait apparaître dans les tragédies. L'Allemagne avait réussi sa percée dans la science grâce au grand docteur et naturaliste **Paracelsus** (1493-1541), et un retour à la philosophie : une littérature en allemand commençait à voir le jour.

Les principales formes de la poésie lyrique étaient l'hymne (**Angelus Silesius**, 1624-1677) et le sonnet (**Paul Fleming**, 1609-1640, et **Andréas Gryphius** 1616-1664). **Friedrich**

A gauche, le retable d'Issenheim, par Matthias Grünewald ; ci-dessus, Vierge de Tilman Riemenschneider.

von Spee (1591-1635), un jésuite, exprima publiquement son opinion dans *Cautio criminalis* sur les persécutions à l'encontre des sorcières. Gryphius écrivait des comédies et des tragédies en allemand. Il influença considérablement **Daniel Casper von Lohenstein** (1635-1683) dont les drames affichaient déjà une certaine préciosité.

Dans le roman, on rencontre **Hans Jakob von Grimmelshausen** (1622-1676), transcripteur fidèle des horreurs de la guerre de Trente Ans. Enlevé à l'âge de douze ans et devenu valet puis mousquetaire, il fit l'expérience de quatorze années de guerre. Dans *les Aventures de Simplex Simplicissimus,* paru en 1669, l'ironie et l'humour sont les dernières armes contre le désespoir. La guerre, la famine et les épidémies avaient décimé la population, la réduisant de dix-sept à huit millions d'âmes. L'Allemagne n'offrait plus qu'un paysage de désolation où plus de trois cents principautés et villes libres se taillaient leur domaine.

Les allées du pouvoir

Versailles devint le symbole de l'éclat et du pouvoir, de l'art et du faste. Tous les potentats copièrent le modèle éclatant du Roi-Soleil. Des centaines de petits palais qui avaient coûté une fortune imitaient avidement les fastes de sa cour. Si le baroque avait, dès 1600, conquis les églises du nord des Alpes dans le sillage de la Contre-Réforme, il devenait maintenant l'expression d'un pouvoir triomphant, et on le retrouvait dans d'innombrables palais, châteaux et parcs. Les corps de bâtiments épanouis, les lignes et les stucs remplaçaient la sévérité de la Renaissance. Une plus grande luminosité, une grâce et un enjouement enrichissaient le style rococo. Les plus grandes réalisations de ce style sont **Residenz** (le palais du prince), à Wurtzbourg, le **château de Sans-Souci**, à Potsdam, et le **château de Nymphenburg**, à Munich. On y trouve, comme à Sans-Souci, au **Herrenhausen**, à Hanovre ou à l'**Eremitage**, à Bayreuth, des parcs aux perspectives rectilignes. Avec leurs allées ratissées, leurs haies taillées et la prédominance de lignes géométriques, ils symbolisent la stabilité et l'élégance du pouvoir tranquille des princes.

La musique

Johann Sebastian Bach est né en 1685 à Eisenach en Thuringe. Issu d'une famille de musiciens, il fut élevé par son frère aîné après la mort prématurée de ses parents. Ce dernier lui fit donner des leçons de piano et de violon et Johann Sebastian jouait dans l'orchestre du duc de Weimar. Il devint le *Thomas Kantor* de

Leipzig en 1723, c'est-à-dire organiste et maître de chœur de l'église Saint-Thomas. L'œuvre de Bach est l'aboutissement de trois siècles de polyphonie profane et religieuse, le système des lignes horizontales l'emportant sur celui des accords arpégés et frappés. Bach a écrit un millier de numéros d'opus. Il a imprimé à toute son œuvre sa personnalité religieuse. Ses œuvres théoriques sont *l'Offrande musicale* et *l'Art de la fugue*.

Georg Friedrich Haendel naquit à Halle le 23 février 1685, juste un mois avant la naissance de Bach, et fut naturalisé anglais. Marqué par l'influence des Italiens (Corelli, Scarlatti), des Français (Rameau, Lalande,

Lully), des Allemands (Buxtehude) et des Angalis (Purcell), il composa quarante opéras, vingt-huit oratorios, dix-huit concerti grossi... Cette personnalité impétueuse et passionnée, ouverte à tous les styles, mit un terme à l'âge baroque européen et prépara la venue des grands maîtres viennois (Haydn, Mozart, Beethoven).

Les idées nouvelles

A cette époque, ce n'était pas seulement la splendeur de la cour qui rayonnait de France,

A gauche, le fronton gothique de la cathédrale de Cologne ; ci-dessus, portrait de Johann Sebastian Bach, par E.G. Haussmann.

mais une véritable révolution dans la pensée. Le « *Cogito ergo sum* » de René Descartes marqua l'émancipation des sciences naturelles de la tutelle religieuse : la physique existait indépendamment de la métaphysique, la chimie de l'alchimie. Et les mathématiques n'avaient plus pour vocation de prouver l'existence de Dieu. Quant à la philosophie, elle se fondait aussi sur les découvertes de la science.

Gottfried Wilhelm Leibniz (1646-1716) apparut comme l'initiateur de ce Siècle des lumières en Allemagne. Sa culture englobait la linguistique, les sciences naturelles, la théologie, l'histoire, la philosophie et la technique. Ce fut un Européen convaincu, qui défendait l'unité chrétienne. Il prit la tête de l'Académie des sciences fondée à Berlin en 1700. En même temps que Newton, il développa le calcul différentiel et intégral et inventa une machine à calculer. Le philosophe, lui, croyait à une harmonie préétablie entre Dieu, l'âme et le corps. La *monade* était la substance unifiante de l'univers avec toutes ses manifestations particulières.

Gotthold Ephraïm Lessing (1729-1781) soutenait la nouvelle pensée dans ses drames et ses critiques littéraires. Il se battit contre une dépendance trop rigide à l'égard du genre dramatique français et contre un art intellectuel, schématique et didactique, tel que le proposait **J.C. Gottsched** (1700-1766) dans ses *Règles de l'art littéraire*. Lessing se tourna vers Shakespeare, dont il fut l'un des premiers à reconnaître l'importance. Il passa outre au code d'Opitz et lorsqu'on vit l'aristocrate *Minna von Barnhelm* apparaître dans une comédie, alors que *Miss Sara Simpson,* issue de la bourgeoisie, devenait une héroïne de tragédie, ce fut beaucoup plus qu'une simple révolution de la forme. Le conflit entre la noblesse et les bourgeois fut le thème d'*Emilia Galotti. Nathan le Sage* est le symbole de l'égalité entre le judaïsme, le christianisme et l'islam. La liberté individuelle, la loyauté fondamentale et la tolérance étaient des valeurs prônées par Lessing.

Immanuel Kant naquit le 22 avril 1724 à Königsberg. Il étudia la philosophie, la théologie et les sciences naturelles puis il enseigna la logique et la métaphysique de 1770 à 1797. Il s'éteignit à Königsberg le 12 février 1804. Influencé par Leibniz, Kant approfondit son étude des potentialités et des limites de la perception humaine, et il tenta de faire la synthèse entre l'empirisme et le rationalisme. La raison critique a permis à l'individu de reconnaître, parmi une multitude de phénomènes indépendants, la chose en soi (*Critique de la raison pure,* 1781). Dans sa *Critique de la raison pratique,* 1788, Kant détermina le degré de liberté humaine entre la loi morale, immuable, la raison et les intérêts individuels. Il posa les principes de l'esthétique dans *Critique de la faculté de juger* (1790).

Le classicisme de Weimar

Le Siècle des lumières et le rationalisme, partis de France et d'Angleterre, atteignirent leur apogée avec Kant. En France, les idéaux de cette époque eurent des répercussions politiques. En Allemagne, en revanche, il n'en fut rien. Le rationalisme, lié à la pensée libérale, redonna de l'intérêt pour les cultures anciennes. C'est à cette époque que naquit l'image d'une Allemagne patrie des poètes et des philosophes.

En 1790, le duc Charles-Auguste de Saxe Weimar mettait en contact **Johann Wolfgang von Goethe** et **Friedrich von Schiller**, qui était alors professeur d'histoire aux environs de Iéna. Schiller, né le 10 novembre 1759 à Marbach, d'une famille bourgeoise, fit, dès son plus jeune âge, l'expérience du despotisme, lorsqu'il fut forcé d'étudier la théologie, le droit et la médecine à l'école du duc. En réaction, il se tourna vers l'écriture et envoya *les Voleurs* au théâtre de Mannheim en 1780. Le duc mit ses écrits à l'index. En 1782, Schiller réussit à s'enfuir pour Mannheim. Lorsqu'il se rendit à Iéna, il ne lui restait plus que quinze années pour vivre une fervente amitié et une coopération approfondie avec Goethe avant sa mort à Weimar, le 9 mai 1805. Goethe, né le 28 août 1749 à Francfort, cosmopolite dès son plus jeune âge, fut éduqué et encouragé par sa mère et ses précepteurs, et son père le poussa à étudier le droit. Il se passionnait pour les disciplines les plus variées : l'alchimie, la religion, l'architecture, les sciences naturelles aussi bien que, dans le cadre de ses activités professionnelles, les mines et les affaires militaires. Après avoir étudié à Leipzig et à Strasbourg, après une carrière à Francfort et à Wetzlar et son voyage en Suisse, commença sa période à Weimar en 1775. Son premier séjour en Italie (1786-1788), avec Schiller, le conduisit à s'orienter vers le classicisme, pris dans son sens étymologique (*classicus* : de première classe, donc exemplaire, idéal).

Ce classicisme de Weimar voulait, autant dans la forme que dans le fond, de nouveaux idéaux prenant leur source à la fois dans l'Antiquité et dans les Lumières : l'homme était libre de déterminer son destin et avait pour devoir le bien, la vérité et la beauté. Et la

nature elle-même apparaissait comme un tout merveilleusement organisé. La période classique culmina avec Goethe et Schiller, reconnaissant l'idéal libéral de l'Antiquité grecque, dont **Friedrich Hölderin** devait se souvenir plus tard. Nombreuses sont les œuvres qui ont enrichi cette époque : de Schiller, on retiendra *Marie Stuart, Don Carlos, la Pucelle d'Orléans,* ainsi que des traités théoriques tels que *Sur l'éducation esthétique de l'homme ;* et de Goethe : *Iphigénie en Tauride, Egmont, Torquato Tasso* et plus spécialement *Faust,* tout comme ses romans visionnaires: *les Années d'apprentissage de Wilhelm Meister* et *les Années de voyage de Wilhelm Meister.*

L'idéalisme moral de ces œuvres était lié à l'idéalisme philosophique qui se développait à la même époque en Allemagne et aux controverses soulevées par la pensée de Kant.

Les classiques de Vienne

Comme pour la littérature et la philosophie, le milieu du XVIIIe siècle apporta un nouvel essor et un renouveau d'activité à la musique : dans l'ambiance des cours, la musique de salon convenait parfaitement aux cérémonies protocolaires et aux mondanités, mais elle n'en demeurait pas moins insipide et dépourvue d'âme. Sentiments et passion n'y avaient pas leur place. On crut pourtant percevoir quelques changements dans un opéra de **Christoph Willibald Gluck** (1714-1787), qui préparait l'explosion de la composition musicale liée aux noms de Haydn, Mozart et Beethoven et centrée autour de Vienne.

A gauche, Leibniz en conférence à la cour de Prusse ; ci-dessus, Lessing, pionnier des Lumières ; à droite, Immanuel Kant.

Joseph Haydn naquit le 31 mars 1732 dans une famille modeste. Le maître de chœur des petits chanteurs de Vienne découvrit par hasard que Haydn savait chanter et il le ramena à Vienne. En 1761, le prince Esterhazy l'employa comme maître de chœur à Eisenstadt. Haydn y composa de nombreuses œuvres, et dirigea aussi les concerts que le prince donnait. A la mort du prince en 1790, Haydn retourna à Vienne et passa les dernières années de sa vie à composer *la Création* (1798) et *les Saisons* (1801). Il composa l'hymne impérial – l'hymne national allemand actuel – pour l'empereur François Ier – et fut triomphalement accueilli lors de concerts à Vienne, Paris et Londres. Lorsque, à Oxford, on lui offrit le titre de docteur *honoris causa* en le proclamant meilleur compositeur vivant, il le refusa, citant plutôt le nom de Mozart, dont le *Requiem* fut joué à ses funérailles, en 1809.

Wolfgang Amadeus Mozart, l'enfant prodige de Salzbourg (1756-1791), donna son premier concert à l'âge de six ans. Son enfance et sa jeunesse se passèrent en tournées à travers l'Europe. Il joua devant tous les grands de ce monde, y compris le jeune Goethe. Il fut maître de chœur du prince archevêque de Salzbourg, Colloredo, qui ne sut pas apprécier son génie. Mozart passa les dix dernières années de sa vie à Vienne et s'éteignit dans la misère. Pourtant, cet homme fragile, souvent malade, composa avec un infatigable courage plus de six cents pièces, dont les opéras *Idoménée, les Noces de Figaro, Don Juan* et *la Flûte enchantée.* Il écrivit aussi des symphonies, des concertos, des sonates et de la musique d'église, dont le sommet est son œuvre inachevée, le *Requiem,* sur lequel il travailla jusqu'à sa mort, le 5 décembre 1791.

Ludwig van Beethoven, le premier compositeur indépendant, est né le 17 décembre 1770 à Bonn, et son installation dans la capitale autrichienne est certainement la conséquence de l'invasion française en Rhénanie en 1792. Élève de Haydn, il apprit la composition et il était déjà un pianiste apprécié et un compositeur reconnu lorsqu'un chagrin d'amour et les symptômes de la surdité (1802) le plongèrent dans le plus profond désarroi. Il avait d'abord développé, étendu et révolutionné presque toutes les formes de la musique traditionnelle comme personne encore, utilisant les méthodes de composition de Haydn et de Mozart comme point de départ. Pour lui, la musique est à la fois reconnaissance de la valeur de l'individu et de l'existence d'une communauté fraternelle. Elle a le pouvoir d'enflammer les hommes pour les amener à des actes révolutionnaires.

Le seul membre du courant classique viennois né à Vienne est **Franz Schubert** (1797-1828). Malgré sa pauvreté chronique et ses multiples déceptions, il produisit, en onze ans seulement, un millier de numéros d'opus. Sa musique de chambre, ses messes, ses danses et ses neuf symphonies influencèrent considérablement la génération suivante. Mais son apport le plus original tient aux six cents *Lieder,* comme *le Voyage d'hiver,* qui ouvre la voie au courant romantique.

Libéralisme et nationalisme

Le Saint Empire romain avait cessé d'exister à partir de 1806. Napoléon avait envahi la Prusse et l'Autriche. Pourtant, à Vienne, la musique faisait toujours partie de la vie quotidienne et, à l'issue du congrès qui suivit la défaite des armées impériales, le prince de Talleyrand fit remarquer qu'on y dansait beaucoup mais qu'on n'y avançait guère. A Berlin se développa un nouveau centre intellectuel : l'université fondée en 1810. Elle garde le souvenir du linguiste **Wilhelm von Humboldt** (1767-1835) et de son frère **Alexandre** (1769-1859), le grand explorateur et naturaliste, tous deux d'une culture encyclopédique dans l'esprit du nouvel humanisme et du libéralisme civil. Alexandre fonda de nouvelles disciplines scientifiques : la climatologie, la géologie, la vulcanologie et le magnétisme terrestre. Wilhelm, ministre de l'Éducation de Prusse, ouvrit des écoles primaires et secon-

daires. Comme philosophe politique, il défendit la liberté de l'individu contre l'absolutisme étatique et, en 1819, il démissionna même de son ministère en signe de protestation contre le développement d'une politique réactionnaire dans l'Europe de la Sainte-Alliance.

Avec les armées de Napoléon Ier, un certain nombre d'idées de la Révolution française avaient franchi les portes de Brandebourg. Le chancelier von Stein et le prince de Hardenberg s'attaquèrent, durant ces années, à une importante réforme de la Prusse (1806-1813), alors soumise à la loi française. Cette domination provoqua l'apparition du nationalisme allemand qui s'exprima d'abord dans la vague enthousiaste de la guerre de libération.

Le philosophe J.G. Fichte rédigea un manifeste enflammé *A l'adresse de la nation allemande*. Des écrivains et des poètes comme **E.M. Arndt** et **F. Jahn** donnèrent libre cours à leur véhémence dans des textes sur la puissance et les qualités du peuple allemand. Une volonté farouche de libérer le pays et de réaliser l'unité s'était emparée d'un grand nombre de dirigeants, d'habitude plus modérés. Pourtant, lorsque cette frénésie s'apaisa après la défaite de Napoléon Ier, les anciens maîtres reprirent en main leurs intérêts.

Johann Gottlieb Fichte (1762-1814) posa les fondations de l'idéalisme allemand avec son *Wissenfschaftslehre* (*Principes de la théorie de la science*, 1794), dédié à Kant, son maître à penser. Il rejetait pourtant la construction de Kant sur « la chose en soi ». Il pensait que la philosophie ne pouvait suivre que deux voies : le matérialisme, pour lequel les idées dérivent des choses, et l'idéalisme, pour lequel les choses dérivent de l'idée. Fichte adopta la théorie de l'idéalisme subjectif. En 1818, le successeur de Fichte à l'université de Berlin fut **G.W.F. Hegel** (1770-1830). Son idéalisme objectif et sa découverte du rôle de la dialectique dans la nature et l'histoire font de Hegel un précurseur de Marx. Il lança un monumental défi : résoudre les contradictions vieilles de deux millénaires entre l'esprit et la matière, entre la croyance et la raison, entre l'individu et la société et entre l'homme et Dieu. Il développa l'idée d'une réalisation progressive de soi : la vérité et la liberté se développent en même temps que la conscience de soi. C'est pourquoi l'histoire peut être comprise comme une révélation progressive de la raison de Dieu.

Bien que Hegel ait pu constater en Prusse la réconciliation du réel et de la raison, le roi Frédéric-Guillaume III comprit après la mort de Hegel quel ferment révolutionnaire sommeillait dans cette philosophie. Souhaitant débarrasser la Prusse de cette idéologie sulfureuse, il fit venir à Berlin l'ancien ami de Hegel, **F.E.J. Schelling**. Depuis 1808-1810, celui-ci s'était détourné de l'idéalisme pour revenir à un sentiment mystique de la foi chrétienne. Cependant, il s'était déjà fait connaître pour ses prises de position en faveur de l'idéalisme objectif. Dans ses idées sur la philosophie de la nature et dans *Von der Weltseele* (*l'Ame du monde*), il développa une vue panthéiste de la nature qui rappelle Spinoza : la réalité apparaît comme un magnifique déploiement de la raison du monde. La nature, selon Schelling, est esprit visible, l'esprit est nature invisible. Il revient à l'imagination, donc à l'artiste, de discerner cet esprit dans le monde des sens.

A gauche, Wilhelm von Humboldt ; ci-dessus, Goethe ; à droite, Schiller.

18 Januar

1871.

La nature du romantisme

Le romantisme eut son pendant en Angleterre, en France et en Italie, mais, entre le début du XVIIIe siècle et la fin du XIXe siècle, il est apparu comme un courant intellectuel spécifiquement germanique. Il ne faut pas oublier qu'il se développa dans une période de fragilité, de pauvreté et de démantèlement. Dans cette phase ultime de l'idéalisme allemand, presque tous les chantres du romantisme des débuts (Friedrich et A.W. von Schlegel, L. Tieck, Novalis, W.H. Wackenroder) se sentaient profondément liés à la philosophie de Fichte et de Schelling. Ils s'intéressaient à l'image de la vie et de l'individu proposée par le classicisme tout en la jugeant incomplète. Ils s'indignaient de la trop grande modération avec laquelle l'époque classique reniait l'aspect sensible et irrationnel de l'être humain. Pour cela, il fallait revenir, non pas à l'Antiquité, mais à l'histoire allemande avec ses sagas, ses contes de fées et son mysticisme médiéval. Pour les romantiques, la science et la foi, la philosophie et la religion, l'être humain et la nature formaient un tout. Cette synthèse se retrouve dans l'œuvre de **E.T.A. Hoffmann** (1776-1822), qui était à la fois écrivain, compositeur et critique, ou plus tard, dans les œuvres monumentales de **Richard Wagner** (1813-1886). Depuis lors, les idéaux humanistes du classicisme et l'exaltation romantique ont été perçus comme typiquement allemands, comme la contribution allemande à la culture universelle.

La volonté de puissance

Arthur Schopenhauer (1788-1860), Friedrich Nietzsche (1844-1900) et Karl Marx (1818-1888) eurent comme point de départ commun l'idéalisme allemand, qu'ils voulurent dépasser. **Schopenhauer**, qui en était très imprégné, est le premier philosophe occidental à ne pas se réclamer de la philosophie chrétienne. Dans son œuvre majeure, publiée en 1818, *le Monde comme volonté et comme représentation*, il affirme pour la première foi la prédominance de l'irrationnel dans la nature et l'histoire.

C'est dans une librairie d'ouvrages en solde que **Nietzsche** découvrit les principales œuvres de Schopenhauer, qu'il lut d'un trait. A partir de ce jour, la philosophie de la volonté caractérisa la pensée de Nietzsche. Il se décrivit lui-même, dans *Ainsi parlait Zarathoustra,* comme « le philosophe au marteau... l'homme qui a détruit toutes les œuvres existantes », et il voulut être le juge des valeurs. Il démasqua toutes les « vérités éternelles » de l'art, la philosophie, la religion et la métaphysique et révéla, bien avant Freud et Jung, les inclinations subconscientes qui sont « trop humaines chez les êtres humains ». Sa maxime « Dieu est mort » devint la devise de l'athéisme moderne et du nihilisme. Comme pour Schopenhauer, la seule vraie quête de l'homme était la volonté de puissance, principe qui anime toute vie. Le prophète du nihilisme ouvrit ainsi la voie au courant de la « philosophie agissante » du XXe siècle.

Karl Marx, fondateur du matérialisme dialectique avec **Friedrich Engels**, changea les orientations de la philosophie. Il voulait d'abord dépasser l'idéalisme philosophique, mais il avait bien d'autres intentions.

Il développa sa théorie de l'économie politique, la loi du développement de l'histoire de l'humanité (Engels) et il s'efforça dans *le Capital* (1867), ouvrage inachevé, d'analyser et de critiquer les lois qui régissent la formation et le développement de la société capitaliste, lois qui conduiraient le capitalisme à son propre déclin et permettraient au prolétariat de prendre sa place, pour le remplacer par une société sans classes où chacun vivrait selon ses besoins.

« DEUTSCHLAND UBER ALLES... »

A la fin du XVIIIe siècle, l'Allemagne n'avait plus rien d'un empire. Que le lecteur s'imagine plutôt un assemblage de trois cent cinquante principautés et de plus d'un millier de domaines minuscules. Des rois, des princes, des ducs, des comtes, des chevaliers, des abbayes et des villes s'arrogeaient tous une souveraineté. Deux États seulement jouissaient d'une autorité réelle : la Prusse et l'Autriche. Cet assemblage, paré du titre pompeux de Saint Empire romain germanique, pouvait toujours s'offrir un éternel et inutile parlement à Ratisbonne dans un empire sans pouvoir central. L'empereur ne disposait pas de la moindre armée et il ne pouvait pas lever d'impôts sur l'ensemble du territoire. Seul le service postal était à ses ordres.

Cet assemblage de petits États freinait le développement des affaires et de l'industrie. Chaque État, chaque ville utilisait ses propres unités de mesure, battait sa propre monnaie. Le gulden concurrençait le thaler, et le mark or le mark courant. Rien d'étonnant donc si, à l'étranger, les monnaies des petits États allemands n'étaient pas acceptées. Les corporations et les barrières douanières faisaient obstacle à la libre concurrence. Chaque maître artisan avait droit à une quantité bien définie de matières premières, et à un nombre défini de compagnons. Une quantité de lois locales entravaient la circulation des personnes et compliquaient la tâche des entrepreneurs qui voulaient recruter des artisans.

Léopold Haschka composa pour l'anniversaire de l'empereur François Ier, le 12 février 1797, la mélodie *Gott erhalte Franz den Kaiser*. En 1841, Henri Hoffmann von Fallenseben adapta à la mélodie les paroles de son *Lied der Deutschen*, dont la première strophe commence par « *Deutschland über Alles...* » (« L'Allemagne par-dessus tout... »), qui deviendra, en 1922, l'hymne national allemand et qui sera interdit en 1945 par les alliés. L'hymne actuel se limite à la troisième strophe. Jusqu'en 1914, les États allemands avaient leur hymne propre.

Menaces française et russe

Dès 1809, la France et la Russie s'immiscèrent dans les affaires de cette Allemagne démantelée. Un certain nombre de petits États en perdirent leur indépendance. Napoléon Ier accorda le titre de royaume à la Prusse et à la Bavière. Puis seize princes du sud et de l'ouest fondèrent la Confédération du Rhin, sous protectorat français. Des troupes allemandes se mirent au service de la France. En fait, le Saint Empire romain s'était vidé de sa substance. Le glas sonna pour cet empire vieux de neuf cents ans lorsque l'empereur d'Autriche, François II, abdiqua la couronne du Saint Empire en 1806.

Pour gagner des terres sur la Pologne, la Prusse avait participé durant dix ans à la guerre contre la France. Mais les batailles d'Iéna et d'Auerstedt révélèrent, en 1806, la fragilité intérieure prussienne. L'armée s'égailla et le roi prit la fuite. Napoléon Ier entra sans difficultés dans Berlin. Le plus grand État militaire d'Europe, avec ses deux cent mille soldats, s'était effondré comme un château de cartes. Par le traité de Tilsit, la Prusse perdit la moitié de ses territoires et de ses habitants. Et l'Allemagne ne dut qu'au tsar de Russie de ne pas disparaître tout à fait.

Pages précédentes : proclamation de l'empire d'Allemagne dans la galerie des Glaces. Ci-dessus, défilé patriotique en 1832.

Naissance d'un mouvement national

Les armées défaites apprennent vite, et les Prussiens n'échappèrent pas à la règle : le ministre von Stein et des officiers comme Scharnhorst, Gneisenau et Clausewitz reconnurent que seule une Prusse rénovée de fond en comble avait une chance de se libérer du joug français.

Les paysans furent émancipés, l'ordre des corporations assoupli dans certaines régions commerciales et l'administration civile restructurée. Et, plus encore, l'armée fut réorganisée. On mit fin au monopole des nobles dans les grades d'officiers. On généralisa la

conscription et la tactique française souple du tirailleur fut adoptée.

Un mouvement national se développa. A Berlin, le philosophe Fichte s'adressait au peuple allemand dans des textes enflammés *(Discours à la nation allemande),* Gneisenau appela à la révolte contre l'intolérable tyrannie française. Après l'écrasante défaite de Napoléon Ier en Russie (1812), les temps étaient mûrs. L'indécis roi de Prusse fut mis devant le fait accompli. Des révoltes éclatèrent un peu partout au printemps 1813. Soutenue par la Russie, l'Angleterre et la Suède, la Prusse finit par déclarer la guerre à la France. L'entrée de l'Autriche dans la coalition relégua au second plan les forces réformatrices. Le cours des événements allait être marqué du sceau de Metternich. La bataille de Leipzig (1813) fut un tournant : l'armée impériale fut défaite, et la France dut se retirer en deçà du Rhin. Le destin de l'Allemagne devait se décider au congrès de Vienne, en 1815.

Le triomphe de la restauration

Deux empereurs et six rois, plus d'une centaine de princes, une nuée de diplomates et nombre d'écornifleurs, de négociateurs en tout genre, d'imposteurs, de domestiques, de soldats de fortune et de courtisans, menèrent une vie de faste et se livrèrent à de folles dépenses s'élevant à cinq millions de guldens en cinq mois. L'âme de la monarchie autrichienne, le prince de Metternich, tissa les fils d'un nouvel ordre européen. L'Allemagne et l'Italie étaient à nouveau divisées en petits États, la Pologne était partagée pour la quatrième fois et la Hongrie restait dans le giron autrichien. Toutes les innovations introduites par la France furent balayées et on assista, partout, au retour en force de la réaction. La Prusse fut autorisée à s'étendre vers l'ouest et il s'en fallut de peu qu'elle ne devînt la plus grande puissance d'Allemagne ! Le centre de gravité de l'Autriche se déplaçait vers l'est. Quelque trente-six principautés et quatre villes impériales libres s'associèrent dans une fragile Confédération germanique.

Le seul organe commun à l'ensemble de l'Allemagne était le Bundestag de Francfort, assemblée qui représentait les différents États. Cette confédération n'existait que lorsque les les États les plus importants, la Prusse et l'Autriche, joignaient leurs forces. Quand cette coopération disparaissait, le Bundestag était en sommeil. Le résultat de ce congrès de Vienne fut le suivant : l'Allemagne restait divisée et, de ce fait, sans pouvoir. Les souverains de Russie, de Prusse et d'Autriche façonnèrent l'accord final de ce grand congrès des princes : ils fondèrent la Sainte-Alliance des puissances de l'Est.

Les étudiants des universités allemandes organisèrent un mouvement de protestation contre la confédération des princes. Leur symbole était un drapeau noir, rouge et or. Quand l'écrivain russophile Kotzebue fut assassiné par un étudiant en 1819, Metternich promulgua, en représailles, les décrets de Carlsbad. L'opposition fut interdite, les organisations étudiantes bannies, et les universités placées sous contrôle. De nombreux démocrates se retrouvèrent en prison, et beaucoup connurent l'exil.

Réactions des courants nationalistes

En juillet 1830, les Parisiens renversèrent leur roi. Ce fut le signal d'un mouvement révolutionnaire à travers toute l'Europe. Il y eut une révolte à Leipzig, une émeute et l'incendie d'un château dans le Brunswick, et le poste de police de Dresde fut détruit. On étouffa de nombreuses révoltes. La Sainte-Alliance ne pouvait plus endiguer l'opposition.

En mai 1832, trente mille nationalistes, assemblés au château de Hambach, réclamèrent une Allemagne libre et unie. Citoyens, paysans, artisans et étudiants exprimaient leur amertume. La police de Metternich arrêta ceux qui avaient pris la parole à ce rassemblement et les couleurs noir, rouge et or du drapeau furent désormais interdites. Deux ans plus tard, l'écrivain Georg Buchner appelait les paysans à une rébellion contre leurs maîtres dans le *Messager des campagnes hessoises*. Des personnalités comme Alexandre von Humboldt prônèrent une unité intellectuelle de l'Allemagne.

C'est à l'occasion de nombreuses manifestations, réunions de chorales, célébrations de Schiller et tournois de gymnastique organisés par Friedrich Ludwig Jahn (1778-1852), le père de cette discipline, que le mouvement national allemand gagna en popularité. L'opposition s'exprimait à travers un mouvement libéral qui revendiquait un système parlementaire et la garantie des droits des citoyens. Dans les États du sud, les monarques avaient en effet conservé leur constitution et ils accordaient un certain droit de participation aux citoyens par le truchement de chambres consultatives. Cependant, en Prusse, en Autriche et dans bien d'autres États, c'était le règne de l'absolutisme. Les démocrates radicaux revendiquèrent une république démocratique, la souveraineté populaire et la destitution des monarchies. Leur plus important organe de presse était la *Gazette Rhénane* (*Rheinische Zeitung*), dont Karl Marx était rédacteur en chef. La vogue des cercles littéraires et un confortable conformisme bourgeois caractérisèrent cette époque de restauration.

A gauche, les barricades de 1848 ; ci-dessus, le premier parlement, réuni dans l'église Saint-Paul de Francfort.

Les débuts de l'industrialisation

En Prusse, le nombre de machines à vapeur tripla et des usines remplacèrent progressivement les vieilles manufactures. En 1835, la première locomotive allemande parcourut 6 km entre Nuremberg et Fürth. La nation était enthousiaste. Les compagnies ferroviaires réalisèrent de gros bénéfices et c'est avec des voies ferrées, des canaux et de nouvelles routes, avec des capitaux et de la vapeur que les classes montantes sapèrent les fondements de la vieille société. Même la très conservatrice Autriche était transformée par les progès de la civilisation.

Une union douanière allemande *(Zollverein)* existait depuis 1834, qui comprenait dix-huit États et vingt-trois millions d'habitants. Un pas important avait été franchi en direction d'un marché unique, même si l'Autriche en restait exclue. L'expansion économique permettait la survie d'un plus grand nombre d'individus mais sans pouvoir assurer d'emblée une hausse du niveau de vie. Des paysans ne pouvaient se libérer des liens féodaux qu'en vendant un tiers ou même la moitié de leurs terres. Il ne leur restait plus qu'à entrer au service de propriétaires terriens comme journaliers. Des artisans en faillite et des compagnons devenaient ouvriers salariés dans les nouvelles usines.

En 1844, des tisserands de Silésie s'attaquèrent aux machines, premier symbole du capitalisme. En Suisse et en France, des sociétés secrètes d'ouvriers se formèrent, qui se réclamaient d'un socialisme utopique. Karl Marx et Friedrich Engels travaillaient à Paris, Bruxelles et Londres à poser les fondements théoriques du socialisme révolutionnaire.

La révolution traverse le Rhin

L'année 1847 vit une crise économique générale sans précédent en Europe : une mauvaise récolte, l'inflation, la famine, l'effondrement des banques, une production déficitaire, le chômage et la maladie de la pomme de terre. L'hiver 1847-1848 fut l'un des plus durs. Les premiers signes d'agitation se manifestèrent dans les villes. Paris reprit ses luttes. En février, des barricades furent érigées, les armureries pillées. Louis-Philippe et ses ministres durent s'enfuir, et la république fut proclamée en France. Les mouvements révolutionnaires gagnèrent l'Allemagne comme une traînée de poudre : les paysans incendièrent des châteaux, refusant de payer les impôts et les taxes. Au cours de réunions publiques, les courants réformateurs réclamaient des réformes et un parlement. Les monarques firent des concessions pour prévenir d'éventuelles catastrophes. Des bourgeois furent nommés ministres et la bourgeoisie fut autorisée à prendre part au gouvernement et même à constituer, comme à Paris, une garde nationale armée. Le soulèvement éclata à Vienne, et Metternich s'enfuit pour l'Angleterre déguisé en femme ! L'empereur promit une constitution. A Milan, à Venise, en Hongrie et en Bohême, les troupes autrichiennes devaient lâcher pied devant ces révoltes. Le 18 mars, c'était au tour de Berlin de voir des barricades dans les rues.

Le roi de Prusse devait donner l'ordre à ses troupes de battre en retraite, puis mettre sur pied un gouvernement libéral. A Poznan (Posen), les Polonais réclamaient leur indépendance. Des parlements étaient élus dans les États de la Confédération germanique. Le 18 mai 1848, une assemblée élue se réunit enfin en l'église Saint-Paul de Francfort. Des hommes de loi, des professeurs, des fonctionnaires et des propriétaires terriens formèrent le premier parlement de l'ensemble de l'Allemagne. Tous les regards étaient anxieusement tournés vers Francfort.

La Révolution française allait-elle se rejouer en Allemagne ? L'assemblée nationale deviendrait-elle permanente, proclamerait-elle la souveraineté de la nation ? Rien de tel n'arriva. Les Allemands n'en finissaient pas de débattre, mais ils ne touchèrent pas aux centres de pouvoir. Aucune armée ne garantissait l'autorité de l'assemblée et personne ne pouvait la prendre au sérieux sans être assuré de la force exécutoire de ses arrêts. La majorité libérale craignait d'affranchir sans compensation la paysannerie de ses obligations féodales. Les libéraux échouèrent dans leur soutien au mouvement polonais de libération nationale et ils s'opposèrent à la lutte nationale du Schleswig-Holstein. La révolution allemande était frappée de plein fouet.

Échec de la révolution

La situation prit une autre tournure lorsque les bourgeois, choqués par les luttes sanglantes de juin à Paris, prirent ouvertement le parti de la noblesse. Les absolutistes savaient comment user de leur pouvoir : le soulèvement de Vienne fut réprimé en octobre par le maréchal Windischgrätz. A Berlin, la révolution dut affronter le général Wrangel. La Hongrie rebelle fut mise à genoux par la brutale armée russe qui prêta son concours à l'Autriche. L'assemblée de l'église Saint-Paul, effrayée de voir qu'on en venait à la lutte armée, se dispersa.

Pour finir, elle demanda timidement au roi de Prusse de devenir empereur d'Allemagne, demande qu'il repoussa avec hauteur. Le peuple reprit les armes au début de l'été 1849 pour imposer une constitution. Une série de révoltes régionales échouèrent : sans organisa-

A gauche, la première ligne de chemin de fer, entre Nuremberg et Fürth. Ci-dessus, une forge vue par A. von Menzel.

tion centrale, il était impossible de vaincre les armées des princes. En juillet, le dernier bastion de la révolution, Rastatt, céda devant les troupes prussiennes. La révolution avait échoué.

Otto von Bismarck et le second empire germanique

Le calme et l'ordre revinrent en Allemagne, mais les problèmes demeuraient. Chaque nouvelle usine, chaque nouvelle voie ferrée, chaque augmentation de l'activité économique remettaient en question la multiplicité des États allemands. Il fallait créer l'État unitaire qui, à défaut d'être démocratique ou libéral, serait donc réactionnaire. Si ce n'était pas un État pangermanique (comprenant l'Autriche), alors ce serait un État allemand sans l'Autriche et sous la direction de la Prusse. Cette œuvre reste à jamais liée au nom de Otto von Bismarck.

Né l'année du congrès de Vienne, fils d'un hobereau du Brandebourg propriétaire terrien et capitaine de cavalerie, Bismarck avait reçu une éducation humaniste, étudié le droit, s'était adonné aux frasques étudiantes et à la libre pensée. C'est grâce à son mariage qu'il découvrit la foi chrétienne.

Durant la révolution de 1848, il faisait partie de l'équipe du *Kreuzzeitung,* publication ultraconservatrice, et il soutint un coup de force contre-révolutionnaire. Il avait ses entrées à la cour du roi de Prusse depuis que le monarque avait aussi remarqué son élégance. Il servit pendant huit ans comme représentant de la Prusse au Bundestag de Francfort, et il reconnut que la Prusse ne pouvait prendre la tête de l'Allemagne que si l'Autriche s'affaiblissait. De 1859 à 1862, il fut ambassadeur à Saint-Pétersbourg et il eut là l'occasion d'affermir ses sentiments russophiles, qu'il conserva sa vie durant.

Après un service diplomatique de quelques mois à Paris, il était enfin prêt ; c'était en octobre 1862. Le roi fit mander Bismarck

pour conduire le gouvernement de la Prusse. Il était chargé de ramener à la raison les parlementaires libéraux, tâche dont il s'acquitta pleinement. Il s'engagea dans la modernisation de l'armée prussienne. En 1863, les Polonais se soulevèrent de nouveau. Bismarck forma une coalition avec Alexandre II pour réprimer les émeutes.

L'année suivante, Bismarck obtint l'alliance de l'Autriche pour reprendre au Danemark les minuscules duchés du Schleswig et du Holstein. Puis, la Prusse et l'Autriche revendiquèrent leur part de butin. La querelle allait au-delà de la simple cession des duchés de l'Elbe. D'où venaient les ordres en Allemagne, de Berlin ou de Vienne ? Des

Hohenzollern ou des Habsbourg ? Il fallait résoudre cette question.

Sadowa, une guerre civile allemande

Bismarck avait tenu habilement les autres nations européennes à l'écart. On détourna l'attention de Napoléon III en l'entraînant sur le terrain italien. Une fois de plus, l'Autriche se retrouvait prisonnière d'une guerre sur deux fronts. En 1848, Bismarck avait soulevé l'indignation en s'opposant au suffrage universel, parlant d'anarchie. Voilà que maintenant il introduisait ce redoutable droit de vote au Bundestag pour s'en servir contre

l'Autriche. Il devint le révolutionnaire du roi ! Il déclencha délibérément, contre la volonté des petits et moyens États allemands, une guerre contre la monarchie des Habsbourg. En juillet 1866, les armes décidèrent de son issue à la bataille de Sadowa.

La guerre franco-allemande

Bismarck devint du jour au lendemain le héros national. Sa révolution venue d'en haut changea le profil de l'Allemagne : la Prusse annexa le royaume de Hanovre, la Hesse électorale, le duché de Nassau et la ville libre de Francfort. Le Schleswig-Holstein lui revint finalement. L'Autriche et la France durent entériner. La Confédération germanique avait vécu. La Prusse avait supplanté l'Autriche et détenait un pouvoir hégémonique sur la Confédération de l'Allemagne du Nord qui venait de se constituer. Bismarck avait exaucé le vœu nationaliste des libéraux aux dépens de leurs libertés. Ils le remercièrent en rejoignant, en grand nombre, les rangs des conservateurs et en devenant des partisans actifs de sa politique. Il n'y avait plus que la France pour s'opposer au règne de la Prusse sur l'Allemagne. Bismarck mit à profit la vacance du trône d'Espagne pour provoquer Napoléon III : un Hohenzollern devait régner en Espagne. L'empereur des Français ne pouvait pas tolérer l'existence d'une monarchie alliée de la Prusse dans son voisinage. Le prétendant devait finalement retirer sa candidature. Mais Napoléon III alla trop loin en exigeant de la Prusse une déclaration de renoncement. Bismarck ajouta une once d'aigreur feinte au ton de son refus (dépêche d'Ems) et la guerre tant désirée éclata. Conduites par l'audacieux général von Moltke, les troupes allemandes, supérieures en nombre, eurent le dessus le 1er septembre 1870, à Sedan. Napoléon III fut fait prisonnier. L'armée de Mac-Mahon dut également se rendre, et la France dut se résoudre à un traité de paix. L'Allemagne annexa l'Alsace-Lorraine et reçut en réparation cinq milliards de francs.

Ce n'est pas en Allemagne que fut proclamé le nouvel empire, le 18 janvier 1871, mais bien en France, dans la galerie des glaces du château de Versailles. Il devait durer quarante-sept ans, jusqu'à son renversement par la révolution de novembre 1918.

L'Allemagne, pays industriel

Si les quatre cinquièmes de la population allemande du début du XIXe siècle vivaient de l'agriculture, ce pourcentage n'est plus que d'un cinquième à la fin du siècle. Des villes comme Hambourg, Cologne, Munich, Leipzig et Francfort se développèrent. En 1848, Berlin comptait quatre cent mille habitants ; en 1914, quatre millions. Les progrès de la médecine et de l'hygiène contribuèrent à un rapide accroissement de la population. Les cinq milliards de francs des réparations versées par la France contribuèrent à l'essor de l'économie alleman-

A gauche, des ouvriers croqués par Käthe Kollwitz ; ci-dessus, Otto von Bismarck.

de. Durant les années de fondation (1871 à 1874), les sociétés boursières se développèrent et, avec elles, l'investissement. La Ruhr prit une telle importance qu'elle devint la plus importante zone industrielle d'Europe. Les usines d'armement Krupp à Essen employaient, à elles seules, cinquante mille personnes.

Les grandes banques, Deutsche Bank, Dresdner Bank et Commerzbank, développaient les activités industrielles et commerciales. Le processus de concentration entraîna la constitution de gigantesques monopoles *(Konzern)*, qui investirent à l'étranger. La production industrielle dépassa celle de la France

dans les années 1870, atteignit le niveau britannique en 1900 et, finalement, le dépassa au cours de la Première Guerre mondiale.

Bismarck s'opposa toujours à un gouvernement parlementaire, à la démocratie et spécialement à l'organisation des ouvriers. Il tenta de briser l'influence du parti social-démocrate par des lois d'interdiction, puis il promulgua une série de lois sociales, les plus avancées d'Europe (octobre 1878 à janvier 1890). En 1912, la social-démocratie était néanmoins le parti le plus important du parlement. Les ouvriers acceptèrent les améliorations en matière d'assurance maladie et de retraite, mais ils continuèrent à revendiquer la journée de huit heures, la république et le pouvoir politique. Bismarck avait dû se retirer en 1890, le nouvel empereur, Guillaume II, estimant n'avoir plus besoin de lui.

Vers la guerre

Les commerçants et les armées allemandes prirent pied dans quelques colonies en Afrique du Sud-Ouest et de l'Est, en Chine et dans certaines îles d'Océanie. Krupp, Kirdorf, Hapag, l'empereur Guillaume II et la flotte pouvaient apporter leur soutien à la politique coloniale. Mais encore fallait-il trouver une place au soleil. Pour cela, il fallait battre l'Angleterre, le principal rival de l'Allemagne, sur les océans. L'Allemagne se lança donc dans la construction d'une flotte de guerre. La Deutsche Bank investit des fonds en Turquie, en 1902, et le sultan lui accorda la concession d'une ligne ferroviaire jusqu'à Bagdad. Au Maroc, riche en minerai de fer, le gouvernement allemand envoya la canonnière *Panther* au large d'Agadir, mais les puissances firent pression pour que le Maroc restât français.

Toutes les puissances européennes s'armaient en vue d'une guerre qui aurait pour objet la redistribution des colonies et des marchés. Bismarck avait promis son aide à la Russie, en 1887, contre la Turquie. En échange, la Russie lui assurait la neutralité en cas de conflit avec la France. Ces accords secrets ne furent pas renouvelés par son successeur, qui laissa la Russie et la France se rapprocher tandis que, en 1907, la Russie et l'Angleterre s'entendaient sur une définition mutuelle de leurs sphères d'influence. Après les deux crises marocaines et les guerres des Balkans, tout était prêt pour une guerre qui était dans l'air depuis un bon bout de temps : la Triplice (Allemagne, Autriche et Italie) contre la Triple Entente (France, Russie, Angleterre). Lorsque les nationalistes serbes assassinèrent le prince héritier d'Autriche, François-Ferdinand, à Sarajevo, le gouvernement de Berlin saisit l'occasion pour tenter de s'élever au rang de puissance mondiale par une guerre préventive. Si on attendait, en deux ou trois ans la Russie risquait d'avoir achevé la construction des voies ferrées stratégiques et de la flotte de la Baltique, ce qui lui donnerait une écrasante supériorité. Mais, à l'été 1914, les militaires allemands pensaient que ni la

A gauche, August Bebel, père de la social-démocratie ; à droite, Albert Einstein.

LE MONDE DES SCIENCES

A l'aube du XXe siècle, si certains autres centres de recherches d'Occident réussirent à surclasser ou à égaler en efficacité et renom les instituts allemands de mêmes spécialités, en moyenne la science allemande manifestait une indiscutable suprématie, notamment dans les domaines où théorie et application industrielle étaient en contact étroit.

Wilhelm Conrad Roentgen (1845-1923, prix Nobel de physique en 1901) découvrit les rayons X en 1895. **Emil von Behring** (1854-1917, prix Nobel de médecine en 1901), découvrit les antitoxines en 1899 ; et **Robert Koch** (1843-1910, prix Nobel de médecine en 1905)) découvrit les spores de la bactérie charbonneuse, du bacille du choléra et, surtout, du bacille de la tuberculose en 1882.

Dans le secteur automobile, il convient de citer : **Nikolaus Otto** (1832-1891), qui mit au point et présenta en 1876 le moteur à quatre temps dont la théorie avait été établie en 1862 par Beau de Rochas ; **Carl Benz** (1844-1929), qui, en 1886, mit au point un véhicule à trois roues avec un moteur à essence à quatre temps ; et **Gottlieb Daimler** (1834-1900), qui perfectionna le moteur de N. Otto et fut le créateur du moteur des automobiles qu'il fit breveter en France en 1887.

Dès le déclenchement de la Première Guerre mondiale, la supériorité de l'Allemagne dans la plupart des branches des techniques se révéla être un facteur très important sur le plan militaire et pour le ravitaillement des populations civiles. Le pays confia à ses chercheurs le soin de résoudre les problèmes scientifiques et techniques posés par la poursuite des opérations. Les savants les plus éminents, tel le chimiste **Fritz Haber** (1868-1934, prix Nobel de Chimie en 1918), dirigèrent ces travaux.

Dans des domaines comme ceux de la recherche en chimie et en électronique par exemple, des entreprises allemandes telles que Siemens ou A.E.G. étaient les premières dans le monde. Les sources de ce haut niveau technico-scientifique remontent à 1871, à l'aube du Reich allemand. A cette époque, le mathématicien **Felix Klein** (1849-1925), et bien d'autres avec lui, fondèrent des associations afin d'établir des contacts plus étroits entre les universités et les entreprises, entre la théorie et la pratique. De même, les hautes écoles techniques nouvellement créées devinrent rapidement des foyers du « miracle scientifique allemand ».

La radiodiffusion et la télévision doivent en partie leur existence aux deux scientifiques allemands **Heinrich Hertz** (1857-1894), qui découvrit l'effet photo-électrique en 1887 et les ondes électromagnétiques en 1888, et **Karl Ferdinand Braun** (1850-1918), qui inventa l'oscillographe cathodique en 1897, les antennes dirigées en 1902 et reçu le prix Nobel 1909. Les connaissances dans le domaine de la physique se sont développées grâce aux recherches de **Max Planck** (1858-1947), qui formula en 1900 la *théorie des quanta* et qui reçu le prix Nobel de physique en 1918, d'**Albert Einstein** (1879-1955), auteur de *L'Éther et la théorie de la relativité* parut en 1921 et prix Nobel de physique en 1921, de **Werner Heisenberg** (1901-1976), auteur d'ouvrages sur la théorie quantique et prix Nobel de physique en 1933, et d'**Otto Hahn** (1879-1968), qui donna avec Strassmann, en 1939, la théorie de la fission de l'uranium et reçu le prix Nobel de chimie en 1945.

Parmi les meilleurs savants, un grand nombre étaient juifs. L'antisémitisme du national-socialisme contraignit beaucoup d'entre-eux à s'exiler. Quelques savants comme Lenard et Stark approuvèrent hautement la politique nazie et saluèrent l'avènement de la nouvelle science aryenne.

Adolph Hitler s'intéressa aux travaux de **Wernher von Braun** (1912-1977) qui, en 1994, mit au point les fusées V2 et qui, installé aux États-Unis, conçut notamment la fusée à trois étages Jupiter-C qui servit au lancement du premier satellite américain.

Plusieurs prix Nobel allemands de l'après-guerre sont encore récompensés pour leurs travaux d'avant 1933. Ainsi, en 1986, le physicien **Ernst Ruska**, alors âgé de 79 ans, se vit-il récompensé pour l'invention du microscope électronique datant des années 1930.

Russie ni la France n'étaient prêtes pour cette guerre. L'Empire germanique convainquit donc son partenaire de Vienne de déclarer la guerre à la Serbie, lançant un défi à la Russie et à la France. Pour Moltke et l'armée, il s'agissait d'une affaire qui serait réglée en quelques mois.

« *Je ne reconnais plus les partis. Je ne reconnais que l'Allemagne.* » Telles furent les paroles de l'empereur à la déclaration de guerre. Des applaudissements éclatèrent de toutes parts, y compris dans le parti social-démocrate, dont les représentants au Reichstag votèrent les crédits de guerre. Seul Karl Liebknecht, à l'époque encore au S.P.D., protesta contre la guerre impérialiste. (Il fonda plus tard le parti communiste allemand avec Rosa Luxemburg.) Le chancelier von Bethmann-Hollweg présentait ainsi les objectifs de guerre : conquête du bassin du Briey, affaiblissement de la France, contrôle de la Belgique et du Luxembourg et, à l'est, des peuples non russes sous domination russe, sans compter l'établissement d'une union économique et douanière en Europe centrale, dirigée par l'Allemagne.

Au fur et à mesure que la guerre se poursuivait, l'impossibilité d'une victoire décisive sur le terrain devenait évidente. Plus d'un million de soldats furent tués rien que pendant les longs mois de bataille à Verdun et dans la Somme (1916).

L'Allemagne était devenue une économie de guerre : l'état de siège, la censure et le travail obligatoire donnaient le ton à la vie politique. Cette guerre de plus en plus détestée était financée par des emprunts toujours plus grands tandis que les restrictions alimentaires aggravaient le mécontentement. Après les révolutions de février et d'octobre et la paix de Brest-Litovsk en 1917, la Russie était sortie de la guerre. L'Allemagne était soulagée sur le front oriental. Mais, à l'ouest, la fortune avait tourné ; l'attaque des chars français à Amiens (le 8 août 1918) fut un jour noir pour l'armée allemande. Fin septembre 1918, la Bulgarie, alliée de l'Allemagne, capitula. L'Allemagne était donc coupée de ses approvisionnements en pétrole en provenance des Balkans. Et le haut commandement pouvait dès lors prévoir le temps qui restait à l'Allemagne pour poursuivre la guerre avec ses réserves. Face à cette situation, le général Ludendorff décida d'agir. Monarchiste et conservateur, il convainquit néanmoins Hindenburg et l'empereur de la nécessité d'un cessez-le-feu immédiat et de la formation d'un régime parlementaire, avec un gouvernement responsable. C'est ainsi que le peuple allemand apprit l'entrée du S.P.D. dans un nouveau gouvernement formé par le prince Max de Bade, au début d'octobre 1918, et la demande de cessez-le feu. La guerre était perdue et la monarchie parlementaire ne pouvait pas être sauvée.

Conseils ou assemblée nationale

Dans la semaine du 3 au 10 novembre 1918, l'Allemagne faillit tomber sous la coupe de la république des soviets. Les princes et les autorités militaires furent renversés. Des ouvriers armés et des soldats formèrent des conseils qui s'emparèrent du pouvoir local. L'empereur Guillaume II s'enfuit en Hollande.

L'heure de la social-démocratie avait sonné ainsi que celle de son président, Friedrich Ebert. Le « conseil des représentants du peuple », gouvernement de six membres, tous sociaux-démocrates, était supposé préparer l'établissement d'une république des conseils d'ouvriers, comme l'avaient demandé les représentants de ces conseils dans tout le pays. Mais Ebert n'était nullement de cet avis. Il s'assura donc en secret le soutien de l'armée allemande : les généraux étaient disposés à soutenir la social-démocratie dans la lutte contre le bolchevisme.

Le premier congrès des conseils allemands se réunit à Berlin en 1918, avec une large majorité pour le S.P.D. qui y avait 489 représentants. Il fut décidé d'organiser des élections pour une assemblée nationale et, en attendant, le pouvoir exécutif était confié à Ebert. La révolution allemande fut ainsi aiguillée sur la voie parlementaire. Dans la capitale, la guerre civile faisait rage. Rosa Luxemburg et Karl Liebknecht, chefs du parti communiste, furent exécutés par une escouade de soldats. Au milieu de cette atmosphère exacerbée, les représentant de l'assemblée nationale se réunissaient dans la paisible Weimar pour élire Friedrich Ebert président de la première république parlementaire allemande, la république de Weimar.

Après la révolution de novembre : le traité de Versailles

L'empereur, les rois et les princes s'étaient enfuis ; en Russie, en Autriche-Hongrie et en Allemagne, la monarchie avait été abolie.

L'Allemagne était maintenant une république doté du suffrage universel, de la journée de huit heures et de syndicats reconnus. La social-démocratie avait fait ses preuves comme défenseur de l'ordre dans une situation grave, ce qui conduisit le parti communiste (K.P.D.) nouvellement formé à l'accuser de trahison. Pendant ce temps, un parti conservateur rassemblait les monarchistes, les *Junker* de l'est de l'Elbe, les banquiers et les magnats de la presse. Eux aussi parlaient de trahison et partageaient le sentiment que la guerre avait été perdue parce que l'Allemagne avait été poignardée dans le dos, de l'intérieur, par les rouges. Puis ce fut le traité de Versailles. En novembre 1918, l'Allemagne vaincue signa un traité qui lui faisait perdre toutes ses colonies. L'Alsace revenait à la France, Dantzig passait sous contrôle de la Société des Nations. La Prusse occidentale, des parties de Poméranie et de Haute-Silésie étaient rattachées à la Pologne. La rive gauche du Rhin fut occupée par les troupes victorieuses, la Sarre passa sous administration de la Société des Nations et ses mines de charbon furent attribuées à la France. Des réparations durent être payées qui représentaient plusieurs milliards. L'union entre l'Allemagne et l'Autriche fut interdite et, pour couronner le tout, le paragraphe 231 du traité faisait endosser à l'Allemagne l'entière responsabilité de la Première Guerre mondiale. Un tel traité ne pouvait qu'alimenter une vague de chauvinisme et d'esprit de revanche en Allemagne. Les anciens combattants d'une armée qui n'avait pas connu la défaite sur son propre territoire trouvaient de l'écho quand ils hurlaient à la trahison de l'intérieur et à l'asservissement aux profiteurs.

Les combats d'Adolf Hitler

Ce fils de douanier autrichien, né en 1889, s'enflamma très tôt pour le pangermanisme. Engagé dans l'armée bavaroise en 1914, puis blessé et gazé et décoré de la croix de fer, il garda un souvenir exaltant du front. En 1919, il adhèra au parti ouvrier allemand et entra bientôt au comité directeur. Débarassé, deux ans plus tard, de son fondateur, Drexler, il rebaptisa le mouvement, dont il devint le président, parti ouvrier allemand national-socialiste (N.S.D.A.P.). En novembre 1923, à la tête de sa formation paramilitaire, les S.A. (*Sturmabteilungen*), il tenta à Munich un coup d'État qui échoua. Durant les neuf mois de sa détention, il dicta à Rudolf Hess ce qui formera *Mein Kampf*. L'organisation paramilitaire et policière nazie des S.S. (*Schutzstaffeln*) fut

La foule salue, bras tendu, les dirigeants nazis. Tous ont en tête le slogan « Ein Reich, ein Führer ! »

créée en 1925, portée à soixante mille hommes en 1932 et à deux cent quarante mille en 1934, réussit par la suite à s'infiltrer dans tous les organes de l'État, excepté la Wehrmacht, et fit régner la terreur.

En 1928, le parti nazi avait douze députés, et deux cent trente en 1932. Cette même année, Hitler réclama le pouvoir, mais il fut battu aux élections, remportant tout de même treize mille quatre cents voix. Il profita de l'incendie du Reichtag, faussement attribué aux communistes, pour consolider sa domination et se débarasser des S.A., qui lui faisaient concurrence (Nuit des longs couteaux, le 30 juin 1934), par les S.S. Après la mort de Hindenburg, le 2 août 1934, Hitler cumula la présidence du Reich et la chancellerie : plébiscité à 88 %, il devient *Reichsführer*. Ses idées étaient simples : supériorité de la race germanique, responsabilité des Juifs dans la défaite, apologie de la violence et de la guerre.

Il souhaitait constituer pour l'Allemagne un « espace vital » (*Lebensraum*) et ruiner l'œuvre du traité de Versailles. Pour lui la guerre était donc fatale.

Politiques intérieure et extérieure

Dès son arrivée au pouvoir, Hitler organisa une police d'État, la Gestapo, et ouvrit les premiers camps de concentration (Dachau en mars 1933, puis Oranienburg). Destinés à rééduquer des condamnés de droit commun, ces camps (on en compte six en 1939) enfermaient surtout des Allemands anti-nazi : communistes, socio-démocrates, catholiques, protestants et juifs. Une politique de grands travaux et l'adhésion forcée au Front du travail supprimèrent le chômage.

Après avoir transgressé toutes les limitations prévues par le traité de Versailles pour les forces armées allemandes, le 7 mars 1936, Hitler réoccupa la Rhénanie. La France ne riposta pas. Après avoir laissé ses partisans préparer un coup d'État contre le gouvernement autrichien, il fit marche arrière et se posa en ami de l'Italie. Hitler cherchait un allié contre ses deux ennemis : la France et l'U.R.S.S.

Entre 1936 et 1939, Mussolini et Hitler aidèrent Franco dans sa lutte contre la République espagnole. Dans sa volonté de réunir tous les pays de langue allemande et assuré du soutien de Mussolini, Hitler envahit l'Autriche le 13 mars 1938. En septembre, il obtint la signature de l'accord de Munich qui lui donna un quart de la Tchécoslovaquie. En avril 1939, il réclama les districts allemands de la Pologne et, le 1er septembre 1939, il envahit la Pologne, ce qui déclencha la guerre.

La Seconde Guerre mondiale et la capitulation

Le 1er septembre 1939 donc, la France et la Grande-Bretagne déclarèrent la guerre à l'Allemagne. Et, de 1939 à 1945, le conflit opposa les puissances démocratiques alliées (Pologne, Grande-Bretagne et les pays du Commonwealth, France, Norvège, Danemark, Pays-Bas, Belgique, Yougoslavie, Grèce, puis U.R.S.S., États-Unis, Chine et la majorité des pays d'Amérique latine, aux puissances totalitaires de l'Axe (Allemagne, Italie, Japon et leurs satellites, Hongrie, Slovaquie…).

Pendant deux ans, les armées allemandes volèrent de victoire en victoire. En 1941, les Allemands dominaient l'Europe à l'exception – notable – de la Grande-Bretagne et, soutenus par l'Italie, ils s'étendirent en direction de l'Afrique.

Le vent tourna quand Hitler donna l'ordre à ses troupes de rompre le pacte de non-agression et d'envahir l'Union soviétique. Son échec devant Moscou l'amena à relever Brautisch de son commandement et à prendre lui-même le commandement de l'armée de terre. Après la défaite de Stalingrad, le 2 février 1943 et l'ouverture du second front en Normandie, le 6 juin 1944, la défaite de l'Allemagne paraissait inévitable. En outre, une opposition de l'intérieur vit enfin le jour qui cherchait à sauver le pays de la ruine. Le 20 juillet 1944, le colonel von Stauffenberg plaça une bombe au Q. G. du Führer ; celui-ci s'en sortit avec quelques blessures superficielles et écrasa les insoumis.

La capitulation des forces allemandes eut lieu le 2 mai 1945.

Hitler se retrancha dans l'abri bétonné de la chancellerie. Le 29 avril 1945, voyant ses espoirs définitivement déçus, Hitler épousa Eva Braun et désigna l'amiral Dönitz comme successeur. Le lendemain, il se suicida d'une balle de révolver, et son corps fut brûlé.

On estime que la Seconde Guerre mondiale a occasionné la mort de quarante à cinquante-deux millions de personnes, dont sept millions de déportés en Allemagne.

Adolf Hitler dans l'une de ses postures caractéristiques.

QUARANTE-DEUX ANS DE PARTITION

La bataille de Berlin sonne le glas du IIIe Reich. Le 30 avril 1945, Hitler se suicide dans son bunker de la chancellerie. Le 1er mai, les soldats de l'armée Rouge hissent le drapeau soviétique sur les ruines du Reichstag, incendié par les nazis en 1933. Six jours plus tard, le général Jodl signe la capitulation inconditionnelle de l'Allemagne au quartier général des alliés occidentaux, à Reims. Le 9 mai, cette capitulation est confirmée à Berlin par Keitel, au quartier général soviétique de Berlin-Karlshorst. Malgré une méfiance réciproque entre Staline et Churchill, la coalition réussit à se maintenir jusqu'à la victoire totale sur l'Allemagne et sur Hitler. Le renversement des nazis n'était pas le seul objectif de la guerre ; il s'agissait aussi d'éliminer l'Allemagne en tant que grande puissance européenne. Le morcellement de l'Allemagne ne faisait pourtant pas partie des plans des Alliés à la fin de la guerre. Staline, en particulier, espérait renforcer sa position dans l'Europe de l'après-guerre du fait d'une Allemagne affaiblie territorialement et économiquement, mais non divisée. Le 5 juin 1945, la Déclaration de Berlin faite par les quatre puissances alliées proclame la division du pays en quatre zones d'occupation : les Soviétiques à l'est, les Américains au sud, les Anglais au nord-ouest et les Français au sud-ouest. Berlin, l'ancienne capitale, est dotée d'un statut spécial, comme l'avait déjà prévu le protocole de Londres du 9 septembre 1944, et divisée en quatre secteurs, elle aussi.

Le traité de Potsdam

La conférence des puissances alliées victorieuses s'achève par un traité signé le 2 août 1945 à Potsdam, par lequel Truman, Attlee et Staline se mettent d'accord sur les bases du régime commun d'occupation : démilitarisation, dénazification, démocratisation, décentralisation de l'État, de l'économie et de l'industrie, autrement dit « décartellisation » des *Konzern*. Sur le plan économique, l'Allemagne sera traitée comme une unité. On nommera des autorités centrales allemandes, politiques et économiques. Au bout d'une période d'occupation dont la limite n'a pas été fixée dans le temps, il est prévu un traité de paix. Les transferts de population des régions situées à l'est de la ligne Oder-Neisse doivent se poursuivre « avec ordre et humanité ». Ainsi est sanctionnée dans la pratique l'annexion à la Pologne des territoires allemands de l'est, Silésie et Poméranie orientale, jusqu'à ce qu'elle soit ratifiée officiellement par un traité de paix. « L'idée de vouloir gouverner l'Allemagne en commun avec les Russes est de la démence », écrivit le diplomate américain Kennan à Moscou en 1945. Les accords de Potsdam cachent déjà sous des formules de compromis des divergences politiques et idéologiques. Les notions de paix et de démocratie recouvrent des idées fondamentalement différentes. La paix mondiale paraît assurée, après que, le 26 juin 1945, cinquante nations ont signé la Charte des Nations unies (O.N.U.). C'est seulement au début de l'année 1947 que seront posés les jalons de la division de l'Allemagne.

Un pays anéanti

Le IIIe Reich a transformé l'Allemagne en un champ de ruines. Les grandes villes de Hambourg, Cologne, Magdebourg, Nuremberg, Würzbourg, Dresde, et tant

A gauche, retour de captivité ; à droite, les « femmes des décombres ».

d'autres encore, sont détruites à plus de 50 %. Dans Berlin et dans les villes conquises au prix de combats de rues, des quartiers entiers sont rasés. Au total, environ un quart de tous les immeubles d'habitation, dans les régions situées à l'ouest de la ligne Oder-Neisse, sont entièrement détruits ou gravement endommagés. La guerre a anéanti un cinquième de la capacité industrielle. La production est descendue à un tiers de ce qu'elle était en 1936. Cette dégradation économique est due également à l'effondrement des structures de transports et de communications, à la destruction des gares, des ponts et des tunnels. Il ne reste plus un seul pont en bon état sur le Rhin. En outre, les puissances d'occupation limitent encore la production industrielle et bloquent le commerce extérieur ainsi que les échanges commerciaux entre les différentes zones d'occupation. Ainsi, les villes ne peuvent compter que sur un quart de la quantité de charbon à usage domestique qui leur est nécessaire.

Dans ce pays dévasté et qui a perdu un quart de son territoire, douze millions d'Allemands chassés des pays annexés affluent encore entre 1945 et 1948. Deux millions de ces réfugiés ont péri au cours de leur exode forcé. Une grande partie de la population souffre de la faim et de la maladie. L'hiver 1946-1947, surtout, est terrible. On ne peut espérer survivre que par le troc, le stockage, le marché noir et le chapardage. Les citadins vont à la campagne pour échanger des pianos, des tapis et des bijoux contre des œufs, de la charcuterie et des pommes de terre. Au marché noir, les cigarettes américaines servent de monnaie d'échange, étant donné la dépréciation constante du mark. Au milieu des ruines, de la misère et de la démoralisation générale, la population essaie d'organiser sa survie. Dans les villes, les « femmes des décombres » (Trümmerfrauen) rassemblent des briques pour la reconstruction des maisons. Pendant que les puissances d'occupation démontent les usines, on répare les voies de chemins de fer, les ponts et les machines, pour que la production puisse reprendre rapidement. Pour la majorité des Allemands, le souci quotidien est le logement et l'approvisionnement en denrées de base.

En dépit de tout ce qu'ils ont enduré, les anti-nazis, parmi lesquels de nombreux survivants des prisons et des camps de concentration, restent très attachés au droit des Allemands à la démocratie nouvelle. Dans de nombreuses villes se créent spontanément des comités antifascistes pour la reconstruction politique et économique, comités qui pourtant ne tardent pas à être dissous par les occupants. Le destin de l'Allemagne est aux mains des puissances victorieuses.

Le procès de Nuremberg et la dénazification

Le régime nazi a commis le génocide le plus massif du XXe siècle sur les Juifs allemands et des pays occupés ou contrôlés par l'Allemagne nazie. Près de six Juifs sur sept de ces pays ont péri assassinés lors de pogroms, sont morts de faim, de maladie ou dans les chambres à gaz dans les camps de concentration. Les nazis ont tué 90 % des 3, 3 millions de Juifs que comptait la Pologne au début de la guerre. Ils ont également entrepris le génocide des Tziganes ou Gitans en Allemagne et en Europe occupée.

Le 24 novembre 1945 débutent les procès de Nuremberg contre les dirigeants du régime nazi. Vingt-quatre hommes politiques, idéologues, membres de l'armée et industriels, sont accusés de crimes contre la paix, de crimes de guerre et de crimes contre l'humanité. Le 1er octobre 1946, le tribunal militaire international rend les sentences. Douze accusés sont condamnés à la pendaison : Ley – qui s'est suicidé en octobre 1945 –, Bormann –, en fuite, par contumace –, Göring – qui se suicide en prison, Ribbentrop, Rosenberg, Kaltenbrunner, Jodl, Keitel, Sauckel, Frank, Seyss-Inquart, Streicher, Frick. Le cas de Krupp fut disjoint. Sont condamnés à la prison, dont trois à la détention à perpétuité : Hess, K. von Neurath, Dönitz, Speer, Funk, B. von Spirach et Raeder. Trois sont acquittés : F. von Papen, Frischt et Schacht. Enfin quatre organisations sont condamnées : le N.S.D.A.P., les S.S., le S.D et la Gestapo. Le verdict donne l'occasion à l'O.N.U. de définir le crime contre l'humanité.

Les procès pour crimes de guerre se poursuivent jusqu'en 1950. Ils mettent les Allemands en face des réalités atroces du nazisme, car nombreux sont encore ceux qui ne veulent pas se rendre compte du caractère véritable du régime nazi.

Alors qu'un grand nombre de coupables de crimes graves réussissent à s'enfuir, la « dénazification » gagne le peuple tout entier. Dans le secteur américain, chaque habitant de plus de dix-huit ans doit remplir un questionnaire. Sur la foi des renseignements donnés, les sentences des « chambres de dénazification » vont de la suppression du droit de vote jusqu'à dix ans de prison. Cependant, on a découvert que les vainqueurs eux-mêmes prenaient à leur service des criminels de haut rang, comme par exemple la C.I.A. qui a fait entrer à son service le chef de la Gestapo de Lyon, Klaus Barbie. Dans le secteur soviétique,

A gauche, le banc des accusés au procès de Nuremberg ; ci-dessus, le pont aérien pendant le blocus de Berlin en 1948.

l'épuration anti-fasciste prend, dès le départ, les traits de la terreur stalinienne.

Premiers conflits

En dépit du Conseil de Contrôle, les puissances occupantes poursuivent leur propre politique sous la tutelle des gouverneurs militaires. Le secteur soviétique est le théâtre d'une « révolution démocratico-antifasciste » venue d'en haut afin d'exterminer « les racines du fascisme, du militarisme et de la guerre ». Elle commence par une réforme agraire, la nationalisation des banques, l'expropriation de tous les « profiteurs de la guerre », le démantèlement d'innombrables installations industrielles, ainsi que la création de sociétés anonymes soviétiques (S.A.G.) qui accaparent plus de 30 % de la capacité industrielle. Sans oublier les mines d'uranium de la Saxe, dont l'extraction est assurée par le travail forcé. La totalité du minerai est d'ailleurs destinée à la fabrication de la bombe atomique soviétique. Plusieurs raisons, dont la pénurie de ravitaillement, incitent plus d'un million de citoyens du secteur est à s'enfuir à l'ouest ; à la suite de cet exode, l'administration militaire soviétique (S.M.A.D.) boucle la zone frontalière au cours de l'été 1946.

Dans les secteurs occidentaux, on procède également à la démolition des usines archaïques jusqu'en 1949, et il s'ensuit évidemment une augmentation du chômage. Pendant des années, la France joue un rôle très particulier dans cette organisation : elle refuse obstinément toute instance centrale allemande, exige l'internationalisation de la Ruhr et annexe la Sarre à l'économie française. Ces mesures n'empêchent pas de nombreux Allemands de mettre tous leurs espoirs dans l'Ouest et, surtout, dans les Américains, espoirs nourris par les échos qui leur parviennent de l'Est sur le style de vie de leurs compatriotes. L'envoi des « colis de subsistance », les fameuses opérations *Care-Pakete*, fruit d'initiatives privées américaines, qui sont une aide bienfaisante à la population du secteur ouest aux pires moments de la famine, les incite également à tourner les yeux vers l'Occident lointain plutôt que vers l'Est.

De même que les Soviétiques, mais un peu plus tard qu'eux, les gouvernements militaires de l'Ouest autorisent les activités politiques des partis et des syndicats dans leurs secteurs respectifs. A la fin de l'été 1945 et durant l'automne, ils restructurent les Länder et leur donnent un gouvernement propre. Les premiers parlements des Länder (Landtag) sont élus à partir de la fin de l'année 1945. Ils forment des gouvernements parlementaires sous le contrôle des autorités d'occupation. Après des débuts hésitants, les Américains aident les secteurs de l'Ouest à reconstruire leur économie, sur les bases du capitalisme privé.

Au cours de l'été 1946, le gouverneur américain au Conseil de Contrôle propose de former des administrations économiques centrales dans les quatre secteurs d'occupation, mais la France et l'Union soviétique refusent. A partir de septembre 1946, les oppositions des quatre alliés sur la politique allemande se précisent. Américains et Britanniques décident de former en 1947 une zone d'économie commune à leurs deux secteurs d'occupation, mais, le 6 septembre 1946, à Stuttgart,Byrnes, ministre des Affaires étrangères des États-Unis, rejette le plan industriel,

réclame un gouvernement allemand commun sur la base des Länder, et propose une révision de la frontière de l'Est, la ligne Oder-Neisse, en prévision du traité de paix. Les Soviétiques protestent contre la formation de la zone d'économie commune, tout comme les Français, qui réclament derechef l'internationalisation de la Ruhr.

La guerre froide

Les pratiques divergentes dans les diverses zones d'occupation reflètent les différences des systèmes ainsi que l'aggravation des oppositions d'intérêts des deux grandes puissances. En 1947-1948, le conflit Est-Ouest se fait jour en de nombreux endroits d'Europe et s'étend même à certains pays asiatiques. En Europe de l'Est, dans la sphère d'influence attribuée à Staline par la conférence de Yalta en février 1945, les communistes installent des dictatures stalinistes dans les « démocraties populaires ». Lorsque les forces de gauche menacent d'intervenir dans la guerre civile en Grèce et que des tensions révolutionnaires se font jour également en Turquie, le président des États-Unis proclame la doctrine Truman contre l'extension du régime communiste. C'est le début de la guerre froide.

A gauche, les émeutes du 17 juin 1953 à Berlin-Est ; ci-dessus, Konrad Adenauer, premier chancelier de la R.F.A.

Le plan Marshall proclamé à grand renfort de publicité, auquel la Pologne est forcée de renoncer sous la pression de Staline, sert à endiguer l'expansion soviétique. En février 1948, les communistes prennent le pouvoir à Prague. En revanche, Tito, le chef de l'État yougoslave, rompt avec Staline, même s'il a instauré dans son propre pays un régime similaire. Tandis qu'un « rideau de fer » s'abaisse en Europe centrale et scinde le continent en deux, tous les partis en présence comprennent que le centre politico-stratégique de la guerre froide se trouve dans l'Allemagne vaincue et occupée.

1947-1949, vers la scission

Ce sont en premier lieu les puissances occidentales qui, pour des raisons économiques, sont à l'origine de la scission de l'Allemagne et de la création d'un État autonome de l'Ouest. L'Angleterre et la France ne peuvent payer leurs livraisons de vivres et de ravitaillement à l'Allemagne qu'en devises américaines. A plusieurs reprises, le gouverneur militaire, Clay, fait clairement comprendre à Washington, que les Allemands doivent payer eux-mêmes leurs importations, ce qui n'est réalisable qu'à condition d'augmenter leur production industrielle et leurs exportations. Comme il est impossible de parvenir à un accord avec les Soviétiques sur ce point, on prépare la création de l'État Ouest-allemand.

L'unique initiative digne de ce nom prise par les hommes politiques allemands de l'après-guerre pour conjurer la scission qui se dessine à l'horizon échoue en juin 1947. Lorsqu'une conférence des Premiers ministres de tous les secteurs est convoquée à Munich sur l'initiative de la Bavière, les représentants des secteurs de l'Ouest sont informés par les autorités d'occupation qu'ils doivent limiter leurs négociations aux problèmes économiques. En revanche, les Premiers ministres du secteur Est, eux aussi sur l'ordre de la puissance d'occupation soviétique, exigent des négociations sur la question d'un gouvernement central. Leur ordre du jour étant refusé, ils repartent aussitôt. Les lignes de front de la guerre froide courent déjà en plein cœur de l'Allemagne.

Dans les secteurs occidentaux, le président de la C.D.U., Konrad Adenauer, met ouvertement le cap sur l'intégration à l'Ouest. De même le président du S.P.D., Kurt

Schumacher, après avoir passé dix années atroces dans les camps de concentration nazis, refuse nettement toute coopération avec les communistes. En échange, il admet déjà la scission de l'Allemagne.

Création de l'État allemand de l'Ouest

A la conférence des Six, qui se tient à Londres du 23 février au 7 juin 1948, États-Unis, Grande-Bretagne, France et les États du Benelux se mettent d'accord sur l'inclusion de l'Allemagne de l'Ouest dans la reconstruction européenne (O.E.C.E., Organisation européenne de la coopération économique), sur un contrôle international de la Ruhr et sur la création d'un État fédéral de l'Allemagne de l'Ouest. Le 20 mars 1948, le représentant soviétique quitte le Conseil de Contrôle des alliés à Berlin en manière de protestation.

Le 20 juin 1948 a lieu la réforme monétaire dans les secteurs occidentaux, décidée à Londres. Le 23 juin, la S.M.A.D. réplique par une réforme monétaire parallèle dans le secteur de l'Est. Le conflit se durcit et prend des proportions dramatiques lorsque les Soviétiques, dans la querelle autour de la nouvelle monnaie, réagissent par un blocus total de Berlin-Ouest. Les puissances occidentales organisent alors un pont aérien qui assurera le ravitaillement de la population berlinoise des secteurs occidentaux en vivres et en charbon jusqu'à la levée du blocus, le 12 mai 1949. En septembre 1948, c'en est fait de l'unité de Berlin : la ville est coupée en deux. Sous la conduite du bourgmestre en titre, Ernst Reuter (S.P.D.), Berlin, ancien centre de la dictature nazie, devient aux yeux du monde occidental le symbole de la volonté de liberté démocratique.

A partir du 1er septembre 1948, le Conseil parlementaire appelé par les puissances occidentales, dont les membres sont élus parmi les représentants des Landtag ouest-allemands, élabore, au château de Herrenchiemsee, une constitution provisoire, la Loi fondamentale (Grundgesetz), prologue à la constitution de la future R.F.A. Après une ratification par les Landtag, la constitution de la République fédérale d'Allemagne est proclamée le 23 mai 1949. En septembre de la même année, le Bundestag nouvellement formé se réunit. Theodor Heuss (F.D.P.) est élu premier président de la nouvelle république, et Konrad Adenauer (C.D.U.) devient chancelier fédéral, à la tête d'une coalition de droite. Le nouvel État occidental forme une démocratie parlementaire à structure fédérale dans les Länder. Le statut d'occupation demeure officiellement en vigueur jusqu'en 1955. Les puissances occidentales veillent à ce que Berlin-Ouest, dans sa fonction de centre de l'Allemagne tout entière, ne tombe pas sous la responsabilité du gouvernement de Bonn.

L'autre Allemagne

Tout en attaquant violemment la politique de scission de l'Allemagne ouest-allemande à coup de slogans patriotiques prônant l'unité, le S.E.D. (parti socialiste unifié d'Allemagne) riposte par la constitution de l'État Est-allemand. Le 29 mai 1949, le troisième congrès du Peuple à Berlin-Est, élu sur des listes uniques, approuve la constitution de la R.D.A., appliquée également à l'Allemagne tout entière. La constitution entre en vigueur le 7 octobre 1949. Wilhelm Pieck devient le premier président, Otto Grotewohl, ancien social-démocrate, se voit attribuer la fonction de Premier ministre d'un gouvernement S.E.D. auquel participent formellement les partis du bloc non socialiste. Le centre du pouvoir se trouve au politbureau du S.E.D., dont la fonction la plus importante, celle de secrétaire général de ce parti unique, revient à Walter Ulbricht. En 1952, la première étape de la politique d'occupation et de nationalisation, déclarée « révolution démocratique anti-fasciste », est terminée. Le cap est mis à présent sur la construction du socialisme. Et les choses iront bon train. Seront collectivisées les « usines du peuple » appelées V.E.B. (*Volkseigenebetriebe*) ainsi que d'autres branches de la production, notamment l'agriculture et l'artisanat.

Après la mort de Staline, le 6 mars 1953, des fonctionnaires éminents du S.E.D., groupés autour de Rudolf Herrnstadt et du chef de la Sécurité, Wilhelm Zaisser, tenteront d'imposer une nouvelle orientation dans le sens d'un adoucissement. Avec l'aide de l'ambassadeur de l'Union soviétique et haut commissaire Semionov, ils prévoient de destituer Ulbricht et de reprendre la direction de la réunification allemande – un plan tactique minutieusement calculé pour empêcher l'intégration militaire de l'Allemagne de l'Ouest à l'Occident. Le soulèvement du 17 juin 1953 éclate donc en pleine phase critique. Les ouvriers du bâtiment de Berlin-Est réagissent à une augmentation des cadences de travail par une grève et des manifestations de masse qui se développent rapidement dans toute la R.D.A. et prennent les dimensions d'un véritable mouvement insurrectionnel. Les slogans des grévistes débouchent, c'était à prévoir, sur des revendications d'élections libres et de réunification de l'Allemagne. Sur la demande pressante d'Ulbricht, les occupants soviétiques interviennent et écrasent la révolte à l'aide de blindés.

Si le soulèvement populaire de la R.D.A. donne un regain de solidité à l'assise politique de Walter Ulbricht, chef du parti unique, il favorise également la victoire élect
chancelier Adenauer en septembre
renforce encore sa politique d'intégra
l'Ouest. A partir de cette anné
l'Allemagne fédérale fait du 17 juin le jou
l'Unité allemande.

*A gauche, travailleurs étrangers (*Gastarbeiter*) rentrant chez eux ; à droite, Rudi Dutschke, chef de file du mouvement estudiantin de 1968.*

Le miracle économique de la R.F.A.

Le succès économique engendré par la stabilisation envisagée avec la réforme monétaire dans la République fédérale se réalise avec un certain retard. Les vitrines pleines de marchandises entraînent tout d'abord un accroissement de la production dans le secteur des

biens de consommation. Puis le plan Marshall entre en vigueur le 15 décembre 1949, donnant une nouvelle impulsion. Il déverse plus de trois milliards de deutschmarks dans la production ouest-allemande, sous forme de prestations en nature et de crédits. La guerre de Corée (1950-1953) provoque à son tour une montée en flèche des exportations.

Au cours des années cinquante, le monde ahuri assiste au miracle économique ouest-allemand : taux de croissance de 8 % en moyenne, fin du chômage et augmentation progressive de la prospérité. Ce renouveau brutal repose sur le concept d'économie sociale de marché, concept qui permet au ministre de l'Économie, Ludwig Erhard (C.D.U.), de

… la dynamique du …propriété privée des … Les débordements du …ibéral doivent cependant … des contrôles de la concur- …par l'État et par une politique …uccès de ce système est dû en …ie aux syndicats qui poursuivent …ique des salaires raisonnable. Les …ats forts, coiffés par la Deutsche …rksschaftsbund (D.G.B. : Fédération des …dicats ouvriers allemands), limitent la lutte …es classes à la rhétorique et fonctionnent plutôt comme supports du système économique (« partenaires sociaux »). De même, les

sociaux-démocrates ouest-allemands tirent un trait sur le marxisme, théorie et pratique, et font des concepts keynesiens de l'économie le fondement de leur programme de Bad Godesberg (1959).

A la fin des années cinquante, l'Allemagne de l'Ouest représentera à elle seule la moitié de la production industrielle de la Communauté européenne, qui a été créée en 1957 pour être la base de la poursuite de l'intégration politique et économique de l'Europe occidentale. La « coccinelle » Volkswagen et l'étoile de Mercedès deviennent vite le symbole du miracle économique allemand. Le label *made in Germany* est un gage de qualité dans le monde entier. La balance des paiements et du commerce extérieur sera positive à partir de 1952, la Bundesbank (Banque Fédérale) accumulera jusqu'en 1969 la valeur de trente milliards de D-Marks en devises. Un facteur important a joué un rôle essentiel dans ce miracle économique : le fort potentiel de personnel hautement qualifié et discipliné, qui se recrute en premier lieu parmi les réfugiés des anciens pays de l'Est et de la R.D.A.

Pour mettre un frein au mouvement de fuite vers l'Ouest, qui reprend de plus belle à partir de 1959, les dirigeants de l'Allemagne de l'Est ont recours à un moyen radical : dans la nuit du 13 août 1961, ils construisent le mur de Berlin. A partir de là, l'économie de l'Allemagne de l'Ouest accepte avec empressement les offres de main-d'œuvre non qualifiée qui lui viennent d'Italie et d'Europe méridionale depuis plusieurs années déjà. L'afflux de centaines de milliers d'hommes en provenance de Turquie commencera après la récession de 1966-1967, véritable migration dont on ne mesurera les conséquences socioculturelles que dans les années quatre-vingt.

L'ère Adenauer

Vers le milieu des années cinquante, les Allemands de l'Ouest oublient la guerre et se tournent vers les plaisirs et les agréments de la vie : bonne table, mobilier neuf, appareils de télévision et voyages sur la Riviera italienne. A la profonde indignation de leurs parents qui n'ont pas perdu leur fibre sentimentale pour les films mélodramatiques d'avant-guerre, les jeunes s'enflamment pour les rois du rock'n roll, Bill Haley et Elvis Presley. L'idéologie de l'intégration de l'ère Adenauer est fondée sur l'anticommunisme, ce qui n'a rien d'étonnant étant donné l'image que présente l'Europe de l'Est. Avec le recul du temps, l'ambiance des années cinquante passe pour être provinciale, petite-bourgeoise et réactionnaire. Si les Allemands de l'Ouest semblent refouler au tréfond de leur conscience le

nazisme, en réalité, les comportements politiques et privés de la majorité d'entre eux prennent leur source dans les réalités de la reconstruction et dans le simple besoin de calme et de sérénité après toutes ces années de mobilisation de masse et de destruction.

La guerre de Corée (1950-1953) soulève un débat important au sein des puissances occidentales, sur l'opportunité d'un réarmement ouest-allemand. Le chancelier Adenauer exploite cet intérêt militaire pour donner à la République fédérale un surcroît de souverai-

A gauche, Willy Brandt devant le monument du ghetto de Varsovie, en 1970 ; ci-dessus, manifestation du lundi à Leipzig.

neté. Les catholiques conservateurs
pas là le prélude à une réunification. C
veulent, c'est que l'Allemagne de l
obtienne une position qui lui donne des
égaux dans le concert de l'Europe de l'
unie. L'intégration économique de l'Eu
occidentale commence en 1957 avec le tr
de Rome, qui marque la création de la C.E.E

Pour les Soviétiques, le réarmement oues allemand dans une alliance forte avec l'Occident représente un défi incalculable. Pour faire obstacle à l'intégration militaire, Staline propose en 1952 un traité de paix et pose comme condition une Allemagne réunie et neutre. Il renouvelle à plusieurs reprises ces propositions jusqu'à l'entrée de la République Fédérale dans l'O.T.A.N., en 1955. Plusieurs fois également, l'Union soviétique se montre prête à sacrifier son État est-allemand en échange de ce prix politique. Les chances de réunification se multiplieront donc au cours de cette période, mais Adenauer les ignore ; il repousse obstinément toute idée de neutralité.

Pour parvenir à ses fins, c'est-à-dire obtenir le retrait des Américains, l'Union soviétique imagine une autre solution : elle édifiera la construction de son domaine. En 1955, la R.D.A. possède son armée et entre dans le bloc militaire nouvellement créé du pacte de Varsovie. Ainsi se forme progressivement un système de deux blocs. Les quatre puissances alliées ne manifestent plus aucune envie de résoudre la question allemande. La situation s'envenimera une fois encore lorsque, en 1959, Khrouchtchev propose un traité de paix incluant les deux États allemands et le retrait des Alliés de Berlin-Ouest. Cette crise berlinoise se terminera par la construction du Mur, le 13 août 1961. Il faut noter aussi que le gouvernement des États-Unis a été prévenu en son temps de ce projet et a donné son assentiment.

Nouvelle politique à l'Est et statu quo

Les super-puissances semblant d'accord pour une détente après la crise de Cuba (1962), la « nouvelle Ostpolitik » de la coalition sociale-libérale (S.P.D./F.D.P.) dirigée par Willy Brandt prend pour objectif la préservation de l'unité de la nation allemande dans les conditions actuelles de la séparation. Il est indispensable que, à Berlin et en Allemagne, les gens puissent se revoir. Au niveau international, la Ostpolitik élaborée par Egon Bahr, vise à desserrer la structure des blocs Est-Ouest par les

…en Europe. Après … nombreuses années … stre de Berlin-Ouest, … gouvernement en 1969. … e espoir aux Allemands de … illent avec un enthousiasme … sa visite à Erfurt, en vue de … s avec le Premier ministre de … lli Stoph. Pour le monde entier, le … de « nouvelle politique de l'Est » (*Ostpolitik*) est symbolisé par le geste … taculaire de Willy Brandt l'anti-fasciste, … agenouillant devant le mémorial du ghetto de Varsovie, édifié en hommage aux victimes juives des horreurs du nazisme.

Après les traités signés par l'Allemagne de l'Est avec Moscou et Varsovie, la République fédérale conclura le « traité de principe » de 1972 avec la R.D.A., qui a pour objectif un bon voisinage.

La contestation de 1968

Dans l'évolution de la République fédérale, les dernières années de la décennie soixante marqueront une césure dans l'histoire de l'après-guerre. La période 1966-1967 apporte à l'État ouest-allemand sa première grave récession économique, provoquée par les crises structurelles des houillères et de la sidérurgie. Les mesures interventionnistes de l'État prises par la grande coalition C.D.U./C.S.U.-S.P.D. de 1966 à 1969 mettent fin à la crise, et la conjoncture est de nouveau à la hausse.

Après une longue immobilité, la République fédérale semble plus secouée par le soulèvement au sein des universités que par la renaissance passagère des néo-nazis du N.P.D. Dans leur révolte, quelques militants actifs seulement, parmi les amis de Rudi Dutschke, chef de file des étudiants de Berlin-Ouest, rêvent également de voir disparaître le Mur et éclater la révolution socialiste dans toute l'Allemagne. La majorité proteste contre la guere du Viêtnam et cherche dans les mouvements du tiers monde le sujet révolutionnaire de l'émancipation générale. Les étudiants font de Ho Chi-Minh, Mao Ze-dong et Che Guevara leurs idoles.

Suppression des tabous sexuels, nouveaux principes d'éducation, notions d'émancipation et d'autodétermination deviennent les éléments fondamentaux d'un nouveau style de vie. Le soulèvement de 68 débouchera, après bien des détours, dans le mouvement écologique des Verts. La rébellion estudiantine laisse un héritage explosif sur la lutte contre le fascisme et l'impérialisme : la Fraction Armée Rouge (R.A.F.) introduit une tradition de terrorisme politique qui a déjà marqué plusieurs générations de jeunes (les vétérans fatigués seront accueillis à bras ouverts par la R.D.A. d'Erich Honecker).

Vers la réunification

La perspective à long terme de la réunification allemande envisagée par les sociaux-libéraux perd de plus en plus de terrain au cours des années soixante-dix et quatre-vingt. Surtout parmi les intellectuels allemands, on allie une interprétation moralisante de l'histoire à la défense de la scission en deux États allemands. Au début des années quatre-vingt, des signes de mécontentement national à propos du statu quo commencent à se faire jour en

provenance du Mouvement pour la paix qui élève une protestation véhémente contre une nouvelle étape de la course aux armements sur le sol allemand. Dans l'opposition pacifiste en R.D.A., soutenue par l'Église protestante, se forme un courant qui se manifestera ouvertement au moment des événements de 1989.

Pendant que, en R.D.A., l'opposition menée par le Mouvement pour la paix met ses espoirs dans le réformateur soviétique, Mikhaïl Gorbatchev, la direction sénilisante de l'Allemagne de l'Est, encore et toujours imprégnée de stalinisme, laisse passer la chance qui lui est offerte de libéraliser et de

A gauche et ci-dessus, le mur de Berlin.

moderniser le régime. En septemb lorsque Honecker est reçu avec tous neurs dus à un chef d'État par le cha Kohl, lors de sa visite officielle à Bo s'est sans doute senti au faîte de sa carr cette visite officielle ne démontre-t-elle l'existence effective de deux États allema sur un pied d'égalité ? A cette époque- l'agenda des hommes politiques est mobilis par l'établissement du marché intérieur européen de 1992, et donc le problème de la scission allemande. Rares sont ceux qui, à l'Ouest, interpréteront le nombre croissant des demandes de sorties du territoire déposées par les citoyens de l'Est comme le symptôme d'une révolution imminente. Lorsque, au cours de l'été 1989, les communistes réformistes hongrois, qui ne veulent pas, eux, laisser passer leur chance de se rattacher à l'intégration ouest-européenne, ouvrent les frontières sur l'Autriche, les citoyens de R.D.A. s'engouffrent en foule sur la « frontière verte ». A ce mouvement de masse, la direction du S.E.D. réagit par une attitude butée de souveraineté étatique : ainsi forcera-t-elle les trains de réfugiés en provenance de Prague à traverser la R.D.A. pour gagner la République fédérale. La gare de Dresde sera le théâtre de véritables scènes de guerre civile.

La réunification conquise par le peuple allemand éveille aussitôt une sympathie ardente auprès des gouvernements des États voisins. En vain les alliés occidentaux de Bonn essaient-ils, dans la phase initiale de cette révolution pacifique, de freiner la dynamique en Allemagne. En fin de compte, c'est l'attitude des deux super-puissances qui est déterminante : elles ne veulent, ni ne peuvent, bloquer le mouvement révolutionnaire vers l'unité allemande, de sorte que, en 1990, on en vient à un accord rapide sur la question de la paix en Allemagne, non résolue jusqu'alors. La formule imaginée par le ministre des Affaires étrangères Genscher « 2 + 4 », soit deux gouvernements allemands plus quatre puissances victorieuses, permettra de régler les problèmes européens de sécurité (à la place du traité de paix qui n'a jamais été réalisé). En juillet 1990, Gorbatchev accepte l'affiliation à l'Alliance atlantique (O.T.A.N.) d'une Allemagne réunifiée, mais désarmée, condition posée par les Américains pour la réunification allemande.

Le 3 octobre 1990, les Allemands fêtent enfin leurs retrouvailles. Ce jour-là marque la fin définitive de l'après-guerre.

LA RÉUNIFICATION

Le 7 octobre 1989, la R.D.A. fête son quarantième anniversaire en criant : « La République démocratique allemande continuera à se développer grâce au peuple tout entier. » Cette devise allait en effet se réaliser, mais dans une direction diamétralement opposée à celle qu'envisage le régime imposé par les « dinosaures » du S.E.D. Au cours des semaines qui suivent, des millions de citoyens est-allemands arpentent les rues au cri de : « Nous sommes le peuple ! », pour clamer leur volonté d'obtenir les droits démocratiques, des élections libres, la liberté de circulation et de meilleures conditions de vie. Le Parti ne réussit pas à briser ce mouvement de protestation, pas même à le récupérer pour son dessein, ni par la répression, ni par des concessions et des promesses de réformes. Le 18 octobre, le chef du parti unique Erich Honecker, est renversé. Le 9 novembre, le mur de Berlin tombe sous la poussée du mouvement populaire, de plus en plus décidé à aller jusqu'au bout de ses revendications. Le texte de la Constitution relatif au pouvoir suprême du Parti est aussitôt aboli. En décembre, la table ronde se réunit à Berlin, l'opposition négocie avec le Parti pour esquisser l'avenir du pays.

Des élections libres, considérées jusqu'alors comme une utopie sans espoir, sont prévues pour 1990. Avant même que le Parlement librement élu, le premier dans l'histoire de la R.D.A., ne se réunisse, sa mission réelle est fixée : liquidation de la République démocratique en tant qu'État autonome, et rétablissement de l'unité allemande. Le quarantième anniversaire de la R.D.A. n'aura pas de lendemain.

Depuis l'arrivée de Gorbatchev au pouvoir, en 1985, le S.E.D avait fait comprendre clairement que, le cas échéant, il maintiendrait son orientation politique et dogmatique contre le réformateur du Kremlin lui-même si cela s'avérait nécessaire. Alors que, le soir du quarantième anniversaire de la création de la République, les dirigeants du monde socialiste sont encore réunis à Berlin-Est pour le banquet d'usage, quelques milliers de citoyens se rassemblent sur l'Alexanderplatz toute proche pour former une manifestation spontanée autour du slogan : « Nous sommes le peuple ! », sous les yeux des journalistes venus du monde entier à l'occasion de cette journée solennelle. Aux cris de « Gorbi ! Gorbi ! », ils réclament la réforme du socialisme allemand. Une fois passé le premier instant de stupeur, les groupes de combat, la police, les régiments de garde et la Stasi se lancent, matraque brandie, sur les manifestants pacifiques. A Berlin et dans d'autres métropoles, plusieurs milliers de personnes sont arrêtées et soumises à d'interminables interrogatoires. Cette brutalité engendre aussitôt dans la population un nouvel état d'amertume qui se transformera, au cours des

semaines suivantes, en une force révolutionnaire. Depuis des mois déjà, des milliers de citoyens résignés quittent le pays par la porte ouverte en juin 1989 entre la Hongrie et l'Autriche. Ils témoignent de l'immobilisme chronique du régime en vigueur à Berlin-Est et de son anachronisme.

Il est certain que l'économie de la R.D.A. est la plus performante au sein du bloc socialiste, mais les conditions matérielles de l'existence au quotidien restent très inférieures au niveau de vie occidental. Certes il n'y a ni chômeurs ni clochards en R.D.A. mais, pour les jeunes, l'argument est insuffisant. Tandis que, soir après soir, la télévision occidentale montre le flot de réfugiés qui fuient le pays, la

A gauche, gardes-frontière désœuvrés ; à droite, les parcelles du Mur se vendent cher...

direction du S.E.D continue sa propagande anachronique. La production et les prestations de services s'effondrent par manque de personnel qualifié, l'exode devient dramatique. Mikhaïl Gorbatchev écrit à l'adresse des dirigeants du S.E.D., toujours butés dans leur refus des réformes, ce qui va se révéler bientôt comme un verdict historique : « La vie se charge de châtier les retardataires ». L'image de l'opposition se transforme aussi sous la pression de la crise engendrée par l'exode. Jusqu'en juin 1989, elle s'est limitée à des initiatives dispersées, à propos de la protection de l'environnement, de la paix et des droits de l'homme, sous le couvert de l'Église protes-

tante. Mais comparée à ce qu'elle est dans des pays comme la Pologne et la Hongrie, l'influence de cette dernière est minime. Pour la première fois, dans la foulée des élections communales de mai, dont le résultat proclamé par le régime est voisin de 100 %, on enregistre çà et là des protestations contre la falsification évidente du scrutin.

Il faudra attendre le mois de septembre pour qu'un mouvement se dessine, lorsque, stimulée par cette vague d'exode, une centaine de pionniers publie l'*Appel 89*, prélude à la création du Nouveau Forum (*Neues Forum*). Cet appel reflète exactement le moral de la population, qui réclame un large dialogue sur les problèmes brûlants et la recherche commune de solutions. En quelques semaines seulement, près de cent mille citoyens s'inscrivent sur les listes du Neues Forum. Cette fois-ci, il n'y a pas d'opération répressive contre l'opposition nouvelle, comme c'était l'habitude jusqu'alors pour des activités beaucoup moins spectaculaires. Les dirigeants de la R.D.A., dont la réputation dans le monde est déjà tombée à zéro avec l'exode massif, n'ont pas envie de provoquer, par des mesures de violence, d'autres gros titres humiliants dans la presse internationale avant les festivités du quarantième anniversaire de la République. La grande manifestation du lundi 9 octobre à Leipzig a été précédée de la fameuse série des « manifestations du lundi », qui avaient eu lieu toutes les semaines depuis déjà plusieurs mois.

La situation prend alors l'allure d'une escalade dramatique. Les troupes de choc restent sur le qui-vive et, dans les hôpitaux, les flacons de sang sont prêts à l'emploi. La presse annonce officiellement l'arrêt des « activités contre-révolutionnaires », « les armes à la main, si besoin est », est-il précisé sans ménagement. Néanmoins, ce soir-là, le 9 octobre, Leipzig enregistre la manifestation la plus importante depuis le soulèvement du 17 juin 1953, avec soixante-dix mille participants. Le pouvoir se tait. Dans le courant de l'après-midi, Kurt Masur, chef d'orchestre du

Gewandhaus, accompagné de trois fonctionnaires du S.E.D. a lancé un appel à la sagesse et au calme, diffusé sur les ondes locales. La participation de ces fonctionnaires du Parti fait sensation. La Centrale de Berlin n'est plus en mesure d'imposer son régime de fer ni d'empêcher le cours de l'évolution. Le parti libéral-démocratique qui, jusqu'alors, était l'esclave du S.E.D., soutient à présent ouvertement les revendications des manifestants ; le nombre des artistes et des gens de théâtre qui participent aux protestations ne fait qu'augmenter; dans les entreprises, le personnel se retire de la Fédération des syndicats ouvriers manipulée par le Parti. Le 16 octobre 1989, tandis que, à Leipzig, cent vingt mille personnes envahissent la rue, la chute de Honecker est déjà scellée. Deux jours plus tard, le 18 octobre, le chef de l'État et du Parti démissionne, ainsi que ses collaborateurs les plus proches, Günter Mittag, maître absolu de l'économie, et Joachim Herrmann, maître absolu de l'idéologie. Egon Krenz, chargé des questions de sécurité au politbureau et qui faisait déjà figure de dauphin depuis des années, prend la succession de Honecker. Malgré ces changements dans le Comité central, le lundi suivant, trois cent mille personnes se rassemblent dans les rues de Leipzig. Le lendemain, Krenz se fait élire chef de l'État, ce qui souligne la volonté du Parti de conserver à lui seul le pouvoir. Il reste aveugle aux signes du temps. Au lieu d'accepter de négocier avec les groupes d'opposition, il essaie de sauvegarder sa position en promettant des réformes une fois le calme rétabli. Le 4 novembre, Berlin-Est est le théâtre de la plus grande manifestation depuis la révolution de novembre 1918, avec plus d'un million de participants, manifestation qui est diffusée en direct dans tout le pays. Cette fois, le peuple réclame ouvertement une démocratie pluraliste qui garantisse aux citoyens tous les droits à la liberté en vigueur dans les sociétés occidentales.

Deux jours après cette manifestation historique, lorsque le gouvernement publie une nouvelle loi sur les voyages, qui exige encore de déposer une demande avant chaque déplacement, la fureur populaire ne connaît plus de bornes. Le slogan fuse de toutes parts : « Fini les visas ! ». Deux jours encore se passent, puis le cabinet tout entier donne sa démission et, le 9 novembre, c'est le tour du politbureau de Honecker. Si les nouvelles têtes ne sont pas encore des réformateurs convaincus et décidés, du moins Hans Modrow, chef du parti de Dresde qui devient Premier ministre, passe pour être un réformateur sincère.

A gauche, « Mon Dieu, aide-moi à survivre à cet amour mortel. » ; ci-dessus, manifestation contre la politique de Honecker.

FUIR L'EST

C'est bien un référendum dans la rue qui, au cours de l'été et de l'automne 1989, exprima la colère du peuple et amena la chute du Mur, et ce ne fut ni le premier ni le dernier. Même après la chute du Mur et jusqu'à la réunification le 3 octobre 1990, trois cent mille personnes continuèrent à fuir le pays.

Depuis la fin de la guerre, la République fédérale a accueilli environ seize millions de réfugiés, forcés ou volontaires. Ce chiffre représente plus d'un quart de la population totale de l'ancienne R.D.A. Vers la fin de la Seconde Guerre mondiale et dans les mois qui suivirent, arrivèrent environ sept millions d'Allemands, en provenance surtout de la Silésie devenue polonaise. En outre, trois autres millions se sont enfuis du pays des Sudètes, situé au nord de la Tchécoslovaquie, ainsi qu'un million huit cent mille Hongrois, Roumains et Yougoslaves. Plus précises encore sont les statistiques concernant les réfugiés de R.D.A. et des autres pays depuis 1950. Jusqu'en 1988, il en vint cent six millions de l'Europe de l'Est et de l'Union soviétique.

Étant donné les changements politiques et la libéralisation des conditions de sortie du territoire, le nombre des réfugiés fit un bond en 1988 et 1989. Cent quarante mille Polonais environ en 1988 et deux cent cinquante mille en 1989, ainsi que quarante-sept mille cinq cents Russes en 1988 et cent mille en 1989 quittèrent leur pays pour trouver refuge en Allemagne de l'Ouest.

Jusqu'à la construction du mur de Berlin le 13 août 1961, deux millions sept cent mille Allemands de l'Est environ passèrent en Allemagne Fédérale, nombre fourni officiellement par les camps d'accueil. A cela s'ajoute environ un million de réfugiés qui ont été recueillis par des parents ou des amis et n'ont donc pas été enregistrés. Le premier exode date de 1953 (année du soulèvement du 17 juin), avec trois cent trente et un mille réfugiés. Après la construction du Mur, six cent seize mille Allemands de l'Est réussirent encore à passer en Allemagne de l'Ouest jusqu'en 1988, avec ou sans autorisation légale de sortie. En 1989, ils furent trois cent quarante mille à s'enfuir par Budapest, Prague et Varsovie. Ainsi, plus d'un quart des habitants de la R.D.A. quitta le pays au fil des années.

Ces émigrations impressionnantes ont été provoquées par la situation politique dans les pays impliqués, ainsi que par les conditions de vie anachroniques, surtout si on les comparait à celles des pays occidentaux. Voici quelques chiffres qui permettront d'établir des comparaisons : alors que la République fédérale affichait cent cinquante-deux voitures pour cent foyers, la République démocratique n'en avait que cinquante-deux. 94 % des foyers en R.F.A. possédaient un téléviseur en couleurs, et cinquante-deux seulement en R.D.A. A l'Est, neuf foyers seulement sur cent avaient le téléphone, contre 98 % à l'Ouest.

A court terme, chaque vague de réfugiés représente une lourde charge pour les budgets nationaux. A long terme, l'extrême motivation au travail de ces nouveaux citoyens stimule l'économie, et la production globale ainsi que la demande sont aussi notablement renforcées. D'autre part, le potentiel de main-d'œuvre, en majorité jeune, a de bonnes répercussions sur les cotisations retraite d'un pays âgé. D'après les calculs de l'Institut de l'économie allemande, l'apport des réfugiés représentera une plus-value d'environ quatre-vingt milliards en l'an 2000.

Mais l'immigration en Allemagne fédérale ne se limite pas aux réfugiés politiques. Le pays doit aussi compter avec les millions de travailleurs immigrés, qui représentent environ 7,6 % de la population de l'ex-R.F.A. Jusqu'en 1973, ils ont fait l'objet d'un recrutement soigneusement géré. 70 % des travailleurs étrangers vivent depuis plus de huit ans déjà en Allemagne de l'Ouest. Or, au bout de huit années de présence dans le pays, ils peuvent prétendre à un permis de séjour illimité, et quatre cent soixante mille seulement en ont fait la demande et le possèdent.

Le nombre des demandeurs d'asile politique est minime par rapport à celui des réfugiés et des travailleurs immigrés. Sur les cent cinquante mille environ enregistrés depuis 1953, quatre-vingt mille seulement vivent encore en Allemagne. Mais il faut ajouter à ce nombre les trois cent mille que, pour des raisons humanitaires, on ne peut pas renvoyer chez eux, bien qu'ils ne soient pas des réfugiés politiques. La moitié d'entre eux viennent des États de l'ancien bloc de l'Est. Depuis 1966, ils n'ont plus à craindre d'être extradés.

On peut dire qu'ils sont privilégiés par rapport à une autre catégorie de réfugiés, les Kurdes, les Iraniens ou les Tamouls (de l'Inde méridionale) qui, eux, doivent justifier très précisément les motifs des poursuites dont ils font l'objet dans leur pays. Ceux-ci, même s'ils risquent l'emprisonnement et la torture, peuvent être refoulés d'Allemagne.

Le Mur tombe

A la fin d'une conférence de presse, Günter Schabowski, membre du politbureau chargé de la presse, demande à mots couverts l'annulation des interdictions de sortie du territoire. Autrement dit, le mur craque. Quelques heures plus tard, des scènes indescriptibles se déroulent à Berlin, dans la zone frontalière entre les deux secteurs, et surtout aux passages douaniers : là où, pendant vingt-neuf ans, des soldats armés jusqu'aux dents montaient la garde pour veiller sur le socialisme, des centaines de milliers de personnes passent sans encombre dans la partie occidentale de la ville. Tous les efforts faits par le Parti au cours des semaines suivantes pour se placer lui-même à la tête du mouvement réformateur échouent. Même l'élection de Hans Modrow à la tête du gouvernement ne donne plus confiance. Avec l'aide des médias, la corruption et le jeu des privilèges dans l'État socialiste sont étalés au grand jour dans toute leur ampleur. Sous la pression de la base du Parti, Egon Krenz démissionne de son poste de chef du S.E.D. le 3 décembre 1989. La presque totalité des membres de la direction, y compris Erich Honecker, est exclue du Parti. L'ex-chef de la Stasi, Mielke, l'ancien Premier ministre Stoph, Günter Mittag et quelques autres hauts fonctionnaires du S.E.D. qui, pendant des décennies, définirent la politique de la République démocratique, sont arrêtés pour abus de pouvoir et corruption. Le Parti est sur son déclin, et même sa nouvelle appellation, Parti du socialisme démocratique ne peut le sauver. En quelques mois, il perd les deux tiers de ses membres, jadis au nombre de deux millions trois cent mille. La table ronde fixe les premières élections libres au 18 mars 1990 ; cette décision sonne le glas du S.E.D.

L'ouverture des frontières le 9 novembre n'a pas seulement voué à l'échec toutes les tentatives faites par les autorités gouvernementales pour assurer au moins une partie de leur pouvoir ; elle a aussi déraciné l'idée dominante dans l'opposition d'un socialisme démocratique en R.D.A. Le slogan de l'automne 1989 « Nous sommes le peuple ! », s'est transformé en signe de ralliement : « Nous sommes UN peuple ». Aux élections du 18 mars 1990, les partis qui se sont mobilisés pour la réunification des deux États allemands ont totalisé plus de 70 % des voix, et les premières élections législatives en Allemagne réunifiée, qui ont eu lieu le 2 décembre 1990, ont confirmé cette tendance. Elles ont donné 55 % des voix au chancelier fédéral Helmut Kohl et à la coalition gouvernementale CDU-CSU-FDP.

Le sourire des Belinois de l'Est, le 9 novembre 1989, lorsqu'ils découvrent Berlin-Ouest.

DEUX HISTOIRES, UN PEUPLE

Des larmes d'émotion et de joie, une foule battant des mains, des inconnus qui se jettent dans les bras les uns des autres… Durant cette nuit du 9 novembre 1989, des cloisons intérieures se sont brisées et des idéologies se sont effondrées. La situation n'a pas pris le tour menaçant que l'on craignait à l'étranger. La vague d'enthousiasme national déclenchée par la réunification n'a pas dégénéré en explosion exacerbée. Le drapeau allemand, oui, mais cette fois-ci, ce n'est pas le symbole du chauvinisme et de la supériorité germanique de jadis qui flottait au vent, mais l'expression du désir d'harmonisation et d'intégration au monde. Bien que les dimensions et la puissance de l'Allemagne suscitent inévitablement l'inquiétude chez ses voisins, on n'y trouve pas la moindre trace des idéologies nationalistes qui ont provoqué la Seconde Guerre mondiale.

Le courant dominant dans les deux parties ressoudées du pays semble être le pacifisme. La révolution de la R.D.A. n'en est-elle pas la preuve ? Les manifestants n'ont pas fait usage d'armes, ils n'ont pas jeté de pavés sur leurs adversaires ; l'État lui-même, après quelques menaces, a renoncé aussi à recourir à la violence. A l'Ouest, au cours de ces dix dernières années, les objecteurs de conscience et le Mouvement pour la paix ont trouvé plus de soutien dans l'opinion publique que les partisans de la guerre froide.

On a bien tenté d'introduire dans les écoles des cours de tactique défensive, mais cette tentative s'est soldée par un échec. Les jouets violents sont réprouvés, et on n'en trouve guère sur le marché. Au théâtre, les sujets racistes et militaristes ne sont plus du tout prisés du public. Aux États-Unis, en Grande-Bretagne et en France, les Alliés se prenaient même parfois à douter de la fidélité de l'ex-République fédérale aux alliances et de sa capacité défensive.

L'identité allemande

En fait, l'Allemand type n'existe pas. Peut-on décrire et généraliser le caractère des Allemands ? Pour dégager les spécificités des différentes régions, voyez donc les Prussiens et les Bavarois. Ils en ont fait les frais assez longtemps ! La Prusse, en tant qu'État, c'est le passé, le Prussien aussi d'ailleurs. Certains vieux clichés sont toujours d'actualité : le Bavarois en culotte de peau, coiffé d'un chapeau de feutre hérissé d'une touffe de poils de chamois et brandissant un énorme pot de bière ; le Souabe qui veille à ce que sa Mercedès reste sagement au garage pour la ménager ; l'homme de la Ruhr avec son tas de charbon et ses pigeons voyageurs dans son grenier ; le paysan de la Basse-Saxe qui multiplie son cheptel et entasse son grain. Chacun de ces Allemands typiques fait partie d'une ou de plusieurs associations (*Verein*), ou d'un club. On en trouve dans tous les domaines.

En revanche, dans ce besoin de faire corps, on trouve des affinités entre le nord et le sud. Depuis le début des années soixante-dix, les groupes appelés *Bürgerinitiative* se sont multipliés et sont devenus très actifs. Ces associations ont été créées pour manifester une

opposition plus forte à certains projets. Ainsi en Bavière, ils protestèrent contre le nouvel aéroport de Munich-Erding et contre l'usine de retraitement des déchets nucléaires de Wackersdorf ; en Souabe, ils s'élevèrent contre le circuit test de Daimler dans le Jura souabe. Dans la Ruhr, hommes et femmes de la mine empêchèrent la construction d'une autoroute qui devait traverser le pays.

Un mur, deux mentalités

En R.D.A. en revanche, jamais une association n'a réussi à vaincre l'obstacle de la bureaucratie. La moindre initiative personnelle était suspecte, de même les activités purement honorifiques. D'ailleurs, pourquoi les citoyens de la R.D.A. auraient-ils eu recours à des associations puisque l'État prenait tout en charge ? Le psychiatre Hans Joachim Maaz est l'un des hommes qui pénètrent le mieux la psychologie des Allemands de l'Est. Pendant dix ans, il dirigea la clinique psychothérapique de Halle, dans laquelle furent traités plus de cinq mille patients et patientes, des personnes incapables de s'adapter au régime de la R.D.A. Son livre, *Gefühlsstau* (« *Blocage des sentiments* »), est un travail méticuleux, empreint d'une grande sensibilité. C'est une analyse, unique en son genre par sa pénétration et sa précision, de la technique systématique et inhumaine utilisée par l'État est-allemand pour essayer d'aliéner ses citoyens, pour tuer dans l'œuf la moindre velléité ou initiative personnelle et pour étouffer par conséquent tout sens de la communauté chez les hommes. Au cours des quarante-cinq dernières années, les Allemands ont été marqués fortement par le fait qu'ils vivaient à l'Est ou à l'Ouest du Mur.

A gauche, le Mur ne sépare plus les gens ; ci-dessus, bienvenue à l'Ouest.

Tandis qu'à l'Ouest, les gens devaient relever leurs manches et se battre parfois jusqu'à la brutalité pour réussir, à l'Est, ils n'avaient qu'un devoir : rentrer dans le moule des sujets soumis. Personne ne pouvait se dérober au système sans y laisser des plumes. On leur extorquait à tout instant des déclarations d'approbation et de loyauté ; s'ils voulaient survivre, ils étaient obligés de mentir.

A l'Ouest, après la révolte anti-autoritaire de la fin des années soixante, l'autonomie, la créativité, l'autoresponsabilité étaient les grands objectifs de l'éducation et de la pédagogie. Les parents qui n'approuvaient pas les méthodes traditionnelles des écoles maternelles créèrent des jardins d'enfants privés, qu'ils administrèrent eux-mêmes, et dont les méthodes d'éducation déteignirent sur les jardins d'enfants conventionnels.

Rien de tel en R.D.A. Les normes répressives s'imposèrent avant tout dans les crèches, les jardins d'enfants et les écoles ; elles finirent par influencer aussi les relations familiales. Il fallut apprendre aux enfants le mensonge, l'hypocrisie et la dissimulation. Le but de l'État est-allemand consistait à engendrer un syndrome de carence qui devait créer chez la personne une dépendance et une instabilité dont elle allait porter le fardeau toute sa vie.

Vertus victorieuses

Aussi négatif que puisse paraître le bilan de l'Est vu sous la perspective critique de l'Ouest, il ne faut pas pour autant ôter tout crédit aux Allemands de l'Est. S'ils ont été soumis pendant de nombreuses années à ce système humiliant qui leur ôtait toute joie de vivre, en fin de compte, ce système s'est tout de même soldé par un échec : c'est lui qui s'est effondré, et non pas ses victimes. Il n'a pas réussi à déformer les hommes dans tous les domaines vitaux. Avec le slogan, « Nous sommes le peuple », les citoyens de l'ex-R.D.A. ont fait la preuve de la renaissance de

leur force intérieure. Un fait est certain, les Allemands, chacun dans son système de société respectif, sont sortis vainqueurs de l'épreuve. De quelles qualités ont fait preuve la République fédérale, pour devenir la première puissance commerciale de l'Ouest, et la République démocratique, pour devenir la première puissance économique de l'Est ? Les vertus allemandes sont bien connues : fiabilité, ponctualité, application, méticulosité, discipline, ces fameuses vertus secondaires qui peuvent mener au bien comme au mal. Il faut de l'ordre. Des structures. Le chaos créatif que l'on rencontre souvent dans les pays méditerranéens est insupportable aux yeux des Allemands. L'éthique de travail prônée par le protestantisme domine aussi bien à l'Est qu'à l'Ouest. Ils ne supporte pas le travail bâclé, incomplet ou livré avec retard. La routine leur fait horreur. Même les solutions de remplacement, les *Alternativen*, qui refusent toute affinité avec la société bourgeoise, ne peuvent pas étouffer les vertus allemandes. Là-bas, les défenseurs d'idéologies libertaires se rassemblent en ligues et en associations ; les communautés prétendument libres se dégradent pour des raisons de corvée de vaisselle ; les Verts perdent des yeux leur objectif commun et s'écorchent dans des querelles de principes.

Égaux devant les loisirs

Mais il faudra bien qu'un jour ou l'autre les Allemands prennent un peu de distance avec leurs pauvres vertus secondaires. Ainsi, la question des loisirs. Ils partent en vacances une fois par an en voiture et se construisent une forteresse provisoire dans les Canaries. Se relaxer, pour les Allemands de l'Ouest, signifie aller faire un petit tour dans son petit jardin, et pour ceux de l'Est, se réfugier dans sa cabane. La *Gemütlichkeit* (bien-être) allemande, ce n'est plus seulement un panneau tapissé d'une bibliothèque en aggloméré recouvert d'une feuille de contreplaqué en chêne et un coucou suspendu au mur, mais aussi le contact intime avec la nature. Semer, planter, faire pousser, récolter et soigner la tonnelle sous laquelle le grand-père se repose tout en surveillant les lapins et le sommeil de son petit-fils. En principe, c'est le *Gartenzwerg* (« nain du jardin ») qui fait tout le travail. Après tout, qu'il soit de l'Est ou de l'Ouest, c'est un Allemand lui aussi. Il lui arrive d'aller chercher sa guitare et de préparer un barbecue pour les amis. Mais vous ne verrez jamais de Gartenzwerg armé. Il ne l'a jamais été, pas plus à l'Ouest qu'à l'Est, dans la mesure bien entendu où il n'a pas été obligé de participer à des exercices paramilitaires. Les petits nains de jardin sont vraiment des modèles de pacifisme.

Certains facteurs séparent, beaucoup d'autres unissent les Allemands de l'Est et de l'Ouest. L'histoire, depuis la chute du Mur, a surtout montré que les Allemands peuvent continuer à bien vivre sans être l'un pour l'autre symbole d'hostilité.

A gauche, les Gartenzwerg, *symbole national ; à droite, banières des associations d'anciens combattants en Basse-Bavière.*

Den Toten zur Ehr
Gemeinde Altdorf 1981
Primiz
Alois Raith
5. 8. 1984
Den Toten zur Ehr'
gest. v. d. Trauermutter Maria Lohmeier Egglkofen
zur Fahnenweihe
5. 8. 1984
Unsern lieben Toten zum treuen Gedenken
Das Leben wurde ihnen nicht genommen sondern nur neu gestaltet
Kath. Land

Krone
erbaut
1480
Einbahnstraße
Holzhäuser Straße
10 - 24 h
0 - 8 h

L'Allemagne

120 km / 75 miles
DANMARK
Ostsee
Nordsee
Westerland
Sylt
Nordfriesische Inseln
Husum
Flensburg
Schleswig
Kiel
Rödby Havn
Gedser
Puttgarden
Fehmarn
Saßnitz
Rügen
Helgoland
Warnemünde
Rostock
Cuxhaven
Lübeck
Wismar
Ostfriesische Inseln
Elbe
Bremerhaven
Hamburg
Schwerin
Wilhelmshaven
Neubrandenburg
Groningen
Lüneburg
Oldenburg
Bremen
Lüneburger Heide
NEDERLAND (NIEDERLANDE)
BUNDESREPUBLIK
Weser
Celle
Berlin
Hannover
Potsdam
Frankfurt
Enschede
Osnabrück
Wolfsburg
Hildesheim
Braunschweig
Bielefeld
Hameln
Magdeburg
Arnhem (Arnheim)
Münster
Goslar
Cottbus
Höxter
Harz
Göttingen
Elbe
Duisburg
Dortmund
Essen
Halle
Leipzig
Düsseldorf
Krefeld
Wuppertal
Kassel
Dresden
Weimar
Gotha
Aachen
Köln
Erfurt
BONN
Marburg
Schmalkalden
Chemnitz
BELGIQUE
Fulda
Koblenz
Limburg
DEUTSCHLAND
Coburg
Wiesbaden
ČZECHOSLOVENSKO
Frankfurt
LUXEMBOURG
Mosel
Rüdesheim
Bamberg
Bayreuth
Mainz
Würzburg
Plseň (Pilsen)
Trier
Darmstadt
Luxemburg
Mannheim
Nürnberg
Heidelberg
Rothenburg
Metz
Saarbrücken
Heilbronn
Dinkelsbühl
Regensburg
Karlsruhe
Nancy
Baden-Baden
Stuttgart
Nördlingen
Donau
Passau
Strasbourg (Straßburg)
Tübingen
Augsburg
Landshut
Ulm
Inn
FRANCE
Dachau
Isar
Donau
München
Lech
Freiburg
Starnberger See
Chiemsee
Salzburg
Mulhouse (Mülhausen)
Friedrichshafen
Berchtesgaden
Konstanz
Bodensee
Oberstdorf
Garmisch-Partenkirchen
Basel
Zürich
Zugspitze 2964 m
SCHWEIZ
Innsbruck
ÖSTERREICH

BIENVENUE EN ALLEMAGNE

L'ex-R.D.A. a rétabli ses anciens Länder en adhérant à la Loi fondamentale de la R.F.A. : Thuringe, Saxe, Saxe-Anhalt, Brandebourg, Mecklembourg et Berlin, qui est devenue un Land. Seize Länder composent donc le nouveau territoire sur lequel s'est étendu le système fédéral ouest-allemand.

Le **Rhin** est un merveilleux point de départ d'exploration du pays : l'Allemagne romantique s'y dévoile au fur et à mesure que l'on découvre ses forteresses et ses châteaux qui se mirent dans le fleuve, ainsi que ses villages viticoles qui montent la garde autour de la Lorelei. Pour cette première partie du voyage on traverse deux Länder aux structures très diversifiées : la **Rhénanie-Palatinat** (trois millions sept cent mille habitants), de nature plutôt rurale de 19 848 km^2 ; puis la **Rhénanie-du-nord-Westphalie** (dix-sept millions cent mille habitants), géant de l'économie et de l'industrie qui est plus peuplée que les six nouveaux Länder réunis (seize millions d'habitants).

Heidelberg est la plus visitée des villes romantiques de l'Allemagne méridionale. Les centres industriels de la région de **Mannheim** et de **Ludwigshafen**, la ville de **Stuttgart**, et de nombreuses localités petites et moyennes contribuent à faire de la **Bade-Wurtemberg** (neuf millions six cent mille habitants) le fer de lance de la technologie allemande. Les cités historiques de la **Franconie** restent à l'écart des grandes agglomérations. De **Würzbourg** à **Füssen**, et jusqu'au château fabuleux de Neuschwanstein, la **Route romantique** s'étire à travers l'un des paysages les plus fascinants de l'Allemagne. Faire le tour du **lac de Constance** et sillonner la **forêt Noire** suppose que l'on se tienne volontairement à l'écart des grandes artères. La partie la plus méridionale du voyage révèle les sites grandioses des **Alpes allemandes**. Après la visite de **Munich**, on pourra se diriger vers les villes anciennes et les vallées profondes de la **Bavière** orientale (onze millions deux cent mille d'habitants).

Pour aller à la découverte du Nord, on part de **Francfort**, la métropole bancaire, pour suivre les pas des frères Grimm à travers la **Hesse** (cinq millions sept cent mille habitants) et le **Weserbergland** (région montagneuse de la Weser). Puis, le long des côtes de la **mer du Nord** et de la **mer Baltique**, ce sera un paysage de grandes fermes et d'immenses plages couvertes de chaises longues et de fauteuils d'osier. La ville de **Hambourg** réalise la synthèse de la modernité et de l'anachronisme hanséatique.

De **Kassel** à **Weimar**, on plonge dans la culture classique, non sans traverser au passage le cœur de l'Allemagne, la **forêt de Thuringe** (Thüringer Wald). Le baroque exubérant d'Auguste le Fort marque de son empreinte la ville de **Dresde**, ville martyre reconstruite après les terribles destructions de la guerre. Puis on pourra explorer le cœur de l'ancienne R.D.A., **Magdebourg**, le **Harz** et le centre industriel de l'Allemagne orientale, la région de **Halle** et de **Leipzig**, par une double incursion dans l'histoire, la plus ancienne et la plus récente de l'Allemagne. Au départ de **Berlin**, on a le choix entre deux trajets, l'un qui rejoint la mer Baltique, et l'autre qui traverse l'étrange **Mecklembourg** (un million neuf cent mille habitants) et ses lacs, la région la moins peuplée du pays.

Pages précédentes : excursions en calèche sur la lagune de la mer des Watten ; maisons à colombage.

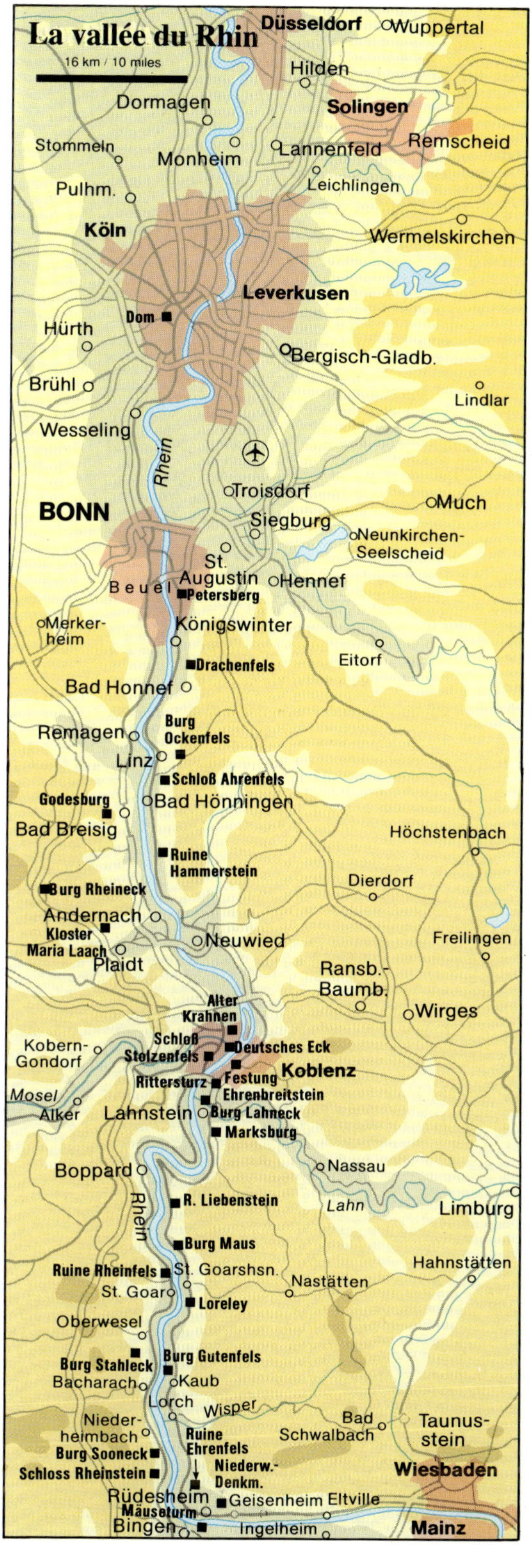

QUAND LE VIN EST TIRÉ

La visite des régions vinicoles s'effectue avec la plus grande facilité en suivant les cours du Rhin et de ses affluents : l'Ahr, la Moselle, le Main et le Neckar. Tous les vignobles se trouvent en effet sur les coteaux qui bordent ces cours d'eau. Les vins blancs d'Allemagne sont célèbres dans le monde entier. Le climat est idéal pour leur donner ce caractère unique qui se distingue par un faible degré d'alcool et un riche bouquet. La production allemande comporte 15 % de vin rouge et 85 % de blanc.

Selon la loi, chaque bouteille doit porter une étiquette mentionnant l'origine du vin, le cépage et l'année du cru. Le numéro de contrôle officiel (numéro A.P.) certifie qu'un contrôle a été effectué et que le produit est garanti. Tous les vins diffèrent dans la teneur en sucre résiduel, c'est-à-dire la quantité de sucre qui reste après la fermentation. Il existe, pour résumer, trois sortes de vins : *trocken* (sec), *halbtrocken* (demi-sec) et *lieblich* (doux). Le vin que l'on qualifie de *lieblich* a une haute teneur en sucre ; on l'appelle en allemand **Eiswein** ou **Spätlese**. Cette forte teneur en sucre peut aussi être obtenue en ajoutant du jus de raisin sucré non fermenté ou bien en interrompant la fermentation. Il ne faut pas confondre le vin sec avec le vin amer. Sec signifie que presque toute la dextrose (le sucre du fruit) a disparu par fermentation au cours d'un processus naturel. Ces trois sortes de vin sont reconnaissables à un cachet (*Weinsiegel*) rouge pour les vins doux, vert pour les demi-secs et jaune pour les vins secs. Les nombreux vins secs s'accordent avec toutes sortes de plats.

Les vins allemands sont célèbres pour la diversité de leurs cépages, dont le nom apparaît sur l'étiquette. Le plus important des cépages est le *Riesling*. Il mûrit à la fin du mois d'août et donne un vin frais et fruité, qui convient à la plupart des plats. Aujourd'hui, le *Müller-Thurgau* est le cépage le plus répandu. Il donne un vin plus moelleux, à l'arôme moins prononcé. Il convient de le boire jeune. Le *Kerner* est une variété récente qui pousse très vite. Son raisin mûrit tôt et produit un vin fruité, à l'arôme épicé et au goût de terroir. Le *Sylvaner*, quant à lui, reflète mieux que tout autre le caractère du sol. C'est un vin plus léger, parfois plus neutre, mais toujours agréable. Le *Ruländer* a du caractère ; il peut être rond et charnu, et sa teneur en acide est faible. Le *Gewürztraminer* est issu d'un cépage à faible rendement qui produit un vin de caractère bien affirmé et parfois remarquable. D'autres variétés de vin sont issues de cette région, il serait trop long de les répertorier ici. L'Allemagne occupe une place de premier plan dans la recherche de nouveaux cépages à haut rendement, qui puissent résister aux rigueurs d'un climat nordique.

Les meilleurs vins rouges sont : Le *Blauer Spätburgunder*, plan, charpenté, velouté parfois. Le *Blauer Portugieser*, deuxième cru de rouge le plus répandu, est un vin plus léger, moins corsé, d'un caractère agréable. Enfin les *Trollinger*, produits dans la région de Stuttgart, sont fermes et fruités et constituent de bons vins de table. Il faut toujours être attentif au degré de qualité (*Qualitätsstufe*), ce qui ne présente guère de difficulté, les vins de qualité courante étant peu nombreux (*Tafelwein* ou *Landwein*). Presque tous sont des vins de qualité supérieure (*Qualitätswein*). Quant aux meilleurs crus (*Qualitätswein mit Prädikat*), on les trouve parmi les *Kabinetten*, équilibrés et harmonieux, les *Spätlese*, bien charpentés, provenant des raisins vendangés tardivement, les *Auslese*, des vins remarquables, élevés avec soin, et les *Beerenauslese*, très charpentés avec un léger goût de miel. Citons également les deux vins les plus nobles : le *Eiswein* et le *Trockenbeeren*, produits à partir de raisin vendangé à la saison froide. Ce sont des crus rares et très chers. On peut prendre l'une des nombreuses routes du vin qui traversent le Palatinat et la Franconie. Sur les bords de la Moselle on peut se joindre aux fêtes des vignerons de **Cochem**, sur les bancs installés place du marché, dans la musique des fanfares et l'odeur des saucisses. A **Wurtzbourg**, il faut boire du *P.S. Bocksbeutel*, vin qui ne se trouve qu'en Franconie ; et du *Trollinger* à Stuttgart.

Pages précédentes Le Rhin à Bingen ; vigneron rhénan. Ci-dessous, Mayence au crépuscu

CROISIÈRE SUR LE RHIN

Le Rhin (1 320 km) est le deuxième fleuve d'Europe. Il prend sa source en Suisse et se jette dans la mer du Nord après avoir traversé le territoire allemand sur 867 km. Navigable sur 863 km à partir de Rheinfelden, neuf mille péniches l'empruntent et d'innombrables vapeurs de plaisance croisent le long des rives les plus romantiques, entre Mayence et Cologne. Le Rhin est devenu un site très attrayant et un haut lieu du romantisme allemand depuis que la reine Victoria et le prince Albert de Saxe-Cobourg le visitèrent sous une pluie battante en 1845. Mais le Rhin est plus qu'une promenade ; au-delà de Cologne, il devient un moyen de communication commercial en traversant la région industrielle de la Ruhr.

Mayence et Wiesbaden

Située non loin de Francfort sur la rive gauche du Rhin, face au confluent du Main, Mayence (Mainz, cent quatre-vingt-sept mille habitants) est le meilleur point de départ pour une excursion. Fondée par les Romains en 38 av. J.-C., transformée en évêché par saint Boniface en 742, la ville devint bientôt la capitale du christianisme allemand. Au Moyen Age, « Mayence la Dorée » était une cité puissante, ses électeurs et ses évêques servaient le Saint Empire romain germanique avec le titre de vice-chancelier. Mayence est aujourd'hui la capitale du Land de Rhénanie-Palatinat, le siège de la deuxième chaîne de télévision allemande (Z.D.F.) et l'un des hauts lieux du carnaval rhénan. Elle est également un centre important du commerce du vin. C'est ici que se trouve le seul « ministère de la Viticulture » existant en Allemagne fédérale.

L'immense **cathédrale** romane de grès rouge, érigée en 975, domine la ville du haut de ses six tours et de ses trois nefs ; son histoire tant politique qu'artistique a été des plus turbulentes. C'est de la **place du Marché** qu'on la voit le mieux dans son ensemble. Le plus célèbre des musées de Mayence, le **musée Gutenberg,** se

Ci-dessous, Rüdesheim ; à droite, le château de Katz, près de la Lorelei.

trouve juste en face de la cathédrale. On y voit l'intérieur d'une cellule de moine, l'établi d'un graveur de timbres et d'anciennes presses à imprimer ainsi que l'atelier restauré de Gutenberg, qui inventa la presse à imprimer à caractères mobiles en 1445. La pièce maîtresse du musée est la Bible dite « à quarante-deux lignes », l'un des plus beaux exemplaires des quarante-sept qui existent encore, imprimé sur parchemin avec sa reliure d'origine.

Le soir invite à se promener à travers la vieille ville aux ruelles bordées de maisons à colombage, ornées de fontaines et d'images votives. Il faut entrer dans une *Weinstube* (taverne) et goûter les pétillants vins blancs du vignoble rhénan qui se dégustent avec du fromage à la vinaigrette et aux oignons.

Du **palais de l'Électeur**, qui abrite le **Musée romano-germanique**, on aperçoit, sur la rive opposée, la ville de Wiesbaden (deux cent quatre-vingt mille habitants). C'est la capitale du Land de Hesse qui s'étend de la rive droite du Rhin aux contreforts du Taunus. Installés dans le **château baroque de Biebrich** (1698-1744), les princes de Nassau-Idestein supervisaient le développement de la station thermale qui, fondée au Moyen Age, devint avec ses vingt-sept sources d'eau chaude l'une des villes d'eaux les plus élégantes du XIXe siècle.

Autour d'un verre à Rüdesheim

Mayence est la première étape de la grande route historique de la vallée du Rhin. De Mayence à Cologne, le fleuve serpente entre des collines hérissées de clochers fins comme des aiguilles et de girouettes dorées. Des villages de poupées se nichent dans les vallées et sur les coteaux couverts de vignobles en terrasses aux dessins géométriques. Cette région a été célébrée par les poètes allemands comme un paradis sur terre, et des générations de touristes ont parcouru le pays en tous sens.

Si on n'embarque pas sur un vapeur pour descendre le Rhin vers Cologne, on peut passer le **pont Theodor Heuss** pour suivre la route B42 (appelée aussi

La tour aux Souris, près de Bingen.

Rheingau-Riesling Route) sur la rive droite et se diriger vers Coblence. On longe le Rhin et les vignobles en terrasses qui s'étagent jusqu'aux contreforts du **Taunus**.

La première étape est **Eltville**. Les citoyens de cette agglomération se sont battus pendant des années pour conserver l'une des plus belles promenades sur les bords du Rhin, sans route ni voie de chemin de fer pour venir la couper. L'**Alta Villa** romaine a été la résidence de l'Électeur de Mayence pendant un siècle et demi. Le monument le plus remarquable est la **Wohnturm**, haute tour qui servait de refuge durant les guerres et les rébellions. Le village est aujourd'hui célèbre pour ses caves à vin.

Au nord d'Eltville, un embranchement qui part de la B42 permet de gagner le village de **Kiedrich**, où se trouvent les ruines du **château de Scharfenstein** et le vieux **monastère d'Eberbach**. Fondé en 1116 pour la congrégation des augustins, le monastère s'élève sur une colline boisée dominant la vallée du Rhin. Il comporte une église romane, des cloîtres, un chapitre, un réfectoire et deux dispensaires. De l'ensemble des bâtiments, qui datent du XIIe au XIVe siècle, se dégagent une paix et une sérénité perceptibles même pour les voyageurs actuels qui ignorent souvent la différence entre augustins et cisterciens. Dotés de fermes et de vignobles en grand nombre, ces moines cultivaient la vigne et produisaient leur propre vin qui était embarqué sur les bateaux appartenant à la congrégation pour être envoyé à la maison mère de Cologne.

Le village de **Rüdesheim**, connu pour son étroite **Drosselgasse** bordée de tavernes, est une étape particulièrement prisée des touristes pour ses ruelles bordées de maisons à colombage. Le vin y est très bon, et le **Brömserburg** (IXe siècle), qui abrite le **musée du Vin**, est le château le plus ancien de la région.

Germania, la Walkyrie

Un funiculaire conduit au-dessus des vignobles ensoleillés vers le **Niederwald Memorial** (achevé en 1883, il est haut de

Le Pfalz, à Kaub.

37 m). La **statue de Germania** y symbolise l'Allemagne unifiée de Bismarck. De dimensions impressionnantes, la Walkyrie au regard menaçant brandit une épée qui, bien que longue de 7 m, semble une simple baguette au bras d'un personnage qui pèse 6,4 t. Cette épée représente une époque de l'histoire où le bruit des armes couvrait la voix des muses au pays des poètes et des philosophes, alors que l'Allemagne prenait par la force sa place au milieu des puissances d'Europe.

Châteaux et légendes

De retour à Rüdesheim, on peut prendre le bac pour **Bingen**. Du restaurant du **château fort de Klopp**, on aperçoit la **tour aux Souris** (Mäuseturm) érigée sur un rocher au milieu du Rhin. La légende veut que Hatto, l'archevêque au cœur de pierre, s'y soit retiré durant une famine, en 996, pour échapper à la population en colère. Son destin voulait qu'il y fût dévoré par les souris, affamées elles aussi. La tour, bâtie au XIVe siècle, servit de poste de douane, puis de phare pour avertir les marins du passage dangereux du **Bingener Loch**. En parcourant les 25 km qui suivent le Bingener Loch, on comprend pourquoi le Rhin a inspiré tant de poèmes, de légendes, de chansons et de contes. Le Rhin coule, large et tranquille, au milieu des collines escarpées et des rochers couronnés de bois, des vignobles, des ruines et des châteaux. Perchés sur des rochers abrupts, ils gardent une dignité impérieuse au milieu de leur délabrement. Presque tous les châteaux du Rhin ont été détruits au cours de batailles. Rois, empereurs et princes ont en effet assiégé ces nids d'aigles occupés par les derniers représentants d'une chevalerie appauvrie, réduite, pour survivre, au pillage. Marchands, villageois et voyageurs subissaient indifféremment leurs méfaits, et même la navigation sur le fleuve était rançonnée par des taxes exorbitantes, exigées au passage de certains endroits barrés à cet effet par de grosses chaînes .

Peu avant la ville d'**Assmannshausen,** célèbre pour son vin rouge, apparaissent, sur la rive droite les **ruines d'Ehrenfels,**

Le château fort de Sooneck.

qui abritait autrefois le trésor de la cathédrale de Mayence. D'aspect plutôt rébarbatif, elle fait face au **Rheinstein**, sur la rive opposée.

De la rive gauche, le voyageur aperçoit le **Drachenfels**, suivi à peu de distance par la silhouette du **château de Sooneck**. Un bac aborde près de ces trois châteaux, d'où l'on peut revenir vers Assmanshausen par la rive droite, en passant par **Lorch**, célèbre pour ses vins. Il est pourtant préférable de continuer le long de la rive gauche et de se rendre à **Bacharach**, très ancienne cité de vignerons. Une promenade le long du mur d'enceinte, renforcé par des tours de guet au XIVe siècle, permet de découvrir les ruelles anciennes et leurs maisons à colombage. Les monuments les plus importants de cette petite ville sont le **château fort de Stahleck**, transformé en auberge de jeunesse et, plus au sud, les **ruines de Furstenberg**. Au début d'octobre se déroule la plus ancienne fête des vendanges des bords du Rhin.

Un peu plus loin sur la rive gauche apparaît l'un des sites les plus connus de la vallée du Rhin : l'**île de Pfalz-Grafenstein** avec le fameux **Pfalz,** bâtiment construit au XIVe siècle pour servir de poste de douane. Ici le passage sur le Rhin était barré par une chaîne que l'on enlevait une fois le droit acquitté. L'endroit est devenu célèbre au moment où le maréchal Blucher y est passé avec ses troupes sur un ponton, à la poursuite des armées de Napoléon Ier, battu à Leipzig lors de la « bataille des Nations » qui coûta la vie à cent mille hommes (16 et 19 octobre 1813). Aujourd'hui, on y trouve un grand nombre de passages possibles à partir de la rive droite vers l'île et la petite ville de **Kaub**, dominée par l'impressionnant **château fort de Gutenfels** (XIIIe siècle).

A peine a-t-on dépassé Pfalz que l'on aperçoit, sur la rive gauche, les puissantes **ruines de Schönburg** (XIVe siècle) au pied desquelles se trouve la petite ville d'**Oberwesel**, la ville des tours (on peut l'atteindre par un bac venant de la rive droite). Quinze tours de guet et le mur d'enceinte du Moyen Age ont été conservés. Il s'y ajoute un grand nombre

Boppard, la nuit.

d'églises, telles que la **Liebfrauenkirche**, au clocher de 74 m de haut, ou celui de **l'église Saint-Martin** qui, tous deux, datent du XIVe siècle. Entourés de maisons à colombage, ces bâtiments forment un ensemble harmonieux.

La Lorelei

Peu après Oberwesel on aperçoit sept rochers affleurant l'eau : les **Sept Vierges** (Sieben Jungfrauen) transformées en pierre en punition de leur pruderie. La plus belle de toutes, pourtant, a certainement été la blonde Lorelei, sirène assise sur son rocher de 132 m de haut, à environ 15 km de Kaub. Des marins ont perdu la vie pour avoir écouté son chant et contemplé sa beauté, en oubliant les dangereux rapides qui entraînaient leur bateau. Cette figure de légende a été imaginée par le poète romantique Clemens Brentano en 1801. Heinrich Heine en fit un poème en 1823, que Friedrich Silcher mit en musique en 1832. Depuis, la Lorelei est considérée comme le sommet du romantisme. En réalité c'est un simple rocher qui s'élève au-dessus d'un passage étroit et dangereux pour la navigation.

Châteaux et vignobles

Peu après la Lorelei, le voyage sur le Rhin romantique se poursuit vers **Saint-Goarshausen** et **Saint-Goar**, en face. D'ici on voit trois châteaux forts : **Burg Katz** et **Burg Maus** sur la rive droite, et **Burg Rheinfels** sur la rive opposée, au-dessus de Saint-Goar. Rheinfels, une puissante bâtisse médiévale, était destinée à la perception des péages. Elle a résisté aux assauts avant de tomber sans résistance devant les armées françaises en 1796. Un grand spectacle se déroule en septembre entre les deux cités : **Rhein in Flammen** (le Rhin embrasé). Des milliers de torches éclairent les coteaux, les châteaux sont illuminés et un grand feu d'artifice achève cette nuit féerique. De château en château le voyage continue. Au-dessus de la petite cité de **Kamp-Bomhofen**, ancien lieu de pèlerinage et centre vinicole, les « frères ennemis », les **châteaux de Sterrenberg** et de **Liebenstein**, continuent à se défier par-dessus le mur qui les sépare.

Les tours blanches de l'**église Saint-Severus** annoncent la ville de **Boppard**. On y trouve une promenade aménagée sur 2,5 km le long du Rhin, qui forme le centre de cette région de vignobles, la plus importante de la vallée du Rhin, le **Bopparder Hamm**. Si on est l'hôte d'une famille du cru, on pourra perfectionner son allemand dans l'ambiance détendue d'un des lieux de villégiature les plus appréciés du pays. Des flèches indiquent le point de départ du funiculaire qui, de mars à octobre, amène au **Gedeons Eck** (302 m) d'où l'on a une vue magnifique sur le Rhin. Une promenade d'une demi-heure fait découvrir l'un des panoramas les plus saisissants de toute la vallée du Rhin : le **site des Quatre-Lacs** (Vier-Seen-Blick).

A Boppard, le Rhin commence à serpenter au pied de montagnes de roches schisteuses avant de traverser **Braubach**. Cette « ville du vin et des roses » est dominée par le **Marksburg** (XIIIe siècle), qui ressemble à un château de légende, bizarrement entouré par trois cheminées d'usine. Juste en face, sur l'autre rive du

Pages précédentes : méandre de la Moselle à Bremm. Ci-dessous, Bernkastel.

Rhin, se trouve la petite ville de **Rhens** mentionnée pour la première fois au VIIe siècle en tant que centre politique, à une époque où les Électeurs allemands choisissaient les empereurs d'Allemagne. Les assemblées se tenaient autour du **trône royal**, mentionné pour la première fois en 1308. Restauré en 1843, il a été installé à sa place actuelle en 1923. Sur la rive droite, en aval, au confluent de la Lahn et du Rhin, se trouve **Lahnstein**. On peut s'arrêter à la fameuse **auberge Wirtshaus an der Lahn**, où Goethe avait ses habitudes.

Du **château de Lahneck** (XIIIe siècle) on a une vue remarquable sur la Lahn, le Rhin et le **château de Stolzenfels**, construit entre 1836 et 1846, sur un rocher de 95 m de haut. Le premier bâtiment, érigé en 1250 et destiné à abriter les services des redevances de l'électeur de Trèves (Trier), fut détruit en 1689 par les troupes françaises. C'est le roi de Prusse Frédéric IV qui est à l'origine de sa reconstruction. Les ruines et certaines parties du mur d'enceinte datent du Moyen Age.

Au confluent du Rhin et de la Moselle

La vue du premier pont sur le Rhin depuis le départ de Mayence indique que l'on approche de **Coblence** (Koblenz, cent vingt mille habitants). Bientôt on aperçoit le dôme baroque de la **Liebfrauenkirche** et le double clocher de **Saint-Kastor** (tous deux du XIIIe siècle). A droite, se dresse la silhouette imposante du **château fort d'Ehrenbreitstein**. Le nom de Coblence date de l'époque romaine, lorsque la **forteresse Castrum ad Confluentes** fut construite, en l'an 9 av. J.-C. Du XIe siècle à 1806 elle fut gourvernée par ses archevêques, puis par les Électeurs de Trèves. C'est à Coblence que les émigrés formèrent l'armée du prince de Condé en 1793. La ville a été gravement endommagée au cours de la Seconde Guerre mondiale, et la plupart des façades ont dû être restaurées.

Un embranchement de la B42, ou le funiculaire, mènent à **Ehrenbreitstein**, d'où l'on a une vue splendide sur le Rhin, à environ 100 m en contrebas. C'est de cet endroit que l'on voit le mieux le

La Porta Nigra, à Trèves.

Deutsches Eck, promontoire entre le Rhin et la Moselle. L'ancienne forteresse abrite plusieurs musées, dont le **musée du Rhin** qui est le plus intéressant. On y trouve également l'auberge de jeunesse la plus importante d'Allemagne. De retour vers la B42, on passe le Rhin sur le **pont de Pfaffendorf**. On part du **château** néoclassique (XVIIIe siècle) construit peu avant la Révolution française par le dernier Électeur de Trèves, pour se diriger vers l'**église Saint-Kastor** (836), puis atteindre le Deutsches Eck, nom dérivé de *Deutschherrenhaus* (la maison de l'ordre Teutonique). Ce monument imposant, dont on a retiré la statue de l'empereur Guillaume II en 1945, a été dédié à l'unité allemande par décision du gouvernement de Bonn, en 1953. De ce point de vue, on aperçoit la Moselle à gauche et le Rhin à droite. Au-dessus du pont de Pfaffendorf se trouve le **village de vignerons** construit en 1925 pour reproduire dans tous les détails, des vignobles aux maisons à colombage, un village comme on en trouve dans la région vinicole la plus célèbre d'Allemagne.

LA VALLÉE DE LA MOSELLE

Le tourisme mosellan n'a pas souffert du progrès qui fait disparaître les petits viticulteurs ni de la pollution des eaux par sur-fertilisation des terres. Si le brochet a disparu des menus, la truite et la carpe s'y trouvent toujours en bonne place, et les Mosellans peuvent être fiers de leur sens de l'hospitalité. On est sûr de ressentir encore ce que Goethe, lors d'une excursion en bateau entre Trèves et Coblence, décrivit comme « un sentiment de bien-être qui semble être le propre des régions vinicoles ».

Suivre les méandres… sans tituber

Les offices de tourisme, les autorités villageoises, les propriétaires de vignoble et de taverne organisent un grand nombre de manifestations ayant pour objet le vin : production, vente et, bien entendu, dégus-

Le temps des vendanges.

tation. On fera connaissance avec les vignobles en empruntant huit sentiers différents. Des séminaires sont destinés aux futurs connaisseurs, tout comme la « journée caves ouvertes », pendant laquelle chacun est invité à une dégustation dans n'importe quelle cave. D'avril à fin novembre, presque tous les dimanches sont consacrés à une fête du vin (*Weinfest*). On peut également passer ses vacances dans une maison de vigneron, petit déjeuner, dégustation de vins et pêche dans la Moselle compris.

Au départ de Coblence, la route B416 conduit directement dans la vallée de la Moselle. C'est à **Winningen** que l'on commence la visite de ce pays de conte de fées : collines schisteuses escarpées, châteaux, vieilles églises, étroites ruelles, places du marché, maisons à colombage, vieilles caves et pressoirs modernes, un ensemble qui n'existe que dans la vallée de la Moselle. Il faut regarder les jardinets derrière les maisons, ou entrer dans un des cafés dont le propriétaire fabrique lui-même de délicieuses confiseries, enfin visiter au moins l'un des châteaux, tous très bien entretenus. Le **château d'Eltz** (Burg Eltz), à 6 km de la gare de Moselkern, est l'un des plus beaux d'Allemagne (Il est représenté sur les billets de 500 marks). Entouré sur trois côtés par la **rivière Eltz**, l'endroit est mentionné pour la première fois dans des documents datant de 1150. Toujours habité par diverses branches de la maison des comtes d'Eltz, il a échappé aux ravages des guerres médiévales et même à la destruction par les Français de presque tous les châteaux des environs, il y a trois cents ans. Les tours, les hauts pignons et les ornements des fenêtres en saillie continuent de fasciner les visiteurs. La visite guidée fait découvrir les trésors des comtes d'Eltz : armoiries, peintures murales, mobiliers précieux.

A environ 13 km du château d'Eltz, celui de **Reichsburg Cochem** (1027) domine le **Cochemer Krampen**, premier méandre pittoresque de la rivière. A **Cochem**, on se dirige vers le pont pour se retrouver à l'entrée du **tunnel** le plus long d'Allemagne (4 203 m). Sur la **place du marché**, on peut voir un superbe **hôtel de**

Le bateau (IIe siècle) chargé de tonneaux Neumagen.

ville baroque (1739), la **fontaine Martin** et des maisons à colombage. La **Mosel-promenade** est propice aux promenades le long des nombreux cafés et tavernes. La vue du pont menant vers Kond est très belle. **Kond** possède un terrain de camping et une auberge de jeunesse.

La prochaine étape pourrait être **Beilstein**, appelée aussi le Petit Rothenbourg. Un grand nombre de films populaires y ont été tournés.

En passant par **Zell** (à 37 km de Cochem) avec sa célèbre fontaine et son vin appelé « chat noir » (*Zeller Schwarze Katz*), on rejoint **Traben-Trarbach**, centre vinicole et célèbre station thermale. Il ne faut pas manquer de visiter **Mont-Royal**, l'une des forteresses les plus importantes d'Europe sous le règne de Louis XIV, ainsi que les ruines du **château de Grevenburg** (XIVe siècle). La vue sur la vallée de la Moselle et sur les vignobles qui s'étagent sur les collines est de toute beauté.

Bernkastel-Kues (sept mille cinq cents habitants) se trouve à une vingtaine de kilomètres, au cœur de la région mosellane. C'est l'un des centres vinicoles les plus connus. Sa **place du marché** est parmi les plus romantiques d'Allemagne. La ville s'étend jusqu'aux ruines du **château de Landshut** (VIIe siècle). La cave coopérative traite la production de cinq mille vignerons. Bernkastel est célèbre dans le pays pour ses merveilleuses maisons à colombage, la grille ouvragée de la **fontaine de la place du marché**, les girouettes délicatement ciselées sur les toits, un ensemble incomparable qui a orné d'innombrables calendriers depuis des décennies. La traditionnelle fête du vin de la Moselle (*Weinfest der Mosel*) se tient tous les ans au mois de septembre.

La fondation Cusanus (Cusanusstift), vieille de plus de cinq cents ans, est un hôpital-hospice de style gothique. Elle porte le nom de Nikolaus von Kues (en latin Cusanus, 1401-1464), l'un des plus grands humanistes allemands, défenseur d'une tolérance religieuse absolue. Sa maison natale a été transformée en musée. On peut considérer que son œuvre représente une transition entre le Moyen Age et les temps modernes.

Pages précédentes : le musée Walraff Richartz devant la cathédrale à Cologne. Ci-dessous, Beethoven contemple une énième manifestation à Bonn.

Trèves

En partant de Bernkastel-Kues, un voyage merveilleux conduit, le long des méandres de la Moselle, au milieu des vignes et à travers de pittoresques villages de vignerons, tels que **Piesport** et **Neumagen** jusqu'à Trèves. Fondée par l'empereur Auguste en 16 av. J.-C., Trèves (Trier, cent mille habitants) est la plus ancienne cité allemande. Au IXe siècle, Charlemagne en fit un évêché et, du XIIe au XVIIIe siècle, elle fut la capitale de l'électorat de Trèves.

La ville abonde en vestiges romains, le plus important étant la **Porta Nigra** (IIe siècle). Haute de 30 m et large de 36 m elle a d'abord été une porte fortifiée. Elle fut ensuite transformée en église, avant d'être rendue à sa première fonction sous Napoléon. Elle doit son nom à la patine qui s'est déposée sur les blocs de calcaire qui la composent et qui sont assemblés sans mortier, à l'aide de crampons de fer.

L'**Aula Palatina**, basilique datant du IVe siècle, à l'origine destinée à être le lieu de couronnement de Constantin Ier, les **thermes impériaux** (Kaiserthermen), dont la construction débuta sous Constantin et qui ne furent jamais achevés, en sont deux autres exemples. Quelques pas conduisent aux ruines de l'**amphithéâtre**. Même le **pont Romain** (Romerbrücke) a des assises antiques.

Le Moyen Age est également représenté par des monuments remarquables. La **cathédrale** (Dom) est l'une des plus anciennes d'Allemagne. De style roman (XIe-XIIe siècles) elle s'élève sur des fondations romaines. Tout à côté, on trouve l'**église Notre-Dame** (Liebfrauenkirche, XIIIe siècle), magnifique exemple d'architecture gothique allemande. Le **marché principal** (Hauptmarkt), tout proche, est l'une des places les plus pittoresques et les plus impressionnantes d'Allemagne, véritable échantillonnage de styles gothique, Renaissance et baroque.

Au numéro 10 de la Brückenstrasse, se trouve la **maison natale de Karl Marx**, fils d'une famille bourgeoise de la ville. Il y est né en 1818. Cette maison-musée attire des visiteurs du monde entier.

Le château de Bonn.

LUDWIG VAN BEETHOVEN

Au XVIIIe siècle, la ville de Bonn compte plus de dix mille âmes. Construite dans le goût français, agrémentée de beaux jardins (plans de François de Cuvilliés et de Balthasar Neumann), l'élégante cité jouit d'une vie paisible. Beethoven gardera toujours à l'esprit les lignes classiques de Bonn, la belle ordonnance de son urbanisme.

Le 17 décembre 1770, Ludwig est porté sur les fonts baptismaux de l'église Saint-Rémi. La musique habite la maison natale de Beethoven : exercices quotidiens du père, Johann van Beethoven, à son violon, leçons données aux élèves, séances de musique de chambre entre professionnels et amis. Suivant l'exemple de Leopold Mozart et de ses enfants, qui sillonnent l'Europe, le père de Ludwig entreprend l'éducation de son fils dans le même sens. Les progrès de Ludwig sont rapides et, le 26 mars 1778, il le produit en concert à Cologne. En 1782, le jeune musicien est engagé comme claveciniste dans l'orchestre de la cour, expérience enrichissante surtout du point de vue de l'harmonie. Son évolution est telle que, dès la fin de 1782, paraissent neuf *Variations sur une marche de Dressler* et, en octobre 1783, *Trois Sonates* dédiées au prince-archevêque. Le successeur de ce dernier, Maximilien-François de Habsbourg, archiduc d'Autriche, le plus jeune frère de l'empereur Joseph II, est grand amateur de musique. Il protègera Beethoven en commençant par l'envoyer à Vienne afin qu'il se perfectionne auprès de Mozart. La capitale impériale rassemble les meilleurs maîtres, les meilleurs concerts et les meilleurs théâtres. A peine arrivé, Beethoven doit retourner auprès de sa mère, qui s'éteint le 17 juillet. Son père, qui a toujours eu un goût prononcé pour le vin, sombre dans la déchéance. Ludwig devient soutien de famille.

En 1790, une *Cantate pour la mort de l'empereur Joseph II* est commandée à Beethoven, suivie d'une autre cantate pour l'accession au trône de Léopold II ; mais ni l'une ni l'autre ne seront jouées. Deux ans plus tard, Joseph Haydn accepte, sur la demande de Maximilien-François, de prendre Beethoven comme élève. Nouveau départ pour Vienne. Beethoven manque d'assiduité, et à l'enseignement du vieux maître préfère les leçons, suivies en secret, de Salieri par exemple.

Haydn et Beethoven se brouillent, et l'Électeur suspend les allocations d'étude. Mais Beethoven donne beaucoup de leçons de piano et, surtout, il se produit dans les salons. Sa production musicale (*Trois Trios pour piano, violon et violoncelle*, *Quintette en mi bémol*) reste, à cette époque, très liée à son instrument. De plus il imprime déjà la marque de sa personnalité à toute la musique qu'il compose : imagination débordante, violentes oppositions rythmiques et dynamiques. Il suit l'évolution amorcée par Mozart qui a fait éclater le modèle de jadis selon lequel mesure et mélodie, pulsation métrique et pulsation rythmique ne faisaient qu'un. Mais chez Beethoven, comme le montre le tout début de la *Grande Sonate pathétique* (1799), le geste musical et ses développements s'affirment d'eux-mêmes, indépendamment d'une histoire ou d'une action. Les premiers troubles auditifs apparaissent en 1794, qui amènent le compositeur à s'isoler de plus en plus.

A partir de 1800, le prince Lichnowski lui verse une pension afin qu'il puisse se consacrer entièrement à l'écriture : la *Deuxième Symphonie*, le *Troisième Concerto pour piano et orchestre*, six sonates pour piano et violon, sept sonates pour piano seul, le ballet *Créatures de Prométhée* et l'oratorio *le Christ au mont des Oliviers* datent de cette époque. La période de dix ans qui s'ouvre avec la *Troisième Symphonie* (commencée en 1802) et s'achève avec la *Huitième Symphonie* (1812), tour à tour illuminée et assombrie par des liaisons amoureuses, marque un épanouissement dans la pensée de Beethoven. Son unique opéra, *Fidelio*, représenté sans succès en 1805, remanié l'année suivante, est accueilli avec faveur en 1814.

Muré dans sa surdité et abandonné du public viennois qui s'est tourné vers Rossini, Beethoven va composer, dans les dix dernières années de sa vie, quelques-unes des œuvres les plus grandioses de l'histoire de la musique : les cinq dernières sonates, la *Missa Solemnis*, la *Neuvième Symphonie* et les six derniers quatuors à propos desquels Peter Cropper, premier violon du quatuor Lindsay, écrivait en 1983 : « On peut être assuré d'un métier fantastique, de l'acuité d'un grand esprit, car d'autres œuvres en témoignent aussi : ce que Beethoven a à dire de la vie dans cette musique ne saurait être décrit par des mots. »

Beethoven mourut le 26 mars 1827. Vienne lui fit des funérailles grandioses.

VERS COLOGNE

De retour de cette escapade dans la vallée de la Moselle, on revient à Coblence, pour remonter le Rhin et se rendre à Cologne. Par la B42 on rejoint le **bassin de Neuwied**. Le paysage change de manière radicale. A **Bendorf**, on peut voir la **Sayner Hütte** (1770), la plus ancienne fonderie d'Allemagne. Le corps du bâtiment est formé de trois nefs, selon les principes de la basilique antique. De belles grilles en fer forgé ornent la façade ouest. Vers **Neuwied**, à 3 km au nord, la B42 longe la vallée du Rhin et la voie ferrée qui mène à Bonn. Il faut s'arrêter à **Leutesdorf**, beau village de vignerons sur l'autre rive du Rhin, vers Andernach. Une promenade autour des vieilles maisons à colombage qui entourent l'**église paroissiale** du XIVe siècle sera un bon prétexte pour entrer dans l'une des tavernes appelées *Strausswirtschäften*, dans lesquelles on boit le vin du propriétaire en prenant une petite collation.

Andernach, l'ancienne Antunnacum des Romains, sur la rive opposée, peut être rejointe en bac. Dans la vieille ville, très bien conservée, la **mairie** est installée dans un bâtiment du XVIe siècle. L'**abbaye de Maria Laach**, l'un des monuments les plus célèbres de Rhénanie, sur les hauteurs de l'**Eifel**, région montagneuse volcanique très impressionnante, vaut absolument le détour. L'austère beauté de cette chaîne, qui culmine à 600 m environ, attire des touristes du monde entier. Le monastère bénédictin est construit autour de l'**abbatiale** (1093-1220), édifice roman très connu en Allemagne. L'impression de puissance qui s'en dégage est encore renforcée par le **lac** de cratère qui le borde.

De retour à Leutesdorf, sur la rive droite, on reprend la B42. Au-dessus du village de **Hammerstein** apparaissent les ruines du **château de Hammersteiner Ley**, du Xe siècle. Les romantiques ont été séduits par l'aspect terrifiant du fleuve vu du château. Le comte Otto von Hammerstein a lui-même vécu un authentique drame romantique. Il avait fait construire ce château pour abriter ses amours avec sa femme Irmgard contre les attaques de l'empereur Henri II, qui était opposé à son mariage. Hélas, après trois mois de siège, la peur de mourir de faim mit fin à cette belle romance médiévale.

Du Kaiserberg à **Linz** (il faut voir les **tours de guet**, l'**hôtel de ville** de style gothique tardif, et goûter les excellents crus locaux) on a une vue magnifique sur le fleuve, sur les sommets de l'Eifel et la **vallée de l'Ahr**. A Linz on peut reprendre le bac pour se rendre en un lieu célèbre depuis la fin de la Seconde Guerre mondiale : le **pont de Remagen**, qui a joué un rôle important pour l'armée américaine. Il était en effet le seul pont sur le Rhin à n'avoir pas été détruit. Les Américains y passèrent mais, quelques jours plus tard, endommagé par des explosifs, il s'écroula. Ce passage inespéré a raccourci la guerre de plusieurs jours. Le **musée de la Paix** (Friedensmuseum) est installé dans le seul pilier encore debout de l'ancien pont de chemin de fer. Après avoir rejoint par le bac la rive opposée, on reprend la B42 vers le nord. Elle mène à **Unkel**, d'où l'on peut se rendre aux **châteaux d'Ahrenfels** et **d'Ockenfels**. La route B traverse le **massif des Sept Monts** (Siebengebirge), dont le site le plus connu est le **rocher du Dragon** (Drachenfels), ruine d'un château à 315 m d'altitude datant du XIIe siècle. Siegfried, le héros de la légende des Nibelungen, y a tué le dragon pour se baigner ensuite dans son sang et devenir invulnérable.

Bonn, capitale provisoire

Avant 1949, la petite cité somnolente de Bonn (trois cent mille habitants) attirait des visiteurs du monde entier parce qu'elle est la ville natale de Beethoven. Elle était également connue pour sa nouvelle université, installée dans l'ancien palais des Électeurs, et pour sa belle place du marché avec hôtel de ville Renaissance, un ensemble plein de charme qui rappelait les temps anciens.

Le 3 novembre 1949, Bonn fut choisie par le Parlement comme siège provisoire du gouvernement fédéral. Depuis lors, des centaines de fonctionnaires occupent les magnifiques bâtiments anciens, et de grands ensembles modernes abritent les ministères et les administrations. Le soir venu, le personnel du gouvernement et des cent vingt ambassades rentre dans sa résidence des environs de Bonn, les villages de **Poppelsdorf**, **Mehlem** ou **Plittersdorf**. Les salaires élevés ont fait de Bonn l'une des villes les plus riches d'Allemagne. Berlin est redevenue la capitale de l'Allemagne mais, pour l'instant, le transfert des institutions n'a pas commencé.

Dans les rues somnolentes de la **vieille ville** (Altstadt) aux petites boutiques et aux tavernes, on traverse la place du Marché (Marktplatz), que borde **l'hôtel de ville** (XVIIIe siècle), où le président Kennedy fut reçu triomphalement en 1963 (le pont qui traverse le Rhin pour aboutir au quartier de Bonn-Beuel porte son nom). Au sud-ouest, on peut voir, sur la **Münsterplatz**, la **cathédrale** romane et le cloître du XIIe siècle

Au nord-est de la place du Marché, *20, Bonngasse*, se trouve la **maison de Beethoven** (Beethovenhaus), maison natale du compositeur. Ce bâtiment du XVIe siècle fut transformé, dès 1889, pour devenir le **musée Beethoven**. La **Beethovenhalle** voisine est un centre culturel célèbre (concerts toute l'année) construit sur la promenade du Rhin.

Toujours dans la vieille ville, se trouve la **Koblenzer Tor** (XVIIe siècle), ancienne porte de la ville située dans l'aile est de l'université. De là, on prend l'**Adenauerallee** qui coupe le **Hofgarten** et le **Stadtgarten** avant de passer devant un grand nombre de bâtiments tels que le **ministère de Postes** et celui **des Affaires étrangères**. Entre l'Adenauerallee et la promenade du Rhin se trouve le centre du pouvoir politique. On peut y voir la **villa Hammerschmidt**, résidence officielle de l'ancien président de la République, le **Bundespräsidialamt** (les bureaux présidentiels), le **palais Schaumburg** où se tiennent les réceptions officielles, puis le **Bundeskanzleramt** avec, en annexe, la résidence du chancelier, enfin, la **Bundeshaus**, siège du Parlement, sur la rive gauche du Rhin, à l'ombre du **Langer Eugen**, immeuble de trente étages qui abrite la chambre des députés. Dans le quartier de **Bad Godesberg**, appelé aussi Bonn II, se trouve le siège de

Mère et fille pendant le carnaval.

plus de soixante-dix missions diplomatiques et de divers ministères fédéraux. La **Godesberger Redoute**, palais rococo datant de 1791-1792 dans lequel Beethoven donna des concerts, sert maintenant aux réceptions officielles.

Cologne

Cette ville (Köln, un million d'habitants) fut, pendant longtemps, un centre de la culture occidentale. Elle en garde une atmosphère cosmopolite, un air de liberté et de bonne compagnie dont Heinrich Böll, écrivain et prix Nobel de littérature en 1972, est l'un des meilleurs représentants. La ville a derrière elle une histoire longue de deux mille ans qui débute en 38 av. J.-C., quand le général romain Agrippa donna aux tribus germaniques le droit de s'installer sur la rive droite du Rhin, face au camp romain. Cet endroit reçut plus tard le nom de Colonia Ara Agrippienensis en l'honneur du général. En raison de son importance stratégique aux confins de l'Empire romain, l'endroit attira des milliers de marchands et de soldats venant des pays du Sud. A la fin du Ve siècle, Cologne devint une partie de la Franconie et les Ripuaires, peuple apparemment sociable, donnèrent son caractère à Colonia, à laquelle Charlemagne octroya la dignité d'archevêché. Au Moyen Age elle fut, pendant longtemps, l'une des cités les plus importantes de la ligue hanséatique, à l'égal de Lübeck. En 1388, on y fonda une université. Depuis ce temps-là, Cologne est restée le centre religieux, intellectuel et artistique le plus brillant de la vallée du Rhin. En 1709, le chimiste italien Giovanni Maria Farina s'installa à Cologne où il inventa la fameuse eau de Cologne. Le chemin de fer offre le moyen le plus spectaculaire d'aborder la ville de Cologne.

Sur la rive droite du Rhin on roule doucement dans le **quartier de Deutz**, puis on traverse l'impressionnant **pont Hohenzollern** (Hohenzollernbrücke) tandis que défile un paysage grandiose : les **quais du Rhin**, bordés de maisons colorées à haut pignon pointu, et que dominent les tours de la cathédrale. En amont, après le **pont de Deutz** (Deutzerbrücke),

Cerfs-volants dans la plaine du Rhin.

on voit le **pont Séverin** (Severinsbrücke), soutenu par un seul pilier décentré. Déjà se dessine la silhouette du monument le plus ambitieux jamais réalisé en Allemagne ; puis le train s'arrête sur la rive gauche du Rhin, à 200 m de la porte principale de la cathédrale.

La cathédrale

Cet édifice a des dimensions étonnantes (144 m de long, 45 m de large, 43,5 m de haut). Lorsque l'archevêque Konrad von Hochstaden bénit le début de la construction, en 1248, Cologne était la plus grande ville d'Allemagne, la troisième d'Europe après Paris et Constantinople. Des reliques des rois mages avaient été apportées en 1164 et entreposées dans l'ancienne cathédrale. Mais les foules qu'elles attiraient nécessitaient la construction d'un monument plus important, digne d'abriter ces reliques. Il ne s'agissait plus de construire d'après des plans anciens, il fallait adopter le style le plus moderne : celui des cathédrales françaises qui étaient alors le sommet de l'expression religieuse. La cathédrale de Cologne allait devenir la cathédrale de style gothique la plus parfaite. En 1320 le chœur et tous les aménagements intérieurs étaient achevés. Les travaux s'interrompirent en 1560. Ils ne reprirent qu'au début du XIXe siècle, quand la passion pour l'histoire et le Moyen Age qui saisit l'Europe donna naissance au style néo-gothique. En 1842, le roi Frédéric-Guillaume IV de Prusse posait la première pierre pour la reprise des travaux, achevés en 1880.

L'harmonie de sa structure n'a jamais été surpassée. L'intérieur est d'une clarté telle qu'on semble être emporté vers le ciel dans un élan propre à l'époque gothique. En contemplant les hautes fenêtres et la voûte élancée, on est envahi d'une joie infinie. Derrière le maître-autel, le **reliquaire** (1,3 m de haut, 2,1 m de long, 1 m de large), qui contient les cendres des rois mages, est la plus grande des châsses dorées. La première chapelle abrite la **croix de Gero**, le crucifix le plus ancien existant au nord des Alpes (971). On accède au **trésor** (reliques, ornements épiscopaux, ivoires et manuscrits) par le transept nord.

On peut facilement visiter le centre de Cologne à pied. Le **musée Romain-Germanique** retrace l'histoire de la cité depuis l'époque paléolithique jusqu'à celle de Charlemagne. Il faut signaler la **mosaïque de Dionysos**, du IIe siècle. La **basilique romane Saint-Martin la Grande** (Gross Sankt Martin), entourée de rangées de maisonnettes étroites qui forment la vieille ville, date du XIIe siècle. Elle a été rasée à hauteur de murs de fondation durant la Seconde Guerre mondiale et entièrement restaurée en 1963.

A peu de distance de la cathédrale se trouve la **Hohe Strasse**, qui a été entièrement reconstruite après la guerre. Située dans la zone piétonnière, elle comporte un grand nombre de magasins, de boutiques et quelques restaurants typiques.

L'imposant **bâtiment du projet urbain Rhin-Cathédrale** abrite maintenant les fameuses collections du musée Wallraf-Richartz, en même temps que la nouvelle salle de concerts Philharmonie. Bien que l'architecture de ces deux édifices soit réussie en ce qui concerne l'intérieur (la salle abritant les panneaux

A gauche, ouvrier sous son heaume de mineur ; à droite, architecture minière.

gothiques ouvre une perspective vers la cathédrale elle-même), l'insertion de cet immense bâtiment dans le paysage urbain donne lieu à bien des controverses.

Brühl, à environ 13 km au sud de Cologne, est célèbre pour son château baroque appelé **Augustusburg**. On peut y admirer le merveilleux **escalier**, œuvre de Balthasar Neumann, et le très beau **parc**. Le château, merveilleusement meublé et décoré, est utilisé pour les réceptions officiels. Le **Phantasieland**, parc de loisirs qui s'étend sur 971 ha, est le plus grand d'Europe.

Düsseldorf, la capitale de la Rhénanie-du-Nord/Westphalie, le Land le plus peuplé d'Allemagne (dix-sept millions d'habitants), se trouve à 40 km au nord de Cologne, et à distance égale du bassin de la Ruhr. L'art et la mode donnent le ton à la ville. L'**académie des Arts** (Kunstakademie), créée en 1777, devint très vite un des centres artistiques les plus éminents du Land. A côté des grands halls d'exposition sont installées de nombreuses petites galeries qui donnent une idée de l'évolution actuelle de l'art.

LE BASSIN DE LA RUHR

Au nord-est de Cologne s'étend la région la plus industrialisée de l'Allemagne, la Ruhr (Ruhrgebiet, bassin de la Ruhr). En 1820, le petit fleuve appelé la Ruhr, affluent de la rive droite du Rhin, a donné son nom à cette région, peuplée seulement de deux cent soixante-quatorze mille habitants à cette époque, parce que c'est là que commença l'exploitation du charbon. Irlandais et Silésiens furent les premiers mineurs « de jour » ; il y a quelques décennies, de nombreux Européens de l'Est vinrent aussi s'installer dans la région parce qu'ils y trouvaient du travail. Puis, dans les années soixante, les *Gastarbeiter* (travailleurs étrangers), Italiens, Espagnols, Portugais, Grecs et Turcs, arrivèrent en masse. Le secteur compris entre Duisbourg à l'ouest et Dortmund à l'est devint ainsi un véritable creuset de peuples européens.

On a du mal à croire que, sur les 4 492 km^2 de la Ruhr, plus de 60 % soient

Courses de petites voitures à Duisbourg

occupés par des surfaces naturelles, lacs, forêts, jardins. On découvre, au centre du pays, des rangées ininterrompues d'habitations et l'on risque de se perdre dans un enchevêtrement de rues. Les seuls points de repère sont des panneaux jaunes portant le nom de l'agglomération ; sans eux, on ne peut pas savoir où l'on se trouve, car les communes se succèdent sans transition. La mutation de cette région agricole en secteur industriel a transformé des villages à croissance rapide en conglomérats qui, vus à vol d'oiseau, semblent former une seule et unique ville à centres multiples. Mais la perspective est tout autre dès que l'on revient sur terre. Une authentique politique de clochers continue à dominer sur des frontières communales rigoureuses, sur lesquelles des bourgmestres consciencieux veillent jalousement pour préserver l'identité de leur petit royaume.

Cinq grands parcs de verdure – Dortmund, Duisbourg, Herne, Gelsenkirchen et Oberhausen-Bottrop – ont l'aspect d'authentiques oasis dans ce paysage industriel. Ils offrent en outre toute une gamme de loisirs. Dans le sud, le fleuve qui a donné son nom à la région invite à des excursions sur ses rives, sur les plans d'eau où l'on peut faire de la planche à voile et pêcher. En revanche, au nord, l'**Emscher**, canalisée depuis 1904, transporte dans ses eaux un frai nauséabond jusqu'aux installations d'épuration situées sur le Rhin. Dans le cadre de l'Exposition internationale du **parc de l'Emscher**, il est prévu d'assainir toute la région dans les décennies qui viennent, et le fleuve devra retrouver sa pureté d'antan.

Croisière sur le Rhin, ici à Mülheim.

Mineurs et aciéries

Jusque dans les années quatre-vingt, les images caractéristiques du bassin de la Ruhr montraient des hommes vêtus de combinaisons de protection, les traits marqués par un travail de force, suant et soufflant dans les hauts fourneaux à la lueur des coulées d'acier bouillonnantes, ou les visages noircis par la poussière du charbon des mineurs de fond. Mais cette image trompeuse ne reflète déjà plus les conditions de travail et d'existence des habitants de la Ruhr, au nombre de cinq millions deux cent mille. Les travaux de recherche ultra-moderne ont, depuis, contribué à faire de la Ruhr un centre de haute technologie. En 1957, les charbonnages occupaient plus de un demi-million d'hommes ; en 1986, il n'en restait que cent vingt mille. Dans la sidérurgie, le nombre des emplois, qui était de deux cent trente mille en 1974 s'était réduit à cent quarante mille en 1991. Alors que, dans les années cinquante, 80 % de l'économie dans les secteurs miniers dépendaient encore du charbon et de l'acier, actuellement ce taux est passé à 30 %.

L'époque des pionniers de la Ruhr est révolue. Alfred Krupp, August Thyssen et Hugo Stinnes sont maintenant remplacés par des directeurs appointés dans l'administration des sociétés. L'organisation du travail dans les fabriques et les houillères, mais aussi les luttes pour la sauvegarde des emplois, exigèrent des travailleurs qu'ils se soumettent à certaines formes de solidarité et de coopération que l'on retrouve dans les plus petites structures de la vie professionnelle et de la vie privée.

Duisbourg, Essen

Duisbourg date du IXe siècle, mais son développement économique n'a commencé qu'en 1831 avec la construction du port qui est aujourd'hui un port fluvial très important. Le Rhin assurait à cette époque tout le transport des marchandises. L'**Opéra Allemand** (Deutsche Oper) et le **musée Wilhelm Lehmbruck** attirent un grand nombre de visiteurs dans cette ville qui compte plus d'un demi-million d'habitants.

Essen (six cent soixante mille habitants) est la plus grande ville de la Ruhr et l'ancienne « armurerie de la nation ». Actuellement, les vingt-deux puits de mines de jadis sont fermés. L'industrialisation gigantesque du bassin est partie d'Essen et, plus précisément, de la mine Kronprinz en 1837, grâce à l'industriel Franz Haniel. Il avait mis au point un procédé qui permit aux mineurs de descendre jusqu'aux filons de charbon gras, inaccessibles jusqu'alors, et grâce auquel les hauts fourneaux purent produire du fer brut dans des conditions exceptionnelles.

De nos jours, Essen est le siège social de grandes sociétés internationales comme la Ruhrkohle AG, la plus grande compagnie minière d'Allemagne, le R.W.E. (Rheinisch-Westfälische Elektrizitäts-AG), le plus important producteur d'électricité d'Europe, Ruhrgas, Deminex, S.T.E.A.G. et Karstadt. Son **hôtel de ville** est une grande bâtisse en verre et en béton de 106 m de haut. Essen est une ville essentiellement commerciale. En outre, le **Grillo-Theater**, le nouvel **Opera Aalto** et surtout le **Folkwangmuseum** en font un centre culturel qui attire de nombreux visiteurs.

Bochum

Cette ville de quatre cent vingt mille habitants, située en plein centre du Bassin de la Ruhr, offre une synthèse de toutes les tendances de l'évolution industrielle et économique de la région sur un espace réduit. Le **musée de la Mine** (Bergbaumuseum) a reconstitué des quartiers de corons, des mines et des machines authentiques, et raconte ainsi l'histoire de l'industrialisation et de ses retombées sociales. Depuis le musée, on voit à l'ouest, dans la direction de Wattenscheid, les deux aciéries Krupp de Bochum.

Au nord, la ville se prolonge par l'agglomération de **Gelsenkirchen** (trois cent dix mille habitants), patrie de la célèbre équipe de football Schalk 04. Au nord-ouest se trouve **Wanne-Eickel**, où a lieu en automne la plus grande kermesse allemande, la *Cranger Kirmes*. **Herne** (cent quatre-vingt-sept mille habitants) avec l'ancien puits Shamrock créé par les Irlandais, forme la limite nord de Bochum. Si, au départ du musée de la Mine, on emprunte la Dorstener Strasse en direction des faubourgs, on peut voir, un peu avant Wanne, sur la gauche, un quartier de corons bien conservé, qui vaut le déplacement.

Manifestations culturelles

A Bochum, le **Schauspielhaus** (théâtre) présente un programme de renommée internationale. En même temps, les grands managers de la scène ont réussi à transformer la gare en **Centre de communication et de manifestations culturelles**. De même, presque toutes les villes possèdent des institutions culturelles en autogestion et bénéficient de subventions officielles, comme par exemple la Zeche Carl d'Essen, qui confèrent à toute la région une physionomie originale.

Plus de cent musées sont répartis dans le bassin de la Ruhr, parmi lesquels des noms prestigieux : le **musée Folkwang** d'Essen, qui abrite l'une des collections les plus importantes de la peinture et de la sculpture européennes du XIXe siècle ; le **musée des Icônes** de Recklinghausen ; le **Freilichtmuseum**, musée en plein air, établi dans la **vallée du Mäckingerbach**, près de Hagen, qui présente la reconstitution de cent ans d'artisanat, avec démonstrations pratiques.

Parcs et stades accueillent courses, concerts de musique classique et de rock, expositions : la **Grugahalle** d'Essen et la **Westfalenhalle** de Dortmund par exemple.

Exception faite de Ratisbonne et de Cologne, il n'est pas une seule ville en Allemagne qui puisse s'enorgueillir d'un aussi grand nombre d'églises médiévales que **Dortmund**. En l'an 990, Dortmund reçut le droit de tenir marché, et en 1293 le droit de brasser la bière. C'est la plus grande productrice de bière de toutes les villes d'Allemagne.

Le Münsterland

Les derniers contreforts septentrionaux de la Ruhr amènent directement au Münsterland, région verte par excellence. Des centaines de **châteaux** défendus par des douves (dont la plupart sont ouverts au public), apparaissent au milieu des champs plats et des grosses fermes isolées, entourés de fleuves et de canaux, ou cachés dans des forêts. Pour aller à leur découverte, on peut louer une bicyclette dans tous les villages et les petites villes. Cette région est idéale pour les randonnées. Les sentiers y sont très bien indiqués et balisés.

Münster, le centre géographique et économique du Münsterland, a subi de graves dommages pendant la Seconde Guerre mondiale, mais a été reconstruite dans le respect absolu de son style ancien. Au XIIe siècle, Münster obtint le statut de ville libre et adhéra très rapidement à la ligue hanséatique. C'est là que fut signée, en 1648, la paix de Westphalie, qui mit fin à la guerre de Trente Ans. La cérémonie se déroula dans l'**hôtel de ville** du XIVe siècle, sur la vaste **place du Marché** entourée de maisons de commerce et de boutiques construites après 1945. La **cathédrale** domine toute la ville. Construite de 1225 à 1265, c'est la plus vaste église de Westphalie. A l'un des clochers de l'**église Saint-Lambert** (XIVe-XVIe siècle) sont suspendues trois cages métalliques qui ne laissent pas d'impressionner les visiteurs : le corps des trois chefs anabaptistes y furent exposés en 1536, après avoir subi la torture en public, sur la Grand'Place.

Une visite au **Café Shucan** s'impose, qui donne une idée précise de ce qu'était la guilde des marchands de cette ville traditionnellement dirigée par les chrétiens-démocrates. La municipalité a toujours défendu les locaux du Café Shucan contre l'intrusion de tout commerce. On peut aussi faire le tour des remparts à bicyclette sur la **Promenade**.

*La
·lombophilie
est très
pratiquée
ıns le bassin
de la Ruhr.*

Le sud de l'Allemagne
80 km / 50 miles
Koblenz
Fulda
Frankfurt
Coburg
Hof
Selb
Marktredwitz
Wiesbaden
Mainz
Darmstadt
Aschaffenburg
Schweinfurt
Lichtenfels
Kulmbach
Bayreuth
Bamberg
LUXEMBOURG
ČZECHOSLOVENSKO
Trier
Mosel
Rhein
Würzburg
Main
Plseň
(Pilsen)
Worms
Tauberbischofsheim
Tauber
Regnitz
Erlangen
Weiden
Ludwigshafen
Mannheim
Fürth
Nürnberg
Amberg
Kaiserslautern
Speyer
Heidelberg
Jagst
Bad Mergentheim
Rothenburg o. d. T.
Furth i. W.
Saar
Saarbrücken
Neckar
Kocher
Naab
Cham
Pirmasens
Bruchsal
Heilbronn
Schwäb. Hall
Dinkelsbühl
Altmühl
Weißenburg
Regen
Bayer-Eisenstein
Metz
Karlsruhe
Regensburg
Pforzheim
Aalen
Straubing
Deggendorf
Nancy
Rhein
Baden-Baden
Stuttgart
Nördlingen
Ingolstadt
Donau
Strasbourg
Tübingen
Donau
Landshut
Passau
Offenburg
Freudenstadt
Reutlingen
Ulm
Freising
FRANCE
Augsburg
Lech
Amper
Neu-
Alt-
Ötting
Inn
Colmar
Breisach
Riedlingen
Schwenningen
München
Villingen-
Landsberg
Biberach
Wasserburg
Salzach
Freiburg
Donau-eschingen
Memmingen
Ammersee
Chiemsee
Rosenheim
Traunstein
Mulhouse
Ravensburg
Singen
Meersburg
Kempten
Kaufbeuren
Starnbergersee
Bad Tölz
Friedrichs-hafen
Bodensee
Lörrach
Konstanz
Lindau
Füssen
Kochelsee
Isar
Tegernsee
Salzburg
Walchensee
Königssee
Berchtes-gaden
Mosel
Basel
Bregenz
Achensee
Garmisch-Partenkirchen
Zürich
St. Gallen
SCHWEIZ
LIECHTEN-STEIN
Innsbruck
ÖSTERREICH

EN ROUTE VERS LE SUD

Si l'on a fait provision de quelques bonnes bouteilles de vin du Rhin, on peut les boire avant de prendre la direction du sud puisque dans le pays de **Bade** et en **Franconie**, on trouvera des vins secs en abondance. Sans oublier la bière de la **Bavière**, qui accompagne des plats particulièrement nourrissants. Il faut s'attendre aussi a rencontrer des Bavarois vêtus de leur traditionnelle culotte de cuir. Ce sont des vêtements couramment portés de nos jours encore et qui ont même été en vogue en France, pour les enfants, dans les années soixante.

Il est difficile de ne pas se prendre de passion pour **Heidelberg**, qu'on atteindra en passant par **Francfort**. Le voyage se poursuivra jusqu'au cœur de la Franconie et à son joyau baroque, **Wurtzbourg**. Là, il faut choisir entre la route romantique bordée de châteaux qui conduit au pays de conte de fées du roi Louis II, au pied des Alpes, et l'austère beauté de la Haute-Franconie avant de rejoindre la route romantique par la vieille ville de **Nuremberg**, près de **Dinkelsbühl**.

A **Füssen**, fin de la route romantique, on a encore à choisir entre **Munich** et la **route des Alpes**, qui mène, à travers un paysage étrange, au mystérieux **lac de Königsee**. En réalité, il est facile de faire les deux voyages, Munich étant au centre du réseau routier. De Nuremberg on peut atteindre Munich en deux heures. Ensuite, on peut se rendre au **Walhalla** et à **Ratisbonne** (Regensburg), ancien camp romain. Il convient de consulter les cartes des pages 122, 136, 153 et 169, qui aideront à prendre une décision quant au chemin idéal. Les itinéraires conseillés sont indiqués en couleur. Les répétitions indiquent d'autres parcours possibles.

De Füssen on peut, au lieu de se diriger vers Munich, prendre vers l'ouest et longer le plus grand lac d'Allemagne, le **lac de Constance**. Ensuite on traversera la **forêt Noire**, en passant par **Stuttgart** avant de retourner vers Francfort. Deux itinéraires possibles sont indiqués pour traverser le *Musterländle* (l'État modèle) de **Bade-Wurtemberg**. A partir de Francfort, ville très agitée, on peut entreprendre la visite de l'Allemagne romantique.

Pages précédentes : tradition et religion sont extrêmement présentes dans la vie de l'Allemagne méridionale.

HEIDELBERG

A quelques kilomètres seulement de Francfort, on découvre, à la lisière de l'**Odenwald**, nichée dans une vallée peu profonde au fond de laquelle coule le Neckar, le symbole même du romantisme allemand : Heidelberg, dont les ruelles pittoresques et l'enchevêtrement des toits entre la rivière et les collines ont inspiré poèmes et chansons à bien des artistes. Hölderlin, Scheffel, Brentano, Arnim, Eichendorff, Jean Paul et bien d'autres auteurs et artistes romantiques ont tenté de rendre l'atmosphère unique que l'on trouve dans la ville.

La **vallée du Neckar** fut habitée par les hommes préhistoriques. C'est ici que l'on a découvert la mâchoire d'un des premiers hommes connus : l'*Homo heidelbergensis*. Plus tard, Heidelberg devint un village, avant que ne s'y installe un camp romain. A partir de cette époque, Heidelberg a prospéré. Le premier document attestant son existence en tant que cité date de 1196. A partir de 1214, Heidelberg fut gouvernée par les ducs palatins, qui devinrent alors Électeurs et qui, durant près de cinq cents ans, prirent part à la désignation des empereurs du Saint Empire. Des vestiges de cette époque se trouvent partout dans la ville. En 1356 Ruprecht Ier fondait l'université ; puis il entreprit la construction de l'église du Saint-Esprit (Heiliggeistkirche). Durant la guerre de Trente Ans, Heidelberg fut assiégée et prise par le général de Tilly. Il y préleva un butin considérable et pilla la bibliothèque Palatine, dont il transféra les livres à la bibliothèque du Vatican. Quelques-uns de ces livres ont été rendus par la suite, dont la *Manessische Handschrift*, ensemble de textes médiévaux, actuellement exposés dans la bibliothèque universitaire.

Le château

Il s'élève sur le versant nord du **Königsstuhl**, à 100 m au-dessus de la ville. On peut l'atteindre par le funiculaire, cependant il est conseillé d'y monter à pied par le **Burgweg**. Monter ce raidillon entrecoupé de murets et de voûtes demande un effort, mais on en est récompensé par la vue qui embrasse toute la ville. Après une promenade d'un quart d'heure, le Burgweg aboutit directement dans la cour du château. Cet édifice impressionnant est bâti en grès rouge provenant de l'Odenwald, montagne qui domine la vallée. A partir de l'an 1300, il a fallu quatre siècles pour achever l'ensemble qui comprend les fortifications, les dépendances et le palais. Tous ces bâtiments, chacun d'un style différent, allant du gothique à la Renaissance, témoignent du goût et du sens artistique des bâtisseurs.

A gauche de la grosse tour se trouve le palais le plus ancien, simple demeure gothique, qui a été habitée par l'Électeur Ruprecht Ier. C'est cet Électeur qui commanda également la construction de la Heiliggeistkirche. Au nord de la cour on peut admirer la façade du **Friedrichsbau**, décoré par les statues des plus grands rois allemands et des ancêtres de l'Électeur. Ce palais et les colonnes quil'entourent ont été élevés en 1607 dans le style Renaissance. Le bâtiment le plus imposant de l'ensemble est

A gauche, le château Heidelberg vu du phenweg ; à droite, du centre.

l'**Ottheinrichsbau**, l'un des premiers exemples de la Renaissance allemande. Il s'en dégage une forte impression d'harmonie. Parmi les statues de plusieurs saints se trouvent celles de dieux romains ainsi que les représentations de cinq des sept vertus : puissance, foi, amour, espérance et justice. Le **portail** richement décoré ressemble à un arc de triomphe. Il porte en relief l'effigie d'Othon-Henri, régent du Palatinat qui, en 1500, fit entreprendre cette construction.

Avant de visiter l'intérieur, on peut se rendre sur la terrasse, d'où l'on a une vue splendide sur la ville et sur la vallée. Il ne faut pas manquer d'aller voir le **grand tonneau** (grosses Fass, 2 200 hl), le plus grand du monde. Certains bâtiments sont en ruine, d'autres ont été restaurés pour accueillir banquets et concerts. L'Ottheinrichsbau abrite également le **musée de la Pharmacie** (collection d'appareils, de livres, de médicaments, d'instruments médicaux et de flacons). Frédéric V fit tracer un magnifique jardin (statues, étangs artificiels, grottes, gargouilles et merveilleux parterres de fleurs) : le **jardin du Palatinat** (Hortus Palatinatus). Parce qu'il avait empiété sur les défenses du château, il fut partiellement détruit pendant la guerre de Trente Ans, puis restauré en 1813.

Le **funiculaire** reconduit en ville en deux petites minutes. D'en bas on voit l'imposante façade du château dorée par les derniers rayons du soleil couchant. De beaux feux d'artifice sont tirés le premier samedi de juin et de septembre.

La cité historique

C'est au Moyen Age que Heidelberg a commencé à devenir une ville importante et c'est de cette époque que datent les ruelles étroites bordées de maisons typiques. De magnifiques palais Renaissance ont été ajoutés par la suite. La guerre du Palatinat a eu des conséquences désastreuses pour Heidelberg. Louis XIV prétendit défendre les intérêts de sa belle-sœur la princesse Palatine, duchesse d'Orléans et mère du futur régent, et les troupes françaises envahirent la région, dévastant un grand nombre

Le Studentenkarzer, décoré de graffitis.

de villes, dont Heidelberg en 1689 puis en 1693. La seconde fois, la ville fut rasée jusqu'aux fondations, les fortifications furent abattues. Le château resta longtemps à l'état de ruine, puis les habitants décidèrent de faire revivre leur ville. Peu de maisons étant restées debout, on construisit de nouveaux bâtiments sur les fondations médiévales. Mais on adopta le style du XVIIIe siècle, le baroque.

Sur la **place de l'Université** (Universitätsplatz), se trouve le bâtiment qui a rendu la ville célèbre. Fondée en 1386, c'est la plus ancienne université d'Allemagne. Pendant les guerres du XVIIe siècle, elle perdit de son importance, mais Charles-Frédéric lui donna une nouvelle vie en 1805. Aujourd'hui, elle accueille plus de vingt-sept mille étudiants (un cinquième des cent trente-quatre mille habitants). Tous ne fréquentent pas l'**ancienne université** (alte Universität). La **nouvelle université** (neue Universität), située à l'arrière de l'Universitätsplatz, a été fondée en 1931 grâce à des capitaux américains (il fallut encore en construire une troisième, sur l'autre rive du Neckar). Le célèbre **Studentenkarzer** est le cachot dans lequel on enfermait les étudiants chahuteurs. Depuis 1914, il n'est plus en service, mais on a gardé les graffitis laissés par les anciens prisonniers.

En suivant la Merianstrasse, puis l'Ingrimmstrasse, on arrive bientôt au quartier le plus ancien de la ville : le **marché aux grains** (Kornmarkt), le vieux **marché aux poissons** (Fischmarkt) et la **place du Marché** (Marktplatz). Les bistrots d'étudiants les plus connus, **Seppl** et **Roter Ochsen**, donnent sur la **Karlsplatz**.

L'**église du Saint-Esprit** (Heiliggeistkirche) est la plus grande des églises palatines. Elle abrite la **statue de Ruprecht Ier** et l'ancienne **Bibliothèque palatine**. Des concerts y sont donnés sur un orgue réputé pour être l'un des meilleurs du pays.

L'**hôtel Ritter**, en face de l'église du Saint-Esprit, est un bel exemple d'architecture de la Renaissance. Construit en 1592 par le réfugié français Charles Belier, il a échappé à la destruction, en

Étudiants dans une taverne au début du siècle.

1693, car il avait été choisi comme résidence par le commandant des troupes françaises. L'étroite ruelle Steingasse conduit au Neckar. On y découvre l'autre symbole de Heidelberg : le **Vieux Pont** (Alte Brücke), que Goethe considérait comme l'une des merveilles du monde. En le franchissant, on découvre, en amont, le vieux **monastère bénédictin de Neuburg**, et, en aval, la courbure du Neckar qui s'élargit vers la plaine du Rhin. Sur l'autre rive un raidillon mène au **Heiligenberg** qui donne encore l'occasion de contempler la ville et son château. Le **sentier des Philosophes** (Philosophenweg), propice à la rêverie, aboutit à la Bergstrasse et au **pont Theodor Heuss**. De l'autre côté du pont commence, à partir de la **Bismarckplatz**, la zone piétonne.

Tavernes et cafés

Les tavernes fréquentées par les étudiants donnent un bon aperçu des traditions de la cité. On y rencontre quelques membres des anciennes « fraternités » étudiantes, dont beaucoup tirent leur origine du siècle dernier et qui continuent à perpétuer les rites d'initiation qui consistent surtout en soirées copieusement arrosées et en assauts au sabre, le corps bien protégé mais à visage découvert. Les vieilles photographies et les sentences gravées sur les poutres sont très pittoresques.

Mais les vieux quartiers offrent aussi un grand choix de cafés, de tavernes et de restaurants modernes. On y trouve une atmosphère agréable et décontractée. Le **Reichsapfel** et le **Bop** sont parmi les meilleurs, mais d'autres endroits tout aussi charmants se trouvent dans les ruelles avoisinant la Hauptstrasse. Si les façades y sont moins bien entretenues que dans les quartiers touristiques, on y trouve un Heidelberg tout à fait authentique.

La ville moderne

Heidelberg aime les sciences, comme en témoigne le grand nombre d'étudiants en mathématiques, chimie, médecine, le Centre de recherches sur le cancer et l'Académie des sciences. Les machines

Membres d'une confrérie d'étudiants.

offset les plus modernes sont fabriquées à Heidelberg et envoyées dans le monde entier. L'Heidelberger Druckmaschinen A.G. est l'usine exportatrice de presses à imprimer très importante. Heildelberg abrite également les éditions J. Springer.

A Heidelberg, un habitant sur sept est d'origine américaine. Après la Seconde Guerre mondiale, la ville a été choisie comme quartier général en Europe de l'armée américaine. Vingt mille Américains y vivent, principalement dans le quartier qui leur est réservé : le **Patrick Henry Village**.

Excursion autour de Heidelberg

Au sud-ouest se trouve la petite ville de **Schwetzingen**. L'ancien palais des Électeurs a été construit entre 1699 et 1715. Il abrite un merveilleux **théâtre** rococo, et ses **jardins** sont parmi les plus beaux jardins baroques d'Allemagne.

De Schwetzigen, la route vers le Rhin conduit à la ville impériale de **Spire** (Speyer, quarante-cinq mille habitants), sur la rive opposée. Il faut s'arrêter quelques instants au milieu du pont pour admirer la perspective de la vieille ville dominée par son importante cathédrale. La ville a été fondée au Ier siècle de notre ère par les Romains. Elle est mentionnée pour la première fois en tant qu'archevêché en 343. Entre 1294 et 1797, elle fut parmi les sept villes libres du Saint Empire romain germanique. Elle a été le siège de plus de cinquante diètes, dont la plus importante fut celle de 1529, au cours de laquelle les futurs « protestants », princes et États, défendirent leur position contre la résolution de la Contre-Réforme présentée par la majorité. Spire a survécu à la guerre de Trente Ans, mais ce ne fut qu'un répit car la ville a été totalement détruite elle aussi au cours de la guerre du Palatinat, en 1689.

Il ne reste qu'un petit nombre de monuments pour témoigner de son histoire. Le plus important est la **cathédrale** romane à six tours. Cette basilique, unique par sa conception architecturale et ses proportions, a été construite entre 1030 et 1125. Malgré les nombreuses sculptures qui ornent les chapiteaux de l'abside orienta-

Le plus grand tonneau du monde.

LES IMMORTELS DU SPORT ALLEMAND

Aujourd'hui, l'Allemagne est la première à célébrer ses champions nationaux tels Steffi Graf et Boris Becker. Mais elle n'oublie pas ses héros de naguère.

Friedrich Ludwig Jahn, *Turnvater*

Traditionnellement l'Allemagne s'est plus illustrée dans l'athlétisme et la gymnastique surtout, beaucoup moins dans les jeux. La gymnastique moderne a un père, le *Turnvater* : Friedrich Ludwig Jahn (1778-1852), qui a inventé la barre fixe (*Reck*), les barres parallèles (*Barren*) et le cheval (*Bock*). Ces inventions furent exposées dans le livre qu'il écrivit en collaboration avec E. Eiseln publié à Berlin en 1816. Né à Lanz, en Prusse, dans la famille d'un pasteur, L. F. Jahn fit des études variées correspondant à son intérêt pour les langues, les coutumes et les traditions. Le romantisme était alors en plein essor. A partir de 1800, il publia des ouvrages à caractère patriotique. L'occupation de la Prusse le conduisit à créer, alors qu'il était professeur à Berlin, une gymnastique qui avait pour objectif l'émergence d'une identité nationale et la préparation de la libération : *die Turnkunst*. Il participa à la campagne de libération de la Prusse dans le Corps Franc de Von Lutzow. Après la victoire de Napoléon, Jahn et ses gymnastes se tournèrent vers l'unité allemande. Pourtant, le succès qu'ils remportèrent auprès des bourgeois et des étudiants provoqua la défiance des pouvoirs royaux. L'aristocratie considérait comme politiquement dangereuses les sociétés de gymnastique à cause de leur nationalisme progressiste. Ces sociétés furent placées sous surveillance, et les gymnastes durent pratiquer dans la clandestinité. En 1842, Frédéric Guillaume IV réhabilita Jahn qui fut élu au parlement germanique de Francfort-sur-le-Main en 1848. Le *Turnvater* fut définitivement réhabilité à l'occasion du centenaire de sa naissance. La gymnastique de Jahn est une méthode de force et d'adresse exigeant une attitude raide, la tête relevée, le corps droit, la jambe tendue. Son œuvre s'est développée dans toute l'Allemagne en un vaste mouvement associant la pratique physique et l'affirmation de l'identité nationale. Elle eut une grande influence en dehors des frontières, comme en France.

Armin Hary, bon pied bonne oreille !

Il fut le premier sprinter à courir le 100 m en dix secondes. Or l'athlète avait un don qui lui attira plus de critiques que de louanges. Observateurs étrangers et juges germaniques le considéraient comme un « voleur » de dixièmes de secondes. Finalement sa rapidité exceptionnelle au démarrage s'expliqua par le fait qu'il réagissait à un signal acoustique après trois centièmes de seconde, alors qu'en général le cerveau enregistre l'information après douze centièmes. En 1960, il remporta la médaille d'or aux Jeux de Rome, et son score (10 s) ne fut pas contesté.

Kornelia Ender, la Vénus de la R.D.A.

Quadruple championne des Jeux de Montréal (100 m, 200 m, 100 m papillon, 4x100 m quatre nages, plus le vice-titre du 4x100 m nage libre), l'Est-Allemande remporta tous les honneurs dans une discipline cadenassée par les États-Unis et l'Australie. Entre 1973 et 1976, la nageuse améliora vingt-deux records mondiaux sur sprints nautiques. Aux Jeux de 1976, elle égala la performance de Debbie Meyer (1968) et de Shane Guld (1972) en remportant trois médailles d'or individuelles qui équivalaient à autant de records mondiaux.

La classe de Gottfried von Cramm

Dans les années trente, sa distinction aristocratique fit de Gottfried von Cramm (1909-1976) la vedette de Roland-Garros. Il s'y imposa en 1934 et en 1936, année où il connut de premiers tracas avec les nazis qui l'accusaient d'homosexualité. Plus tard, il fut même emprisonné. En 1949, à quarante ans, il gagna les championnats d'Allemagne. Enfin, il s'imposa en double à Hambourg en 1955.

le, les rinceaux et les palmettes, l'impression d'austère majesté se confirme lorsqu'on pénètre à l'intérieur, où l'ornementation est, elle aussi, d'une simplicité grandiose. Les colonnes élancées, coupées à mi-hauteur par des chapiteaux dépourvus d'ornements, soutiennent une nef gigantesque. On y voit les **effigies** des huits empereurs du Saint Empire qui sont enterrés dans cette église. Les vestiges des anciens tombeaux se trouvent dans un **caveau** remarquable. La **crypte** est l'une des plus grandes et des plus belles d'Allemagne. Tout un réseau de voûtes d'arêtes se tend comme un filet retenu par des clefs de voûte en grès rouge sombre et blanc.

En face de la cathédrale, se trouve le **Domnapf** (1490), bassin en pierre qu'on remplissait de vin lors du sacre d'un évêque. Les **jardins** de la cathédrale abritent les statues des empereurs saliens qui sont à l'origine de sa construction. Quelques pas vers le sud mènent au **musée du Palatinat** qui conserve des collections étonnantes en même temps qu'un **musée du Vin** (Weinmuseum).

A gauche, deux héros nationaux : 'teffi Graf et Boris Becker ; ci-dessous, ı cathédrale de Spire ; à droite, 'a silhouette de Worms.

Tout près, au bout de la Judenbadgasse, se trouvent les vestiges du **Bain juif**, partie ancienne d'une synagogue. La rue principale de la ville, la **Maximilianstrasse**, part de la cathédrale pour arriver à l'**Altpörtel** (XIIIe siècle), ancienne porte de la ville. L'**église protestante de la Trinité** (1701-1717) s'élève à mi-hauteur de la rue.

Mannheim

Cette ville de trois cent dix mille habitants est située au nord de Spire, sur la rive droite du Rhin. Juste en face, sur l'autre rive, s'étend **Ludwigshafen** (cent soixante mille habitants), siège de la B.A.S.F., complexe de l'industrie chimique. Située entre deux routes d'importance capitale, cette région est d'un intérêt industriel et commercial considérable, mais elle recèle également un grand nombre de monuments architecturaux remarquables. Mannheim surprend par le contraste entre l'activité de son port et ses monuments de style baroque. Grâce à sa situation privilégiée au

confluent du Rhin et du Neckar, le bourg de Mannheim attira très tôt l'attention de l'Électeur du Palatinat. En 1606, Frédéric IV décida d'y faire bâtir une forteresse à laquelle il adjoignit un centre commercial, et le bourg devint une ville. Durant la guerre du Palatinat, Mannheim fut entièrement détruite. L'Électeur Jean-Guillaume la fit rebâtir en cent quarante-quatre îlots rectangulaires, dont chacun était désigné par une lettre et un chiffre. C'est ainsi que s'explique l'étrange entrecroisement du trafic du centre. En 1720 l'Électeur Charles-Philippe transféra sa résidence de Heidelberg à Mannheim ; la ville devint alors un centre artistique. Architectes, peintres, sculpteurs et artisans porcelainiers furent attirés par la cour. L'ouverture du Rhin à la navigation est à l'origine de l'essor commercial et industriel de la ville. Mannheim, dernière étape de la navigation sur le Haut Rhin, prit de l'importance.

Durant la Seconde Guerre mondiale, Mannheim a été gravement touchée. La reconstruction a donné à la ville un aspect moderne. Cependant, un grand nombre de monuments anciens existent toujours. Le palais de l'Électeur (1720-1760) est la résidence baroque la plus importante d'Allemagne. Il s'élève au sud de Mannheim, sur le bord du Rhin, au milieu d'un parc. Partant du château, la **Kurpfalzstrasse** traverse le centre et croise une autre grande rue, le **Planken**, à la **Paradeplatz**. Elle arrive ensuite directement sur la **place du Marché**, où se trouvent l'**hôtel de ville** et l'**église paroissiale** (Untere Pfarrkirche, 1701-1723). Ces deux bâtiments sont reliés par une tour qui symbolise l'union entre le sacré et le profane. L'ancien **arsenal** (Zeughaus) abrite le **musée Reiss**. Consacré principalement aux arts et à l'histoire de la ville, il possède également de belles collections de porcelaines, une reproduction de la première bicyclette fabriquée par le baron Drais en 1817 et l'une des premières automobiles conçues par Carl Benz, en 1886.

La Kurpfalzstrasse conduit ensuite au au **Kurpfalzbrücke**, point de départ des vedettes qui font la visite du port. On peut ainsi voir l'autre côté de Mannheim :

Les rives du Rhin à l'heure de l'industrialisation.

l'immense port qui comprend les quais de trois rivières et dix-sept bassins, aménagés sur les 3 km de la péninsule entre le Rhin et le Neckar. Au retour, une visite au **Théâtre national**, où l'on joua les premières pièces de Schiller en 1782 et en 1784, complétera cet aperçu de la cité.

Worms

Cette ville de soixante-quinze mille habitants est une vieille cité impériale comparable à Spire. Située sur le Rhin à 25 km au nord-ouest de Mannheim, Worms est l'une des villes les plus anciennes d'Allemagne. Tout d'abord agglomération celte, transformée en camp romain, puis archevêché à partir du IVe siècle, elle devint la capitale du royaume des Burgondes. Elle fut la proie des Huns qui détruisirent le royaume en 437.

La légende des *Nibelungen*, poème épique en allemand, qui raconte l'histoire de Siegfried opposé à son ennemi Hagen, tire ses origines des événements de cette époque. Au Moyen Age, la ville joua un rôle important dans les intrigues entre la couronne, la papauté et les ducs. Plus de cent diètes se sont tenues dans ses murs. La plus célèbre est celle de 1521, au cours de laquelle Martin Luther défendit sa doctrine, comme le rappelle le **monument Luther**, sur la **Lutherplatz** (1868).

Le **musée municipal**, installé dans les salles d'un couvent, possède de remarquables collections d'objets préhistoriques et historiques. L'**abbatiale** est également digne d'intérêt. A peu de distance se trouve le **cimetière juif** le plus grand et le plus ancien d'Europe ; certaines stèles datent du XIe siècle.

Dans le centre s'élève la magnifique **cathédrale** à quatre tours et deux dômes, comparable à celles de Mayence et de Spire, et très bel exemple du style roman (XIe-XIIe siècles) d'Allemagne. En pénétrant dans la cathédrale par le portail sud, on admire le **tympan** représentant le couronnement de la Vierge et, au revers, une statue du Christ (XIIe siècle). Le bas-côté nord comprend **cinq reliefs gothiques** qui illustrent des épisodes de la vie du Christ ; l'**autel** est l'œuvre de Balthasar Neumann.

Pont sur le Rhin à dwigshafen.

Hotel zum Riesen

LA FRANCONIE

Une promenade dans l'un des jolis bateaux de la compagnie du Neckar permet de découvrir des bourgs pittoresques, des châteaux dominant la rivière et une multitude de joyaux artistiques et architecturaux. L'idée qu'on peut se faire d'un voyage romantique à travers l'Allemagne prendra corps autant dans les basses montagnes de l'Odenwald et du Spessart que dans la région de Wurzbourg, la **Mittelfranken**.

La vallée du Neckar

En suivant la B37, on passe par Neckargemünd et Hirschhorn avant d'atteindre **Eberbach**, région de vacances et centre de navigation sur le Neckar. La route qui longe le Neckar offre un paysage tout à fait charmant. Le Neckar prend sa source dans la forêt Noire et coule sur environ 400 km avant de se jeter dans le Rhin, à Mannheim. La région est célèbre pour ses coteaux boisés s'élevant jusqu'à 400 m qui longent les courbes de la rivière. Eberbach est en parfaite harmonie avec le paysage qui l'entoure : le Neckar glisse, paresseux, bordé de maisons serrées contre ses rives et flanquées de tours sévères. En une demi-heure on atteint le **château d'Eberbach** (XIe-XIIIe siècle) qui fut la plus importante demeure de la dynastie des Hohenstaufen. Par ailleurs, on y voit de vieilles maisons à colombage et la vieille forge de 1438, ainsi que l'**auberge de Krabbenstein**, dont on mentionne le nom pour la première fois en 1627. On y admire des fresques montrant les métiers des anciens habitants. A un quart d'heure du centre, on aperçoit l'**hôpital** (Gutleut-Häuser) et la **Gutleut-Kapelle**, chapelle du XVe siècle. L'ensemble faisait partie de l'ancienne léproserie, qui était obligatoirement située en dehors des villes.

Avant de traverser l'Odenwald au nord, on peut faire un petit détour par le sud en empruntant la **route des Châteaux** (Burgenstrasse) sur 24 km jusqu'à Mosbach. Après avoir dépassé les ruines de **Stolzeneck**, ancien repaire de cheva-

Pages précédentes : l'enseigne de la plus ancienne auberge d'Allemagne.

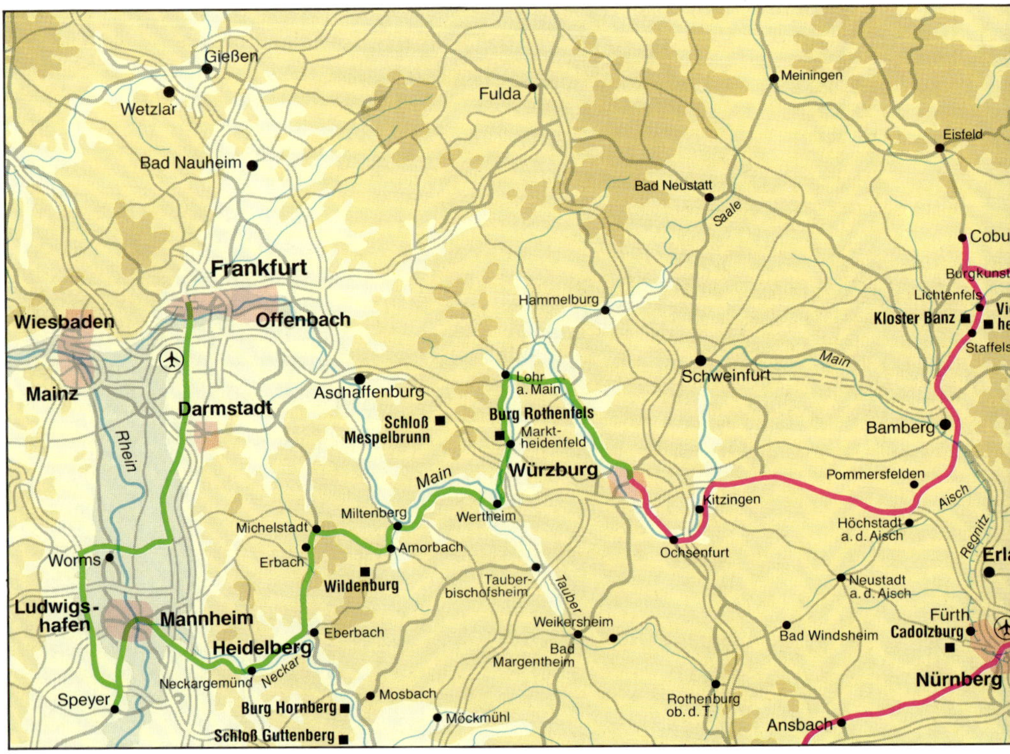

liers devenus voleurs de grand chemin, on arrive à **Zwingenberg**, dont le **château** fut construit du XIIIe au XVe sicèle. La pittoresque petite ville de **Mosbach** tire son origine d'un monastère bénédictin fondé au VIIIe siècle. Au XIIIe siècle, Mosbach devint une ville libre, pour accéder bientôt à la dignité de ville d'Empire, et finir en tant que *Residenzstadt* (siège de la cour royale). Le caractère médiéval de la petite cité apparaît surtout dans la vieille ville, autour de sa place du marché. L'**hôtel de ville** a été construit de 1554 à 1558 et ses fondations ont été bâties avec une partie des murs de l'ancienne église Sainte-Cécile, dont la construction remonte à l'an 1300.

Deux châteaux remarquables se trouvent près de Mosbach : **Burg Hornberg** (1148), l'un des monuments les plus intéressants de la vallée du Neckar. Le chevalier à la Main de Fer, Götz von Berlichingen (1480-1562), immortalisé par le drame de Goethe, y habita pendant quarante-cinq ans. Sa tourelle bien-aimée abrite maintenant un musée dans lequel

sont exposés les témoins des exploits militaires de cette grande figure des guerres de la paysannerie allemande. **Burg Guttenberg**, à quelques kilomètres plus au sud, près de Hassmersheim, est le plus ancien et le mieux conservé des châteaux du Neckar. Il illustre parfaitement les méthodes médiévales de construction des ouvrages de défense et l'art de transformer les châteaux forts en résidences seigneuriales à la fin du Moyen Age.

A travers l'Odenwald

Revenu à Eberbach, on reprend la B45 qui conduit à travers l'Odenwald, paysage de montagnes grandioses, jusqu'aux villes d'Erbach et de Michelstadt. **Erbach**, station climatique et ancienne résidence des comtes d'Erbach, a conservé les étroites ruelles aux maisonnettes serrées les unes contre les autres au milieu des remparts. **L'église** (1748) et l'hôtel de ville à colombage (milieu du XVIe siècle) méritent également une visite. Le **musée du Château** possède d'intéressantes collections de peintures anciennes, d'armes médiévales, de sculptures gothiques et de bois de cerfs. La salle de bal abrite le **musée des Ivoires** (Elfenbein Museum), et présente également des poteries et des objets d'ambre.

A quelques kilomètres de là, se trouve la vieille cité de **Michelstadt**, une des villes les mieux conservées de Hesse. Avec ses coins pittoresques, ses maisons à colombage et sa **place du Marché**, elle est l'un des plus beaux exemples d'urbanisme médiéval. L'**hôtel de ville**, construit en 1484, avec ses pignons, sa grande salle et ses deux tourelles est, lui aussi, un monument célèbre. La fontaine du marché date de 1541. L'**église gothique Saint-Michel et Saint-Kilian**, qui comprend deux bas-côtés d'égale hauteur, a été construite entre 1461 et 1507. Le **château** (toit à pignon et façade Renaissance), la **tour des Voleurs** (Diebesturm), les vestiges des anciennes fortifications, les objets celtes et romains mis au jour par les fouilles et rassemblés dans les collections du **musée Odenwald**, méritent également l'attention du visiteur.

Héritière d'un riche passé culturel, la vieille cité franconienne d'**Amorbach**, à 21 km d'Eberbach, possède un monastère du VIIe siècle. Son église, romane à l'origine, reconstruite en 1742-1747, est un exemple exceptionnel du baroque allemand. On y admire la **grille** en fer forgé qui séparait à l'origine les moines des fidèles, et son **orgue**, l'un des plus imposants et des meilleurs d'Allemagne. L'**hôtel de ville** gothique (du XVe sicèle), l'**effigie baroque de la Vierge** (Mariensäule) datant de 1675, les maisons à colombage, ainsi que le **palais des princes de Leiningen** et **l'église** paroissiale catholique en grès rouge (1753) forment un ensemble impressionnant.

Miltenberg am Main, dominée par le **château de Mildenburg** (1210), se trouve à 10 km au nord. Un **château** surplombe la **place du Marché**. Elle est ornée d'une fontaine, bordée de maisons à colombage, d'un ancien **cellier** datant de 1541 et de deux tavernes : **Zur Gülden Cron** (1623) et **Weinhaus am Alten Markt**. Dans la rue principale, qui part de la place du Marché, on admirera trois autres monuments : au **n° 136**, la maison la plus ancienne de la ville (1330), au **n° 157**, un imposant bâtiment gothique datant de 1470, et la taverne **Zum Riesen**, construite en 1590 dans le style Renaissance. Des concerts ont lieu durant l'été dans la cour du château. On y parvient en passant par une porte appelée **Schnatterloch**. La vue sur la vallée du Main jusqu'au Spessart est saisissante. Les accueillantes tavernes et les petites *Wirtschaften* (auberges) disséminées dans tout l'Odenwald offrent également les spécialités du terroir, telles que le *Handkäs mit Musik*, fromage fait à la maison, mariné à l'huile et au vinaigre et garni d'oignons finement hachés, ainsi que les *Hausmacherwurste* (saucisses faites à la maison), accompagnées de pain de campagne et arrosées de cidre.

Le Spessart

En suivant la route pittoresque de Grossheubach qui passe par Eschau et Hobbach, on va atteindre la petite ville de Mespelbrunn. Se dégageant d'une forêt touffue, le **château de Mespelbrunn** apparaît entouré d'eau. Partiellement reconstruit dans le style Renaissance

A gauche, la place du Marché de Michelstadt ; ci-dessous, le château de Mespelbrunn

(1564) il appartient toujours au comte d'Ingelheim. L'intérieur du château, fort bien conservé, donne une idée exacte de la vie que menaient les familles nobles dans les temps anciens. La **salle des Chevaliers** au sol pavé et au plafond à caissons, la **chapelle** à la voûte en plein cintre, aux fenêtres en ogive datant de 1729, la **salle des Ancêtres**, le **Salon chinois**, la **Chambre princière** avec son lit à baldaquin Renaissance, et la **Chambre ronde** où naquit, en 1545, le membre le plus célèbre de la famille, le prince archevêque Julius Echter von Würzburg, fondateur de l'université, forment un décor impressionnant.

Mespelbrunn se situe dans le Spessart, région montagneuse couverte de forêts de feuillus qui constitue une réserve naturelle importante. Le **Main** la contourne en formant une boucle. Il ne faut pas manquer la célèbre auberge **Wirtshaus im Spessart**, rendue célèbre par le roman de Wilhem Hauff et qui a, depuis, servi de décor à un grand nombre de films d'aventures, de brigands et de fantômes. Ce merveilleux décor mène de Mespelbrunn à **Wertheim**, vieille cité franconienne au confluent de la **Tauber** et du Main. D'étroites ruelles, une place du Marché bordée par des maisons à colombage aux toits pointus, lui donnent son air typique. Il faut visiter l'**église de la Sainte-Vierge** (1447), l'**hôtel de ville** (1540) avec l'escalier à double vis de la tour, et la maison appelée **Vier Gekrönten**. La **cathédrale**, romane à l'origine, a été transformée en 1383 en basilique à colonnes gothiques.

A 850 m au-dessus du Main apparaissent les ruines d'un **château fort** du XIIe siècle détruit en 1619 par une explosion de poudre à canon. Les archives, au-dessus du portail, quelques tourelles, les créneaux restaurés, la cour, l'escalier qui monte vers l'ancien palais et la tour au toit Renaissance de 1562 sont tout ce qui reste de l'ancien **château de Löwenstein**.

Marktheidenfeld, au nord, a une jolie place aux maisons à colombage. Peu après apparaît, à 224 m au-dessus du Main, le **château Rothenfels**, dont le mur d'enceinte, le donjon et les fondations, datent des XIIe-XIIIe siècles.

Façade typique e Franconie.

Wurzbourg (Würzburg)

Bien que la moitié environ des cent vingt-sept mille habitants de Würzburg soient écoliers ou étudiants, l'ambiance y diffère nettement de celle d'une ville universitaire comme Fribourg ou Tübingen. Ce qui attire ici les touristes chaque année est le fait qu'il s'agit d'une ville épiscopale du VIIe siècle. Ce sont les princes évêques qui lui ont donné son caractère.

Au-dessus de la ville entourée de vignobles se dresse la **forteresse de Marienberg** (1201), qui forme un rectangle autour d'une cour où l'on trouve un donjon, un **puits** Renaissance et la **chapelle Sainte-Marie**. La forteresse fut la résidence des princes évêques de 1253 à 1719. Ils en firent une place forte pour asseoir leur autorité sur la ville. Le prince évêque Echter von Mespelbrunn fit rebâtir le château dans le style Renaissance et y ajouta une façade baroque et l'**Echter Bastion**. En 1631, après que la ville fut tombée aux mains de Gustave-Adolphe de Suède, durant la guerre de Trente Ans, le château fut agrandi en une forteresse baroque qui inclut le **Fürstengarten**. Le prince évêque Julius Echter fonda non seulement l'hôpital Julius en 1575, mais également l'ancienne université en 1582. Wilhelm Conrad Röntgen y découvrit, trois cents ans plus tard, les rayons X. La ville connut son apogée au XVIIIe siècle, sous le règne des Schönborn, dynastie amie des arts. En 1719, Johan Philip Franz von Schönborn devint prince évêque et décida de quitter sa résidence du Marienberg pour s'installer dans le centre de la ville. La cour s'assura les services d'un architecte de génie, Balthasar Neumann, et lui confia la construction du **château Am Rennweg**. La Résidence fut le premier exemple du baroque allemand.

La construction débuta par la mise en chantier de l'aile gauche, en 1720 ; la carcasse en brique ne fut achevée qu'en 1744. Le magnifique **escalier d'honneur**, exemple de style baroque, est un chef-d'œuvre de Neumann. La cage s'élève sur les deux étages du bâtiment, couronnée par une voûte. Peinte par Tiepolo, la **fresque** qui orne la voûte est pourtant plus célèbre que l'escalier. L'Italien

Plafond de la Résider de Wurzbour peint par Tiepolo.

Giovanni Batista Tiepolo fut appelé à Wurzbourg en 1750 pour réaliser *Les Quatre Parties du monde*, qui représente les dieux de l'Olympe et les quatre continents connus à l'époque : l'Europe, l'Asie, l'Afrique et l'Amérique. Y figure également le mariage de Frédéric Barberousse avec Béatrix de Bourgogne en 1156.

Bien des voyageurs viennent à Wurzbourg pour admirer les œuvres du célèbre sculpteur Tilman Riemenschneider. Arrivé à Wurzbourg en 1483, il y installa son atelier d'où sortirent des retables, des sculptures sur bois et sur pierre en grand nombre. Il devint membre du conseil municipal en 1509, et maire de Wurzbourg en 1520-1521 (la ville possédait un conseil municipal élu et un maire depuis 1256). Durant la guerre des Paysans il soutint, avec d'autres élus de la ville, les paysans opprimés par le prince évêque Konrad von Thingen. Après la défaite des paysans, il fut emprisonné et torturé pendant huit semaines à la forteresse de Marienberg. Riemenschneider mourut en 1531, brisé et déjà oublié. Ce n'est qu'en 1821, sa tombe ayant été mise au jour à l'occasion de travaux préparatoires pour la construction d'une route, qu'on se souvint de ce sculpteur.

tue baroque
mmersbach.

Le **musée du pays du Main franconien** (Mainfränkische Museum) dans la forteresse du Marienberg, conserve des **sculptures** de Riemenschneider et un grand nombre d'autres œuvres d'art franconien.

D'autres œuvres de Riemenschneider sont disséminées dans la ville. On les découvre au cours d'une promenade qui peut commencer par le **Hofgarten**, où se trouve un merveilleux groupe baroque. De belles rampes en fer forgé longent les terrasses. Quelques pas mènent à l'**ancienne université** (1582) où se trouve une **église** représentative de la Renaissance allemande. L'**église franciscaine gothique** (1221) possède une *Pietà* de Riemenschneider. C'est en suivant la Domschulstrasse que l'on atteint la **cathédrale**, la quatrième d'Allemagne par la taille. Cette basilique romane à voûtes d'arêtes (XIe-XIIe siècles) est dédiée à saint Kilian, patron de la ville, qui a été assassiné en 689. Les monuments funéraires des évêques Rudolf von Scheunburg et Lorenz von Bibra sont l'œuvre de Riemenschneider. La **chapelle Schönborn** se trouve dans le transept de la cathédrale ; elle contient le tombeau des princes évêques de Schönborn, l'une des œuvres maîtresses de Balthasar Neumann (1721-1736). Au nord de la **Neumünsterkirche** se trouve le **jardin Lusam**, dans lequel est enterré le célèbre ménestrel Walther von der Vogelweide (mort en 1230). La crypte ouest abrite le sarcophage en pierre de saint Kilian.

La Domstrasse descend vers les bords du Main. Près du **Vieux Pont** se trouvent la **Vierröhrenbrunnen** (fontaine de 1765) et l'**ancien hôtel de ville** (XIIIe siècle) qui a été agrandi plusieurs fois depuis sa construction. Près du **Grafeneckhart**, bâti en 1659 en style Renaissance, on peut voir le **monastère des carmélites** (Karmeliten Kloster, 1712) transformé en hôtel de ville au XIXe siècle. Les originaux des sculptures qui ornent le portail de la chapelle de la Vierge, ***Adam et Ève***, sont au Mainfränkische Museum. Balthasar Neumann est enterré non loin de la porte du Marché, près de la **Haus zum Falken**. L'**Alte Kranen** du marché au poisson, l'un des symboles de la ville, est l'œuvre de Franz Ignaz Neumann, le fils de Balthasar (1773). Si on traverse le Main par le Vieux Pont, on rencontre en amont l'**église Saint-Burkhard**, à la **porte Saint-Burkhard**.

Un sentier assez raide mène au sommet du **Nikolausberg** et au **Käppele**, pittoresque lieu de pèlerinage dessiné par Balthasar Neumann d'où l'on a une vue remarquable sur Wurzbourg et le Main.

Saint Kilian, le saint patron de la ville et du vin, est installé sur le **Vieux Pont** et sa silhouette, sculptée dans le grés, est l'un des sujets les plus photographiés par les touristes. En 1979, la ville a fêté ses mille deux cents ans de production vinicole. Wurzbourg est aujourd'hui le centre de la production et de la vente du vin de Franconie. Le **Juliusspital**, le **Bürgerspital** (hospices) et le **domaine de l'État** avec les caves du château gèrent les domaines viticoles les plus importants d'Allemagne.

À Wurzbourg, on sait depuis six cent cinquante ans que le vin, consommé en quantité raisonnable, fortifie les malades et les faibles. En 1319, le patricien Johannes von Steren fit don à la municipalité de l'**hôpital du Saint-Esprit** (Bürgerspital zum Heiligen Geist) et des vignobles qui l'entourent. Les personnes âgées que l'on soigne ici de nos jours reçoivent toujours un verre de vin pour accompagner leur repas comme le veut l'usage instauré il y a plusieurs siècles.

Une visite de dégustation dans l'une des caves du Bürgerspital ou du Juliusspital est tout à fait recommandée. Les célèbres *Meefischli* (petits poissons) qui, quand ils ne dépassent pas la longueur de l'index, se mangent grillés avec la tête et la queue, sont particulièrement succulents avec le vin.

La **route du vin de Stein** est une piste de 4,5 km de long qui traverse une région de vastes vignobles. Pour une excursion dans les vignobles franconiens autour de Wurzbourg, il faut suivre la vallée du Main vers le sud, et se laisser guider par les sinuosités de la rivière, qui mènent hors des chemins battus, à travers des prairies verdoyantes et de riches vergers, vers des collines d'où l'on contemple les petites villes aux toits rouges. Octobre, le mois des vendanges, est l'époque la plus heureuse pour visiter les vignobles de Franconie ou d'ailleurs. Des fêtes ont lieu tous les dimanches dans des villages tels que **Volkach**, **Frickenhausen**, **Eisenheim**.

Bamberg

Bamberg est une vieille cité épiscopale du Moyen Age, mentionnée pour la première fois en 902. La cathédrale est à la fois le centre historique et spirituel de la ville : la tombe de l'empereur Henri II le Saint, qui fit de Bamberg une ville épiscopale en 1007 se trouve ici, ainsi que la seule sépulture d'un pape au nord des Alpes. Une promenade dans le centre historique illustre cette double appartenance de la ville : la partie ecclésiastique est campée sur les sept collines, et en bas, entre les bras de la **Regnitz**, s'étend le domaine des citoyens. En partant de la **maison de la Garde** (Hauptwache, 1744), la rue mène à la **Maxplatz** sur laquelle s'élève le **nouvel hôtel de ville** (Neues Rathaus), bâtiment baroque construit par Balthasar Neumann. Un autre exemple de style baroque se trouve au **Grüner Markt**, à quelques pas, avec à droite la magnifique façade de l'**église Saint-Martin** (XVIIe siècle) et, à gauche, une maison bourgeoise baroque appelée la **maison Raulino**.

Dans une île au milieu de la Regnitz, juste entre la partie de la ville appartenant à l'Église et celle qui est dévolue aux bourgeois, se trouve l'**ancien hôtel de ville** (Altes Rathaus) que l'on atteint par l'**Untere Brücke**, qui offre une vue magnifique sur cette Petite Venise composée de maisons de pêcheurs, sur la rive droite. Tous les ans s'y déroule une fête traditionnelle appelée *Fischerstechen*. L'étrange emplacement choisi pour la construction de l'ancien hôtel de ville s'explique par la nécessité de ménager à la fois les intérêts et la susceptibilité de la bourgeoisie et ceux de l'épiscopat. Le bâtiment, gothique en son centre, possède une porte rococo monumentale et des façades surchargées de fresques. La **Rottmeisterhäuschen** est une petite maison à colombage en équilibre sur un avant-bec du pont.

La place de Tiergartento à Nurember

A travers d'étroites ruelles, le chemin atteint la **Domplatz** en passant devant l'**église dominicaine** flanquée de son **cloître** et de son **abbaye** du XIVe siècle, qui accueille aujourd'hui le célèbre orchestre symphonique de Bamberg. Le passage par le pittoresque escalier de **Katzenberg** permet de faire connaissance de la fameuse bière brune fumée (*Rauchbier*) qui est la spécialité du restaurant **Schlenkerle**, l'un des meilleurs établissements de Bamberg. La Domplatz est un pur joyau, dominée par la cathédrale à quatre tours, le pignon Renaissance de l'**Ancienne Résidence** (Alte Hofhaltung) et par la façade baroque de la **Nouvelle Résidence** où vécurent les derniers princes évêques. La cathédrale, fondée par l'empereur Henri II et consacrée en 1012, brûla deux fois et fut reconstruite en 1237, en pleine période de transition entre le style roman et le gothique. Le merveilleux **portail des Princes** (Fürstenportal) compte dix voussures occupées par les statues des apôtres et des prophètes. Les statues, à l'intérieur de la cathédrale, sont également d'une facture médiévale exceptionnelle, la plus frappante étant le célèbre ***cavalier de Bamberg***, représentation idéalisée des rois et des cavaliers chrétiens du Moyen Age. La nef abrite le **tombeau d'Henri II** et celui **de Cunégonde**, tous deux sculptés par Riemenschneider. Le chœur ouest contient le **tombeau du pape Clément II**, ancien évêque de Bamberg. A gauche de la cathédrale, l'ancien chapitre, construit par Balthasar Neumann en 1730, abrite le **musée diocésain**, qui conserve le **trésor de la cathédrale**, dont font partie les vêtements d'apparat d'Henri II et de sa femme.

L'Alte Hofhaltung n'est séparé de la cathédrale que par une ruelle étroite. Cet ancien palais épiscopal et impérial comprend l'ancienne salle du trône et le bâtiment de l'ancienne Chambre du conseil, dont la façade à pignon sculpté est un bel exemple d'architecture de la Renaissance dans le nord de l'Europe. Il abrite aujourd'hui le **Musée historique**. Le **Beau Portail** (Schöne Pforte, 1561) est richement décoré de sculptures de pierre et la cour intérieure comporte de belles

Marchande des quatre saisons franconienı

maisons à colombage du XVe siècle. La Neue Hofhaltung, le plus grand bâtiment ancien de la vieille ville, se trouve en face ; il a été construit en 1700 par L. Dietzenhofer. La rue monte ensuite vers le Michaelsberg, en passant devant l'**église Saint-Jacob**, construction romane des XIe-XIIe siècles, avec une façade Renaissance (1771). L'**église Saint-Michel**, qui fait partie de l'ancienne abbaye bénédictine fondée en 1015 à la demande d'Henri II, concilie harmonieusement dans son architecture extérieure et sa décoration, le roman, le gothique et le baroque. La célèbre façade qui surmonte le grand escalier extérieur à balustrade (1677) est l'œuvre de Dientzenhofer. La Meternstrasse redescend vers l'**abbaye des carmélites**, fondée au XIIe siècle. Son grand cloître date du XIIIe siècle. Plus loin apparaît le plus beau monument gothique de Bamberg : l'**Obere Pfarrkirche** (l'église paroissiale, 1325) puis, dans la Judengasse, se trouve la **maison Böttinger** (1713) qui est considérée comme la plus belle demeure bourgeoise de style baroque existant en Allemagne.

Deux joyaux baroques

En continuant de longer le Main vers le nord, entre les petites villes de **Staffelstein** et de **Lichtenfels**, on arrive sur une colline de 240 m hérissée des bâtiments de l'**abbaye de Banz**. Elle appartenait à l'ordre des bénédictins de 1069 à 1803 et c'est l'un des bâtiments les plus remarquables du baroque allemand. L'**église abbatiale**, en grès ocre, avec ses tours à bulbe, est considérée comme le chef-d'œuvre de Dietzenhofer.

Après avoir rejoint Lichtenfels, important centre de fabrication de vannerie, on peut suivre la B173 vers le sud et prendre l'embranchement sur la gauche qui conduit à la l'**église des Quartorze-Saints** (Vierzehnheiligen-Kirche), le plus célèbre lieu de pèlerinage de Franconie. La légende veut que les quartorze saints soient apparus plusieurs fois à un pieux berger au XVe siècle. L'église domine la vallée du Main et fait face à l'abbaye de Banz. Elle a été construite entre 1734 et 1751. C'est un chef-d'œuvre de l'architecture religieuse baroque. Son architecte,

L'opéra 'e Bayreuth.

Balthasar Neumann, ayant à corriger un défaut de construction, il eut l'idée de placer l'autel, le **Gnadenaltar**, en plein milieu de la nef.

Cobourg (Coburg)

De loin , on aperçoit sa forteresse, qui fut la résidence des ducs de Cobourg. La **Marktplatz**, au centre de la ville, est envahie par l'odeur des feux de pommes de pin, utilisées pour griller les fameuses saucisses tout au long de l'année. Du haut de l'**hôtel de ville** (1580), la **statue du Bratwurstmännle** surveille attentivement la longueur de ces saucisses, qui sont calibrées à l'aune de son bâton. Le **Stadthaus** (1600) et un **monument** à la mémoire du prince consort Albert de Saxe-Cobourg, époux de la reine Victoria, se trouvent également sur la place du Marché. Bâtie en 1200, dans le style des Hohenstaufen, la **forteresse de Cobourg** est l'une des forteresses les plus importantes d'Allemagne. Entourée d'une triple enceinte fortifiée, elle a été en usage durant trois cents ans. Martin Luther y habita lors de la célèbre diète d'Augsbourg en 1530. Le **palais des Princes** (**chapelle** et **salle Lucas Cranach**) vaut une visite. On y pénètre par la première cour intérieure. Les bâtiments qui entourent la deuxième cour abritent de remarquables collections d'armes de chasse et environ trois cent mille gravures sur cuivre.

Kronach, Kulumbach et Bayreuth

De Cobourg, la B303 mène à Kronach, ville natale du peintre Lucas Cranach (1472-1553). La ville offre un ensemble pittoresque de ruelles étroites, d'imposantes maisons et de remparts médiévaux, interrompus par des tours de guet et des portes. La **forteresse Rosenberg** (XIIe siècle) domine la ville. Elle n'est jamais tombée aux mains d'un ennemi. C'est l'une des forteresses allemandes les mieux conservées.

Kulumbach, la « ville de la bière », à 25 km au sud de Cobourg, est connue pour produire les bières les meilleures et les plus anciennes. Les sources claires du

L'ancien hôtel de ville de Bamberg sur le Regnitz.

Frankenwald et du **Fichtelgebirge** fournissent l'eau aux quatre brasseries locales, dont les hautes cheminées donnent une marque distinctive à la ville où l'on produit entre autres bières la *Kulminator*, la plus forte de toutes. Le **château de Plassenburg**, qui domine la ville, date du XIIe siècle et remanié au XVIe siècle. Le château abrite le seul **musée de Figurines de plomb** d'Allemagne (trois cents mille pièces).

Bayreuth (soixante-dix mille habitants) est une ancienne résidence des margraves. Ville universitaire depuis 1975, c'est sans nul doute la ville de Wagner, mais aussi du poète Jean Paul, qui y vécut de 1804 à 1825, ou encore de Franz Liszt, qui s'y éteignit en 1886. La margrave Guillaumine, sœur préférée de Frédéric le Grand, s'occupa de la restructuration de la ville au XVIIIe siècle. C'est elle qui confia à l'architecte Saint-Pierre la construction du premier opéra de Bayreuth, aujourd'hui le théâtre baroque le mieux conservé d'Allemagne. Le **Château neuf** (Neues Schloss), également conçu par Saint-Pierre, mais dans un style baroque français, plus sobre, est également dû à l'initiative de la princesse Guillaumine. La **tombe de Richard Wagner** et celle de sa femme se trouvent dans le parc.

Le compositeur fit bâtir, entre 1872 et 1876, le **théâtre des Festivals** (Festpielhaus) sur la colline Verte, au nord de Bayreuth. Le **château de l'Ermitage** (Schloss Eremitage), est situé à la limite est de Bayreuth. Le **Château ancien** (Altes Schloss) date du XVIIIe siècle.

Nuremberg (Nürnberg)

Cette vieille ville libre d'Empire est la deuxième ville bavaroise (cinq cent mille habitants). Endommagée par les bombardements de la Seconde Guerre mondiale, Nuremberg a été reconstruite à l'ancienne. La vieille ville, entourée de **remparts** du XIIIe siècle comportant quarante-six **tours** rondes fortifiées, est divisée en deux parties : **Saint-Sebald** et **Saint-Laurent**. Le **Château impérial** (Kaiserburg) est bâti sur des rochers qui dominent la ville. Il comporte trois par-

Kaiserburg domine les toits e Bamberg.

ties : le **Kaiserburg** (XIIe siècle), construit sous l'empereur Barberousse ; le **Burggrafenburg** (XIe siècle), château royal des Saliens, les **Kaiserstallungen** (écuries impériales, 1495).

La **maison d'Albrecht Dürer** (XVe siècle), transformée en **musée**, se trouve près de la Tiergärtnertor, non loin du château. L'**église Saint-Sebald** (XIIIe siècle), est située sur la **place de l'Hôtel-de-Ville** (Rathausplatz). Face à l'église, se dresse le **musée Fembo**, splendide maison patricienne édifiée vers 1600. L'**église Saint-Laurent** (XIIIe-XIVe siècles) est un édifice impressionant, surtout pour son intérieur lumineux à voûtes en étoiles. Le **Musée national germanique** (collections d'art, objets folkloriques) se trouve sur le Kornmarkt. On passe devant l'église Sainte-Claire, de style gothique, pour arriver au **Handwerkerhof Alt Nürnberg**, reconstitution d'un quartier d'artisans médiéval.

On traverse la Pregnitz pour arriver sur le **Hauptmarkt**, siège de l'office de tourisme. L'**église Notre-Dame** (Frauenkirche) date du millieu du XIVe siècle.

GUTEN APPETIT !

Le meilleur moyen de se renseigner sur les habitudes gourmandes du pays est une visite chez le boulanger-pâtissier (*Bäckerei-Konditorei*) ou chez le boucher-charcutier (*Metzgerei-Fleischerei*). Ces magasins appartiennent en général à une même famille. Les Allemands sont fiers de leurs innombrables variétés de pain : du *Pumpernickel* au *Weizenbrot*, du pain noir au pain de campagne, on en trouve cent trente sortes différentes. Et il peut être agrémenté de bien des façons : avec du cumin, de la coriandre, du pavot, du sésame, des graines de tournesol... Les meilleurs, pourtant, sont les pains de fantaisie. Chaque boulanger prépare ses propres spécialités et tout un assortiment de petits pains longs ou ronds. Leurs noms varient d'une ville à l'autre.

La *Wurst*, la saucisse allemande, présente des variétés innombrables. Il ne faut pas manquer la *Weisswurst* de Munich, saucisse de veau à faire bouillir. Il faut également goûter la saucisse de Nuremberg, cuite sur le gril. La *Frankfurter*, que certains appellent *Wiener*, est cuite à l'eau. Un grand nombre d'autres saucisses sont présentées coupées en tranches (*Aufschnitt*), en pâté ou fumées. On goûtera également les diverses sortes de jambon (*Schinken*).

En dehors des grandes villes, les meilleurs repas sont servis dans les restaurants tenus par les bouchers de village. La viande étant l'essentiel du menu, les morceaux sont en général copieux, surtout si on commande une escalope panée (*Wiener Schnitzel*). Il existe un grand nombre de spécialités régionales, telles que le pied de cochon (*Schweinhaxe*) ou le rôti à l'aigre (*Sauerbraten*), dignes d'être connues. D'autres bonnes choses peuvent accompagner le plat principal. Il ne faut pas manquer la choucroute, dans le sud, les pâtes fraîches (*Spätzle*) à Stuttgart, les poissons dans le nord, non plus que les *Dampfnudeln* ou les *Pfannkuchen* (sortes de crêpes).

Le légume le plus répandu est la pomme de terre. Habituellement, on les sert à un repas sur deux sous forme de soupe (*Kartoffelsuppe*), à l'eau, en purée ou sautées, ou encore sous forme de *Kartoffelknödel* (sorte de quenelles). On les trouve très souvent râpées en guise de crêpe, accompagnées de compote de pommes. Elles sont servies, dans les grandes villes, pour accompagner la saucisse au curry. Cette forme de nourriture rapide est, pour certains, tout simplement à rejeter, alors que pour d'autres elle permet seulement un repas sans complications. Tout dépend du soin qu'on a apporté à la préparation.

Il ne faut pas oublier que le même mot peut désigner des réalités différentes selon la région où l'on se trouve. *Pfannkuchen* est une crêpe de farine et d'œufs dans le sud, on vous la servira parfois avec des asperges ou du jambon. A Berlin, le même mot désigne un beignet à la levure, souvent fourré de confiture. Il y a longtemps, on les préparait pour le carême, aujourd'hui ils symbolisent le carnaval.

L'endroit le plus propice à la dégustation de ces produits est le café (sorte de salon de thé). Certains en font d'ailleurs le but de leur promenade dominicale. Confortablement assis, ils regardent passer les gens, papotent, prennent le café et dégustent de succulents gâteaux (à la crème ou aux fruits, par exemple). Une visite en Allemagne ne sera pas tout à fait complète si l'on boude ces établissements que l'on ne retrouve dans aucun autre pays, sauf en Autriche. Des contes, des romans et des chansons leur ont été dédiés.

C'est également là qu'on peut se rencontrer au cours de la journée pour prendre le café ou le thé avec des gâteaux aux cerises de la Forêt-Noire (*Schwarzwälder Kirschtorte*), aux pommes (*Apfelstrudel*), de la *Linzertorte* au *Baumkuchen* (gâteau ayant l'apparence d'une bûche) ou du gâteau aux prunes (*Pflaumenkuchen*) qui, en Bavière, se dit *Zwetschgendatschi* (mais il est inutile d'essayer de le prononcer). Avec de la chance, on trouve une des meilleures spécialités de la région : les pralines. Il faut essayer de découvrir l'une des rares boutiques qui les fabrique encore selon des recettes transmises de génération en génération.

A gauche, cuisinier turc ; ci-dessous, le choix qu'offre une oulangerie.

LA ROUTE ROMANTIQUE

A partir de Würzburg, la B27 descend en direction du sud-est, à travers bois et collines, en longeant la **vallée de la Tauber**, affluent du Main. On arrive à **Tauberbischofsheim** par un pont qui surplombe de très haut la rivière. Les *Melusinen* que l'on aperçoit en divers endroits symbolisent les relations de la ville avec l'eau. Les charpentiers du Moyen Age ornaient volontiers les maisons à colombage d'effigies de sirènes. La **maison Mackert**, résidence de ville d'un riche marchand de vin en face de la **Sternapotheke** (pharmacie), encadre magnifiquement l'entrée de la place du marché. On y trouve l'hôtel de ville (qui abrite l'office du tourisme) et l'**église baroque de Sainte-Lioba**. La sainte patronne était de la famille de l'évêque, saint Boniface ; au VIIIe siècle, elle fut abbesse de l'un des premiers couvents d'Allemagne. La protection qu'accorda saint Boniface au village lui valut le nom de *Bischofsheim* (demeure de l'évêque). Au XIIIe siècle, l'évêque et les électeurs de Mayence prirent le gouvernement de la ville et de la région. Les témoins de cette époque sont le **château Kurmainzische** (Kurmainzische Schloss) et la **tour de guet** (Türmersturm) du XIVe-XVIe siècle. Le château a été transformé en **musée des Beaux Arts**. Au cours de promenades on rencontre un grand nombre de crapauds en pierre qui se baignent dans les fontaines. Comme les sirènes, ils symbolisent les relations de la ville avec l'eau. Des crapauds se trouvent également près de l'**église néo-gothique Saint-Martin** (autel médiéval) et de la remarquable **chapelle Saint-Sébastien**, ancien ossuaire (bas-relief du Jugement dernier).

Le voyage continue le long de la vallée de la Tauber, par la B290. Les villages de **Distelhausen** et de **Gerlachsheim** ont de belles églises baroques. Gerlachsheim dépendait d'un monastère dont l'importance est rappelée par la **statue de la Vierge** consolant les malheureux, érigée en face de l'ancien bâtiment monastique. Le bel **hôtel de ville** (1580), édifice à colombage soigneusement restauré de **Grünsfeld** (à quelques kilomètres à gauche de la B290) est décoré de statues profanes. La pierre tombale de la comtesse de Rieneck, dans l'**église paroissiale Saint-Pierre-et-Saint-Paul**, est l'œuvre de Tilman Riemenschneider.

Le long de la route qui mène à **Grünsfeldhausen**, dont l'église romane à double octogone, **Saint-Achatius**, vaut le détour, on peut voir un grand nombre de calvaires et de crucifix. C'est eux qui ont valu à la région le nom de « pays du Bon Dieu » (*Herrgottsland*) et de « pays de la Vierge » (*Madonnenländchen*). Les maisons à colombage de **Lauda**, sur la rive ouest de la Tauber, sont elles aussi ornées de sculptures religieuses. Les vignobles qui couvrent les pentes raides des coteaux produisent un excellent vin. Son histoire et les méthodes de viticulture sont expliquées à la **maison des Vignerons** (XVIe siècle).

Les sources thermales de **Bad Mergentheim** (à 16 km de Tauberbischofsheim) sont célèbres pour leur action sur le système digestif. La découverte de la source, en 1826, apporta une nouvelle animation à cette charmante petite ville. En 1525, l'ordre des chevaliers Teutoniques (*Deutschritterorden*) installa son siège à Bad Mergentheim, et la ville redoubla d'importance et de richesse. Le **château** de l'ordre est le bâtiment le plus important de la ville.

Habitants et visiteurs aiment à se promener dans le parc qui entoure le **Kursanatorium**, près de l'**église baroque** (de Balthasar Neumann) et des élégants escaliers à vis qui occupent les tours d'angle du château. A l'intérieur (bureaux de la municipalité et un musée), on a gardé la décoration de la salle de réunion du chapitre. Les autres pièces contiennent des portraits de membres de l'ordre, leurs vêtements, du mobilier ancien, une collection de maisons de poupées et des costumes paysans.

Beethoven, alors jeune violoniste inconnu, a joué sur la **Schüttplatz**, face au château, d'où part la Burgstrasse (**musée de l'Automobile** au n° 2-4) pour aboutir à la **Marktplatz**. La **statue de Wilhelm Schutzbar**, qui fit de Bad Mergentheim le siège des chevaliers Teutoniques, disparaît les jours de marché

Pages précédentes : le château de Neuschwa stein ; jeune et fier soldat. Ci-dessous, la place du Château à Tauber-bischofsheim

derrière l'amoncellement des victuailles. L'**hôtel de ville** (1564) et d'élégantes demeures de marchands fournissent un cadre à la place gardée par la **tour Saint-Johannes**. Les œuvres d'art les plus précieuses se trouvent en l'**église Sainte-Marie** : une épitaphe en bronze du XVIe siècle et des fresques encore plus anciennes sur les voûtes du cloître.

Le village de **Stuppach**, à 11 km au sud-est, est devenu célèbre par hasard, grâce à un tableau. Le curé de la paroisse l'avait acheté aux chevaliers Teutoniques. Des artistes locaux le restaurèrent et donnèrent à la Vierge un petit air de Rubens. Et ce n'est qu'en 1908 qu'on l'identifia comme une œuvre de Matthias Grünewald. Elle est étonnante par sa densité symbolique et son exquise technique.

Après **Markelsheim**, où il fait bon s'arrêter pour boire un verre de vin blanc, on arrive à **Weikersheim**, ancienne résidence des comtes de Hohenlohe. La **place du Marché** décrit une courbe élégante et aboutit dans la cour d'honneur du **château**, en forme de fer à cheval. La plus grande partie de ce bâtiment triangulaire a été construite entre le XVIe et le XVIIIe siècle. Le beffroi, seul vestige de l'ancien donjon, date du XIIe siècle. Le désir des Hohenlohe de posséder une salle de banquet exceptionnelle fut comblé par un architecte ingénieux qui conçut un plafond à caissons suspendu par des chaînes aux poutres de la salle et qui couvre une surface de 35 m sur 12. Les sculptures d'animaux grandeur nature de la **salle des Chevaliers** (Rittersaal) et les décorations du plafond illustrent la passion des maîtres de ces lieux pour la chasse. Le **jardin**, avec son élégante **orangerie**, est un exemple du parti que pouvait tirer le style baroque des courbes voluptueuses et de l'allégorie. Des personnages de la cour du comte Ludwig de Hohenlohe ont servi de modèle pour la série de nains qui borde les douves.

Röttingen, à quelques kilomètres vers l'est, célèbre à l'intérieur de ses remparts la *Bremserfest* au mois d'octobre. *Bremser* est le terme local qui désigne le vin nouveau. Par **Bieberehren**, la route romantique arrive à Creglingen, lieu de pèlerinage célèbre depuis le XIVe siècle,

La salle s Chevaliers u château de Weikersheim.

où, selon la légende, un paysan vit une hostie labourer son champ. Les comtes Hohenlohe y fondèrent une église et, aux alentours de 1500, T. Riemenschneider reçut une commande pour un autel dédié à la Vierge. Son retable, de 11 m de haut, dépasse toutes ses autres œuvres par la sensibilité. Il représente l'Assomption de la Vierge, dont la vie est illustrée sur les côtés de l'autel.

Le **musée du Dé à coudre** (Fingerhutmuseum), unique au monde, expose plus de mille pièces.

Detwang, sur les rives de la Tauber, n'a pas changé au cours des âges. Son église paroissiale romane, **Saint-Pierre-et-Saint-Paul**, est depuis 800 ans le signe distinctif de la ville. Elle abrite l'une des dernières œuvres de Riemenschneider, le **retable de la Sainte-Croix** (environ 1515, scènes du mont des Oliviers, de la Crucifixion et de l'Ascension).

Rothenburg ob der Tauber

En suivant la rivière, la route romantique s'approche de la perle de toutes les cités médiévales allemandes : Rothenburg ob der Tauber. Ce nom, tout comme les armes de la ville, décrit son origine : un château rouge au-dessus de la Tauber. Seule une **chapelle** en indique l'emplacement, qui est devenu un parc ombragé, le **Burggarten**, à l'ouest de la ville. L'endroit était bien choisi pour surveiller les environs à une époque où les attaques étaient fréquentes. Rien d'étonnant que, au XIIe siècle, une agglomération se soit développée à l'intérieur d'une enceinte à l'est du **château**. Un siècle plus tard, Rothenburg fut déclarée ville libre d'Empire. Bien des habitants firent fortune dans le commerce du vin, du bétail ou de la laine. La réussite financière et politique de Heinrich Toppler entraîna un accroissement de population. De nouveaux remparts devinrent nécessaires pour protéger la ville. Ce mur extérieur est bien conservé. Le **chemin de ronde** (*Wehrgang*) est accessible au public à partir de la **Kingentor** et **Saint-Wolfgang** jusqu'au **Spitalbastei**, le bastion de l'hôpital, situé en dehors des villes au Moyen Age. Le tour des rem-

A gauche, détail de l'autel de la Vierge, à Creglingen ci-dessous, jusqu'à plus soif…

parts permet de faire une belle promenade d'une demi-heure autour de la ville.

Le centre de Rothenburg est la **place du Marché**, point de rencontre de toutes les rues importantes. On y voit l'un des plus beaux hôtels de ville d'Allemagne. Sa façade gothique (XIIIe siècle) fait face à la Herrengasse, sa façade Renaissance donne sur la place du Marché. Le **beffroi** du XVIe siècle, 55 m de haut, offre une vue superbe sur la ville. La Spitalgasse et la Schmiedgasse, venant du Spitalbastei en passant par la Sieberturm, aboutissent à la **Plönlein**, petite place pittoresque qui regarde la **Koboldzellertor** (porte de la ville) au sud-ouest. Le **Kriminalmuseum** expose instruments de torture, documents et gravures.

Tout à côté de ces témoins des mœurs médiévales, se trouve le **musée du Jouet**, *13, Hofronnengasse*. Cette rue à pavés ronds aboutit à la place du Marché, juste au coin de la **Herterichbrunnen**, fontaine Renaissance. A la fin d'une guerre ou d'une épidémie, les bergers avaient l'habitude de danser autour de cette fontaine. Les danses de bergers s'exécutent maintenant devant l'**hôtel de ville**, à Pâques, à la Pentecôte, au festival d'été et aux *Reichsstadttage* (à la mi-septembre). Dans ces fêtes, à l'exception de Pâques, on commémore à l'hôtel de ville le *Meistertrunk* (la rasade magistrale), souvenir du siège de Rothenburg par l'armée de Tilly durant la guerre de Trente Ans (1631). Des paysans malins ou balourds sont les figures principales des *Hans Sachs Spiele* qui ont lieu tous les ans durant le festival, alors que les marionnettes du **Trexlers Figurentheater** (dans la Herrengasse) amusent les spectateurs tous les soirs.

L'œuvre la plus précieuse de l'art religieux se trouve dans l'**église Saint-Jacob** (au nord de l'hôtel de ville). Au début du XVIe siècle, les riches bourgeois de Rothenburg commandèrent à Tilmann Riemenschneider le **retable du Saint-Sang** (dans le chœur ouest), qui offre la description la plus émouvante et la plus expressive du chemin de croix du Christ. Des artistes franconiens ont composé les merveilleuses couleurs des vitraux est et celles du retable.

Le Plönlein Rothenburg.

La plus ancienne cuisine d'Allemagne se trouve au **Reichsstadtmuseum**, dans l'ancien couvent des dominicains, qui date du milieu du XIIIe siècle. Si on veut dîner ou prendre un verre dans un lieu historique, on n'a que l'embarras du choix : l'**Eisenhut**, le **Goldener Hirsch**, ou encore le meilleur d'entre eux, le **Baumeisterhaus** (1596) en haut de la Schmiedgasse.

Niché dans une région boisée de la Franconie, le **château baroque de Shillingsfürst** (XVIIIe siècle) était la résidence des comtes de Hohenlohe-Shillingsfürst et le domicile très aimé de Franz Liszt, dont la **statue** se trouve dans le parc. En dehors du château, on visite le **Musée régional** (Heimatmuseum), où se trouve, entre autres, la première pompe à eau actionnée par un bœuf.

Feuchtwangen et Dinkelsbühl

De retour sur la route romantique, on arrive à Feuchtwangen, dont l'histoire débute avec Charlemagne et la fondation d'un couvent de bénédictines (IXe siècle). Les guerres des XVIe et XVIIe siècles détruisirent beaucoup de belles maisons, pourtant la **place du Marché** est considérée par les connaisseurs comme la plus belle salle de banquet de Franconie. Elle est dominée par la **Stiftskirche** (collégiale, retable de Michael Wohlgemut –1484 – le maître d'Albrecht Dürer). Un peu en retrait, on trouve l'**église romane de Saint-Johannis** et le **Kasten**, impressionnante église du XVIe siècle. La charmante maison à colombage du **Café am Kreuzgang** mène à un autre joyau architectural : le **Kreuzgang** (cloître) roman, où se tiennent de juin à la fin août les *Kreuzgangspiele*. Des artisans font des démonstrations des métiers du Moyen Age : imprimerie, tissage, fabrication de pots d'étain et teinture dans les *Handwerksstuben* (ateliers) de l'aile ouest du cloître. Ces produits ornent le **Musée régional**, l'un des musées les plus vivants et les mieux aménagés de Bavière.

Si l'on n'a pas mangé de carpe à Flasbach ou à Feuchtwangen, on se rattrapera à Dinkelsbühl, jolie ville entourée de prairies, de champs, d'étangs, de potagers et de vergers, jusqu'au pied de ses murs d'enceinte et de leurs vingt tours de guet. Même les nouvelles maisons doivent être construites selon la vieille méthode franconienne du colombage, dont l'exemple type est la **Deutsches Haus** (la Maison allemande, XVe-XVIe siècle), située en face de l'**église paroissiale Saint-Georges**.

Marchands et paysans déposaient leurs produits à la **Schranne**. Une pièce de monnaie suffit à illuminer la maquette de la vieille ville. La grange a été transformée en salle où se joue tous les ans au mois de juillet le *Kinderzeche*, pièce qui fait revivre une réunion du conseil municipal de 1632, au moment où les troupes suédoises avaient pris un bastion et en avaient profité pour demander la soumission de la ville. Tout Dinkelsbühl se retrouve avec enthousiasme lors de la fameuse procession historique qui s'achève par le discours du « petit colonel » au **Marché au vin** (Weinmarkt), et qui commémore le miraculeux sauvetage de la ville en 1636. Le colonel porte un uniforme rouge et blanc qui est également celui de l'orchestre de jeunes garçons (*Knabenkapelle*) de Dinkelsbühl.

Il ne faut pas manquer la cour intérieure de la **maison Hezel** (Hezel Haus), demeure typique d'un riche bourgeois de l'âge d'or de cette ancienne ville libre d'Empire. La façade baroque de la **maison de l'ordre Teutonique**, surchargée d'armoiries, offre un contraste intéressant avec les maisons à colombage qui l'entourent. De la **Segringer Tor** on a une vue imprenable de la ville, tout comme celle qu'offre la promenade sur le mur d'enceinte vers la **Nördlinger Tor**, ou vers la **Rothenburger Tor** au nord, qui mène à un étang tranquille. Passant devant le **Spital**, actuellement utilisé comme maison de retraite, et qui abrite également un intéressant **musée historique**, la rue Martin Luther ramène à Saint-Georges, l'une des plus belles églises gothiques allemandes. Pendant la semaine du festival, un veilleur de nuit y commence sa ronde à 21 h 30, comme cela se passait au Moyen Age.

Nördlingen, Harburg, Donauwörth

Vers le sud, la route romantique coupe à travers **Wallerstein**. Du haut de son **château**, ou du haut du clocher (90 m) de

La danse de l'épée de Dinkelsbü

Reichsadler
Restaurant - Café

l'**église Saint-Georges**, à **Nördlingen**, on a une belle vue sur le **cratère de Ries**, de 25 km de diamètre environ. Il y a quinze millions d'années, une météorite de 1 200 m de diamètre a percuté le globe à une vitesse de 100 000 km/h. Un rocher aurait été projeté à 12 km, où il aurait fondu, tout comme ceux que les astronautes ont découverts sur la Lune. C'est la raison pour laquelle l'équipe d'Apollo 14 a été entraînée au Ries.

Nordlinga est le premier nom que portait une cour carolingienne en 898. Nördlingen, ville libre d'Empire du XIIIe siècle, est devenue riche grâce à sa foire de la Pentecôte. Cette foire était le carrefour du commerce de l'Allemagne du Sud et de l'Europe. Les taxes et les impôts permirent assez rapidement d'ériger tout autour de la ville un mur circulaire flanqué de onze tours et percé de cinq portes. Le chemin de ronde, de 3,5 km, parfaitement conservé, permet une agréable promenade qui peut se terminer par une vue sur la ville du haut du **Daniel**, clocher d'une église qui se trouve exactement au centre de Nördlingen. Il s'agit de l'**église gothique Saint-Georges**, d'aspect austère, mais dont l'intérieur est richement décoré de remarquables œuvres d'art. A quelques pas au nord de l'hôtel de ville se trouve un escalier Renaissance sous lequel on enfermait jadis les ivrognes et autres fauteurs de troubles. Ils y étaient exposés aux quolibets des promeneurs et des clients de la salle de bal (Tanzhaus) qui se trouve dans une de ces ravissantes maisons à colombage du quartier des tanneurs, dont les maisons étaient équipées de balcons servant à aérer les peaux. Les anciennes salles du **Spital** abritent le **musée de la ville d'Empire** (Reichsstadtmuseum).

A 17 km à l'est de Nördlingen, l'impressionnante **Harburg**, condensé des forteresses médiévales bâties sur des rochers calcaires, domine la ville du même nom sur les rives de la Wörnitz. Du XIIIe au XVIIIe siècle, les princes d'Ottingen étendirent et fortifièrent cet avant-poste de la voie marchande entre Augsbourg et Nuremberg. Elle reste encore l'une des forteresses les mieux conservées des routes fortifiées allemandes. L'étonnante collection d'œuvres d'art de la **Fürstenhaus** mérite une visite, tout comme la **Burgschenke**, taverne à l'ambiance typique. En juin s'y déroule la traditionnelle *Bockfest*, fête qui remonte à l'époque du Premier Empire français.

Une île se trouve à l'endroit où la Wornitz se jette dans le Danube, le plus grand fleuve d'Allemagne du sud. Cette île, appelée **Werth** en allemand ancien, est le berceau de la ville de Donauwörth. Ses monuments historiques, dont certains ont dû être reconstruits après les bombardements de la Seconde Guerre mondiale, bordent presque tous la Reichsstrasse, tronçon de l'ancienne « route impériale » qui, au Moyen Age, reliait Bergen, en Norvège, à l'Italie, en passant par Nuremberg et Augsbourg. Entre, à l'ouest, la **Fuggerhaus** (1536, la maison des Fugger), à hauts pignons, et l'**hôtel de ville**, à l'est, s'aligne un grand nombre de belles constructions, dont l'**église Notre-Dame** qui abrite la plus grande cloche de Souabe, la ***Pummerin***, pesant 6,55 t. La **Tanzhaus**, dont la façade est comparable à celle de la maison Fugger, était le rendez-vous des bourgeois des XVe et XVIe siècles, qui aimaient à y danser le dimanche. Elle abrite une salle de concerts, un restaurant et un **musée archéologique**. L'aigle impérial à deux têtes, emblème de la ville depuis 1193, surmonte une fontaine, la **Reichsstadtbrunnen**. Une seule porte a résisté aux bombardements : la **Riedertor**, près de l'hôtel de ville. Un pont la relie à la petite **île de Wörnitz**, l'ancien quartier des pêcheurs. La promenade qui mène de l'hôtel de ville à la pittoresque **porte des Teinturiers** (Färbertor), est recommandée.

La petite ville de la banlieue d'Augsbourg, **Gersthofen**, est la Mecque des aéronautes depuis qu'August von Parseval réussit à y faire décoller son premier aérostat, en 1786. Plus de mille objets, dont une nacelle d'origine, sont exposés dans les cinq étages de l'ancien château d'eau transformé en musée, le **Ballonmuseum**.

Ulm

Le voyage pour Ulm (à 69 km par l'A8 en partant de Gersthofen) est presque une obligation. La **cathédrale** gothique d'Ulm a la plus haute flèche du monde

LOUIS II DE WITTELSBACH, ROI DE BAVIÈRE

« Le roi est mort, vive le roi ! » crièrent les Bavarois en mars 1864, en voyant le jeune Louis, fort et imposant bien qu'âgé de dix-huit ans seulement, suivre le cercueil de son père, Maximilien II, qu'on allait ensevelir dans la Frauenkirche de Munich. Lui et son frère Otto avaient passé la plus grande partie de leur temps loin de toute vie publique, dans les montagnes, au château de Hohenschwangau. La morosité du château, reproduction d'un château fort du Moyen Age, avait fortement exacerbé la sensibilité presque maladive du prince héritier.

Né le jour de la Saint-Louis, il avait foi en l'essence divine de la royauté et considérait Louis XIV comme le dernier représentant de ce système : il baptisera Linderhof « Meiscost Ettal », anagramme de « l'État, c'est moi ! ».

Depuis son adolescence, il avait manifesté la plus grande passion pour le théâtre et, avant tout, pour celui de Richard Wagner. Dès qu'il fut sacré roi, il s'empressa de sauver Wagner de ses créanciers. Malgré toutes les difficultés et ses déceptions personnelles, le roi finança presque toutes les folies de l'excentrique compositeur.

Au grand dam de ses ministres, les premières représentations des opéras de Wagner retinrent davantage l'attention du roi que les affaires de l'État.

En dehors de Richard Wagner, seule sa cousine Élisabeth de Bavière, impératrice d'Autriche – surnommée Sissi – lui était réellement proche. Sa beauté et son intelligence représentaient à ses yeux une féminité qui méritait le plus grand respect. Mais, comme le dit Barrès, Louis II fit l'expérience de « l'antinomie irréductible d'un rêve avec sa réalisation ». Essayant de se soustraire le plus possible aux yeux du monde, il s'enferma dans la solitude. « Je vis beaucoup plus dans mes chers livres que dans un présent qui m'est odieux », écrit-il. Ses fuites soudaines le ramenaient souvent, tout comme lorsqu'il était adolescent, vers la retraite des montagnes bavaroises où il choisit de bâtir des châteaux fantastiques.

Dans la guerre austro-hongroise de 1866, il se rangea du côté de l'Autriche, qui fut vaincue. Devenue théoriquement indépendante après la dissolution de la Confédération germanique, la Bavière devait accepter une certaine subordination à l'égard de la Prusse. En 1870, elle dut participer malgré elle à la guerre contre la France.

La manie de la construction, qui ne devait jamais le quitter, se manifesta pour la première fois en 1868. Il décida de faire bâtir le château de **Linderhof**. Les châteaux de rêve que sont Linderhof, **Neuschwanstein** et **Herrenchiemsee** attirent maintenant des milliers de touristes et représentent pour le Land de Bavière des revenus non négligeables. Pour Louis II, dernier grand bâtisseur féodal d'Europe, ce fut au contraire une véritable ruine. Les châteaux n'engloutirent pas seulement ses biens personnels, ils grevèrent le budget de l'État. La prodigalité, les excentricités de son train de vie et le manque de qualités de monarque amenèrent les ministres et les membres de sa famille à entamer des démarches qui aboutirent à la mise sous tutelle du roi. En dehors de toute procédure légale, le roi fut déclaré atteint de troubles mentaux, le 8 janvier 1886. Après un court combat politique, il fut, le 12 juin, conduit au château de Berg, au bord du lac de Starnberg. Le lendemain, lui et son médecin y furent retrouvés noyés.

Louis II de Wittelsbach, détail d'un portrait en pied de Schachinger (Bayerische Staatsgemäldesammlungen, Munich).

(161 m). Dès la première phase de la construction (1377-1529), les audacieux citoyens d'Ulm, ville libre et prospère, ne pensèrent pas seulement bâtir le clocher le plus haut du monde, mais encore la cathédrale la plus vaste de la chrétienté, qui peut contenir vingt-neuf mille personnes.

De pittoresques ruelles serpentent entre le mur d'enceinte et les canaux des vieux quartiers des pêcheurs et des tanneurs. On y découvre également de vieilles tavernes qui préparent des spécialités souabes. Le traité de 1397 entre les patriciens et les guildes de marchands est lu tous les ans dans la **Schwörhaus** (1370). Cette manifestation est à l'origine d'une fête qui se renouvelle tous les ans au mois de juillet. Le concours de pêche qui a lieu tous les quatre ans est également prévu dans le traité. Pour faire un repas dans la tradition médiévale, en mangeant avec les doigts dans des assiettes en bois, il faut retenir une table au restaurant **Welser Küche**, à Augsbourg . Situé au centre de la ville, cet établissement prépare les menus d'après les recettes de Philippine Welser, l'un des personnages les plus célèbres de cette ville, où des rois et des nobles avaient l'habitude de venir pour rendre visite aux Fugger et aux Welser, riches marchands des XVIe et XVIIe siècles.

Augsbourg

Augsbourg, 250 000 habitants, était en l'an 15 av. J.-C. un camp romain situé au confluent de la Lech et de la Wertach. En 100 apr. J.-C., Tacite, historien romain, appela l'Augusta Vindelicum de l'époque « la splendide capitale de la Rhétie ». Les tribus alémaniques qui avaient vaincu les Romains gardèrent Augusta comme capitale. Elle continua d'être le carrefour de la voie marchande venant d'Italie, héritage de l'époque romaine.

La menace des cavaliers hongrois qui rançonnaient les villages et tuaient les marchands, disparut à la suite de la bataille de Lechfeld, en 955, au cours de laquelle l'évêque Ulrich d'Augsbourg battit les Hongrois. Sainte Afra, martyre du temps des Romains, et Saint Ulrich sont les patrons d'Ulm.

A gauche, le cloître du monastère de Steingande ci-dessous, la WiesKirche, « l'église dans le pré ».

L'**Ulrichsmünster**, qui leur est consacré, est l'un des symboles de la ville. Cette église paroissiale gothique a été décorée par des artistes de la Renaissance à qui l'on doit aussi le **tombeau de l'évêque Ulrich**, de style gothique flamboyant.

Cette église et l'**église protestante Saint-Ulrich** marquent la fin de Maximillianstrasse. Aucune autre rue, dans l'Allemagne du XVIe siècle, ne pouvait rivaliser avec cette voie spacieuse. Les habitants d'Augsbourg s'étaient enrichis par le commerce avec l'Italie et par leur système bancaire. Le palais du puissant marchand Fugger a vu l'empereur Charles Quint venir demander un crédit de un demi-million de florins (somme énorme pour l'époque) afin de corrompre les princes de son royaume avant l'élection de l'empereur. A la suite de quoi, il régna sur « un royaume sur lequel le soleil ne se couchait jamais », et pourtant il avait besoin de Jakob Fugger pour payer ses soldats. Le Titien séjourna dans la maison Fugger en 1548 pour faire le portrait de Charles Quint.

Le **Schaezlerpalais**, en face de la **fontaine Hercule**, fut la très luxueuse résidence d'un marchand. La salle des banquets est richement décorée de blanc et d'or dans le style rococo. On inaugura le palais en 1770 en y donnant un bal en présence de Marie-Antoinette qui se rendait à Paris. Les autres pièces, plus simples, abritent la galerie baroque. L'**arsenal** (Zeughaus) est la première construction que l'on doit à Elias Holl, l'architecte de la municipalité d'Augsbourg.

L'**hôtel de ville** (1615-1620) d'une rare harmonie architecturale, est l'un de ses chefs-d'œuvre. La **Salle dorée** (Goldener Saal) a été rénovée en 1985 pour le deux millième anniversaire de la ville. Il y a quatre siècles, le conseil municipal dota la cité de la **fontaine Augustus**, en l'honneur du fondateur d'Augsbourg dont la statue s'élève au-dessus de quatre déesses symbolisant les quatre rivières principales de la ville. La **Perlachturm** (78 m) de 1614-1616, œuvre d'Elias Holl, ancienne tour de guet, est coiffée d'un bulbe. Ouverte au public d'avril à octobre, elle offre une vue panoramique de la région.

Nördlingen.

La rue Perlachberg descend vers le quartier des artisans, intégré aux fortifications depuis le XIVe siècle. Au *7, Auf dem Rain*, petite rue sur la gauche, se trouve la **maison natale de Bertold Brecht**, fondateur du théâtre épique moderne.

En 1514, Jakob Fugger fonda la **Fuggerei**, premier ensemble de maisons de retraite au monde. Les vieux catholiques nécessiteux y étaient logés dans de petits appartements contre un loyer annuel d'un florin rhénan. Ce loyer est toujours en vigueur. Le bruit de la vie moderne n'atteint pas ce quartier paisible, composé de cinquante-trois maisons aux toits pointus et entourées de jolis jardins (le **musée** est situé au *18, Mittlere Gasse*).

Partant de la **place de l'Hôtel-de-Ville** (Rathausplatz), la Karolingenstrasse tourne au nord vers la **cathédrale** et le palais épiscopal. L'ancienne bâtisse aux murs croulants qui occupait cette place au Xe siècle est devenue l'une des plus belles cathédrales d'Allemagne. La nef romane a été achevée en 1605. Suivirent les cryptes et les grands vantaux de bronze, chefs-d'œuvre romans qui représentent d'étonnantes figures bibliques et profanes. A l'intérieur, on remarque les hautes fenêtres de la nef : les cinq prophètes majeurs de l'Ancien Testament y figurent sur des vitraux. Quelques fragments de colonnes et de monuments funéraires romains ont été rassemblés dans la cour sud de la cathédrale.

Pages précédentes : les Alpes vues de la Zugspitze. A gauche, le château de Linderhof ; ci-dessous, jeune fille en costume bavarois.

Landsberg, Schongau et Rottenbuch

Suivant le cours de la Lech, la route romantique passe au sud d'Augsbourg, par **Klosterlechfeld** (église Renaissance d'Elias Holl, à la mémoire de la bataille de 955 contre les Hongrois), pour arriver à Landsberg, fondée par Henri le Lion. Landsberg doit son nom au vieux **château** des ducs et rois de Bavière. Une des raisons d'être de cette forteresse était de veiller sur le seul pont jeté entre Augsbourg et Schongau. C'est là, en effet, qu'étaient percues les taxes que devaient acquitter les marchands de sel. Les remparts de la ville et leurs quatre portes, destinés à contenir les voisins du nord, ont été bien restaurés et méritent une visite.

Les plus intéressantes de ces portes sont la **Bayertor** (1425) et la **Sandauertor**, sur la place principale. La ville célèbre de magnifiques cérémonies de mariage dans l'**hôtel de ville** rococo (qui abrite l'office de tourisme) que l'on doit a Domenikus Zimmermann, maire de Landsberg de 1749 à 1754. Les couples sont ensuite emmenés en calèche de la mairie à la **Johanniskirche**, église également décorée par Zimmermann. La forteresse de Landsberg, qui n'est pas ouverte au public, a été le lieu de détention de Hitler après son putsch manqué. C'est là qu'il a écrit *Mein Kampf*.

Au sud de Landsberg, un paysage de collines accompagne le voyageur vers l'Allgäu et les Alpes. Entourés de glaciers, d'eaux tourbillonnantes et de plissements énormes, les paysans qui y vivent sont fiers de leurs vaches couleur chocolat. Les églises baroques ou rococo, sont l'œuvre d'artistes formés à la fameuse école abbatiale de Wessobrunn, d'où le nom de *Pfaffenwinkel* (le coin des curés) que l'on donne à cette région du sud de Landsberg. Schongau, à 30 km au sud de

Landsberg), est un centre de commerce important. La **Ballenhaus** (1515) est l'un des vestiges de l'activité marchande de la ville. Le **Hohenpeissenberg** (988 m), domine le « coin des curés », une dizaine de lacs et les **Alpes bavaroises**. De là, une route de campagne mène à Rottenbuch où, de 1737 à 1747, des peintres, des sculpteurs et des stucateurs, formés à l'école de Wessobrunn, employèrent leur talent à transformer la basilique gothique en exemple flamboyant d'architecture baroque et rococo. La **Wieskirche** (l'Église dans le pré, (1745-1754) est due à Domenikus Zimmermann et à son frère, Johann Baptist, qui construisirent ce joyau baroque posé au milieu d'un pré. Il dessina une coupole ovale décentrée vers l'autel et la statue. La variété des formes et l'utilisation de la lumière font de la Wieskirche un chef-d'œuvre. Elle a été construite à l'initiative des religieux prémontrés du **monastère de Steingaden**, consacré en 1176, et qui est l'un des bâtiments les plus importants sur la route du sel des Alpes du Nord. La nef, les bas-côtés de la basilique et une partie des cloîtres sont des éléments de style roman. Domenikus Zimmermann y est enterré.

Hohenschwangau et Neuschwanstein

Une vingtaine de kilomètres seulement séparent Steindegen de Schwangau, que beaucoup considèrent comme le joyau de la route romantique. C'est ici, en effet, que se dressent les châteaux de Hohenschwangau et de Neuschwanstein. Hohenschwangau était un château médiéval qui fut presque entièrement détruit au cours des guerres du premier Empire. En 1833, le roi Maximilien II fit rebâtir le château dans le style Tudor. Il fut décoré par Moritz von Schwind qui s'inspira des contes de Dietrich von Bern. C'est ici, au-dessus d'un lac alpin, que le futur roi Louis II passa son enfance.

Un plateau rocheux au-dessus de la **gorge de Pöllat** (*Pöllatschlucht*), accessible seulement par un étroit sentier, tel était le site que choisit Louis II pour construire Neuschwanstein. La **Sängersaal** (la salle des bardes) forme le centre du palais. Elle est décorée de fresques illustrant la compétition des bardes, scène clef de *Tannhäuser*, de Wagner. Surmontée d'un plafond à caissons et noyée sous les candélabres et les lustres, elle occupe presque tout le quatrième étage. En approchant du château, hérissé de tours blanches et de pinacles, perché sur une masse impressionnante de granit gris, on se croirait dans un fantastique décor de théâtre. C'est en effet un décorateur de théâtre et non un architecte qui en a dessiné les premières esquisses. Au bout de dix-sept années de travaux, Neuschwantein n'était toujours pas achevé quand le roi mourut, en 1886.

De Neuschwanstein, comme de Hohenschwangau, on a une vue éblouissante sur le **Forggensee**, le plus grand réservoir d'eau de l'Allgäu, dans lequel se jette la Lech. Il offre des possibilités de sports nautiques et de promenades en bateau. Au sud du lac se trouve la ville de **Füssen**, station de loisirs et de sports d'hiver, dominée par le **Hohes Schloss**, château du XVIe siècle, résidence d'été des évêques d'Augsbourg qui contrôlaient la rivière. Il faut goûter les *Kässpatzen*, délicieuse spécialité de l'Allgäu.

Bête de concours.

LES ALPES BAVAROISES

Füssen se trouve au carrefour de la **route allemande des Alpes** (Deutsche Alpenstrasse), qui mène vers Lindau sur le lac de Constance à l'ouest, ou vers le Königssee à l'est. La route passe au pied des Alpes de Haute Bavière. Après Füssen, la route traverse la frontière autrichienne, puis repasse en Allemagne par **Reutte**, d'ou elle rejoint le **château de Linderhof**, le château préféré de Louis II. Ce bâtiment de style baroque et rococo fut érigé entre 1870 et 1879. Ses dix pièces sont richement ornées, de manière excessive estimeront peut-être certains. Dans le **parc**, une étroite bande de terrain a été transformée en jardin à la française orné d'une fontaine dédiée à Neptune. On y trouve par ailleurs une **grotte** et un **pavillon mauresque** acheté à l'Exposition universelle de Paris, en 1867.

Quelque 10 km à travers le large **Graswangtal** permettent d'atteindre **Oberammergau**. Depuis 1634, on y joue, tous les dix ans, la *Passion du Christ* à la suite du vœu formulé par les habitants qui avaient survécu aux épidémies de peste. La ville possède encore de nombreuses maisons à large toit et à la façade ornée de fresques appellées *Lüftelmalereien*. Les plus belles sont la **maison Pilatus**, Ludwig-Thomas Strasse, et la **maison du Chaperon Rouge**, sur la route d'Ettal. L'**église gothique Saints-Pierre-et-Paul** est surmontée d'un dôme peint par M. Günther. La sculpture sur bois se pratique ici depuis le Moyen Age, comme le montre le **Musée régional**.

A l'ombre du **mont Ettaler Mandl** (1 633 m) se trouve l'**abbaye bénédictine baroque de Kloster Ettal**. Son dôme (1746) est décoré d'une fresque gigantesque. La liqueur d'Ettal est réputée pour ses vertus thérapeutiques.

Garmisch-Partenkirchen

La route de montagne qui suit la B23 à partir d'Oberammergau mène à Garmisch-Partenkirchen, avec en arrière-

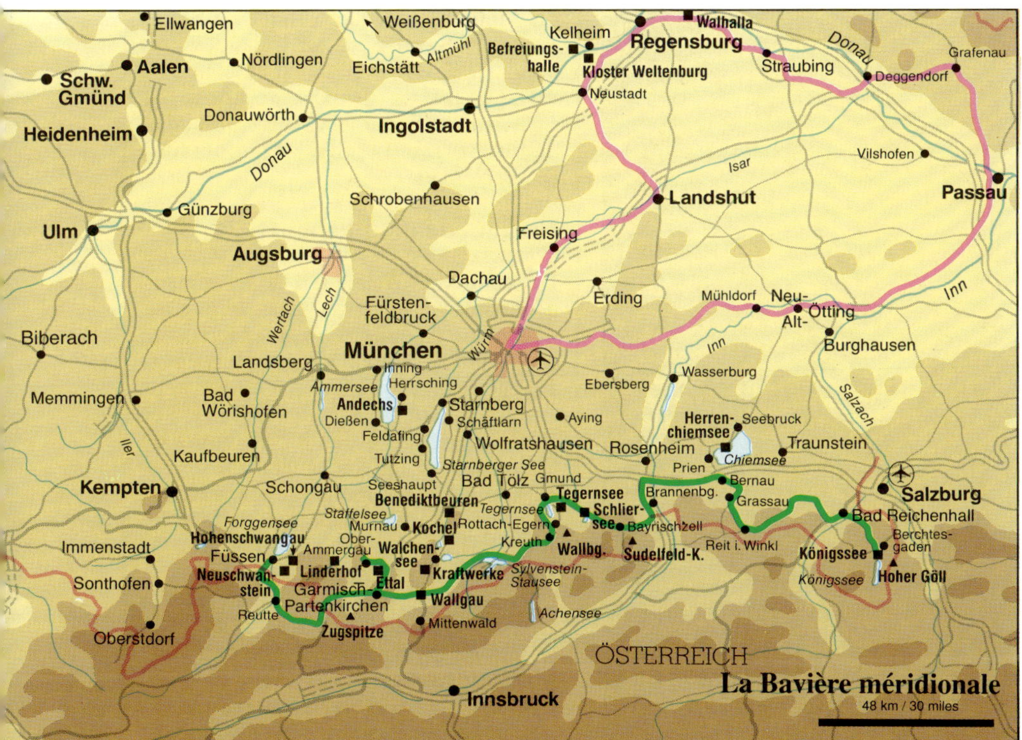

plan la chaîne de **Wetterstein**. Lors des jeux Olympiques de 1936, on réunit les deux communes par des ensembles résidentiels. La **Marienplatz** de Garmisch comporte de très belles maisons, telles que l'**Alte Apotheke** (pharmacie) ornée de fresques noires et blanches et, en face, une maison avec une fenêtre en saillie richement ornée, siège de la Raiffeisenbank. Les stucs de l'**église Saint-Martin** (baroque) sont dus aux célèbre artistes de Wessobrunn, Michael Schimdt et Leonhard Bader. Sur l'autre rive de la **Loisach**, se trouve l'**ancienne église Saint-Martin** (gothique), qui possède une fresque de saint Christophe. De merveilleuses maisons bavaroises se trouvent dans la **Frühlingsstrasse**. La vieille **auberge du Hussard** (fermée) a une fenêtre en trompe-l'œil par laquelle regardent un hussard et un dragon vert. La **villa de Richard Strauss** se trouve au milieu d'une pelouse, au bout de la **Zöppritzstrasse**. Partenkirchen possède deux stades olympiques : La patinoire et la piste de ski. Loin du centre touristique, un sentier (à cinq minutes de la forêt) mène à la **chapelle votive de Saint-Anton** (baroque tardif du XVIIIe siècle). La **fresque** du dôme, due au peintre tyrolien Johannes Holzer, est un chef-d'œuvre. On atteint le sommet de la montagne la plus élevée d'Allemagne, la **Zugspitze** (2 966 m), en partant de Partenkirchen par le funiculaire, ou par le téléphérique au départ du lac d'**Eibsee**. Par temps clair, on voit le **Säntis**, le **Grossglockner** et la **forêt de Bohême**. Au sud-ouest de la **Schneefernerhaus** (magnifique hôtel), se trouve le **Zugspitzplatt**, la piste de ski la plus haute d'Allemagne.

Sur la promenade du **Partnachklamm**, on passe par des tunnels et des galeries le long d'une gorge abrupte, derrière des chutes d'eau et un torrent impétueux.

Entouré des contreforts des montagnes du Wetterstein et des pics du **Karwendel**, **Mittenwald** se situe à 19 km environ de Garmisch-Partenkirchen. L'agglomération a conservé son caractère rural. Mittenwald acquit une renommée mondiale dans la facture de violons grâce à Martin Klotz (sa **statue** se trouve en face de l'église), comme le rappelle le **musée du Violon**. La flèche baroque de **Saint-Pierre-et-Saint-Paul** est l'une des plus belles de Bavière et sert d'emblème au village. Un grand nombre de *Lüftelmalereien* baroques bien conservées décorent les façades des maisons d'**Obermarkt**.

Les lacs de montagne

De retour vers Wallgau, il est recommandé de traverser un paysage de collines par une route secondaire jusqu'à Klais, en longeant les **lacs de Lautersee** et **Ferchensee**. En prolongeant un peu cette excursion, on atteint le **Walchensee** (802 m), entouré des hauts monts du Wetterstein et du Karwendel. En se rendant au **Herzogstand** par le téléphérique, on jouit d'un panorama qui englobe les **Hohen Tauern**, le **Grossglockner**, le **Zillertal** et le **glacier de l'Otztal**.

La **Kesselbergstrasse** conduit, par des virages serrés, au **lac de Kochelsee**. Dans le village de **Kochel**, le **musée Franz Marc**, mérite une visite. Franz Marc est l'un des plus célèbres expressionnistes allemands, membre fondateur du groupe

A gauche, Saint-Bartholomé, sur le Königsee ; à droite, la bénédiction des cavaliers et des chevaux à la Saint-Leonhardt.

Der Blaue Reiter. L'**abbaye baroque de Benediktbeuren**, au pied du **Benediktenwand**, et le **musée en plein air de Glentleiten** (fermes bavaroises), près de Grossweil, méritent le détour.

De retour de **Klais**, on reprend la route directe vers Mittenwald et, à l'embranchement, vers Wallgau. L'étroite route à péage, au-dessus de Wallgau, suit le cours sinueux de l'**Isar** en passant par l'épaisse **forêt de la réserve naturelle des Karwendel**. Le lac de barrage de **Sylvenstein Stausee**, dans la **vallée de l'Isar** (Isarwinkel), s'étend sur 6 km². Sa construction (1939) a entraîné la disparition du village de **Fall**. Un village portant le même nom a été construit sur la rive pentue du lac. Le **pont de Faller Klammer** (Faller Klammerbrücke) offre la meilleure vue sur la lac.

La route passe ensuite par le **col d'Achen** (941 m) pour aller vers **Kreuth**, station de sport d'hiver. **Wildbad Kreuth** vaut un petit détour. L'**hôtel thermal**, à l'ombre des hautes montagnes, a gardé une certaine élégance ; les eaux ferrugineuses se déversent dans deux bassins.

Un panneau indique la station du téléphérique pour **Wallberg** (1722 m), point de départ de courses de moyenne difficulté en été. En hiver, l'endroit est pris d'assaut par les skieurs.

Des moines furent les premiers à s'installer au bord du **lac de Tegernsee**, suivis par la famille royale de Bavière, les Wittelsbach. Puis des artistes célèbres s'y fixèrent. A l'extrémité sud du lac, en dessous de Wallberg, se trouve le village de **Rottach-Egern**, dont la flèche gothique **Saint-Laurentius** est très remarquable.

L'**abbaye bénédictine de Tegernsee**, partiellement transformée en résidence privée, ne laisse au visiteur que l'**église Saint-Quirin**. Le portail baroque mène à l'intérieur d'une **basilique** à triple nef, ornée d'une fresque. On trouve de belles maisons bavaroises dans la **Rosengasse**. Le **musée Olaf Gulbransson** conserve, outre les caricatures pour le journal satirique *Simplicissimus*, des portraits peints par l'artiste norvégien (1873-1958).

Un peu avant Gmund, la route continue le long de pâturages vallonnés et de grandes fermes isolées au pied de la chaîne de Wetterstein, pour arriver à **Bayrischzell**, aux maisons pseudo-bavaroises abandonnées durant l'été. Par une série de virages en épingle à cheveu, la route grimpe ensuite vers le paradis du ski de **Sudelfeld** (1 100 m à 1 460 m), en se frayant un chemin par les murailles du **Tatzelwurm**. Après **Brannenburg-Degerndorf**, la route des Alpes traverse l'autoroute pour se transformer en route sinueuse qui, par **Bernau** et **Grassau**, mène à **Reit-im-Winkl**, station de sports d'hiver réputée. La neige est très bonne au **Winklmossalm** (1 160 m). Quatre lacs de montagne et des sentiers de randonnée invitent à la promenade.

La route continue en passant par des villages tels qu'**Inzell**. **Bad Reichenhall** peut décevoir au premier abord par ses ensembles de béton. Le centre de la vieille ville (**source thermale** au milieu d'un jardin) a gardé quelque chose de son ancienne distinction fin de siècle.

La région de **Berchtesgaden** (le sommet **Watzmann**, 2 713 m) est la plus impressionnante des Alpes bavaroises. L'empereur Frédéric Barberousse fonda la **station thermale de Berchtesgaden** lorsqu'il concéda le droit de prospection

Pages précédentes Munich vue du jardin Anglais. Ci-dessous, le carillon de l'hôtel de ville de Munich.

du sel et des métaux aux moines augustins. Vêtu en mineur, on peut descendre sur le *Hunte* à 500 m sous terre. Un guide et un film expliquent l'extraction du sel et le pompage de la saline jusqu'à Bad Reichenhall. L'**église Saints-Pierre-et-Jean** (gothique) mérite une visite. Le **château**, ancienne abbaye, resta la résidence du prince héritier de Bavière Rupert jusqu'en 1938. Divers agrandissements faits au cours des siècles ont enrichi le bâtiment de parties romane, gothique et Renaissance. Dans la vieille ville, on peut voir d'autres maisons bavaroises aux couleurs pastel, ornées de stuc. La *Lüftelmalerei* de l'ancien **Gasthaus zum Hirschen** représente des spécialités bavaroies sur la façade qui donne dans la Metzgerstrasse.

Une des plus belles excursions que l'on puisse faire est celle de la **Rossfeld-Höhenstrasse**. A chaque tournant on découvre de nouvelles perspectives sur les sommets les plus élevés, tels que le **Watzmann**, le **Hoher Göll**, la chaîne des **Tennengebirge**, **Steinernes Meer** et **Dachstein** (2 995 m).

Obersalzberg, à 1 020 m sur le versant nord du **Hoher Göll**, est l'endroit que préférait Adolph Hitler. En 1935, il s'y fit bâtir une grande maison dans laquelle il recevait souvent des visites officielles. Soufflée par une explosion en 1952, elle a été remise en état. Un service d'autocars monte au **Kehlsteinhaus** (1 934 m). Le chalet d'Hitler peut être atteint par un ascenseur. Transformé en restaurant, il offre un vue remarquable de tous côtés.

L'apogée du voyage est la promenade sur le **Königssee**. Les eaux de ce lac sont transparentes comme du cristal et tout autour s'étend la **réserve naturelle de la région de Berchtesgaden**. Le **Malerwinkel** (coin des peintres) à vingt minutes à pied sur la rive orientale, est nettement plus calme. La **chapelle Saint-Bartholomé** offre aux voyageurs, depuis les bateaux, la vue la plus souvent choisie par les photographes amateurs. L'ancien rendez-vous de chasse des princes évêques est devenu un restaurant entouré d'un jardin. Un étroit sentier serpente au sud-est du lac jusqu'au petit **lac d'Obersee**.

La colonne de la Vierge, sur la Mareinplatz, à Munich.

MUNICH

La capitale de la Bavière, un million trois cent mille habitants, cent mille étudiants, est la troisième ville allemande après Berlin et Hambourg. Située sur les rives de l'Isar, au pied des Alpes, entourée de lacs, offrant un grand nombre d'activités sportives et culturelles, elle exerce une attraction irrésistible sur les visiteurs. Même dans un contexte de vie moderne, elle garde encore quelque chose de l'ancienne distinction de la Bavière royale. Ses nombreux musées, ses collections, sa musique et son théâtre sont célèbres à juste titre. La ville produit un grand nombre de films et de programmes de télévision ; ses studios sont parmi les plus grands et les plus modernes d'Europe. Théâtre, musique, maisons d'éditions, mode, congrès animent la ville. Par ailleurs, on y trouve le siège de Siemens, de B.M.W. Malgré tout cela, la vie y a gardé certains aspects pour ainsi dire campagnards. L'atmosphère calme et contemplative trouve son origine dans la vieille culture bavaroise.

Munich dans l'histoire

Officiellement, la ville de Munich existe depuis 1158, mais une communauté religieuse du nom de Münichen est déjà mentionnée dans un document de 777. En 1158 le duc Henri le Lion fit démonter le pont sur l'Isar, qui appartenait à l'évêque de Freising, et le fit reconstruire près de Munich. Ce geste lui permit de détourner la route du sel entre Reichenhall et Augsbourg et de percevoir les taxes considérables que représentait ce péage. L'empereur Frédéric Barberousse entérina cette initiative et accorda à la nouvelle paroisse le droit de tenir des foires et de battre monnaie. Ce fut le début du développement économique et politique de la ville, dont le nom fut bientôt inséparable de celui des Wittelsbach. En 1180 l'empereur accorda la région de Bavière au comte palatin Otto de Wittelsbach, dont la dynastie régna sur la Bavière jusqu'en 1918. En 1504 le duc

A gauche, la statue de Juliette ; ci-dessous, le marché.

Guillaume IV (1493-1550) fit de Munich sa résidence et la capitale de la Bavière. L'agrandissement de la ville, qui avait commencé au XIVe siècle, s'accéléra surtout sous Maximilien le Grand (1573-1651), qui devint Électeur en 1623. Munich a beaucoup souffert de la guerre de Trente Ans [1618-1648]. En 1632, elle capitula devant les Suédois qui l'occupèrent et la mirent à sac. Après la guerre, la résurrection de Munich débuta par la construction de la colonne de la Vierge (Mariensäule), face à l'hôtel de ville. Le style baroque se mit à fleurir dans la ville. Le règne du prince Max-Emmanuel (1679-1726) propulsa Munich au premier rang de la vie culturelle et politique en Europe.

Le siècle suivant apporta son lot de guerres et d'occupations, puis la famine et la pauvreté. Au début du XIXe siècle, les Français occupèrent Munich pendant un an, et ils furent suivis par les Autrichiens. A la suite de son alliance avec Napoléon Ier, protecteur de la Confédération du Rhin, en 1806, la Bavière devint un royaume et la ville retrouva son lustre. L'influence de la doctrine napoléonienne (sécularisation, dissolution des monastères, remise de leurs biens à l'État, complète refonte de l'administration) apporta à la Bavière, et donc à Munich, un nouveau développement politique, économique et culturel. 1819 vit la naissance du premier parlement bavarois. La construction du Théâtre national, du palais Prinz-Karl et l'agrandissement de la Maxvorstadt contribuèrent à faire de la ville une métropole. Louis Ier (1825-1848) est considéré comme le second fondateur de Munich telle qu'elle apparaît aujourd'hui. Après la mort de Louis II, Munich devint une grande ville moderne sous le gouvernement du prince régent Luitpold (1882-1912).

Mais la Première Guerre mondiale apporta famine et pauvreté. Louis III, dernier roi de Bavière, dut abdiquer en novembre 1918 et, durant les six mois suivants, le désordre général provoqua de de nombreux et sanglants combats de rue. Ces événements faisaient suite à la proclamation de l'État Libre de Bavière par

Ci-dessous, une chope de 1 l ne fait pas peur au Bavarois ; à droite, les touristes se mettent vite au régime local.

Kurt Eisner, assassiné peu de temps après. La révolution fut matée, mais un autre chapitre tragique de l'histoire allemande commença. C'est à Munich, en effet, que Hitler, de membre ordinaire du N.S.D.A.P. (parti national-socialiste ouvrier allemand), devint le chef du parti nazi. Le 8 novembre 1923, il se crut assez fort pour demander la dissolution du gouvernement national bavarois. Sa tentative de coup d'État avorta malgré l'appui de généraux de la Grande Guerre ; la manifestation organisée à la Feldherrenhalle sous la direction de Hitler fut dispersée. Munich devint plus tard la capitale du national-socialisme et ce nom prit une dimension tragique à la suite des accords de Munich de 1938. A la fin de la Seconde Guerre mondiale, après plus de soixante-dix bombardements, il ne restait plus qu'un amoncellement de décombres.

Visite de la ville

C'est à la Karlsplatz, appelée affectueusement Strachus par les Munichois, que commence la zone piétonnière. A la fin du XVIIIe siècle, cette place et son imposante porte, la **Karlstor** (1315), formaient une partie des remparts. La promenade mène à la **fontaine Richard Strauss**, au **musée allemand de la Chasse** et à l'**église Saint-Michael**, l'une des plus belles églises Renaissance d'Allemagne, qui abrite les tombeaux de la famille Wittelsbach. S'il ne pleut pas, la promenade sera peut-être agrémentée par quelques musiciens des rues.

La **Liebfrauenstrasse**, un peu plus loin, mène au symbole même de Munich, la **Frauenkirche** gothique, en briques rouges, dont les tours atteignent 100 m. Avec ses 109 m de long et ses 36 m de large, c'est l'une des églises les plus imposantes de la ville. Consacrée en 1494, elle témoigne de la fierté et de l'orgueil des citoyens de la Munich médiévale. La Frauenkirche abrite également les tombeaux de quarante-six princes de Wittelsbach, ainsi que ceux de divers cardinaux de l'archevêché de Freising. La tour sud de l'église offre une vue splendide sur la ville et sur les Alpes qui paraissent très proches, surtout les jours où souffle le *Fœhn*. Le *Fœhn* est un vent chaud et sec qui descend des montagnes. Il offre quelques jours de soleil supplémentaires à la ville, mais il donne des maux de tête et rend irritable. On accuse à bon compte le *Fœhn* de toutes les sautes d'humeur.

Plusieurs rues étroites mènent de la Frauenkirche vers la **Marienplatz**, dont la disposition et l'atmosphère font penser à une place italienne. La **colonne de la Vierge** (Mariensäule), l'**hôtel de ville** (Rathaus), l'**ancien hôtel de ville** (Altes Rathaus) et les tours de l'**église Saint-Pierre** composent un cadre caractéristique. L'imposant hôtel de ville néo-gothique, avec sa tour haute de 85 m construite entre 1867 et 1908, domine la place. Tous les jours à 11 h – et de mai à octobre à 17 h – on peut voir et entendre le **Glockenspiel**, carillon qui illustre deux événements de l'histoire munichoise : un tournoi qui a eu lieu en 1568 sur la Marienplatz et la danse des tonneliers qui commémore la fin de la peste de 1517.

L'**Altes Rathaus**, à l'est de la Marienplatz, date de 1470-1474. Sa **salle gothique** est l'une des plus belles d'Allemagne. Tout comme la tour, elle a

Touristes contemplati

été reconstruite après avoir été presque totalement détruite durant la dernière guerre. En face se touve l'**église du Saint-Esprit** (Heiliggeistkirche), du XIVe siècle, restaurée entre 1724 et 1730 par les frères Asam en style rococo. L'église abrite la ***Vierge de Hammertal***, sculpture sur bois du XVe siècle.

Juste à côté de l'église se trouve l'entrée du **Viktualienmarkt**, haut lieu de la vie quotidienne munichoise. On y trouve tout ce qui se rapporte à la nourriture, du radis aux vins français en passant par la pièce de venaison.

Un passage mène vers l'**Alter Peter**, nom populaire de l'**église Saint-Pierre** (Peterskirche), la plus vieille église paroissiale de Munich. Elle a été presque entièrement détruite, mais elle est rebâtie à l'identique. C'est aujourd'hui l'église la plus décorée de la ville. Le **maître-autel** (Schrankaltar), qui porte le nom de son donateur, date de 1407.

Puis on longe le **marché aux bestiaux** (Rindermarkt) pour arriver dans la Sendlingerstrasse où se trouve l'**église Saint-Jean-Népomucène** (Asamkirche), vrai joyau du rococo allemand construit par les frères Asam entre 1733 et 1746. L'intérieur et l'extérieur sont richement décorés ; l'emploi du rouge brun et de l'or contribue à créer une atmosphère mystique. A quelques pas de cette église, pour partie dans l'ancien arsenal et pour partie dans les anciennes écuries, se trouve le **Musée municipal**. On y présente des expositions consacrées à certaines périodes de la vie culturelle et historique de la cité, par exemple l'environnement et la vie à Munich entre 1700 et 1900, ou bien l'histoire de la bière.

Munich est aussi un centre artistique et culturel. L'un des musées les plus petits et les plus originaux vaut une visite : le **musée Valentin**, à quelques minutes de la Marienplatz, dans l'**Isartor**, face au **pont Isar** (1314). On y contemple des souvenirs de la vie de ce chansonnier munichois. On traverse l'Isar pour se trouver en face du musée le plus célèbre d'Allemagne, le **Musée allemand** (Deutsches Museum), situé dans une île de l'Isar. C'est un très grand musée scientifique et technique fondé par Oskar von

Supporters munichois.

Miller en 1903 et ouvert au public en 1925. Le long de galeries qui s'étirent sur 17 km, on peut admirer tout ce que l'homme a inventé dans le domaine scientifique et technique.

Le **Maximilianeum** se trouve sur la rive droite de l'Isar. Ce bâtiment construit entre 1857 et 1874 abrite le parlement de Bavière. La Maximilianstrasse, conçue comme une artère résidentielle, est un peu gâtée par le grand nombre de magasins de luxe, de cafés et de boutiques qui la bordent. En continuant vers le centre, on passe devant le **musée d'Anthropologie** (Völkerkundemuseum), qui conserve d'importantes collections, et devant le **Kammerspiele**, l'un des meilleurs théâtres.

Max-Joseph Platz et Odeonsplatz

Quelques pas supplémentaires conduisent à la Max-Joseph Platz, centre même de la vie publique au temps des Wittelsbach. L'**Alter Hof**, le premier palais des ducs de Bavière, a été construit et agrandi au XVe siècle. La cour intérieure a gardé son caractère d'origine, malgré certaines modifications. La **Residenz**, sur la Max-Joseph Platz, forme l'ensemble de bâtiments le plus important de Munich. Entrepris à la fin du XVIe siècle et constamment retouché jusqu'en 1835, il a été souvent restauré. Un certain nombre de bâtiments de la *Neuveste*, datant de 1385, ont été intégrés à un ensemble de constructions dû à de grands artistes de la Renaissance, du baroque et du classique. Les Wittelsbach, qui ont régné sur la Bavière durant huit cents ans, ont résidé dans ce palais jusqu'à l'abdication du dernier roi en 1918. La Residenz est ouverte au public depuis 1920.

En partant du **Königsbau** sur la Max-Joseph Platz (où se trouve le **musée de la Residenz**), on trouve, dans le sens des aiguilles d'une montre : l'**Ancien Palais** (Alte Residenz), le **Festsaalbau** (la salle de bal), le **théâtre Cuvilliés**, l'**église de Tous les Saints** (Allerheiligenhofkirche), le **théâtre du Palais** (Residenztheater) et l'**Opéra national** qui domine la place de ses impressionnantes colonnades. Les bâtiments sont reliés entre eux par huit

L'église de Wies, près de Steingaden dans les Préalpes.

cours intérieures qui donnent accès aux collections de la Residenz : le **Schatzkammer** (trésor), la **collection égyptienne**. Des réceptions officielles sont toujours données dans l'**Antiquarium**, et les concerts de gala au **Herkulessaal**.

Sur l'Odeonsplatz, la **Feldherrnhalle**, bâtie en 1844 par Friedrich von Gärtner, imite la Loggia di Lanzi de Florence. Les deux tours ocre jaune et le dôme de 71 m de l'**église des Théatins** (XVIIe siècle, superbe maître autel et tombeaux des Wittelsbach), de style baroque, trahissent également l'influence italienne.

Ludwigstrasse et Leopoldstrasse

La Ludwigstrasse commence à l'Odeonsplatz. Louis Ier désirait en faire une avenue prestigieuse et il en confia la construction aux architectes Friedrich von Gärtner et Leo von Klenze. Des façades néogothiques la bordent de chaque côté. On y remarque la **bibliothèque de l'État de Bavière** et l'**université**. La **Siegestor**, qui s'élève tout à côté, ressemble à la porte de Brandebourg de Berlin. Érigée en 1850, elle était destinée à rendre hommage aux soldats bavarois tombés dans les guerres contre Napoléon.

Au-delà de la Siegestor commence l'un des boulevards les plus célèbres, la Leopoldstrasse, bordée de peupliers et d'innombrables glaciers, salons de thé, brasseries, cafés, tavernes, boîtes de nuit et restaurants. La Leopoldstrasse a été l'artère principale du quartier des artistes, le célèbre Schwabing. Aujourd'hui elle est, comme tout le quartier d'ailleurs, très fréquentée par les touristes.

Le jardin Anglais (Englisher Garten)

A quelques pas à peine de la Leopoldstrasse s'étend le jardin Anglais (Englische Garten), qui s'allonge jusqu'au nord de la ville, où il se perd dans les terrains inondés près de l'Isar. Aménagé entre 1781 et 1785 et agrémenté d'un temple grec, d'une pagode chinoise, de trois tavernes en plein air, sans oublier le **lac de Kleinhesselohe** sur lequel il est possible de faire un tour en

e Chiemsee.

barque. Toute la vie de Munich est concentrée dans ce jardin lorsqu'il fait chaud. On y trouve d'innombrables terrains de jeu improvisés, et les pelouses ne sont pas interdites. Les courageux peuvent plonger dans les eaux de l'Eisach ou même faire de la planche. Acrobates et mimes s'y entraînent en public. Gymnastes et musiciens s'y concentrent, des vagabonds s'y réfugient, les sportifs y trouvent des pistes pour courir et les cyclistes y profitent de la nature. On y entre derrière le **musée d'Art moderne** (Haus der Kunst), vaste bâtiment datant de l'avant-guerre qui conserve une collection d'œuvres d'artistes du XXe siècle.

En partant de l'Odeonsplatz, on passe par le **Hofgarten**, au nord de la Residenz (beaux jardins de 1613-1617), avant de prendre la **Prinzregentenstrasse**, bordée d'immeubles du XIXe siècle et dans laquelle est situé la Haus der Kunst. S'y trouve également le **musée de l'État de Bavière**, qui offre une vue d'ensemble de l'histoire de l'art européen, mais en premier lieu bavarois.

Maxvorstadt

La **Königsplatz** est l'une des places les plus impressionnantes de Munich, mais elle semble abandonnée par la municipalité, divisées à propos de sa restructuration. On peut s'y rendre en empruntant le métro Ul-8, mais depuis l'Odeonsplatz on y arrive plus rapidement à pied. Les bâtiments les plus importants sont les **Propylées**, passage voûté néo-classique, la **Glyptothèque** (statuaire grecque et romaine) et la **collection des Antiquités** (vases grecs, statuettes étrusques, objets en verre et en terre cuite). Ces constructions néo-classiques ont été édifiées sous le règne de Louis Ier. Après les Propylées apparaît, au milieu d'un merveilleux jardin, la **villa Lenbach**. Cette bâtisse de style italien comporte de nombreux balcons et patios. Elle appartenait au peintre Franz von Lenbach. La **galerie municipale**, qui l'occupe maintenant, y expose les œuvres d'artistes munichois du XVe au XXe siècle. Les œuvres modernes les plus intéressantes sont celles de l'Art nouveau, du nouveau réalisme et la collection complète du groupe *Der Blaue Reiter*, représenté par Kandinski, Marc, Macke, Klee.

De la Königsplatz, il est facile de se rendre à pied à la **Karolinenplatz**, avec son obélisque érigé en 1812 à la mémoire des Bavarois morts durant la campagne de Russie. La Barerstrasse, à gauche, mène à l'**Alte Pinakothek**, musée très important qui conserve des œuvres des maîtres européens du XIVe au XVIIe siècle.

Tout à côté se trouve la **Neue Pinakothek**, qui avait été complètement détruite durant la guerre. Elle est maintenant abritée dans un ensemble de bâtiments neufs dus à l'architecte Alexander van Branca. Quatre cents œuvres (peintures et sculptures), présentées par ordre chronologique, permettent d'embrasser dans son ensemble l'art européen depuis l'Antiquité.

Nymphenburg

A l'occasion de la naissance du prince héritier Max-Emmanuel, le prince Ferdinand-Marie de Bavière, amateur d'art, offrit à sa femme Henriette de Savoie un terrain au nord-ouest de Munich. Le **Schloss Nymphenburg**, palais d'été des princes et rois de Bavière, y fut bâti par l'architecte italien Augustino Barelli. Le château et les jardins représentent l'un des ensembles baroques les plus importants d'Allemagne. Max-Emmanuel y fit bâtir les pavillons, les galeries et les dépendances (dont l'orangerie et les écuries), ainsi que le bâtiment qui abrite la **manufacture de porcelaine de Nymphenburg** depuis 1761. Le bâtiment central est particulièrement intéressant, avec sa salle de marbre où se déroule le festival d'été de Nymphenburg, les concerts à la lumière des chandelles et les salles nord et sud. L'aile sud abrite la **galerie des Beautés** commandée par Louis Ier pour la Residenz de Munich, et le **musée des Carrosses** où sont réunis les magnifiques équipages, les traîneaux et les carrosses de cérémonie des rois de Bavière. Par le jardin à la française, on passe dans le **parc** avec son **Badenburg** construit en 1721 qui comporte des salles de bains baroques. Le **Pagodenburg** (1719), la **Magdalenenklause** (1725) et l'**Amalienburg** (1739) construit par François de Cuvilliés, chef-d'œuvre du rococo.

La galerie des Glaces du château d Herrenchiem

De Nymphenburg on peut se rendre en voiture au **parc Olympique**, par les périphériques de Wintrich et de Georg Brauchle. C'est ici que se sont déroulés les jeux Olympiques de 1972 (le métro U3 y mène également). Au **stade olympique** ont été ajoutés un grand nombre de centres de loisirs et la tour de la télévision. Un **restaurant panoramique** permet de voir les Alpes à 50 km les jours de *Fœhn*. L'accent a été mis sur la légèreté de l'architecture dont le toit fait penser à une toile d'araignée de 75 000 m². La technologie moderne, employée avec élégance, donne ici l'exemple même de l'harmonie possible entre le paysage et l'architecture dans un esprit futuriste. Le **musée B.M.W.**, également futuriste, représente une coupe au pied de la tour qui abrite l'administration de la société, tour composée de quatre fûts cylindriques étroitement accolés.

Sur un air de fête...

Le *Fasching* de Munich est aussi célèbre que le carnaval de Rhénanie ; tous les endroits publics de la ville participent à la fête. La danse des marchandes, au **Viktualienmarkt**, le lundi matin, est l'un des événements les plus populaires de cette fête. A peine remis du *Fasching*, le visiteur doit se précipiter au Nockherberg pour l'inauguration de la fête de la Bière. Le soleil de printemps réchauffe la foule qui se presse dans les jardins des tavernes en buvant la première bière de l'année. D'ailleurs, la saison des sorties en plein air commence. Riches et pauvres, grands et petits se rencontrent sous les vieux marronniers des « jardins de la bière » (*Biergarten*). Munich en possède plus de cent qui accueillent les buveurs à l'ombre de leurs arbres. Certains de ces jardins sont de dimensions modestes (soixante places) mais la **Pagode**, par exemple, en offre six mille, et le **Hirschgarten** sept mille. Fin septembre commence la célèbre ***Oktoberfest*** sur le Theresenwiese...

Une fête toute différente se déroule chaque année en juillet et août à l'Opéra national et au **théâtre Cuvilliés** : c'est la saison de l'opéra de Munich. Des artistes de renommée mondiale participent aux représentations d'opéras de Richard Strauss, de Wagner et de Mozart ou encore à des soirées de chant et de ballet. Le programme comprend également des concerts dans la cour de la Residenz, les concerts d'été de Nymphenburg et ceux du **château de Schleissheim**, à peu de distance de Munich.

A gauche, la forêt *bavaroise ; à droite, la tradition* *apprend de* *bonne heure.*

Aux environs de Munich

Chaque samedi voit les citadins se diriger vers les environs de la ville pour se baigner, faire de la voile, de la planche, des randonnées, de l'alpinisme ou du ski. Le **lac de Starnberg** (57,2 km²), à 29 km au sud de Munich, a été formé par un ancien glacier et il est entouré de buttes morainiques boisées. La ville de **Starnberg**, au nord du lac, est reliée à Munich par l'A95-952 et le train de banlieue.

De beaux bateaux blancs relient Starnberg à **Pöcking**, au **château de Possenhofen** ou encore à **Feldafing**, une des plus belles localités sur la rive du lac.

Tutzing est une station climatique qui abrite aussi une université protestante. L'**Ilka** (728 m) permet une merveilleuse

vue sur le lac. **Berg**, sur la rive est, est un lieu d'excursion recherché (château et hôtel). Une croix commémore la noyade de Louis II dans le lac.

Des sentiers de randonnée vont de Berg vers les **vallées de l'Isar** et **de Loisach**, jusqu'à **Wolfratshausen**. On peut prendre place sur l'un des radeaux qui partent de mai à septembre et font la descente de l'Isar jusqu'à Munich. La bière, la bonne chère, la fanfare et un orchestre de jazz font partie du voyage. D'ailleurs les places sont retenues plusieurs années à l'avance…

Un autre lac, l'**Ammersee**, se trouve à environ 35 km à l'ouest de Munich. Il est un peu plus petit et moins fréquenté. Vestige d'une glaciation, il est de plus en plus ensablé par les dépôts charriés par les rivières. Sa rive est pourvue de toutes les installations de loisirs. L'A96-B12 et le train conduisent jusqu'à **Herrsching**, le village le plus important sur la rive du lac. On peut y prendre un bateau pour faire une excursion. Par beau temps, la vue sur la chaîne du Wetterstein et le Zugspitze est merveilleuse.

Andechs, lieu de pèlerinage, accueille une **abbaye** dans laquelle on brasse la fameuse bière d'Andechs.

Le Versailles de Louis II

Salzbourg n'est qu'à une heure et demie de Munich par l'A8. En période de migration estivale, cette route est très encombrée. Avant Salzbourg, à 12 km de Rosenheim, vers l'est, s'étend le lac de **Chiemsee** (300 ha). C'est dans l'**île de Herrenchiemsee** que Louis II fit bâtir un château comparable à celui de Versailles, dont la splendeur devait témoigner de la puissance des rois de Bavière. La galerie des Glaces accueille les concerts d'été qui y ont lieu à la lueur des chandelles. Le **musée du roi Louis** donne une idée de la vie de Louis II et de ses relations privilégiées avec le théâtre et l'architecture. Dans la **Fraueninsel** (île de12 ha), se trouvent un **village de pêcheurs** et un **couvent de bénédictines**. Ce bâtiment, dont les fondations datent de 766, illustre l'histoire de l'architecture par un mélange de styles roman, gothique et baroque.

Les orgues de Passau.

LA BAVIÈRE MÉRIDIONALE

A 40 km au nord de Munich, se trouve **Freising**, l'une des villes les plus anciennes de Basse-Bavière. Depuis Munich on s'y rend par l'A92 ou la B11, ou bien encore par l'un des trains de banlieue qui, en une demi-heure, conduit à **Domberg** (la « montagne de la Cathédrale »), ensemble de bâtiments religieux de la ville. Outre un **centre ancien** (*Altsdadt*) charmant et bien conservé, on peut voir l'**abbaye de Weihenstephan**, les jardins du **Staudensichtungsgarten** (entrée gratuite) et des monuments assez pompeux dont la **cathédrale**, due à l'architecte Asam. Dans la crypte se trouve la **colonne des Bêtes** (Bestiensäule). Le **Diözesanmuseum** réunit beaucoup d'œuvres d'art religieux mises à l'abri lors des bombardements de la dernière guerre. La **Weihenstephan**, très ancienne brasserie située à l'intérieur d'une abbaye, se visite sur rendez-vous.

*s la « tente à bière » (*Bierzelt*).*

La B301, « la route du houblon », traverse des villages aux allées de tilleuls, des rues aux balcons richement fleuris au cœur même du **Holledau**, ou **Hallertau**, grande région houblonnière. De la fin août à la mi-septembre, l'air y est imprégné de l'odeur amère de cette plante. Après la récolte, c'est à **Wolnzach** que se déroule la plus belle des nombreuses fêtes de la région.

Landshut

Tous les cinq ans (la dernière s'est tenue en 1989) a lieu la commémoration du mariage de Landshut (Landshuter Hochzeit, 1475), reconstitution historique qui fait revivre à la cité ses jours de gloire de l'époque gothique. Située à 30 km au nord-est de Freising, Landshut est une ville remarquable, ne serait-ce que par son centre médiéval entièrement conservé et qui évoque ce que pouvait être la vie quotidienne au XVe siècle. L'église Saint-Martin, en brique rouge, a vu l'archevêque de Salzbourg bénir le mariage de la princesse Iadwiga de Pologne avec le fils

du duc, en 1475. Les ruelles aux pavés inégaux, bordées de maisons peintes aux pignons fantaisistes, ont vu passer le cortège jusqu'à l'hôtel de ville, où l'empereur Frédéric II invita la jeune mariée à la première danse. On voit même la porte de la chambre nuptiale, fabriquée pour cet événement historique et pour un autre qui n'a jamais eu lieu, puisque la princesse n'a jamais donné d'héritier au trône. L'office du tourisme organise des projections du film tourné à l'occasion de la dernière commémoration du mariage. La vieille **Résidence ducale** (Stadtresidenz), construite entre le XVIe et le XVIIIe siècle, comporte de magnifiques appartements et des galeries à arcades de style Renaissance italienne. On y trouve également plusieurs musées, une galerie de tableaux et l'office du tourisme (*Verkehrsverein*). Le **château de Trausnitz**, forteresse construite en 1204, puis aménagée en palais Renaissance au XVIe siècle, domine la ville de Landshut. Les ducs de Wittelsbach de Basse-Bavière y résidèrent (visites guidées). Du **Hofgarten** (parc), sur les collines à l'est, on a une superbe vue sur la ville.

De l'Isar au Danube

En suivant la B299 sur 45 km après Landshut, on arrive à **Neustadt**. Continuer le long des rives du Danube pendant 18 km jusqu'à **Kelheim**, au confluent de l'**Altmühl** et du Danube, dominée par la **Befreiungshalle**, monument érigé par Louis Ier pour commémorer les guerres de libération (1813-1815). La ville a gagné en importance depuis l'ouverture du remarquable **Musée archéologique**, qui a reçu le prix annuel des musées d'Europe en 1983.

De Kelheim on peut se rendre à pied sur la rive droite du Danube, au **Donaudurchbruch** (défilé du Danube) puis au **monastère de Weltenburg** (une heure par bateau). La plupart des visiteurs préfèrent prendre l'un des bateaux qui partent de Kelheim toutes les trente minutes pour **Weltenburg**. Le parcours le long de ces rives rocheuses constitue en soi un événement. L'**église de Weltenburg**, construite entre 1715 et 1734, est l'un des chefs-d'œuvre des frères Adam, les plus grands maîtres du baroque allemand (coupole majestueuse, fresques et statue équestre de saint Georges). Il faut profiter du passage à Kelheim pour faire une excursion dans la **vallée de l'Altmühl**, paysage pittoresque dominé par le **château de Prunn**, fièrement campé sur un rocher à 100 m au-dessus de la rivière. La construction du canal Main-Danube, très controversée actuellement, risque de dénaturer, et peut-être même de défigurer cette région.

Ratisbonne (Regensburg)

Après 15 km sur la B16, en partant de Kelheim, on voit apparaître les tours de Ratisbonne (cent trente et un mille habitants). L'ancienne Castra Regina, à l'origine camp de la légion romaine installé par Marc-Aurèle, fut évangélisée par saint Boniface qui y fonda un évêché en 739, et accéda à la dignité de siège épiscopal. Devenue ville libre impériale en 1245, Ratisbonne fut bientôt la capitale de l'Allemagne et un centre actif du commerce européen, au carrefour des axes qui rejoignaient l'Italie. De 1663 à 1806 elle a été le siège du Reichstag.

La ville se situe sur la boucle la plus septentrionale du Danube dont le cours, à partir de là, devient navigable jusqu'à la mer Noire. Tous les monuments du Moyen Age sont restés intacts.

Le **Steinerne Brücke** (« pont de pierre »), est un bel exemple d'architecture médiévale du XIIe siècle, dont les seize arches relient les deux rives du Danube sur une longueur de 310 m. La vue sur les belles maisons qui s'alignent le long du Danube, dominées par la flèche altière (105 m) de la **cathédrale** de style gothique (1250-1525). Le **trésor épiscopal** comporte de beaux reliquaires, des croix, des calices, des ornements sacerdotaux, etc. La célèbre chorale des *Domspatzen* est attachée à la cathédrale.

Près de la cathédrale, on remarque l'ancienne **résidence épiscopale** (Bichofshof) du XIe siècle, actuellement transformée en hôtel et restaurant. Après le palais de l'évêque, on tourne à droite vers le **Niedermünster**, où des fouilles intéressantes ont été entreprises, pour aller vers l'**Alter Kornmarkt** avec son **Herzogshof**, résidence des ducs de Bavière à partir de 988, et qui comporte

Des manifestant sont évacué manu milita *lors d'une manifestati anti-nucléa*

une salle splendide au plafond orné d'armoiries. L'**ancien hôtel de ville**, avec sa belle salle gothique, était le siège du Reichstag. La cave du **musée du Reichstag** abrite une salle de torture médiévale. La Bachgasse conduit au **monastère bénédictin Saint-Emmeram**, fondé au VIIe siècle, qui à été l'un des centres les plus importants de la culture monastique. Tout à côté se trouve la **résidence des princes de Thurn et Taxis** qui, en 1504, établirent le premier service postal d'Europe. Le **restaurant de la Bischofshof** propose du *Wels*, poisson du Danube, ou du *Tafelspitz* (pot-au-feu) à des prix corrects.

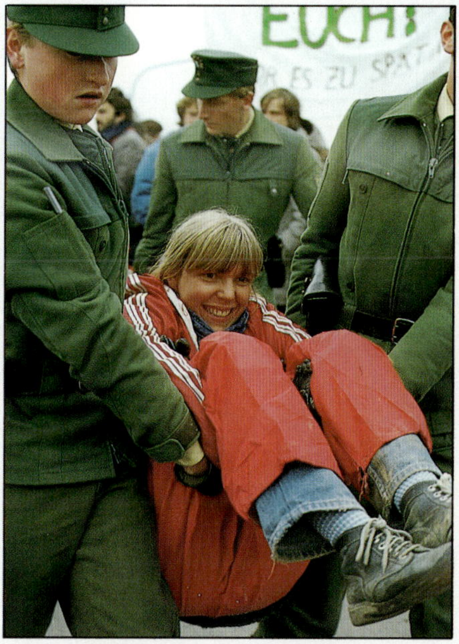

Au paradis des guerriers

Certains le considèrent comme le monument le plus important du XIXe siècle, en tout cas c'est le plus spectaculaire qui ait été édifié en Bavière depuis le Moyen Age. Le **Walhalla** (Panthéon), à 11 km de Ratisbonne, copie du Parthénon grec, et dessiné par Louis Ier de Bavière, devait témoigner du génie du peuple allemand. Construit entre 1830 et 1842 par Leo von Klenze, il contient les bustes d'hommes et de femmes célèbres. Dans la mythologie germanique, le Walhalla est le séjour des guerriers valeureux. Un escalier monumental relie le bord du Danube à ce bâtiment impressionnant, haut de 35 m. Cinquante-deux colonnes forment la galerie. Du péristyle, on a une vue magnifique sur la vallée du Danube et, par beau temps, jusqu'aux Alpes. L'intérieur de ce temple de 66 m de long surprend par ses belles couleurs. Chaque côté est subdivisé en trois sections contenant un ensemble de bustes autour d'une effigie de la victoire. Selon les dernières volontés du fondateur, un comité ministériel bavarois est habilité à y faire entrer, tous les deux ans, le buste d'une personne célèbre décédée dans ce laps de temps.

A 40 km au nord de Ratisbonne, la ville de **Weiden** est célèbre pour sa porcelaine, sa céramique et ses vases, chandeliers et cendriers en cristal de plomb. Certains fabricants vendent surtout aux étrangers à des prix d'usine.

La foire de **Gaüboden** est la deuxième fête populaire de Bavière par son importance : sept salles de brasseries, un énorme parc de loisirs et environ neuf cent mille visiteurs chaque année. **Straubing**, à 45 km de Ratisbonne, au sud-est de Passau par la B8, est installée sur les rives du Danube, en bordure de la forêt bavaroise. Il ne faut pas manquer de visiter la **porte de la ville**, de 68 m de haut, construite au XIVe siècle et l'extraordinaire trésor romain, découvert en 1950, qui est conservé au **musée de Gäuboden**.

On traverse le Danube au nord de Straubing pour se rendre dans le grenier de la Bavière, la **région de Gaüboden**. Après de vastes étendues plantées de blé, de maïs, de pomme de terre, séparées par des peupliers et des aulnaies, on arrive dans la fôret bavaroise. Elle recouvre une chaîne de montagnes qui représente plusieurs pics tels que le **Lusen** (1 371 m), le **Dreisessel** (1 378 m), le **Rachel** (1 452 m) et le **Grosser Arber** (1 457 m) au bord d'un lac pittoresque. La forêt s'étend le long de la frontière entre la Bavière et la Tchécoslovaquie. Au nord-est, elle se perd dans la **forêt de Bohême** pour devenir la région forestière la plus étendue d'Europe centrale. Surnommé le « mur du Diable », le **Pfahl** forme sur 140 m un massif cristallin découpé dans le gneiss, traversant les monts couverts de forêts qui assombrissent l'horizon.

Les habitants de la région sont bûcherons, scieurs de bois, ou vivent de l'industrie du verre, mais le tourisme fournit une part non négligeable des ressources. Un certain nombre de musées illustrent les différentes activités de la région : le **musée du Verre** à **Frauenau** (la forêt de Bavière a développé une industrie verrière considérable), les **mines d'argent** à **Bodenmais** et le **musée de la Forêt** à **Zwiesel**. Le centre d'intérêt principal est néanmoins le parc national forestier de Bavière, qui s'étend près de Grafenau sur une superficie de 120 km². Un réseau de sentiers de randonnée de 200 km permet d'approcher la flore et la faune du lieu, entre autres les loups, les ours, les lynx (derrière des grilles, bien sûr). Le **Park Haus** (1982), dont les expositions, les films, et surtout la salle de « leçons de choses » pour les enfants, sont tout à fait remarquables, mérite un détour.

Par **Grafenau**, l'un des meilleurs centres touristiques de la forêt bavaroise, la route du parc national aboutit à la B20. A environ 20 km avant Passau, des pancartes signalent le **village-musée Tittling** (Museumsdorf Tittling), ancien village reconstitué qui, dans ses cinquante fermes du XVe au XIXe siècle, expose trente mille objets et outils se rapportant à plus de trente activités artisanales.

Passau

Sa situation privilégiée au confluent du Danube, de l'Inn et de l'Ilz fait de Passau (cinquante et un mille habitants) une ville merveilleuse. Les premières fondations de Passau se trouvent sur un promontoire, au confluent du Danube et de l'Inn. L'**église Mariahilf** et le **château fort de Oberhaus** dominent l'**Altstadt**, la vieille ville aux maisons de style italien.

Rues et ruelles pittoresques, qui ressemblent parfois à celles de Venise, sont bordées de magasins traditionnels comme ceux de *Delikatessen* (épiceries de luxe), ou la **pharmacie** de la **Residenzplatz**, vieille de six cents ans. A 11 h 45 précises sur la Domplatz on peut assister au récital d'orgues dans la cathédrale (reconstruite en style baroque en 1668). Une foule de visiteurs s'y rassemble à midi, de mai à septembre, pour écouter le son extraordinaire de ses grandes orgues. Tout à côté s'élèvent les bâtiments de l'**Ancien Évêché** et du **Nouvel Évêché**. Le **musée du Verre** (Glasmuseum), dans les belles salles du **Wilder Mann**, face à l'ancien hôtel de ville, au bord du Danube, vaut le détour. On y admire des objets en verre fabriqués au XIXe siècle en Bavière, en Autriche et en Bohême.

Il ne faudrait en aucun cas manquer la promenade au **Dreiflusseck**, où les eaux jaune-vert du Danube se mêlent à celles de l'Inn, grises et boueuses, et à celles de l'**Ilz**, couleur de tourbe. Du Dreiflusseck la croisière sur le Danube mène à **Linz**, à **Vienne**, et jusqu'à la mer Noire.

Le trajet le plus rapide qui conduit à Munich se fait par l'A3 en direction de Deggendorf. Elle rejoint la B12 ou à la B11, qui conduisent en deux heures à Munich, via Landshut et Freising. Un itinéraire plus long mais plus intéressant consiste à prendre l'A3 puis la B12 via **Altötting**, où on peut visiter le lieu de pèlerinage le plus populaire de Bavière.

Bodensee, le lac de Constance

Après s'être laissé ensorceler par les châteaux de Bavière aux environs de Füssen, on peut se rendre à Munich par la route des Alpes ou se diriger le long des collines de l'Allgäu vers le lac de Constance (Bodensee). Le paysage doucement vallonné des contreforts des Alpes évoque une image de carte postale : prairies dans lesquelles paissent des vaches blanches et rousses. La région, surtout agricole, est connue pour ses fromages, mais elle offre aussi une grande variété d'activités de tourisme et de loisir. En hiver, les pentes qui s'étendent jusqu'aux Alpes attirent beaucoup de skieurs ; l'été voit les plages autour des nombreux lacs prises d'assaut par les baigneurs, alors que le printemps et l'automne sont les saisons des randonneurs. D'une superficie de 538,5 km², le lac de Constance est le plus grand lac d'Allemagne : 72 km de long, jusqu'à 14 km de large et 252 m de profondeur. 168 km de ses rives appartiennent à l'Allemagne, 69 km à la Suisse, 26 km à l'Autriche. Sa forme est souvent comparée à celle d'une botte, dont le talon s'enfonce du côté du **promontoire de Bodanrücken**. Au sud de cette espèce de

L'entrée du port de Lindau--Bodensee.

péninsule se trouvent le **Zellersee** et l'**Untersee**, avec l'**île de Reichenau** et son monastère. Au nord, la rive atteint l'**Uberlingersee**, qui entoure l'**île de Mainau** dont la flore, fait exceptionnel, est tropicale. Le Rhin se jette dans le lac à **Bregenz**, à l'est, le traverse et ressort à **Stein** pour se diriger vers Schaffhausen. Le climat ensoleillé et doux permet la culture des fruits et même celle de la vigne.

Lindau

La ville est située en territoire allemand dans une île reliée par un pont à la terre ferme. En l'an 15 av. J.-C. les Romains installèrent un camp dans l'île. Puis vinrent de pacifiques pêcheurs qui y fondèrent un village, avant que le lieu ne devienne une fondation destinée à des dames de l'aristocratie, ce qui ne fut pas sans influence sur la destinée de la ville. Déclarée ville libre d'Empire à la fin du XIIIe siècle, Lindau entra dans une période de prospérité économique grâce à la création des messageries qui établirent des relations entre le nord de l'Europe et l'Italie. L'année 1496 vit l'apogée de l'histoire de la ville : le parlement impérial s'y réunit. En 1803, Lindau perdit son statut de ville libre et, en 1806, elle fut rattachée à la Bavière, dont elle fait toujours partie. Le centre touristique est le **Seehafen**, port doté d'une promenade, d'hôtels et de cafés accueillants. C'est ici qu'on peut goûter le vin du lac de Constance. L'entrée de la rade est flanquée d'un côté par le **phare** (33 m) et, de l'autre, par l'emblème de la Bavière : le **lion**. La **Mangturm** (tour), qui se dresse au milieu de la promenade, est le seul vestige de la vieille forteresse. Quelques pas plus loin se trouve la **Reichsplatz**, ornée de la **Lindaviabrunnen** (fontaine) derrière l'**ancien hôtel de ville**, de style gothique (1422-1436). On y reconnaît quelques altérations dues à la Renaissance. La façade et l'arrière du bâtiment sont décorés de fresques qui représentent des séances de la diète impériale. Des maisons patriciennes abritant des magasins sous leurs arcades, le long de la **Maximilianstrasse**, témoignent de

l'ancienne prospérité du peuple de Lindau. Par beau temps, la petite cité prend un air de vacances : les restaurants et les cafés sortent leurs tables, des marchands des quatre saisons proposent des légumes fraîchement cueillis et des musiciens de rue contribuent à l'ambiance d'allégresse générale. Au nord-ouest de la Maximilianstrasse se dresse, au point le plus élevé de l'île, la **tour des Voleurs** (Diebesturm). L'**église Saint-Pierre** (Peterskirche), juste à côté, est décorée de fresques illustrant la Passion et attribuées à Holbein l'Ancien. Deux églises se font face sur la **place du Marché**, dont les pavés sont d'origine : l'**église Maria Himmelfahrt**, dont l'intérieur baroque est richement décoré de stuc, et l'**église protestante Saint-Stéphane**, dont l'intérieur très sobre n'est orné que de cercles vert clair, mais qui a un orgue baroque impressionnant. La peinture baroque sur la façade de la **Haus zum Cavazzan** – *6, Marktplatz* – est également digne d'intérêt. Transformée en musée, la maison abrite les expositions municipales les plus importantes de la région du lac.

Les rives autrichienne et suisse

Seuls 10 km séparent Lindau de Bregenz, capitale de la région autrichienne du **Vorarlberg**. Les bâtiments anciens de cette ville, à l'aspect très provincial, sont dominés par les lourdes façades de béton des immeubles modernes. Bregenz s'anime en juillet et août, pendant la saison d'opéra, qui se déroule sur une grande scène lacustre. En fin de semaine, tout Bregenz se retrouve sur la **Seepromenade** pour prendre l'air au bord de l'eau. Les jours de relâche, on voit, du bout de la promenade, les grands flotteurs qui maintiennent la scène sur l'eau, face à la haute salle en béton. Par beau temps, surtout en automne, l'excursion par téléférique au **Pfänder** (1 064 m) permet d'embrasser une vue merveilleuse sur le lac de Constance.

Au départ de Bregenz, quelques minutes suffisent pour arriver en Suisse. Voici **Rorschach** avec son vieux marché aux grains et ses tisserands. L'ancienne richesse de la ville est illustrée par les façades des maisons patriciennes du

Le comte Zeppelin construisit [u]n dirigeable [a]u bord du lac [d]e Constance.

Marienberg et de la **Hauptstrasse**. Dans la **Kornhaus** baroque se trouve maintenant un musée de l'artisanat. Autre vestige impressionnant : **Kloster Marienberg** et son **église Saint-Colomban**.

Romanshorn, à 15 km vers l'est, est un port de plaisance. A cet endroit se trouve le débarcadère du bac qui relie la ville à **Friedrichshafen**, sur la rive allemande. On peut aller à **Saint-Gallen**, entre Rorschach et Romanshorn. L'**abbaye bénédictine Saint-Gallen**, fondée en 612, a été un important centre culturel au Moyen Age et l'un des premiers établissements scolaires de l'Europe chrétienne. Son **église** est un chef-d'œuvre du baroque d'Allemagne du sud, alors que la bibliothèque rococo regroupe près de cent mille volumes rassemblés depuis l'époque des Carolingiens.

Kreuzlingen est en fait une partie de **Constance** (Konstanz), mais la ville est séparée de l'Allemagne par la frontière suisse. Les amateurs d'art seront intéressés par l'**église des Augustins**. Le filigrane de la grille du chœur est un chef-d'œuvre de l'art du fer forgé. La Passion est illustrée par un bas-relief sur bois dans l'aile de la **chapelle du Golgotha**.

Constance (Konstanz)

Faisant face à Kreuzlingen, Constance s'étend sur un promontoire situé entre l'Untersee et l'Obersee, en territoire allemand. La ville (quatre-vingt mille habitants) a d'abord été un village de pêcheurs celte. Les romains y bâtirent un camp qui porta le nom de l'empereur Constantin. Vers 540, Constance devint un évêché. Le concile de la Réforme s'y est tenu de 1414 à 1418 qui aboutit à la seule élection pontificale en territoire allemand. Durant la même période, les princes de l'Église prononcèrent une condamnation à mort contre le réformateur tchèque Jan Hus qui fut livré aux flammes sur un bûcher dressé face à la porte de la ville, le 6 juillet 1415. Constance est aujourd'hui une ville en pleine croissance ; on y trouve un grand nombre de petites entreprises et une université située hors de la ville. Le centre historique de Constance avoisine la gare.

Paysage de la forêt Noire.

Le **bâtiment du Concile**, à **Gondelhafen**, est l'un des monuments les plus importants. Construit en 1388 pour servir de grenier à grain et à vin, il fut le siège du concile.

L'**abbaye dominicaine**, ancien haut lieu du mysticisme allemand, est maintenant utilisée par des profanes. Les cloîtres gothiques (1260-1270) ont été luxueusement meublés pour de nouveaux occupants fortunés. Le petit promontoire, en face, offre une jolie vue vers la **Seestrasse** bordée de belles maisons de la fin du siècle dernier. La **tour du Rhin** qui domine le débarcadère, près du pont de béton à plusieurs voies, est le seul vestige des anciens remparts. **Niederburg**, la partie la plus ancienne de la ville, cache ses ruelles entre la **porte du Rhin** et la **Münsterplatz**. La partie la plus ancienne de la crypte de la **cathédrale** date de l'an 1000, mais le bâtiment gothique n'a été achevé qu'en 1856. La reproduction gothique du Saint-Sépulcre, qui se trouve dans la **rotonde Mauritius**, est remarquable. Depuis la plate-forme de la tour, on a une vue intéressante.

Des historiens du monde entier viennent à Constance pour étudier les **fresques des tisseurs** (fin du XIIIe siècle) dans la **maison du Kunkel**.

La **Wessenbergstrasse** (zone piétonnière) est la rue principale de la ville ; l'entrée de la **Menzgasse** donne directement sur la belle façade peinte de la **Zum Deutschen Haus**, devenue aujourd'hui l'**hôtel Graf Zeppelin**. On suppose que l'inventeur du dirigeable y avait ses habitudes.

Une merveilleuse excursion consiste à partir de Constance ou de Kreuzlingen, le long de la route du lac, pour **Stein**, où le Rhin quitte le lac, et à poursuivre jusqu'aux **chutes du Rhin** à **Schaffhausen**, en Suisse. Le large chemin qui borde la rive offre une vue impressionnante sur le millier de mètres cubes d'eau qui, à chaque seconde, sur 150 m de large et 21 m de haut, se jette dans le lit de la rivière.

On peut également suivre le bord de l'**Untersee** jusqu'à **Radolfzell**. Entourée d'ensembles de béton sans âme, la ville a néanmoins réussi à préserver son centre ancien à l'intérieur des vestiges de ses remparts. Les anciennes douves ont été transformées en jardins abondamment fleuris. La **presqu'île de Mainau** abrite l'administration de la ville d'eau, dans le **Schefflerschlössle** (petit château).

De Radolfzell, la route longe la grande **péninsule de Bodanrücken** jusqu'à la digue qui rejoint l'**île de Reichenau**, centre maraîcher important. L'**abbaye bénédictine** de Reichenau a été, de 724 à 1000, un haut lieu de la vie spirituelle en Europe. Trois églises sont encore les témoins de la vie au Moyen Age, mais elles n'ont gardé qu'un pâle reflet de leur ancienne magnificence. La **basilique carolingienne Saint-Georges** à **Oberzell** (IXe siècle) possède des fresques monumentales illustrant les huit miracles du Christ. La **cathédrale romane de Mitterzell** (ancienne abbaye bénédictine) du XIe siècle, entourée de ses bâtiments annexes, ne donne qu'une faible idée de son ancienne importance. Quant à l'**église gothique Saint-Pierre-et-Saint-Paul** de **Niederzell** (XIe-XIIe siècles), elle est surtout remarquable par la fresque de son abside.

L'**île de Mainau**, sur l'**Uberlinger See**, de l'autre côté de la **péninsule de Bodanrücken**, est couverte de plantes subtropicales qui fleurissent de mars à octobre. L'actuel propriétaire, le comte Bernadotte de Suède, habite le **château**. Scientifique lui-même, il a créé les conférences de Lindau, réunion de prix Nobel de sciences qui se tiennent tous les trois ans. Juste en face de l'île de Mainau se trouve **Uberlingen**, ancienne ville libre d'Empire, charmante petite cité dont le centre ancien est entouré de vestiges de remparts. Les ruelles en pente raide sont accessibles par la promenade du port. Du haut de la tour de la **cathédrale Saint-Nicolas**, on aperçoit l'ensemble des toits de la ville. La cathédrale possède un magnifique autel en bois sculpté du XVIIe siècle. L'**hôtel de ville** voisin possède une salle de conseil remarquable. Les représentants impériaux ont été sculptés dans le bois par Jakob Russ (1490). La maison patricienne de Reichlin Meldegg abrite le **musée des Marionnettes**. Le mobilier d'origine de la maison illustre la manière de vivre d'un riche marchand de l'époque. Un mobilier miniature permet de suivre l'évolution de l'environnement domestique.

De Meersburg à Wasserburg

Dominant les rives du lac de Constance, l'**église rose de Birnau**, au ravissant décor rococo, est située au milieu des vignobles en terrasses, à 5 km en dehors d'Uberlingen, sur la route de Meersburg. La plupart des visiteurs viennent surtout pour admirer le célèbre angelot baroque dit ***le Tâte-Miel***.

A **Unteruhldingen**, à quelques minutes d'Uberlingen, un **musée en plein air** présente la reconstitution d'une cité lacustre préhistorique.

Meersburg est une ville très pittoresque et très attirante. L'**Altes Schloss** est l'un des plus vieux châteaux du pays. Le **Neues Schloss**, ancienne résidence d'été des princes évêques de Constance, est souvent animé de concerts. Le chef-d'œuvre de ce bâtiment est l'escalier monumental exécuté selon les plans de Balthasar Neumann. La **Fürstenhäusle** appartenait à la femme de lettres Annette von Droste-Hülshoff (1797-1848). Sa **statue** se dresse face au pont du vieux château. La porte de la ville haute s'appelle la **Rotes Tor**.

La ville voisine de **Friedrichshafen** (cinquante-deux mille habitants) est une cité industrielle dont le centre d'intérêt est le **musée du lac de Constance** (Bodensee Museum), avec son département **Zeppelin**, situé **Adenauerplatz**, dans l'aile nord de l'**hôtel de ville**. La ville attira l'attention du monde scientifique à la fin du XIXe siècle lorsqu'on y construisit les aérostats argentés dont l'inventeur était le comte Ferdinand von Zeppelin (1838-1917). Un grand nombre de modèles réduits de ces dirigeables sont suspendus au plafond d'aluminium du musée. Des documents, des dessins, des photographies donnent une idée exhaustive de cette invention fascinante.

A environ 22 km à l'est, dans l'un des plus beaux paysages de la région, se trouve Wasserburg, avec son **église baroque** au dôme à bulbe. Le **château**, qui appartint aux Fugger, a été transformé en hôtel luxueux. Au Moyen Age, la ville souffrait d'une réputation déplorable : on y brûlait les sorcières. Dans la **Malhaus**, sur le chemin de l'église, se trouve toujours la chambre de tortures. Le tour du lac passe par **Langenargen** et ramène à Lindau.

LA FORÊT NOIRE

La tradition du tourisme y remonte au XVIIIe siècle. Le voisinage de la plaine du Rhin et de montagnes atteignant 1 200 m a toujours attiré les voyageurs. Le climat de la vallée du Rhin, aux chaudes journées d'été suivies de nuits tièdes, la bonne chère et les vins invitent à un farniente de bon aloi. Les montagnes couvertes de forêts qui dominent de vertes vallées invitent cependant à de longues randonnées. Coqs de bruyère et faisans, buses et faucons, daims, renards, blaireaux et plus de cent espèces de papillons peuplent des coins reculés où les habitants tiennent à leurs traditions et revêtent leur costume régional les jours de fête.

Fribourg (Freiburg)

Cette ville de cent soixante et onze mille habitants et son université sont catholiques depuis leur fondation. En 1120, les citoyens entamèrent la construction d'une église paroissiale qui finit par devenir l'une des cathédrales les plus imposantes d'Allemagne. L'université, créée en 1457, fut un centre d'humanisme libéral avant de devenir un bastion jésuite de la Contre-Réforme.

D'étroites ruelles, des chaussées pavées bordées de ruisselets caractérisent le centre autour de la **Münsterplatz**. Cette zone piétonne pourvue de cafés, de restaurants et de magasins, est le parfait rendez-vous des flâneurs. La Münsterplatz est dominée par la **cathédrale Notre-Dame**. Faire l'escalade du clocher est en soi une aventure, surtout quand les énormes cloches le font vibrer au point qu'il semble s'écrouler sous les pieds du visiteur effrayé, tandis que de monstrueuses gargouilles hilares ne le quittent pas des yeux. Le marché de plein air qui se tient sur la **place de la Cathédrale** le samedi matin est très pittoresque.

Pour explorer Fribourg agréablement, on fera des cercles excentriques à partir de la Münsterplatz. Vers l'est, se trouve la **Schwabentor**, vieille porte de la ville qui abrite le **musée des Soldats de plomb**. La très ancienne taverne **Gasthaus zum**

Artisanat de la forêt Noire.

Bären est juste à côté. Le **Gewerbebachkanal**, au sud, a été le centre économique de la ville. La vedette de la **Rathausplatz** est l'**ancien hôtel de ville** Renaissance. La **maison de la Baleine** (Haus zum Walfisch), au coin de Franziskanerstrasse, est un bel exemple d'architecture gothique. Dans la Turmstrasse, derrière l'hôtel de ville, se trouve le **Narrenzunfthaus**, où l'on peut acheter masques et costumes de carnaval.

Autour de Fribourg

Une visite à l'**Alter Friedhof**, le cimetière, fait oublier la ville (pierres tombales du XVIIIe et du XIXe siècle, dont la *Jeune Fille endormie*). Le **Schlossberg**, à cinq minutes de la cathédrale, est une autre occasion de promenade au milieu d'un parc luxuriant. Le restaurant **Dattler** (relié au **Stadtgarten** par télécabine) offre au visiteur une magnifique vue sur la cathédrale.

Le **Schauinsland** (1 284 m) est le but d'excursion préféré des Fribourgeois. On peut emprunter le tramway 2 pour Güntherstal, ou l'autobus 21 pour Horben, puis monter les 746 m jusqu'au sommet. Par beau temps, on a une vue splendide sur la forêt Noire, la vallée du Rhin et les Vosges. Brasseries, boîtes de nuit, cafés et soirées musicales attendent le visiteur. Il faut goûter les boulettes de brochet (*Hechtklösschen*), écouter les concerts l'après-midi à la **Kaufhaus** ou déguster un petit quart (*Vierteile*) de vin dans l'une des nombreuses tavernes.

Vers le nord, à dix minutes à peine en voiture par la B3-B294, se trouve l'une des plus belles vallées de la forêt Noire : la **Glottertal**. Pâturages vallonnés et vignobles vert sombre se perdent dans d'épaisses forêts qui s'étendent jusqu'à l'horizon. Un peu moins pittoresque est la longue rangée de restaurants, d'hôtels et de boutiques de souvenirs qui borde la route. On atteint plus agréablement la forêt Noire en empruntant l'embranchement de **Föhrental**. La route monte jusqu'à ce qu'apparaissent les deux tours de l'**abbaye Saint-Pierre**. Fondée en 1093 par des moines bénédictins, l'abbaye abrite aujourd'hui un séminaire. Le jour de la Toussaint et celui de la Fête-Dieu, son église baroque voit arriver de longues processions de fidèles portant le costume traditionnel. La route de Saint-Märgen, à 7 km, multiplie les points de vue sur les collines et les vallées. La forêt Noire est ici une épaisse forêt entrecoupée de vallons tranquilles, de crêtes escarpées, et de fermes aux toits pointus qui descendent presque jusqu'au sol.

La **région de Saint-Märgen**, avec ses collines entourant une **abbaye augustine**, est un mélange réussi qui concilie la beauté d'une nature sauvage et les besoins des loisirs modernes. On trouve à se loger dans des fermes isolées ou dans des hôtels de première catégorie. Des activités sont proposées, hiver comme été, aux sportifs et aux contemplatifs.

Pour une excursion au **lac Titisee**, on peut laisser sa voiture à Fribourg et prendre le train. Une demi-heure sur une voie ferrée datant de 1887 mène de la gare de **Himmelreich** (le ciel) à travers la **vallée de l'Enfer** (Höllental) jusqu'à une hauteur de 625 m. L'étroite gorge du **Hirschsprung** est aujourd'hui livrée au trafic d'une route à quatre voies. A **Hinterzarten**, on ne manquera pas de prendre un repas au **Parkhotel Adler**, célèbre pour sa bonne table et pour le séjour qu'y fit Marie-Antoinette.

On a le choix entre faire le tour du lac (une heure et demie) ou grimper vers le point culminant de la forêt Noire, le **Feldberg** (1 493 m) en passant par la pittoresque **vallée de l'Ours** (Bärental).

Les vents océaniques qui remontent la vallée du Rhin apportent un climat doux, favorable à la culture des fruits et des vignobles. Les collines qui montent jusqu'à la forêt Noire donnent au **Markgräfler Land**, au sud de Fribourg, un air quasi méditerranéen. **Staufen**, à 20 km au sud-ouest de Fribourg, est devenue célèbre en 1539 quand le docteur Faust (immortalisé par Goethe) eut la nuque brisée lors de sa rencontre avec le diable au **Gasthaus Löven**. Le visiteur peut se laisser tenter par les vins *markgräfler* et les alcools de fruits.

La **vallée de Münstertal** eut des mines d'argent. La **Schaubergwerk Teufelsgrund** a été préservée pour les visiteurs. La superbe **église baroque Saint-Trudpert**, tout à côté, a remplacé un ancien monastère irlandais. Le **musée de l'Apiculture** (Bienenkundemuseum) d'**Obermünstertal** montre l'importance de cette activité.

Sulyberg, cachée au fond d'une petite vallée, à 8 km au sud de Staufen, est remarquable par ses traditions religieuses. **Saint-Cyriak** est une basilique romane vieille de plus de mille ans. Mais, depuis la Réforme, elle a été transformée en temple luthérien. Le **cimetière juif** (1550) est le plus majestueux du pays.

Badenweiler est une ville thermale connue depuis le Ier siècle. Les ruines des bains romains sont parmi les mieux conservées au nord des Alpes. Entourées du **Kurpark**, jardin de plantes subtropicales luxuriantes, les ruines forment un contraste saisissant avec les bâtiments modernes. La ville vaut le détour en raison des possibilités de promenades dans un environnement agréable, agrémenté de quelques jolis bâtiments, l'**hôtel Römerbad** par exemple.

L'empereur Barberousse, qui s'est noyé en 1190 lors d'une croisade en Palestine, se reposerait, selon la légende, dans le **Kaiserstuhl** (le siège de l'Empereur) en attendant de reprendre son règne. Apparaissant à l'ouest de Fribourg, cette montagne volcanique est effectivement nimbée d'une atmosphère étrange. L'été, la chaleur atteint des températures très élevées, climat qui favorise la culture des vignobles, des vergers et le développement de plantes et d'animaux exotiques. Vues des montagnes volcaniques de **Kiechlingsbergen**, ces terrasses plantées de vignes sont d'une régularité fascinante. Des villages comme **Oberbergen** ont gardé leur atmosphère tranquille. A **Achkarren** on goûtera le *Sylvaner*, à **Bickensohl** un *Gewürztraminer*, ou, à **Oberrotweil**, un *Spätburgunder*.

L'intérêt du Kaiserstuhl, pourtant, ne se réduit pas au vin. L'**église Saint-Michael** du cimetière de **Niederrotweil** possède un autel de la fin du gothique, dû au maître anonyme H. L., qui est un chef-d'œuvre de sculpture sur bois. La pittoresque **Endingen**, au nord, avec sa belle place du Marché, et **Burkheim** la rêveuse, à l'ouest, s'étendent sur des terrasses côtoyant le Rhin. Gardées par des tours de défense, elles offrent de belles promenades romantiques dans un cadre médiéval. Les collines de **Badberg** et de **Totenkopf**, les ruines de **Sponeck** et le **château de Limburg** à **Sasbach**, sont des buts d'excursion où l'on trouve toujours une auberge.

Perchée sur une roche basaltique sur les bords du Rhin, au sud-ouest de Kaiserstuhl, la ville de **Breisach** (Vieux Brisach) est dominée par sa **collégiale**. Construite entre le XIIe et le XVIe siècle, elle abrite un maître-autel monumental en bois sculpté, signé également H.L., qui est un chef-d'œuvre. C'est une ville animée qui possède un théâtre en plein air et organise des festivals l'été. Le *Hock*, fête des vendanges, a lieu en juillet. Il est possible d'aller jusqu'à **Riegel** par le train appelé *Rebenbummler*, composé de wagons en bois tirés par une locomotive à vapeur. Depuis Brisach, il est facile de se rendre à **Colmar**, à 25 km.

Depuis le début du XVIIIe siècle, la région située entre Furtwangen et Triberg Schonach, au nord du Titisee, a été un centre de production horlogère. Le coucou, inventé en 1738, est devenu le modèle le plus vendu de la région. Le **musée de l'Horlogerie** (Uhrenmuseum) de **Furtwangen** présente des pendules de tous genres et de toutes tailles. Un énorme coucou est exposé à **Schonach**. Une pendule de qualité s'achète de préférence chez un spécialiste, comme dans l'un des magasins qui bordent les rues de

Furtwangen, de Schönwald ou de Triberg. A ne pas manquer, les **chutes de Triberg**, où l'on voit la cascade de la **Gutach** (103 m). Pittoresque est le court voyage en chemin de fer, à bord du *Schwarzwaldahn*, qui part de Triberg ou de **Saint-Georgen**, à l'est de Triberg, et qui s'arrête à Hausach.

Sur la B33, à 3 km de **Hausach**, se trouve le **musée Vogtsbauernhof**, qui présente des fermes typiques de toute la forêt Noire. L'ancien **monastère bénédictin d'Alpirsbach** (à 20 km au nord-ouest de Hausach), dans la **vallée de la Kinzig**, mérite également un détour, ainsi qu'une très belle **basilique romane**.

La **place du Marché** de **Freudenstadt**, station climatique, est très grande. Les plus grandes routes touristiques se croisent ici. La **route de l'Amitié** (Freundschaftsstrasse) se dirige à l'ouest vers la vallée du Rhin. La **Haute Route de la forêt Noire** (Schwarzwald Hochstrasse) s'oriente vers le nord-ouest à Baden-Baden, et la **route** dite **« des Villes thermales »** (Schwarzwälder Bäderstrasse) permet de rejoindre Pforzheim. Cette dernière mène à **Nagold**, joli bourg situé sur la rivière du même nom. Dans la **Remigiuskirche**, une fresque vieille de mille ans représente une vierge tenant la main de l'enfant Jésus. La vieille auberge **Gasthof zur Post** est remarquable pour son enseigne et ses excellents menus.

« Le plus bel endroit que je connaisse est **Calw**, sur la Nagold », a écrit Hermann Hesse. La ville a gardé, en certains endroits, l'atmosphère de jeunesse et de vacances si bien décrite dans ses romans. Il existe un **mémorial Hermann Hesse** dans le **musée** local.

Les ruines d'un monastère et de deux églises près de **Hirsau** rappellent l'existence de l'une des abbayes bénédictines les plus puissantes d'Europe.

Tübingen

Blottie sur les pentes de deux collines dominant le **Neckar** et l'**Ammer**, Tübingen rayonne d'un charme particulier. Ayant échappé aux destructions de la Seconde Guerre mondiale, son atmosphè-

Tübingen.

re médiévale est restée intacte. En témoignent l'église gothique, **Stiftskirche** (XVe siècle) et, derrière elle, la partie la plus ancienne de l'**université** dans laquelle le réformateur Melanchton professa entre 1514 et 1518. Au bord du Neckar se dresse la **tour Hölderlin**, entourée de saules pleureurs, où le poète vécut de 1807 jusqu'à sa mort, en 1843. En suivant la Bursagasse, laissant le **Stift** à sa gauche, on atteint l'**hôtel de ville** à colombage (1435). Les jours de marché, les paysans se retrouvent en costumes régionaux sur la place du Marché. Audessus, la Burgsteige monte vers le **château de Hohentübingen** (XVIe siècle), d'où l'on a une vue pittoresque sur les toits de Tübingen et le Neckar.

Stuttgart

L'étoile d'argent des usines Daimler-Benz domine le ciel de la capitale du Land de Bade-Wurtemberg (six cents mille habitants) depuis 1926. La ville s'étend au fond d'une vallée entourée de collines boisées entrecoupées de vergers et de vignobles. Toutes les rues grimpent le long de pentes bordées d'escaliers ou de chemins pavés. L'**Altes Schloss** (XVIe siècle), édifice Renaissance, se trouve sur la **Schillerplatz**. De l'autre côté de la rue appelée Planie, le **Neues Schloss** (1746-1907) abrite les ministères de la Culture et des Finances. Derrière le Neues Schloss s'étendent les **jardins de l'Académie** avec le parlement. Le **théâtre d'État** (Staatstheater) est en face du parc. Derrière se trouve la **galerie nationale** (Staatsgalerie, très belles collections).

A **Untertürkheim**, le **musée Daimler-Benz**, situé près du centre, rappelle que, en 1886, Gottfried Daimler conduisit la première voiture à essence à **Bad Cannstatt**, sur la rive droite du Neckar. S'y déroule tous les ans au mois d'octobre l'équivalent de l'Oktoberfest de Munich : le Cannstatter Wasen.

Karlsruhe

Pforzheim, au nord de la forêt Noire, se trouve au confluent de l'**Enz**, de la

Stuttgart.

Le nord de l'Allemagne

Pages [pré]cédentes : troupeau [d]e moutons [en] Allemagne [d]u nord ; la [m]er du Nord [à] marée basse.

Nagold et de la **Würm**. Cette ville est réputée pour son orfèvrerie et sa joaillerie ; la visite du **musée de la Joaillerie** de la **Reuchlinhaus**, qui abrite également une galerie d'art et une librairie, s'impose. A 18 km au nord-est de Pforzheim se trouve l'**abbaye cistercienne de Maulbronn** (XIIe siècle), un ensemble remarquable.

Karlsruhe (le repos de Charles) n'était, en 1715, qu'un château isolé construit par le margrave Charles-Guillaume. En 1805, il s'agissait de la capitale du grand-duché de Bade. La ville s'étendait comme un éventail, en lignes géométriques, autour du château et du **Schlossgarten** en arrière-plan.

Aussi, la plupart des centres d'intérêt sont-ils concentrés autour du château qui abrite aujourd'hui le **Badische Landesmuseum**. La **Staatliche Majolika-Manufaktur**, manufacture de faïence, la **Staatliche Kunsthalle**, galerie de tableaux aux belles collections, et le **Botanische Garten** peuvent se visiter en une seule promenade. Dans le même secteur se trouve le **tribunal constitutionnel de la République fédérale** (Bundesverfassungsgericht), chargé de veiller à l'application de la constitution et de statuer, en dernier ressort, sur les cas litigieux de la vie politique. La **haute cour fédérale** (Bundesgerichtshof) est la plus haute instance juridique à laquelle un citoyen allemand puisse faire appel.

Baden-Baden

L'ensemble harmonieux de la *Gemütlichkeit* allemande et du savoir-vivre français, un beau paysage, des sources thermales et un très beau casino sont les atouts qui ont fait de Baden-Baden une résidence d'été. Ses sources thermales étaient utilisées dès l'Antiquité par les Romains. La tradition en a été reprise en 1507, mais c'est surtout à partir de 1838, au moment où Jacques Benazet inaugura les luxueuses salles de jeu du **Kurhaus**, que Baden-Baden redevint un endroit vraiment impérial. Les rues étroites de la vieille ville et la **Lichtentalerstrasse**, au bord de l'**Oos**, incitent à de longues promenades dans le voisinage romantique du **Vieux Château** (Altes Schloss) Renaissance.

EN ROUTE VERS LE NORD

L'Allemagne romantique ne se limite pas aux deux régions du Rhin et de la Moselle. Au nord du Main, après ce que les Bavarois appellent « la ligne de démarcation de la saucisse blanche » afin de bien se distinguer des Allemands du nord, les Prussiens, le visiteur découvrira encore bien des endroits intéressants. Le voyage ne serait pas complet s'il se limitait à la vallée du Rhin, à Heidelberg, Rothenburg ou Munich.

Une visite à **Göttingen**, vieille ville universitaire, à la recherche des frères Grimm, est indispensable à l'étude du romantisme allemand. Tout au long de la route, puis en suivant la **vallée de la Weser** jusqu'à la fière cité de **Brême**, on rencontre les décors de mille contes de fées et de légendes : *la Belle au bois dormant, le Joueur de flûte de Hamelin, les Musiciens de la ville de Brême, etc.*

Au nord et à l'ouest de Brême, jusqu'à la frontière danoise, s'étirent les étendues de vase durcie, coupée par les **îles frisonnes** et de nombreux îlots formés par les marées de la **mer du Nord**. On y rencontre un type d'hommes bien différent de celui de la vallée du Rhin et de l'Isar. Les habitants de **Hambourg**, grande cité hanséatique, sont considérés par les gens du sud comme les « Britanniques allemands ».

A un jet de pierre à peine de Hambourg, **Lübeck**, la troisième perle du nord, rendue célèbre par Thomas Mann, sera le point de départ d'un voyage le long des côtes de la Baltique, ses voies d'eau et ses lacs. Les cartes indiquent les routes à suivre. Pour plus de facilité, les itinéraires sont de couleurs différentes.

Cette avancée vers le nord sera complétée, dans la partie suivante, par la présentation des Länder (cinq Länder traditionnels plus Berlin, qui constitue un Land à part entière depuis la réunification) de ce qui fut, de 1945 à 1991, l'Allemagne de l'Est, la République démocratique allemande.

A gauche, « tour de la Foire » ; à droite, travail d'usine.

SUR LES PAS DES FRÈRES GRIMM

L'**aéroport Rhein-Main de Francfort** (Frankfurt) est le deuxième aéroport d'Europe pour les passagers (dix-sept millions). Francfort n'est pas seulement le centre du trafic aérien, sa position centrale en fait également le carrefour des plus grands axes routiers. Trois cent mille passagers passent chaque jour dans sa gare. La ville (six cent cinquante mille habitants), sur les rives du Main, prête à controverse. La plupart des Allemands, mis à part les habitants eux-mêmes, admettent qu'ils n'aimeraient pas y vivre. La ville est surnommée *Mainhattan* ou encore *Bankfurt* car, depuis le Moyen Age elle joue un rôle important dans la finance internationale. Plus de trois cent cinquante banques nationales et internationales, dont la Bundesbank, y ont leur siège et la bourse de Francfort est la plus importante d'Allemagne. Aussi le paysage urbain est-il dominé par des tours et des gratte-ciel scintillants de néon.

Francfort, ville d'histoire

Mentionnée pour la première fois au VIIIe siècle, elle devint un centre historique au siècle suivant. Entre 855 et 1792, trente-six souverains ont été élus à Francfort. A partir de 1502, les empereurs furent couronnés dans la magnifique cathédrale. On peut admirer tous les témoins du passé de Francfort au cours d'une seule promenade qui n'excédera pas une heure et demie. L'**hôtel de ville**, appelé **Römer**, date de 1405. Les repas du couronnement se tenaient dans sa **salle des Empereurs** (Kaisersaal). En face se trouve la **place** avec la **fontaine de Justice**. La **maison Wertheim** est une belle maison bourgeoise à colombage du XVIe siècle transformée en pension de famille de luxe. Le **Musée historique** est le bâtiment le plus ancien du centre de la ville. L'**église Nikolai** date de 1290. L'**Ostzeile** est une rangée de maisons médiévales restaurées. Enfin, il faut visiter la **cathédrale**, construction gothique de grès rouge élevée entre le XIIIe et le XVe siècle, où avait lieu l'élection jusqu'en 1356, puis, à partir de 1562, le couronnement des empereurs germaniques. Voilà pourquoi la cathédrale est appelée **Kaiserdom**. A quelques pas se trouve l'**église Saint-Paul** (Paulskirche), siège du premier parlement allemand de 1848 à 1849. Après la Seconde Guerre mondiale l'église Saint-Paul, gravement endommagée, fut reconstruite pour servir de siège au parlement de la République fédérale, mais le choix de la nouvelle capitale tomba sur Bonn. Le prix Goethe (la **Goethe Haus**, où le poète naquit et passa sa jeunesse n'est qu'à quelques pas) et le prix de la Paix de l'Association des libraires sont décernés ici.

La **Hauptwache** (1729), ancien poste de garde au cœur de la ville, est un bon point de départ pour faire des achats. Située près de la **Zeil**, l'artère commerçante la plus importante d'Allemagne est voisine de la zone piétonnière appelée la **rue de la Bouffe** (Fressgasse) en raison du grand nombre d'épiceries de luxe et de restaurants qui la bordent. Elle mène à l'**Ancien Opéra**. La « rue du Jazz »,

connue pour ses fameuses caves du jazz (*Jazzkeller*), est voisine. Tous les fans savent que Francfort est l'un des centres mondiaux du jazz.

Les musées de Francfort seraient déjà une raison suffisante pour visiter cette ville. Huit d'entre eux se trouvent côte à côte sur le bord du Main : le **musée Städel**, galerie d'art, le **musée allemand du Cinéma**, le **musée d'Architecture** et le **musée des Arts appliqués**. Le **Senckenberg Museum de paléontologie** conserve des collections de sauriens géants.

Le **quartier de Sachsenhausen** s'étend au sud du Main. En dehors de l'agitation fiévreuse de Francfort, on a l'impression d'être dans une tout autre ville. La zone piétonne abonde en vieilles auberges charmantes, parfois agrémentées d'un jardin. On peut y boire du cidre (*Apfelwein*) en mangeant du fromage blanc aux oignons et au vinaigre (*Handkäs mit Musik*) tout en devisant avec les gens du cru.

Le **zoo** de Francfort, avec son « exotarium », est célèbre, tout comme le **Palmengarten** (jardin botanique) ou **Nizza**, la promenade le long du Rhin, sans oublier le **Stadtwald**, la plus grande étendue boisée à l'intérieur d'une ville en Allemagne. Parmi les foires internationales qui se tiennent à Francfort, on peut citer les foires commerciales de printemps et d'automne, la foire du Livre et le salon bisannuel de l'Automobile.

Excursions dans les environs de Francfort

La région de Francfort offre un grand nombre d'agréables buts de promenade. **Bad Homburg vor der Höhe**, à environ 25 km de Francfort, au pied des montagnes du Taunus, est une station thermale célèbre. Des empereurs et des tsars, des rois et des ducs avaient l'habitude d'y venir régulièrement. Des curistes britanniques sont à l'origine du premier court de tennis et du premier terrain de golf d'Allemagne. La ville s'enorgueillit par ailleurs d'un **temple siamois**, d'une **chapelle russe**, du **casino**, l'un des premiers au monde.

L'aéroport de Francfort

Un autobus mène de la gare de Bad Homburg à la ville toute proche de **Saalburg**, où se trouve la reconstitution d'un fort romain qui gardait la frontière de l'Empire entre 83 et 260 de notre ère. Le **musée de Saalburg** conserve une collection unique des vestiges découverts lors des fouilles.

Un autre court trajet par la S-Bahn (S4) mène, en une demi-heure, de Francfort à la charmante ville de **Kronberg**. Elle est dominée par le **château de Kronberg** (1230), entièrement meublé avec du mobilier d'origine. Le centre médiéval a gardé tout son caractère et les enfants pourront s'amuser au **zoo Opel**.

Le métro U3 au départ de Francfort atteint en une demi-heure la cité romantique d'**Oberursel**, sur les contreforts du **Taunus**. Située au pied du **Feldberg**, elle est le point de départ pour de longues promenades dans le **haut Taunus**. Des sentiers balisés partent de la **gare de Hohemark** à travers la montagne. Un service régulier d'autobus relie la gare au **Grosser Feldberg**, à 880 m d'altitude, la montagne la plus haute du Taunus, équipée d'un mirador. Elle est également célèbre pour sa **fauconnerie**.

La route des contes de fées

En 1986, le Land de Hesse a commémoré le deux-centième anniversaire de deux de ses hommes célèbres : Jacob (1785-1863) et Wilhelm (1786-1859) Grimm. En publiant un ensemble de contes de fées recueillis durant des années, ils ont ouvert aux enfants – mais d'abord aux adultes – du monde entier un univers merveilleux. Leurs livres ont été traduits en cent quarante langues. Après des études de droit à Marburg et à Paris, Jacob Grimm fut nommé bibliothécaire à Kassel en 1816. Mais, en 1837, il fut destitué pour avoir protesté contre le coup d'État du roi de Hanovre. En 1841, il est nommé membre de l'Académie des sciences à Berlin. Il fonda la philologie allemande et, en compagnie de son frère, commença de réunir des textes tirés du vieux fonds germanique. En 1811, les deux philologues publièrent : la *Poésie des maîtres chanteurs*. Parmi les ouvrages majeurs des

Images du centre e Francfort.

frères Grimm, il convient de citer les *Contes d'enfants et du foyer* (1812 et plus tard), les *Légendes allemandes* (1816-1818) et l'*Histoire de la langue allemande* (1848). Il a fallu attendre 1961 pour que soit publié dans son intégralité leur *Dictionnaire allemand*, qui réunit quarante volumes.

Les régions de la Hesse et de la Weser doivent cette abondance de contes populaires aux frères Grimm qui, au début du siècle dernier, redécouvrirent à l'université de Marburg une poésie populaire presque tombée dans l'oubli. L'œuvre de ces deux hommes justifie pleinement que **Hanau-sur-le-Main**, leur ville natale, soit le point de départ de la route des contes de fées. C'est donc de la **place du Marché**, au pied du monument qui leur est dédié, que l'on part pour ce voyage de 595 km qui aboutit à la ville hanséatique de Brême. Il ne faudrait en aucun cas manquer de visiter, à Hanau, la **maison de l'Orfèvrerie** (Deutsche Goldschmiede), construite en 1537-1538 sur l'**Altstädter Markt**, le **palais Philippsruhe** et son remarquable **musée historique**, et la station climatique de **Wilhelmsbad**, qui a un **parc** merveilleux. Le **musée de la Poupée** (Hessische Puppenmuseum) est également digne d'intérêt.

Le prochain arrêt sur la route des contes de fées est **Gelnhausen**, à 20 km au nord-est de Hanau. Le souvenir de l'empereur Barberousse et de sa belle femme Gela revit dans les vestiges du **château impérial** qui date du XIIe siècle. L'empereur Frédéric Ier a fondé Gelnhausen en réunissant trois petites agglomérations et en leur accordant le statut de ville libre. La première diète impériale s'y est tenue en 1180. Au Moyen Age, le château était la résidence des seigneurs du lieu, et la ville a gardé sa qualité et ses privilèges de commune indépendante jusqu'en 1897.

En partant de Gelnhausen, il faut suivre la **vallée de la Kinzig**, en passant par **Waechtersbach**, petite ville agréablement située entre les parcs naturels du **Vogelsberg** et du **Spessart**. Comme dans bien d'autres localités, les ruelles étroites sont bordées de belles maisons médié-

A gauche, la statue des frères Grimm, à Hanau ; ci-dessous, les maisons médiévales de Marburg, blotties sur le Schlossber

vales à colombage. On n'est plus qu'à quelques kilomètres des villes thermales de **Bad Orb** et de **Bad Soden**, véritables sources de santé dans la verte vallée de la Kinzig aux rives boisées.

En suivant la route marchande médiévale entre Francfort et Leipzig, on arrive à **Steinau an der Strasse**, romantique petite ville, très vivante, dans la belle **région de Bergwinkel** (du « coin des montagnes »). C'est dans la vieille **Amytshaus** que Jacob et Wilhelm Grimm ont passé leur enfance. Nul doute que cet environnement ait influencé l'imagination des jeunes gens. Le prince n'avait-il pas réveillé la Belle au bois dormant dans ce majestueux château Renaissance avec sa tour, haute de 35 m ? Hansel et Gretel n'ont-ils pas rencontré la méchante sorcière dans la forêt du Spessart ? Le théâtre de marionnettes **Die Holzköppe** entretient la tradition de ces contes.

A **Schlüchtern**, cité romantique au milieu des collines, à 8 km au nord de Steinau, se trouve le **Bergwinkel Museum**, qui conserve également des souvenirs des frères Grimm, sans oublier le chevalier humaniste Ulrich von Hutten (1488-1523) qui se battit pour un empire germanique puissant.

Souvenirs de saint Boniface et de sainte Lioba

On peut quitter un instant la route des contes de fées pour faire un détour par **Fulda**, ville épiscopale de soixante mille habitants, joliment sise dans la **vallée de la Fulda** entre les contreforts de la **Rhön** et du **Vogelsberg**. L'histoire de la ville de Fulda commence en 744, année où saint Boniface demanda au moine bénédictin Sturmus de fonder un monastère sur les ruines des fortifications mérovingiennes, monastère qui devint par la suite un haut lieu du savoir et de la religion au royaume des Francs. Après son martyre, saint Boniface, mis à mort en Frise le 5 juin 754, fut enterré en l'**église Saint-Sauveur** du monastère. Sa tombe, celle de « l'Apôtre de l'Allemagne », devint un lieu de pèlerinage. Sous la direction de Rabanus Maurus, l'école du monastère acquit une grande renommée dès le IXe siècle. C'est ici que naquit l'allemand littéraire sous la forme du haut-allemand.

Le **quartier baroque** de Fulda est un exemple unique de perfection des formes. Le **Stadtschloss**, ancien palais Renaissance, a été rénové entre 1706 et 1724 par Johann Dietzenhofer, à la demande des princes évêques de Fulda. La **cathédrale** (1704-1712), autre œuvre de Dietzenhofer, est construite sur les fondations de la basilique Ratgar. Cette ancienne église carolingienne, qui date du IXe siècle, avait remplacé l'église qui abritait le tombeau de saint Boniface devenue trop petite pour accueillir la foule des pèlerins. La tombe de saint Boniface se trouve aujourd'hui dans la crypte de la cathédrale. Un bas-relief baroque en albâtre, bordé de marbre noir, illustre le martyre du saint. Entre le château et la cathédrale, se situe l'**église Saint-Michel** (Michaeliskirche). Construite au début du IXe siècle par l'abbé Eigil, elle est une reproduction de l'église du Saint-Sépulcre de Jérusalem.

Quelques minutes en voiture mènent à l'un des plus beaux châteaux baroques de Hesse, la **Fasanerie**. Au sommet du **Petersberg** on aperçoit un exemple remarquable d'architecture ecclésiastique : l'**abbaye bénédictine**, dont la crypte renferme les restes de sainte Lioba. Les fresques sont parmi les plus anciennes d'Allemagne.

Le **musée en plein air de Tann** présente la vie des montagnards du massif de la Rhön aux temps anciens. Ces montagnes, qui s'étendent entre Fulda et **Bad Kissingen**, sont d'origine volcanique ; couvertes par endroits de vastes landes, elles s'élèvent jusqu'à 950 m au sommet de la **Wasserkuppe**, centre de vol à voile et de ski. Sur le chemin de la Wasserkuppe, on peut faire halte à la montagne de **Milseburg** (835 m) sur laquelle se trouvent les vestiges d'une **forteresse celte**.

Lauterbach

De retour sur la route des contes de fées, on part de Fulda sur la B254 pour atteindre, 25 km plus loin en direction du nord-est, Lauterbach, la ville où l'un des sept nains perdit sa chaussette. Des centaines de milliers de nains en faïence sont fabriqués ici dans des ateliers spécialisés. L'**Ankerturm** est entourée d'un grand nombre de maisons médiévales à colombage. Les **châteaux de Riedesel** et **d'Eisenach**, ainsi que le **palais Hohhaus**, sont à voir.

Asfeld et Marburg

Alsfeld est à 19 km sur la B254. Sur la **place du Marché**, l'**hôtel de ville** (1512-1516), la **maison du Vin** (1538) et la **maison des Mariages** (1564-1571), sont des bâtiments à ne pas manquer. En dehors de ces quelques constructions en pierre, la ville est connue pour ses maisons en bois du XIVe siècle. La plupart ont été récemment débarrassées des ajouts apportés, ce qui a fait réapparaître les structures d'origine : poutres massives, poteaux sculptés, linteaux datés, preuves d'un savoir-faire admirable.

A environ 40 km à l'ouest, sur la B62, se trouve la ville universitaire de Marburg, riche de souvenirs littéraires. C'est ici que les frères Grimm entreprirent leurs recherches sur les contes populaires allemands. Cette belle ville ancienne, avec ses ruelles sinueuses et sa **place du Marché** ravissante, s'étage au-dessus de la **Lahn**, rivière dominée par la colline du château. L'**église Sainte-Élisabeth** est un exemple parfait d'église de style gothique. Le **palais du Landgrave** (XIIIe au XVe siècle) comprend la plus grande **salle des chevaliers d'Allemagne** ; c'est ici que s'est déroulé le colloque de Marburg, entre Luther et Ulrich Zwingli, en 1529. La vie intellectuelle de Marburg est concentrée dans son université, la première université protestante, fondée en 1527. Le philosophe espagnol Ortega y Gasset n'hésitait pas à en dire : « Je lui dois la moitié de mes espérances et presque toute ma rigueur intellectuelle. »

Le pays du Chaperon rouge

La région qui s'étend au nord d'Alsfeld et à l'est de Marburg s'appelle la **Schwalm**. On la nomme aussi le « pays du petit Chaperon rouge », car le conte est né ici et le costume qu'il a rendu célèbre y est encore en usage. Les costumes traditionnels se portent toujours, en effet, dans les

Le Wilhelmshöhe Park, à Kassel.

villes et les villages de la région, surtout le dimanche et les jours de fête. La capitale régionale est **Schwalmstadt**, formée des villes de **Ziegenhain** et de **Treysa** ainsi que de onze communes rurales. Les cortèges de la Salatkirmes (Ziegenhain) et de la Hutzelkirmes (Treysa), deux foires traditionnelles, donnent une image étonnante des costumes, des coutumes et de l'art populaire.

La route traverse ensuite les stations climatiques de **Neukirchen** et **Oberaula**, au pied des contreforts sud des montagnes du **Knüll**. La région offre un grand nombre d'activités sportives, et elle est sillonnée de sentiers de randonnée balisés et bien entretenus. A 19 km à l'est d'Oberaula se trouve la station thermale de **Bad Hersfeld**, qui a fêté ses mille deux cent cinquante ans d'existence en 1985. Tous les ans, aux environs du 16 octobre, s'y déroule une des fêtes les plus populaires d'Allemagne : la ***Lullusfest***, en l'honneur du fondateur de la ville. Bad Hersfeld est célèbre pour son **théâtre en plein air** qui occupe la plus grande ruine romane au nord des Alpes. Des dizaines de milliers de touristes assistent tous les ans aux représentations données dans le cadre incomparable de la **Stiftsruine**. Le climat de Bad Hersfeld est agréablement vivifiant, on y trouve deux sources thermales : **Vitalisbrunnen** et **Lullusbrunnen**.

Sur l'A7, entre Bad Hersfeld et Kassel, on traverse deux villes remarquables : **Homberg** et **Fritzlar**. Homberg, centre administratif de la région, est célèbre pour ses maisons à colombage. A voir, la **place du Marché**, occupée par l'imposante **église Notre-Dame** (Marienkirche) et les vieilles maisons bourgeoises. L'**auberge Krone**, bâtie en 1480, est l'une des plus anciennes du pays.

C'est à Fritzlar, à environ 15 km au nord, que saint Boniface coupa un chêne sacré pour le remplacer par un **monastère bénédictin** en 724. Au IXe siècle, le monastère devint une ville d'Empire qui, entre le IXe et le XIIe siècle, joua un rôle important dans l'histoire de l'Empire germanique. La complexité du centre médiéval avec ses remparts, ses tours de défense, sa place du marché bordée de

Scène d'époque dans le musée des Tapisseries de Kassel.

maisons multicolores à colombage, offre une vision saisissante. Les mille deux cent cinquante ans d'histoire de la ville de Fritzlar ont leurs racines dans le catholicisme : le bâtiment le plus impressionnant est la **cathédrale** (du XIe au XIVe siècle).

Kassel

A 25 km au nord de Fritzlar, on atteint l'ancienne ville résidentielle de Kassel, la seule grande ville (deux cent cinq mille habitants) entre Francfort et Hanovre, siège du tribunal fédéral du Travail et de celui des Affaires sociales.

Kassel ayant été presque entièrement détruite au cours de la Seconde Guerre mondiale, deux tiers de la surface de la ville ont été transformés en espaces verts. L'endroit le plus intéressant est le centre, avec ses jardins, ses palais et ses musées. Le **monument Hercule**, sur la **Wilhelmshöhe**, avec la **Grande Fontaine**, ses chutes d'eau et ses cascades, date des années 1701 à 1717. Le **palais Wilhelmshöhe** a été construit entre 1786 et 1802 au centre du parc. L'historien de l'art Dehio considère qu'il s'agit sans doute là de l'ensemble le plus achevé de style baroque, et le mieux en harmonie avec l'architecture et le paysage. Depuis 1955, Kassel est devenue le point de rencontre des artistes et des amateurs d'art du monde entier. La **Documenta**, exposition d'art contemporain, s'y tient tous les quatre ans. D'autres expositions ont lieu au **musée Fredericianum**, et à l'**Orangerie** de style baroque (début du XVIIIe siècle), dans le **parc municipal de Karlsaue**.

Les frères Grimm vécurent pendant trente ans à Kassel. Ils recueillirent la plupart de leurs contes dans la région. Le **musée des Frères Grimm** conserve des collections sur leur vie et leur œuvre.

Göttingen

A 45 km de Kassel, sur l'A7, on arrive à Göttingen (cent trente-cinq mille habitants), autre fief des frères Grimm. Göttingen a atteint son apogée entre 1351 et 1547 en tant que membre de la ligue hanséatique. Sa prospérité prit fin avec la disparition de la ligue luthérienne de Smalkalde (Schmalkalden) dont elle faisait partie. La guerre de Trente Ans contribua également à transformer cet ancien centre du commerce en petite ville somnolente. En 1734, l'Électeur Georges-Auguste de Hanovre fonda l'université Georgia Augusta et fit ainsi revivre Göttingen. En 1777 elle était, grâce à ses sept cents étudiants, l'université la plus importante d'Allemagne. Aujourd'hui, elle en compte plus de trente mille. Plus de trente prix Nobel y ont enseigné ou y ont fait leurs études, et ce n'est pas par hasard que l'**institut Max Planck** s'y est installé en 1945.

L'atmosphère médiévale et un reste de splendeur hanséatique font de Göttingen un lieu accueillant, impression qui est encore renforcée par les pittoresques maisons à colombage et l'**ancien hôtel de ville** (1369-1443). La **statue de la Petite Gardeuse d'oies**, sur la **fontaine**, face à l'**hôtel de ville**, est surnommée « la jeune fille la plus embrassée du monde » car la tradition veut que chaque étudiant qui a obtenu son doctorat l'embrasse sur la bouche.

A gauche et à droite, le salon Documenta, à Kassel.

TOTO
LOTTO
TOTO
LOTTO
CAFE
HOTEL

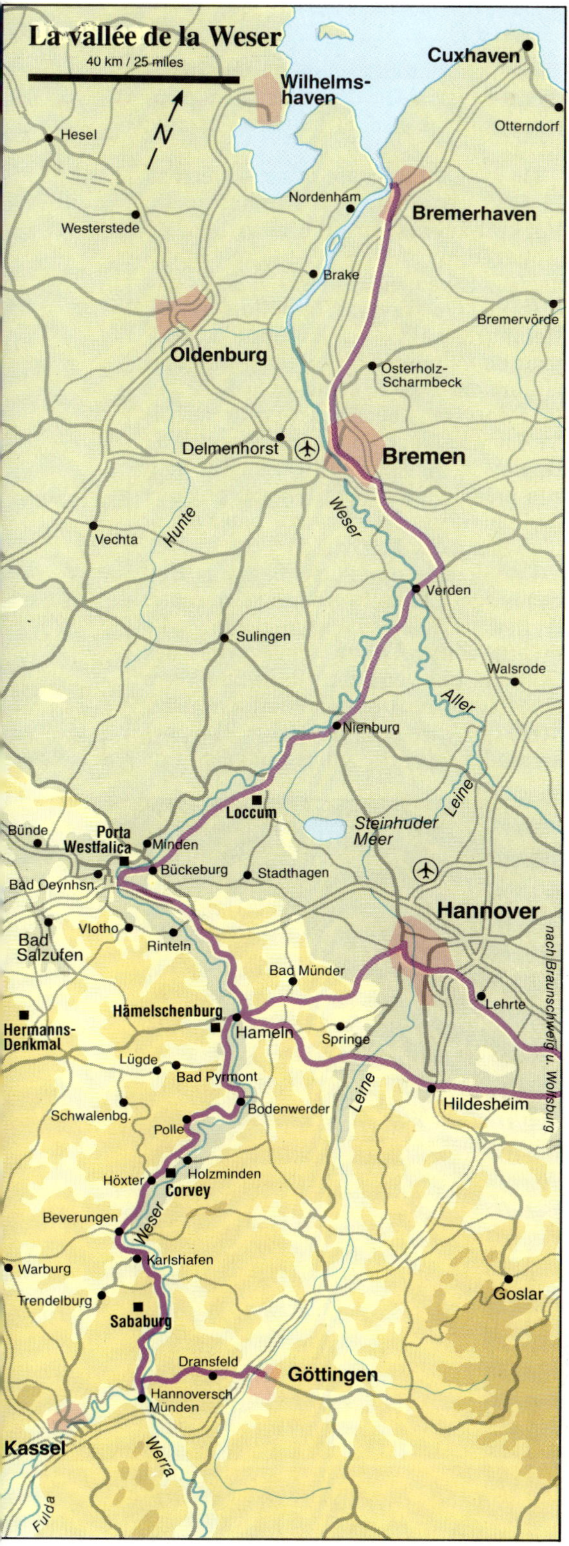

LA VALLÉE DE LA WESER

La Weser est l'un des plus beaux fleuves d'Allemagne ; elle traverse en effet une région célèbre pour ses contes et ses légendes dont le voyageur rencontre le souvenir à chaque tournant. A Münden, la Werra et la Fulda mêlent leurs eaux pour former un fleuve qui serpente à travers l'une des plus belles régions d'Allemagne avant de se jeter à Bremerhaven, 440 km plus loin, dans la mer du Nord. La Weser coule entre les collines du Weserbergland, qui s'élève jusqu'à 500 m. Des péniches et des bateaux de plaisance glissent paisiblement sur ses eaux et on peut les observer de la route de la vallée de la Weser, aussi agréable à suivre que la route des contes de fées.

Le voyageur qui traverse aujourd'hui cette contrée charmante, avec ses vieilles cités aux ruelles étroites, aux maisonnettes tordues par l'âge, aux châteaux typiques du style Renaissance de la Weser (façades gothiques mêlées à des éléments Renaissance), imagine difficilement que c'était là le cœur même du Saint Empire germanique. Il y a cinq cents ans, cette vallée était sillonnée par un réseau serré de voies militaires ; des empereurs et des rois allemands y passaient constamment. A la fin du XVIe siècle, la vallée de la Weser était le grenier à blé de l'Europe centrale. La prospérité que les seigneurs et les habitants en tirèrent se voit encore dans de merveilleux châteaux, des hôtels de ville splendides, de belles maisons patriciennes.

« Où la Werra et la Fulda s'embrassent… »

Ce voyage commence à **Münden**, petite ville très pittoresque fondée vers 1170 par Henri le Lion là où, selon la chanson, « la Werra et la Fulda s'embrassent, perdent leur nom et deviennent la Weser ». La ville a échappé aux destructions de la dernière guerre et conserve quelque cinq cents maisons à colombage construites entre le XVIe et le XVIIe siècle. En flânant dans le centre, on rencontre bon nombre de ces demeures peintes et ornées de sculptures qui sont toujours habitées. Il est conseillé de faire la visite de l'**hôtel de ville**, impressionnant bâtiment Renaissance, du **château Welfenschloss** (XVIe-XVIIe siècles) et l'**église Saint-Agidien**, qui contient le tombeau du médecin charlatan britannique Eisenbart (1661-1727). La pièce dont il est le héros est encore jouée tous les quinze jours en été et sa maison reste visible dans la **Langenstrasse**. La **forêt de Kaufinger** (Kaufinger Wald), au sud de Münden, est un agréable but d'excursion, tout comme **Mollenfelde**, remarquable pour son **musée du Pain**.

En partant de Münden, on suit la Weser sur la B80, appelée la « route allemande des contes de fées ». C'est dans cette région que les frères Grimm collectèrent la plupart de leurs contes. Arrivé au pittoresque village de **Veckerhagen**, à 13 km au nord de Münden, on traverse la Weser sur un bac assez vétuste pour arriver à **Hameln**, d'où l'on se dirige vers **Burgfelde**, qui n'est éloigné que de 15 km. On y trouve un **monastère bénédictin** du XIIe siècle décoré de belles peintures murales et dont la cloche date de 1470.

On revient sur l'autre rive et on reprend la B80. A quelques kilomètres de Veckerhagen se trouve le village de **Gotstreu**, qui fut en 1722 le refuge des huguenots vaudois expulsés de France et d'Italie. On traverse la belle forêt de **Reinhardswald** sur 5 km jusqu'au **château de Sababurg**, dans lequel les frères Grimm ont situé le conte de *la Belle au bois dormant*. Tchaïkovski en fit un ballet, Humperdinck en fit un opéra et Walt Disney le transposa à l'écran. Un petit **zoo** près de Sababourg (Saraburg) garde des sangliers, des chevaux sauvages et plusieurs races de bovidés.

Une dizaine de kilomètres sur la B80 conduisent à **Gieselwerder**, ancien centre de flottage du bois où se trouve la vieille taverne **Zum Anker**, rendez-vous des flotteurs qui venaient y boire un verre après avoir amarré leur esquif. On retraverse la Weser et on reprend la B80 pour se rendre, après le village huguenot de

Page précédente : vieille rue de Hannoversch Ci-dessous, style Renaissance typique de la vallée de la Weser.

Gewissensruh, à la jolie ville de **Karlshafen** (14 km plus loin), fondée en 1699 par le comte Karl von Hessen-Kassel pour y accueillir des réfugiés huguenots. Cette histoire est détaillée au **musée allemand des Huguenots** de Karlshafen.

Dans la pittoresque ville de **Trendelburg**, à 12 km au sud-ouest sur la B83, on peut voir un **château** du XVe siècle.

De Karlshafen, on continue à suivre le fleuve sur 9 km jusqu'à **Beverungen**, célèbre pour ses truites. **Fürstenberg**, 6 km plus loin, est la deuxième manufacture de porcelaine après Meissen (depuis 1747). Le beau **musée de la Porcelaine** conserve un grand nombre de figurines remarquables.

Encore 5 km et l'on arrive à la vieille cité de **Höxter** (trente-cinq mille habitants), fière de ses maisons à colombage, de son bel **hôtel de ville** et de ses **remparts**. L'**église Saint-Kilian** (XIIe et XIIIe siècle) est l'une des plus anciennes de la région. A environ 2 km au nord-est, sur la rive droite, se dresse l'ancienne **abbaye impériale de Corvey**. Au XIIe siècle, elle fut le siège de plusieurs assemblées du Reichstag, et ce fut la grande époque de son rayonnement intellectuel. Fondée en 822 par des moines bénédictins français, elle abrite une belle bibliothèque. Le poète Hoffmann von Fallersleben, auteur de l'hymne national allemand, y a séjourné un certain temps.

Après avoir quitté Höxter, on suit la B64 le long de la Weser jusqu'à la ville historique de **Holzminden**, à 8 km sur la rive droite. Encore 5 km et on se trouve à **Bevern**, au magnifique **château** Renaissance. 7 km plus loin, c'est **Amelungborn** dont le **monastère** date de 1129.

Le fanfaron le plus célèbre

Bodenwerder a des remparts bien conservés et des maisons à colombage. C'est ici que naquit le baron de Münchhausen (1720-1797), fanfaron célèbre, dont personne ne voulait croire les belles histoires de ses campagnes au service des Turcs et des Russes. Une

Le « Charmeur de rats » de Hameln.

sculpture sur la **place de l'Hôtel-de-Ville** illustre l'aventure au cours de laquelle son cheval fut coupé en deux par une herse. On reprend la B83 après Bodenwerder, on passe devant les tours de la centrale nucléaire de **Grohnde** pour arriver à **Emmern**. Un détour par le **château de Hämelschenburg** (pignons décoratifs et nombreuses tours) s'impose, car il s'agit de l'un des bâtiments les plus importants en style Renaissance de la Weser (1588-1610). **Bad Pyrmont** mérite également un détour. Cette station thermale doit à sa belle situation, à son climat agréable et à ses sources, d'avoir été, au XVIIIe et au XIXe siècle, une ville d'eau célèbre, fréquentée par des aristocrates et des artistes. Les **sources** sont à visiter, tout comme le **Kurpark**, où poussent d'innombrables palmiers et d'autres plantes subtropicales. On revient à Emmern et l'on continue sur 5 km jusqu'à Hameln.

Le joueur de flûte de Hameln

Hameln est fière de ses nombreux bâtiments Renaissance. Cependant, c'est la légende du fameux « Charmeur de rats » (*Rattenfänger*) qui l'a rendue célèbre. En 1284, on demanda à un homme de trente ans, appelé Bunding en raison de ses vêtements colorés, de débarrasser la ville des rats et des souris qui s'attaquaient aux greniers à blé. Une fois la tâche accomplie, les édiles lui refusèrent le salaire promis. Le dimanche suivant, alors que tous les aduites étaient à l'église, le musicien attira cent trente enfants charmés par le son de sa flûte. Il les emmena hors de la ville et personne ne les revit plus. Les historiens pensent que l'homme en question était un agent du gouvernement envoyé pour aider à peupler les provinces de l'est, la Poméranie et les Sudètes. Le dimanche à midi, de juillet à octobre, on peut assister à la représentation des *Rattenfängerspiele* en face de la **maison des Mariages** (Hochzeitshaus). De la **Bäckerstrasse** à la **place du Marché** (Marktplatz), puis dans l'**Oststrasse**, on voit de vieilles maisons admirables : la **Rattenburg** (1568), la **Löwenapotheke** (pharmacie du XIVe siècle), la Hochzeitshaus (son horloge représente, entre autres automates, le joueur de flûte), la **Dempterhaus** (1607), la **Leisthaus** (1568) et bien d'autres.

Hanovre

De Hameln, il vous faudra parcourir 33 km par la B217 pour arriver à Hanovre (cinq cent quatorze mille habitants), capitale du Land de Basse-Saxe, l'un des principaux centres commerciaux et économiques d'Allemagne fédérale. La foire de Hanovre, l'une des plus grandes manifestations commerciales, attire des visiteurs du monde entier. La ville a été fondée en 1163, et elle devint un membre influent de la ligue hanséatique. De 1636 à 1866 elle fut la résidence des ducs, puis des rois de Hanovre. Entre 1714 et 1837 (la reine Victoria ne put en hériter), elle fut administrée par le souverain britannique, jusqu'à ce qu'elle soit rattachée à la Prusse, en 1866. La ville ayant été détruite en grande partie au cours de la Seconde Guerre mondiale, il n'y reste que peu de monuments dignes d'intérêt. On ne manquera pas de visiter l'**Agidienkirche** (XIVe siècle), l'**ancien hôtel de ville** (XVe siècle] et la **place du Marché** (XIVe siècle) dont la tour s'élève à 97 m. Près du **château de Leineschloss** (XVIIe siècle), dans l'**église Neustädter** se trouve le tombeau du grand philosophe G.W. Leibniz (1646-1716), qui fut attaché durant quarante ans comme bibliothécaire auprès de la maison de Hanovre. Le **Kestner Museum**, au n° 3 de la Tramplatz, est l'un des grands musées d'Allemagne. Le **Maschsee**, centre du parc de loisirs créé en 1936-1938, est situé à l'est de l'hôtel de ville. On prend la **Herrenhäuser Allee** à l'extrémité ouest du lac pour se rendre aux jardins du même nom, qui sont l'un des plus beaux exemples de parcs baroques.

L'autoroute A2 relie Hanovre à Braunschweig (deux cent soixante mille habitants), deuxième ville de Basse-Saxe. Presque entièrement détruite durant la dernière guerre, la ville a été rapidement reconstruite. **Braunschweig** se considère comme la ville de Henri le Lion, duc de Saxe et de Bavière et fondateur de Munich, qui en fit sa résidence officielle en 1166. La **forteresse de Dankwarderode**, au fameux lion de bronze, est un vestige de cette époque. Le tombeau du duc, chef-d'œuvre de sculpture de style Renaissance, se trouve dans la nef de la **cathédrale** romane, édifiée entre 1173 et 1195 sous le règne du duc.

A 30 km au nord de Braunschweig, on aperçoit **Wolfsburg**, où les **Volkswagenwerke**, les plus grandes usines automobiles d'Europe, ont été implantées en 1938. Ce hameau de cent cinquante habitants à l'époque est aujourd'hui une ville de cent trente mille habitants. Des visites guidées de ces usines se font tous les jours.

A partir de Hameln, la B1 conduit à **Hildesheim** (46 km). Ville épiscopale depuis 815, Hildesheim, composée de maisons à colombage, a été un haut lieu de l'architecture romane. Un incendie, consécutif à un raid aérien, l'a presque entièrement détruite en 1945. Il reste cependant encore quelques vestiges dignes d'intérêt : la **cathédrale** romane (XIe siècle, rosier vieux de mille ans à l'extérieur), l'**église Saint-Michael**, l'**église Saint-Martinius** (XIe siècle) et l'**église Saint-Godehard**, l'une des mieux conservées. On ne manquera pas de visiter le **Römer-Pelizäeus Museum**, qui conserve de remarquables collections d'art égyptien.

Sur la route de Brême

Depuis Hameln on longe la rive droite de la Weser par la B1 jusqu'à la **collégiale de Fischbeck**, bel exemple de style roman. On traverse **Hessisch-Oldendorf** et, par une route secondaire, on se dirige vers **Rinteln**, ancienne ville universitaire. Le **château de Schaumburg**, à quelques kilomètres de Rinteln, se visite. La vue qu'on en a sur la vallée de la Weser est admirable. De Rinteln, on continue le long de la vallée de la Weser par la B514, par **Möllenbeck** et **Varenholz** (joyau de la Renaissance de la Weser) jusqu'à **Vlotho**. Sur la rive opposée s'étend **Uffeln**, bien connue des amateurs de montgolfières. A quelques kilomètres à l'ouest se trouve **Bad Oeynhausen**, ville d'eau qui est, à juste titre, fière de sa source, le **Jordansprudel**. Cette fontaine haute de 52 m fonctionne le mardi, le samedi et le dimanche. A 15 km à l'ouest de Bad Oeynhausen, par l'A64, on arrive à **Bünde**, qui possède un **musée du Tabac**.

A partir d'Oeynhausen, on reprend la B61 vers la **Porta Westfalica**, à 11 km, défilé de 800 m par lequel la Weser se fraie un chemin à travers les montagnes du Weserbergland pour atteindre la **Norddeutsche Tiefebene**, vaste plaine qui s'étend au nord jusqu'au Danemark, à l'ouest vers la Hollande, et à l'est jusqu'en Pologne.

Sur le **Wittekindsberg** (270 m) se dresse le **Kaiser-Wilhelm Monument**, la statue du dernier empereur allemand, haute de 7 m. La vue sur la vallée y est merveilleuse. Au nord de la Porta Westfalica, on aperçoit la vieille cité de **Minden** dont l'hôtel de ville du XIIIe siècle est l'un des plus anciens d'Allemagne. La **cathédrale Saint-Pierre** (Xe-XIIIe siècle) présente un admirable ouvrage à l'ouest et de pittoresques arcatures. Le duc Henri le Lion y épousa Mechthild d'Angleterre en 1168. Au **Wasserstrassenkreuz** (croisement des voies d'eau), le **Mittellandkanal** croise la Weser à 13 m en contrebas, dans un colossal ouvrage.

Il ne faut pas quitter Minden sans avoir visité **Bückeburg**, ancienne résidence des princes de Schaumburg-Lippe. Le **château** est précédé d'un magnifique **portail baroque**. Il faut voir également son **Salon doré** et sa **porte des Dieux** (Götterpforte), ainsi que les remarquables sculptures de sa **chapelle**. Le vaste **parc** abrite un énorme **mausolée**. De retour sur les rives de la Weser, à

Volkswagen, devenue la meilleure ambassadrice du label Made in Germany.

Minden, on prend la B482 le long des méandres de la Weser jusqu'à la B441 en direction de **Loccum**, ancien monastère transformé en académie romane, qui abrite aujourd'hui une institution protestante. Une petite route relie Loccum au **Steinhuder Meer**, lac de 32 km² dont la profondeur n'excède pas 3 m. Un bateau conduit à l'**île-forteresse de Wildenstein** (XVIIIe siècle). Puis la B6 mène à **Nienburg**, centre régional sur la Weser.

En longeant la Weser par la B215 pendant 59 km, on arrive à **Verden**, la « ville des chevaux » au confluent de la Weser et de l'Aller. L'impressionnante **cathédrale**, au centre de la ville, date de 786. Le **musée du Cheval** (Deutsches Pferdemuseum) et, en dehors de la ville, le **Sachsenhain**, où Charlemagne massacra quatre mille cinq cents Saxons, méritent une visite.

Brême, vieille cité hanséatique

L'A12 conduit, en 40 km, à Brême (Bremen, cinq cent cinquante mille habitants), qui forme avec Bremerhaven (distante de 57 km) le plus petit des Länder d'Allemagne fédérale.

On dit que les Saxons s'embarquèrent dans ce port pour conquérir l'Angleterre en 449. La ville de Brême a été fondée au VIIIe siècle et elle fut dotée par Charlemagne d'un archevêché. Elle obtint le droit de tenir un marché en 965 et atteignit son apogée au XIe siècle. Longtemps la ville a été surnommée la « Rome du Nord », car la Scandinavie a été christianisée à partir de Brême. En 1358, Brême adhéra à la ligue hanséatique ; elle fut déclarée ville libre d'Empire en 1646. Durant ces trois cents ans, Brême n'a pas cessé d'être la rivale de Hambourg. Les habitants de Brême disent encore aujourd'hui que Hambourg est la porte du monde, alors que Brême en est la clef, celle-là même qui figure sur les armes de la ville. Brême est restée le plus grand port après Hambourg, spécialisé surtout dans le transport du blé, du café et du coton. Depuis la Seconde Guerre mondiale, elle est devenue un important centre industriel où l'on fabrique, entre autres, une partie de

La statue de Roland veille sur le marché de Brême.

l'Airbus et de Spacelab, le laboratoire spatial européen. On peut commencer la visite en partant de l'office de tourisme, à la gare centrale. A droite, le **musée d'Outre-Mer** (Uberseemuseum) expose des collections ethnographiques du monde entier. Quelques pas seulement le séparent de la vieille ville située sur la Weser. D'ici, il est facile de faire à pied le tour des monuments intéressants. L'**ancien hôtel de ville** (Altes Rathaus, XVe siècle), bâtiment en brique de style gothique, possède une remarquable façade Renaissance. La magnifique **Grande Salle** abrite tous les ans le *Schaffermahlzeit*, repas de corporation traditionnel. Le restaurant **Ratskeller**, est célèbre pour ses voûtes gothiques, ainsi que pour ses six cents crus de vin.

Trois emblèmes pour une ville

Sous la **tour nord-ouest** on découvre le deuxième emblème de Brême, après la clef : les quatre musiciens de la ville de Brême, héros d'un conte des frères Grimm, **sculpture moderne en bronze** représentant un âne, un chien, un chat et un coq, montés l'un sur le dos de l'autre.

En face de l'hôtel de ville se dresse le troisième emblème de Brême : la **statue de Roland** (1404), symbole de la liberté et de l'indépendance de la ville. Dominant l'agitation quotidienne de la place, il regarde fièrement la **cathédrale** dont les flèches atteignent 98 m de hauteur et qui compte presque mille deux cents ans d'histoire. La **Bleikeller** (la cave au plomb) contient plusieurs corps momifiés. Le **Schütting**, sur la **place du Marché**, ancien siège de la corporation des marchands, date du XVIe siècle. On entre ensuite dans la **Böttcherstrasse**, transformée en musée de plein air (maisons médiévales restaurées). Quelques pas conduisent au **Schnoor**, le quartier le plus ancien de Brême, dont tout le charme vient de ses pittoresques maisons bourgeoises du XVe au XVIIIe siècle, ses tavernes, ses auberges accueillantes et ses petites boutiques.

Quelque 57 km séparent Brême de **Bremerhaven**, ville sise à l'endroit où la Weser se jette dans la mer du Nord.

Ci-dessous et à droite, vues du quartier Schnoorviertel, à Brême.

ACC 4
ELKE
ACCUMERSIEL
A
W
ACC 2
ACC 2

LA COTE ET LES ILES DE LA MER DU NORD

La mer du Nord, appendice de l'océan Atlantique, a une profondeur moyenne de 90 m ; l'amplitude des marées y est de 3 m. Les navires peuvent donc atteindre l'intérieur des terres jusqu'à Brême et Hambourg. La mer du Nord est souvent considérée comme meurtrière. Certaines marées ont, en effet, englouti des terres formées de sédiments séculaires, ces Marschen qui constituent des bandes de terrain fertile larges parfois de 20 km. Des digues protègent les terres conquises sur la mer et qui seraient à découvert seulement lors des marées basses. On peut alors les traverser à pied. A l'intérieur des terres, la **Marsch** rejoint la **Geest**, terrain plus mouvementé qui présente des étendues herbeuses où paissent des moutons. Le plat pays, semé de grandes fermes, de moutons et de bovins noir et blanc, de digues s'étendant jusqu'à l'horizon, d'où émerge parfois un moulin à vent, un clocher ou un phare, voilà ce qu'on découvre le long de cette côte à la population clairsemée. Stations balnéaires, ports de pêche plus ou moins importants et tourbières sur fond de Geest, qui domine la Marsch, complètent l'image de cette côte. Au loin, les laisses de haute mer forment une réserve naturelle.

Pages
·écédentes :
e de Hallig,
·rdue en mer
du Nord.
A gauche,
chalutiers
au port.

La ligue hanséatique

L'Allemagne n'existait pas encore comme entité politique lorsque deux cents villes septentrionales s'unirent pour constituer la ligue hanséatique. Cette confédération devait exercer un pouvoir économique et politique plus important qu'aucun État allemand avant 1871. Conçue d'abord comme une alliance informelle destinée à protéger les marchands allemands, la Hanse devint bientôt une puissante organisation politique, économique et militaire. Composée, à certains moments, de plus de deux cents villes membres, elle contrôlait le commerce de la Baltique et de la mer du

Nord, sous la direction de Lübeck. Les villes membres s'engageaient à respecter les décisions du Hansetag, assemblée régulière des responsables de toutes les villes. Le moyen de coercition le plus efficace était le *Verhansung*, le boycott d'une ville par la ligue. Aucun commerce ne se faisait alors avec la cité condamnée qui perdait également le droit d'utiliser les entrepôts et les magasins de la ligue dans les villes importantes, telles que Londres, Bergen ou Novgorod. Ces mesures permettaient à la ligue de contrôler le développement à la fois économique et politique d'une ville. Lorsque, par exemple, les ouvriers de Braunschweig réussirent à entrer au conseil municipal, la ligue, en utilisant le boycott, força la ville à revenir aux anciennes institutions.

Les inconvénients de ce genre de contrainte étaient contrebalancés par les avantages apportés par la participation à la ligue : suppression des droits de douane, uniformisation de la monnaie, des poids et mesures, achats et ventes collectifs et protection contre la concurrence sauvage. La ligue devint si puissante qu'en 1370, elle put se permettre une guerre contre le roi du Danemark afin de gagner le libre accès à la Baltique. Les pays riverains de la Baltique et de la mer du Nord formèrent un seul marché. Les biens manufacturés s'échangeaient contre les matières premières d'Orient, préfigurant les traités de libre échange de notre époque. Des navires du haut bord bien armés transportaient des fourrures, des tissus, du sel et du blé vers les ports les plus importants de l'Europe du nord et du centre.

Les nefs, appelées *Koggen*, rapides mais lourdement chargées, attiraient des pirates, souvent à la solde de potentats. Entre 1370 et 1402, bien des bateaux, même fortement protégés, furent la proie de pirates, dont le plus célèbre était Klaus Störtebecker. Ils avaient pour devise : « Ami de Dieu, ennemi de tout le monde », et ils attaquaient avec audace, se battaient sans merci. Ils ne faisaient pas de prisonniers : les marins capturés étaient jetés à la mer. Les pirates arrêtés étaient, eux, exécutés dans le port

Un phare dans la Marsch.

d'attache du bateau. Les têtes coupées, plantées au bout de piques, étaient exposées le long des quais pour décourager toute autre attaque contre les bateaux de la Hanse. Le développement d'États indépendants (Suède, Russie) au XVIe siècle fit perdre toute influence à la ligue. La dernière base étrangère, Londres, fut abandonnée en 1598, et la guerre de Trente Ans amena la fin de la Hanse.

La première ville allemande après la frontière néerlandaise est **Leer**, près de l'**estuaire de l'Ems** et de la **baie de Dollart**. On prend la B70 en direction d'**Emden**, ancien repaire de pirates, sur l'A31. Au XVIIe siècle, Emden (cinquante-cinq mille habitants) était le port d'attache des premiers vaisseaux marchands allemands ralliant l'Afrique ou les Indes. Aujourd'hui, c'est le plus grand port d'embarquement d'automobiles. En quittant Emden par la B70 vers le nord, on atteint, 34 km plus loin, la petite ville de **Norden**, puis, à 1,5 km à l'ouest, **Norddeich**, bien connue des marins pour sa radio qui envoie des messages dans le monde entier.

Les îles frisonnes orientales

Les « sept filles de la mer », les îles frisonnes orientales, font penser à un collier de perles étendu devant la côte entre les estuaires de l'Ems et de la Weser. Exposées au nord aux brisants de la mer, bordées au sud par les laisses, les îles sont facilement accessibles. **Borkum**, la plus grande et la plus occidentale (durée de la traversée depuis Emden : deux heures et demie) est connue pour son phare du XVIe siècle. Plus à l'est, on découvre **Juist** avec ses dunes impressionnantes, puis **Memmert**, réserve d'oiseaux. **Norderney** (un service de bateaux la dessert depuis Norddeich) est fière d'être la plus ancienne station balnéaire d'Allemagne ; elle fut fondée en 1797. **Baltrum**, surnommée « la beauté endormie », est bordée d'une plage de sable. **Langeoog** est le paradis des amateurs d'oiseaux (bateau au départ de **Neuharlingersiel**) et un ancien repaire de pirates. Sa plage s'agrandit petit à petit, preuve que toutes ces îles dérivent lentement vers l'est. **Wangeroog**, la dernière

Femme en costume traditionnel frison.

et la plus orientale (bateau au départ de **Harlesiel**) a une ambiance familiale.

La baie de Jabebusen et l'île de Helgoland

Plus au sud, en direction d'**Aurich**, ancienne résidence des princes de Frise orientale, la B210 mène à la ville de **Jever**, célèbre pour son excellente bière *Pilsen*. A 20 km seulement vers l'est, on atteint **Wilhelmshaven** (cent mille habitants) à la pointe de la baie de Jadebusen, qui fut entre 1853, année de sa fondation, et 1945, le port militaire le plus important d'Allemagne. La construction d'un oléoduc de 400 km, qui aboutit au bassin de la Ruhr, en a fait depuis un port pétrolier très fréquenté à cause des facilités qu'il offre aux pétroliers géants pour accoster et livrer leur cargaison.

Wilhelmshaven est le point de départ pour un tour du Jadebusen, ce golfe de la mer du Nord que les marées ont agrandi durant des siècles jusqu'à ce qu'il atteigne une superficie de 400 km². On passe par **Varel** et **Rodenkirchen** avant d'atteindre, à 20 km par la B212, la ville de Bremerhaven (cent cinquante mille habitants), qui s'étend sur la rive droite de l'embouchure de la Weser qui mesure, à cet endroit, 1,5 km de large. Bremerhaven est également accessible par ferry. Son port de pêche et son port spécialisé dans le trafic des conteneurs en font l'un des centres portuaires les plus actifs d'Allemagne.

Entre 1850 et 1913, puis après les deux guerres mondiales, **Bremerhaven** était l'une des portes d'accès du Nouveau Monde. Plus de dix millions d'émigrants ont quitté l'Europe en partant de la « jetée des Pleurs », le **quai Columbus** (1 200 m de long). Le port est, depuis 1945, l'une des bases d'approvisionnement les plus importantes de l'armée américaine en Europe. Le **musée de la Marine** (Deutsches Schiffahrtsmuseum) présente l'histoire de la navigation depuis ses débuts jusqu'à nos jours.

Les autoroutes A27 et B6 relient Bremerhaven à **Cuxhaven** (soixante-deux mille habitants), deuxième port de pêche et station balnéaire depuis 1816. L'estuaire de l'Elbe atteint ici une largeur de 1 500 m. La **Vieille Jetée** (Alte Liebe), connue de tous les marins, et son phare (1803) font rêver face à la mer où passent les grands navires. La **Kugelbake**, emblème de la ville, est une vieille balise désaffectée. A marée basse, une agréable promenade en voiture à cheval permet la visite de l'**île de Neuwerk** et de son vieux phare (1300).

Des bateaux au départ de l'Alte Liebe conduisent à Helgoland. Son rocher de grès rouge se dresse, telle une forteresse naturelle, à 70 km au large de l'embouchure de l'Elbe. La légende veut que le diable ait laissé tomber ce rocher dans la mer après l'avoir volé en Norvège. Au XIIIe et XIVe siècle, l'île était un repaire de pirates. Elle changea plusieurs fois de mains entre Danois, Anglais et Allemands, avant d'être échangée contre l'île de Zanzibar, à l'est de l'Afrique, en 1890. Devenue territoire allemand et transformée en base navale, elle fut bombardée durant la dernière guerre. Puis on en fit un champ de tir pour l'entraînement de la Royal Air Force, jusqu'au moment où, en 1952, elle devint un lieu de vacances. L'île est appréciable pour son paysage sauvage et son climat.

La B13 passe par **Otterndorf** et **Hemmor**, où il faudra choisir entre la traversée de l'Elbe par ferry pour aborder le Land de Schleswig-Holstein, ancienne pomme de discorde entre le Danemark et l'empire d'Allemagne, ou la visite de **Glückstadt**. Cette ville portuaire pittoresque a été fondée en 1617 par Christian IV, roi du Danemark, pour faire pièce à la suprématie de Hambourg.

A travers les Dithmarschen

La B431 passe devant la centrale nucléaire de Borkdorf avant de rejoindre la B5 en direction de **Brunsbüttel**, où le **canal de Kiel** rejoint l'**Elbe**. Ce canal de 99 km de long, percé en 1895, relie la Baltique à la mer du Nord. On traverse la région fertile des Dithmarschen, qui a été une république paysanne indépendante jusqu'en 1559. A **Meldorf** (à 30 km au nord de Brunsbüttel), la **cathédrale des Dithmarschen**, imposante bâtisse du XIIIe siècle, en brique, domine les maisons basses de la jolie place du Marché. **Hemmingstedt**, parsemée de nombreux puits de pétrole, a été, en 1500, le théâtre d'une bataille sanglante entre les paysans et le roi de Danemark. La ville de **Heide**, à 12 km, possède une grande place du Marché.

20 km plus loin, la B203 atteint **Büsum**, station balnéaire célèbre pour la pêche aux crevettes et son élevage de phoques. Par Wesselburen, ville natale du poète Georg Friedrich Hebbel (1813-1863), on atteint la grande **digue** sur l'Eider, longue de 4,8 km, comportant un système de fermeture qui, depuis 1974, protège l'**Eider** contre les marées.

Le voyage se poursuit le long de l'Eider vers **Lunden**, au nord. **Friedrichstadt**, 7 km plus loin, donne l'impression qu'on se trouve aux Pays-Bas : ses maisons et ses étroits canaux sont, en effet, l'œuvre des réfugiés néerlandais accueillis en 1621. **Husum** invite au repos et à la flânerie. L'écrivain Theodor Storm (1817-1888) est né ici ; il décrit la région dans nombre de ses romans. Le port est rempli de chalutiers pêchant la crevette ; c'est également le point de départ pour la traversée vers les

A gauche, avire de haut ord (Kogge) e la Hanse ; ci-dessous, réparation des filets.

Halligen et les îles frisonnes septentrionales.

Les îles Frisonnes septentrionales

Au large de Husum se trouvent les **îles de Nordstrand**, reliées par une digue à la terre ferme, **Pellworm** et les **Halligen**. Ces dernières étaient réunies entre elles avant d'être séparées par de grandes marées en 1362 et 1364. Il reste de petits **îlots de Marsch**, avec, au centre, des fermes construites sur des monticules de terre, appelés *Warften*, qui les protègent des marées. A marée haute, ils semblent flotter. Ils sont accessibles par Husum ou par le port de **Schüttsiel**, à 2,5 km au nord de Husum.

En partant des Halligen ou du petit port de **Dagebüll**, à 8 km au nord de Schüttsiel), on atteint par bateau les trois grandes îles frisonnes septentrionales. **Amrum** est bordée d'une plage de sable de 15 km de long et compte un certain nombre de vieilles maisons typiques. **Föhr**, la plus verte des trois, a un beau **musée de la Frise** à **Wyk**, sa capitale.

L'**île de Sylt** (93 km^2), située à l'ouest de la côte du Schleswig-Holstein, est la plus importante des îles de la Frise septentrionale. L'été, les gens cossus et ceux qui désirent leur ressembler mettent leur voiture sur un train à **Niebüll**, à 40 km de Husum par la B5, et se rendent par le *Hindenburgdamm* (il n'existe aucune autre liaison par ferry ou par la route) à Sylt, pour s'ébattre en compagnie d'une société choisie sur un terrain de 40 km de long sur 12 km de large. Les plages y sont remarquables, surtout à l'extrême nord.

La capitale, **Westerland**, qui a deux casinos, est recherchée surtout par les familles et par les joueurs invétérés. **Keitum** (à 5 km plus à l'est), a de jolies maisons et une église du XIIe siècle. A **Wenningstedt** (à 4 km au nord), on visite **Denghoog**, champ funéraire vieux de cinq mille ans. La station balnéaire de **Kampen**, au nord de **Wenningstedt**, est le rendez-vous mondain. Elle est également connue pour sa **falaise Rouge** (Rotes Kliff, 40 m), qui descend à pic dans la mer.

Le phare de Hallig.

HAMBOURG

Hambourg (Hamburg) est à 74 km de Brême. Cette fière cité, membre de l'ancienne ligue hanséatique, en a gardé le souvenir jusque sur ses plaques minéralogiques : *H.H.*, en effet, signifie *Hansestadt Hambourg*. En 815, Louis le Pieux, fils de Charlemagne, fit élever un fort du nom de Hammaburg près d'un village saxon. La ville prit réellement son essor le 7 mai 1189, jour de l'octroi par Frédéric Barberousse du droit de commercer librement. Cet « anniversaire du port » est commémoré chaque année. La ville atteignit son apogée entre le XIIIe et le XVe siècle en tant que membre de la Hanse, après l'octroi par le parlement d'Augsbourg du statut de ville libre d'Empire. C'est à partir de cette date que Hambourg put se vanter d'être « la porte des sept mers ».

Des écrivains et des poètes comme G. Klopstock, G.E. Lessing et M. Claudius ont fait de Hambourg un haut lieu de la vie intellectuelle au XVIIIe siècle. En 1815, la ville s'intégra à la Confédération germanique et, en 1888 elle devint membre de l'union douanière (*Zollverein*) de l'empire d'Allemagne, créée par Bismarck. Le rattachement des villes voisines, **Altona**, **Harburg** et **Wandsbek**, en 1937, fit de Hambourg la grande ville qu'elle est aujourd'hui. Lors de la fondation de la République fédérale, en 1949, Hambourg, fidèle à sa tradition séculaire d'indépendance politique, devint le Land le plus petit après Brême.

Il faut entretenir les défenses de la côte.

Ses habitants, au nombre de un million six cent mille, font de Hambourg la seconde ville d'Allemagne, après Berlin. La région, d'une superficie de 751 km², équivaut à Munich, Düsseldorf et Francfort réunies. Sa situation favorable, à l'embouchure de l'Elbe, lui a permis de devenir l'un des grands centres industriels et commerciaux du pays. Le commerce est donc le moteur de la ville qui compte le plus grand nombre de millionnaires d'Allemagne. Les Allemands du sud appellent les Hambourgeois les « Britanniques de l'Allemagne » ; on les dit à la fois réservés, distants, un peu raides même.

Deux événements importants ont marqué la ville. En 1842, presque tous les bâtiments historiques ont été détruits par un terrible incendie et, durant la Seconde Guerre mondiale, la ville a été presque anéantie par les bombardements. Presque tous les bâtiments ont été reconstruits, qui offrent ainsi, à défaut de l'original, une copie fidèle et contribuent à créer l'atmosphère si attachante de la ville.

Flâner en ville

La **gare principale** de Hambourg est un bon point de départ pour faire connaissance avec la ville. L'office du tourisme, dans la **Bieberhaus**, dispose de sources d'information abondantes. Parmi bien d'autres possibilités, on a celle de visiter Hambourg en faisant un tour dans un petit train qui part de la **Kirchenallee**, à côté du **théâtre Deutsches Schauspielhaus**. Construit en 1900 par des architectes viennois, c'est l'un des bâtiments remarquables de la ville. Mais c'est encore à pied que l'on fait les promenades les plus instructives et les plus

5105240
5103930
WEDEL

intéressantes. On part de la **Mönckebergstrasse**, face à la gare. L'**église Saint-Petri** est le plus ancien des cinq temples du centre de la ville. Bâti en 1050, détruit par le grand incendie de 1842, le monument a été reconstruit dans le style gothique. A quelques pas derrière vous, dans la Steinstrasse, se dresse l'**église Saint-Jacobi**, mentionnée pour la première fois en 1255. Son **orgue baroque** derrière l'autel est l'un des plus précieux du pays. En 1720, Johann Sebastian Bach posa sa candidature pour l'emploi d'organiste, mais il fut refusé, la ville ne pouvant se permettre de le payer.

De retour à la Mönckebergstrasse, on n'oubliera pas d'admirer l'hôtel de ville, bel édifice qui abrite le Sénat et le conseil municipal. Hambourg est, en effet, une ville-État. L'hôtel de ville comporte six cent quarante-sept pièces somptueuses, six de plus que le palais de Buckingham. Derrière ce bâtiment, sur l'**Adolphsplatz** s'élève la **Bourse** (Börse) des valeurs qui, fondée en 1558, est la plus ancienne d'Allemagne. Le bâtiment original a été la proie des flammes lors du grand incendie de 1842. C'est dans **Deichstrasse** que le feu se déclara, dans un vieux quartier occupé par des entrepôts et des immeubles de bureaux. On y trouve également quelques bons restaurants dans une atmosphère traditionnelle.

A environ 800 m, on découvre le **Jungfernstieg** qui longe le **lac de l'Alster**. Malgré sa superficie de 180 ha, l'Alster n'est pas un lac, mais un affluent de l'Elbe. Le célèbre **café Alsterpavillon** a été fondé par un émigré français en 1799. On y rencontre des personnes de toutes les conditions, ce qui n'est pas le cas de l'**hôtel Vier Jahreszeiten**, son voisin. Pour se rendre à l'**opéra** de Hambourg, il faut tourner à l'angle de l'hôtel et aller au n°35 de la **Grosse-Theaterstrasse**. Le répertoire de la maison va des œuvres classiques à la musique moderne. C'est ici que Placido Domingo a fait ses débuts internationaux.

En se promenant sans but précis, on est surpris par les verrières et les arcades qui abritent les centres commerciaux. Si on est tenté par un tour sur le lac, le débarcadère du Jungfernstieg offre un vaste choix de bateaux pour une visite du port ou des canaux principaux ou secondaires. Une excursion en bateau permet de voir le plus commodément la **Speicherstadt**, la ville des entrepôts. Les ensembles monumentaux qui abritent des marchandises telles que le café, le thé, le tabac, les épices et bien d'autres produits sont étonnants. Terre étrangère au milieu de la cité, ce quartier est une zone franche. Ce port dans le port, clos du côté de la terre ferme, s'étend sur 16 km^2. La zone franche permet aux usagers d'entreposer leurs chargements sans déclaration en douane. Hambourg est la ville d'Europe qui possède le plus grand nombre de ponts et 10 % de sa surface est constituée de plans d'eau. Les marées font monter de 3 m le niveau de l'Elbe et obligent la ville à faire des travaux d'endiguement.

La porte des Sept Mers

Le plan d'eau le plus important est bien entendu le port, avec le vieux **tunnel Saint-Pauli-Elbe** et le **débarcadère Saint-Pauli**, point de départ du parcours. Il est conseillé de choisir un bateau assez petit pour passer sous les ponts les plus

A gauche, Hambourg, la porte des Sept Mers ; à droite, tous les rts doivent distraire urs marins.

bas. Les embarcations plus importantes passent seulement dans les parties principales du port. Le port de Hambourg est le plus grand d'Allemagne, quinze mille bateaux y font escale tous les ans. Début mai, des milliers de Hambourgeois et de touristes viennent fêter l'anniversaire du port qui a eu huit cents ans en 1989. Le vieux tunnel qui va du débarcadère au quartier portuaire de **Seinwerder** est plus intéressant que l'ancien port modernisé. Le bâtiment d'accès au toit en rotonde, l'ascenseur pour les piétons et les voitures, comme les murs carrelés du tunnel, rendent cette construction vieille de soixante-seize ans digne d'intérêt.

Le symbole de Hambourg, l'**église Saint-Michel** (130 m), est connue de tous les marins. Exemple impressionnant de l'architecture baroque, cet édifice surnommé « Michel » offre l'un des plus beaux points de vue sur la ville et le port. En bas de l'église, au *10, Krayenkamp*, les **Krameramtswohnungen**, construits par la guilde des Merciers pour servir d'appartements aux veuves, sont un bel exemple d'habitations du XVIIe siècle. A quelques pas de là, *24, Holstenwall*, le **musée historique de Hambourg** (Museum für Hamburgische Geschichte) présente, en dehors de maquettes de bateaux, une approche plus poussée de l'histoire de la ville. A l'intérieur du bâtiment se trouve le bureau historique d'Émigration. Les personnes ayant émigré de Hambourg vers les États-Unis entre 1850 et 1914 sont répertoriées dans ce bureau.

Le quartier appelé **Saint-Pauli**, **Grosse Freiheit**, **Herbertstrasse** et **Reeperbahn** est l'endroit le plus mal famé. Mais il existe aussi des distractions plus innocentes : au **Heiligengeistfeld** se tient trois fois par an la foire aux attractions la plus grande d'Allemagne (à ne pas manquer : la tarte aux pommes chaude et les beignets berlinois à la confiture). Les lève tôt, ou ceux qui on passé la nuit dehors, devraient se rendre au **marché aux poissons** (Fischmarkt), près du port. Le dimanche, entre 6 h et 10 h, on y vend pratiquement tout ce qui peut être emporté ; c'est le marché le plus populaire de Hambourg.

Les traditionnel entrepôts.

Les rives de l'Elbe

En suivant le bord de l'eau, à pied ou en voiture, on arrive à **Altona**. Fondée vers 1530, devenue danoise cent ans plus tard, la ville fait partie de Hambourg depuis 1937. L'**Altona Museum**, *23, Museumsstrasse*, conserve des maquettes de bateaux, des figures de proue anciennes et des cartes de marine. Un autre lieu de culture, un peu plus dynamique, se trouve à l'intérieur de la **Fabrik**, *36, Barnerstrasse*. Cette ancienne usine de munitions a été transformée en centre de communication offrant du jazz, du blues, un théâtre et des galeries. De retour au bord de l'eau, l'**Elbchaussee**, artère cossue, mène au village pittoresque de **Blankenese**. Cet ancien quartier de pêcheurs s'est métamorphosé en banlieue chic aux charmants pavillons étroitement serrés. Le village étant situé au bord de l'eau, la vue sur l'Elbe et les bateaux qui y passent est splendide.

Wedel-Schulau, à environ 7 km, entretient une coutume qui intéresse à la fois les marins d'eau douce et les vrais navigateurs : le ***Willkomm-Höft*** (« point de bienvenue »). En arrivant ou en quittant la ville, chaque navire d'un tonnage supérieur à 500 G.R.T est salué par l'envoi des couleurs de son pays, pendant que retentit un air du pays auquel appartient le bateau. Le café restaurant de l'endroit possède une belle collection de navires en bouteille. De Schulau, un bac traverse le fleuve jusqu'à **Lühe**. On peut ainsi visiter l'**Altes Land**, région d'arboriculture fruitière. L'**office du tourisme** donne tous les renseignements sur la région et sur Harburg. Sur cette rive s'étend également la « montagne » de Hambourg, but de promenade et de distraction. Le **Kiekeberg**, haut de 126 m (à **Ehestorf**), possède un musée de plein air : la reconstitution d'un village dans le style exact du XVIe et XVIIIe siècle.

D'autres parcs de loisirs existent en ville : Le **Planten und Blomen Park**, les remparts et le vieux jardin botanique sont des réserves naturelles en pleine ville. L'ensemble comprend un vaste jardin public avec des serres, des terrains de

La Kramer-amtsstube.

jeux et des fontaines, illuminées en été. Le **Hagenbeck's Tierpark**, sur la **Hagenbeckallee**, est un jardin zoologique privé qui compte plus de deux mille animaux. Fondé en 1907, le jardin a servi de modèle en raison de ses enclos dépourvus de barreaux.

On profitera d'un jour de pluie (on dit que c'est un des charmes de Hambourg) pour visiter le **musée des Beaux Art**s (Kunsthalle) qui expose des peintures de Bertram, Renoir, Picasso, Kokoschka, Warhol et bien d'autres. Le musée se trouve sur la **Glockengiesserwall**, à une minute de la gare centrale. Tout à côté, sur la **Steintorplatz**, se trouve le **musée des Arts décoratifs** (Museum für Kunst und Gewerbe) et sa collection remarquable d'objets européens et asiatiques.

La lande de Lunebourg

La lande de Lunebourg (Lüneburger Heide), au sud de Hambourg, s'étend sur 2 800 km^2, entre l'Elbe inférieure au nord et l'Aller au sud. Son origine remonte à l'époque glaciaire. Les glaciers, en se retirant, ont laissé un sol peu fertile, couvert aujourd'hui de bruyère, de genêts, de genévriers et de forêts de chênes et de bouleaux qui composent un paysage inoubliable, plein de mélancolie.

On y rencontre des bergers faisant paître leurs troupeaux de *Heidschnucken*, race de moutons propre à la région, aux cornes recourbées et au poil sombre et rude. Le rôti de *Heidschnucken* est une spécialité de la région, tout comme les histoires de fantômes qu'on raconte très volontiers au visiteur. En août, la bruyère est pleine d'abeilles. Mais le miel, lui, se déguste en toute saison. Un grand nombre de tombes mégalithiques (***Hünengräber***) témoignent des temps préhistoriques.

Si on vient de Hambourg en voiture, il faut prendre l'A7, la route de Hanovre, pour la quitter à Garlsdorf. A 2 km à l'ouest, on arrive à **Nindorf**, dont le **Wildpark Lüneburger Heide** est la première réserve naturelle ouverte en Allemagne. Le parc abrite des sangliers, des loutres et des daims. On y trouve également un terrain de jeux et un manège de poneys.

Artère commerçan du Hansaviert

Le **Naturschutzpark Lüneburger Heide** (20 000 ha) s'étend vers le sud. Il est placé sous la protection de l'État en raison de son exceptionnelle beauté. A partir de **Garsdorf** ou de Nindorf, on prend la route d'**Undeloh** ou de **Niederhaverbech**. Dans tous les cas il faut se diriger vers le parc de stationnement et laisser sa voiture, car une promenade à pied ou en voiture à cheval permet d'apprécier pleinement la paix et de la solitude de l'endroit. Le **Wilseder Berg**, colline de 169 m de haut, au cœur même de la région, permet, par beau temps, de voir les clochers de Hambourg et de Lunebourg. La meilleure époque pour visiter la lande est celle de la floraison de la bruyère, c'est-à-dire le mois d'août. Le village d'**Amelinghausen** (B209, vers Lüneburg) fête l'élection de la reine de la bruyère tous les ans, le troisième dimanche d'août.

C'est la ville de **Lunebourg** (Lüneburg, soixante-trois mille habitants), à 25 km au nord, qui a donné son nom à la lande qui l'entoure. Ses maisons de brique rouge ou à colombage ont été bâties sur du sel. C'est le commerce de cet « or blanc » qui, au Moyen Age, a permis à la ville de prospérer. Du coup, le sol s'est affaissé, et un grand nombre de ses hautes maisons à pignon ne sont plus d'aplomb. Les vestiges du passé les plus importants sont le **monastère de Lüne**, la **place Am Sand** – bordée de belles maisons à pignon, dont la **Schwarzes Haus**, édifice Renaissance de 1548, l'**église Saint-Johannis**, édifice gothique en brique des XIIIe-XIVe siècle) et l'**hôtel de ville** (du XIIIe au XVIIIe siècle), une **grue** vieille de six cent quarante ans et un château de la fin du XVIIe siècle.

A **Scharnebeck**, à quelques minutes vers le nord-ouest, le grand ascenseur à péniches est toujours en activité.

En se dirigeant vers le nord, on arrive sur les bords de l'Elbe et la ville de **Lauenburg**. La vieille **Elbstrasse** bordée de maisons à colombage et son **musée de la Navigation** est très charmante. Pour retourner à Hambourg, il suffit de reprendre la B5 vers l'ouest en passant par **Geesthacht**, avec son romantique restaurant **Grüner Jäger** au toit de chaume.

Ci-dessous, figure pittoresque du marché x poissons ; à droite, Binnenalster et l'église aint-Michel.

CONCORDIA DOMI FORIS PAX

LA COTE DE LA MER BALTIQUE

Alors que la côte de la mer du Nord est tout à fait plate, le paysage est nettement plus accidenté au nord et à l'est de Hambourg. Prairies où paissent des troupeaux, collines aux pentes douces, vastes forêts alternent avec les agglomérations pittoresques. Partout des rivières, des ruisseaux et des lacs irriguent le **Schleswig-Holstein**, qui s'étend à l'est jusqu'à la Baltique. Caractéristiques du paysage, les *Förden*, vastes baies qui s'enfoncent profondément à l'intérieur des terres sur lesquelles s'étendent à l'infini des champs et des prés séparés par les *Knicken*, haies d'épais buissons destinées à arrêter le vent.

Lübeck, reine de la Hanse

A gauche, Holstentor ; ci-dessous, le Voss-Eck d'Eutin.

A 65 km à l'est de Hambourg par l'A1 et la B75, Lübeck (deux cent quarante mille habitants) a été la plus importante des « trois perles du Nord ». Elle constitue le meilleur point de départ pour la visite de cette région. Cette ville, l'une des plus belles d'Allemagne, est une parfaite illustration du style « gothique de brique », qui a vu le jour ici au XIIe siècle. Lübeck s'est développée à partir de son actuelle banlieue de Travemünde, qui avait été fondée en 1159 par le duc Henri le Lion dans une île de l'embouchure de la **Trave**. Après la bataille de Bornhöved, en 1227, qui vit la défaite des Danois, la « ville aux sept clochers », désormais ville libre d'Empire, devint le port le plus actif sur la Baltique. A partir du XIVe siècle, Lübeck devint la capitale de la Hanse. Après deux cent cinquante ans d'une suprématie incontestée, la montée de la nouvelle puissance politique du Danemark et de la Suède, puis la guerre de Trente Ans marquèrent la fin de sa prédominance. En 1937, l'ancienne ville libre a été incorporée au Schleswig-Holstein.

En venant de Hambourg on aperçoit de loin les clochers de sept églises de Lübeck. **Sainte-Marie**, construite au XIIIe siècle, a servi de modèle à bien des églises gothiques en brique dans la région de la Baltique. Ses orgues sont parmi les plus grandes d'Allemagne. Des concerts y ont lieu d'avril à octobre. La **cathédrale** (1173), église la plus ancienne de Lübeck, a deux clochers. Elle a été reconstruite en style gothique aux XIIIe et XIVe siècles. L'intérieur abrite un grand nombre d'œuvres d'art religieux, dont le fameux **crucifix** de Bernt Notke (1477). La petite **église Saint-Agidien** (XIVe siècle) et **Saint-Jakobi** (XIIIe siècle) méritent également une visite. Saint-Jakobi a un orgue datant du XVe siècle. Il reste les églises **Sainte-Catherine** (XIVe siècle) et **Saint-Petri**, dont la tour permet d'embrasser un panorama magnifique.

Tous ces lieux de culte se trouvent dans la ville ancienne qui est complètement entourée d'eau et accessible seulement par des ponts et des digues. Le symbole de Lübeck, l'impressionnante **Holstentor** surmontée de ses tours jumelles, garde l'entrée occidentale de la vieille ville. Entourée de remparts aujourd'hui disparus, la Holstentor a été édifiée en 1477. Elle est reproduite sur les billets de 50 marks.

A peu de distance de la Holstentor s'élève l'**hôtel de ville** (Rathaus) construit entre le XIIIe et le XVIe siècle. On remarque les *Windlöchern*, trous ronds pratiqués dans la façade, et les armoiries de villes de la Hanse en brique vernissée. A quelques pas seulement la **maison des Buddenbrook** (XVIIIe siècle), dans laquelle Thomas et Heinrich Mann ont passé leur jeunesse. Cette maison porte de ce fait le nom d'un des plus grands livres de Thomas Mann, auteur qui a rendu le nom de Lübeck célèbre dans le monde entier.

Dans la **Mengstrasse**, on peut visiter la **Schabbelhaus**, maison célèbre qui est aussi l'un des meilleurs restaurants de la ville. Dans la **Breite Strasse**, se trouve la **maison de la Corporation des Marins**, fondée en 1535 pour les capitaines au long cours à la retraite. Elle a été transformée en restaurant curieusement meublé de tables en bois brut et de bancs d'église à haut dossier, le tout éclairé par des lampes en cuivre au milieu de maquettes de bateaux suspendues au plafond. L'**hospice du Saint-Esprit** (Heilig-Geist-Hospital) à quelques pas, montre une belle voûte en étoile et des fresques du XIIIe siècle. A chaque promenade, on découvre de pittoresques *Stiftshöfe* et *Wohngänge* (arrière-cours et passages) datant du XVIe siècle, qui cachent de petites maisons, véritables joyaux d'architecture, et des jardinets.

Sur les bords de la **Trave**, qui entoure la vieille ville, s'élèvent les **entrepôts de sel** (Salzspeicher) dans lesquels on gardait ce produit en provenance de Lüneburg. Il faut goûter deux des spécialités de Lübeck : le massepain, que l'on trouve dans les cafés de la **place du Marché**, et le *Rotspon*, bordeaux rouge.

Plages et stations balnéaires

Travemünde, au nord-est de la baie de Lübeck, est englobée dans la ville depuis le XIVe siècle. Station balnéaire depuis 1802, la ville possède un célèbre casino, une *Kurhaus* et une belle promenade, dominée par l'**hôtel Maritim**. Le quatre-mâts *Passat*, ancien navire-école de la marine à voile, est aujourd'hui transformé en auberge de jeunesse. Au nord de

Au musée des Bateaux en bouteille de Kiel.

Travemünde s'étend l'une des régions les plus recherchées par les vacanciers. Par les beaux jours d'été, la plage est couverte des fauteuils d'osier typiques et de châteaux de sable ornés de coquillages. Voiliers et planchistes s'ébattent sur la mer. Toute la **Lübecker Bucht**, surnommée « la baignoire », est bordée de plages, dont les plus connues sont la **Timmendorfer Strand**, Scharbeutz et Haffkrug. Entre Travemünde et la plage de Timmendorf s'étend le **lac de Hemmeldorf**, à 44 m en dessous du niveau de la mer. On peut y déguster du poisson fumé et visiter la réserve ornithologique dans laquelle vivent des flamants, des oiseaux aquatiques et des cigognes.

A 10 km par la B76, on atteint la région des **lacs de la Suisse du Holstein** (Holsteinische Schweiz). La plupart des deux cents lacs qui sont situés entre Eutin, Malente et Plön sont entourés de plages et de forêts de chênes. **Eutin** est surnommée la « Weimar du Nord ». Elle était en effet un centre culturel au XVIIIe siècle, quand le traducteur d'Homère, J.H. Voss, et le peintre Wilhelm Tischbein, y habitaient. Eutin a un joli **château** entouré d'un **jardin anglais**. Nombreux sont les mélomanes qui, l'été, viennent assister aux concerts en plein air. Bien sûr on écoute Carl Maria von Weber, compositeur romantique né à Eutin.

La station thermale de **Malente-Gremsmühlen** est construite entre les **lacs de Kellersee** et **de Dieksee**, à 5 km au nord. L'**Ukleisse** est l'un des plus beaux lacs de la région, isolé en plein milieu des forêts, à l'est de la ville.

Plön, au centre de la Holsteinische Schweiz, est fière de son **château** Renaissance et de son lac (30 km^2). Sur la rive sud, accessible par bateau ou par la route, l'**église Saint-Petri**, à **Bossau**, la vue est merveilleuse. **Bornhöved**, à 10 km à l'ouest, est célèbre pour deux batailles décisives contre les Danois qui eurent lieu en 789 et en 1227. En suivant la B76 à partir de Plön vers le nord, on arrive à **Preetz**, connue pour son **monastère** de brique du XIIIe siècle. Le **lac de Seelenter See**, à 10 km au nord-est, est le paradis des oiseaux. La **Grafenecke**, qui

Le Passat.

entoure le lac, est bordée de manoirs et de châteaux tels que **Keletkamp**, **Panker** et **Testorf**. Tout à côté, près de **Schönwalde**, s'élève la **Bungsberg** (164 m).

Kiel

A 16 km de Preetz par la B76, on atteint Kiel (deux cent quarante-neuf mille habitants), capitale du Schleswig-Holstein, port important et centre industriel actif. La ville s'étend sur le **Kieler Förde**, à l'entrée d'un canal très fréquenté de 100 km de long, qui aboutit à Brunsbüttel. Fondée en 1233, la ville devint un centre important des bords de la Baltique en 1865. A la création de l'Empire allemand en 1871, elle devint la plus grande base navale du pays. Trois monuments méritent une visite : le **Marine-Ehrenmal** (mémorial) de **Laboe** (à 16 km à l'est), le **musée de plein air de Molfsee** (à quelques kilomètres à l'ouest de la ville) et le grand **pont** qui enjambe le canal au nord. La **Holstenstrasse**, très animée, aménagée en zone piétonnière, est un bon exemple d'urbanisme moderne. La promenade du **Hindenburgufer** permet de se rendre compte de l'importance des installations portuaires et des chantiers navals. La **Kieler Förde**, vaste baie de la Baltique de 16 km de long, est bordée d'un grand nombre de stations balnéaires (**Falkenstein**, **Heinkendorf**, **Kitzeberg**, **Laboe**, **Möltenort**, **Mönkeberg**) reliées entre elles par des services de bateaux. Des régates, appelées *Kieler Woche,* ont lieu tous les ans au mois de juillet. Elles mettent en compétition des voiliers dans un environnement de rêve.

Au nord de Kiel on a le choix entre la B76 sur 28 km, ou la B503, plus pittoresque, qui mène après 47 km de forêt à **Dänischer Wohld** et jusqu'au port de pêche d'**Eckernförde**. C'est ici qu'arrivent les fameux harengs (*Spräten*) de Kiel. Ils y sont fumés et emballés.

La B76 continue vers l'ouest jusqu'à **Schleswig**. Quelques kilomètres avant Schleswig, on peut visiter les centres de loisirs de **Stexwig** et **Haddeby**, où se trouvent les vestiges de **Haithabu**, qui

Le Schleswig-Holstein, terre fertile battue par l'air salin.

était, il y a mille ans, le plus grand centre commercial viking d'Europe, situé entre les fleuves Eider et Schlei, il était relié à la fois à la Baltique et à la mer du Nord. Des bateaux vikings sont exposés dans un **musée** récemment ouvert.

Schleswig

Schleswig est la plus ancienne agglomération du pays, elle a succédé à Haithabu au XIIe siècle. Il faut visiter le magnifique **château Renaissance de Gottorf**, qui abrite deux musées importants : le **Musée régional** (Landesmuseum) et le **musée régional de Préhistoire** (Museum für Vor-und Frühgeschichte) qui est l'un des meilleurs d'Allemagne. Le **vaisseau de Nydam**, bateau viking du IVe siècle, est une pièce des plus rares : trente-six rameurs étaient nécessaires pour faire avancer l'embarcation. La **cathédrale Saint-Pierre** en partie romane, en partie gothique, abrite le fameux **retable de Bordesholm**, œuvre de Hans Brüggemann (1521), qui comporte trois cent quatre-vingt-douze figures sculptées, dominées par celle de la Sainte-Vierge.

Au nord-est de Schleswig s'étend la **presqu'île d'Angeln**, d'où est partie la tribu germanique du même nom à la conquête de l'Angleterre aux Ve et VIe siècles. A remarquer, le grand nombre de *Knicken*, longues clôtures destinées à couper le vent, et les **tombes mégalithiques** qui bordent la route.

A partir de Schleswig, on a deux possibilités pour atteindre Flensbourg. La route la plus courte (38 km) est la B76 (**Ochsenweg**, « le chemin des bœufs »), qui relie le Danemark à Hambourg. Une route plus longue mais très pittoresque (la B201) traverse la presqu'île d'Angeln et le port de pêche de **Kappeln**. A Kappeln, on peut faire un détour de 10 km jusqu'à **Maasholm**, célèbre pour ses restaurants de poissons. On aurait tort de ne pas goûter l'anguille fumée, spécialité de la région.

La route B199, venant de Kappeln, permet d'autres détours intéressants vers la mer Baltique. A **Ringsby** (40 km) on tourne à droite pour visiter le **château de Glückburg** (XVIe siècle), entouré d'un bel **étang** (Schlossteich) et qui abrite un **musée de Tapisseries**.

Flensbourg (Flensburg)

En revenant vers la B199 par **Glückburg**, on atteint Flensbourg (quatre-vingt-dix mille habitants), la ville la plus septentrionale d'Allemagne, à quelques kilomètres seulement de la frontière danoise. Fondée il y a sept cents ans, Flensbourg a été un centre commercial actif. Depuis le XVIIIe siècle, des milliers de bateaux déchargent du rhum en provenance des Indes occidentales à Flensbourg, où il est conditionné. Elle fut le dernier siège du gouvernement allemand présidé par Dönitz après la disparition de Hitler (1945). C'est la porte de la Scandinavie, le siège de l'école navale allemande et celui de la **Kraftfahrzeugbundesamt**, le bureau qui enregistre les voitures et les contraventions en Allemagne. Sur la vieille **place du Marché**, on peut voir encore les *Schragen* (1595), étals sur lesquels boulangers et bouchers vendaient leurs marchandises. La porte en brique, à pignon à redans, construite en 1595, la **Nordertor**, à la limite nord de la vieille ville, est le symbole de Flensbourg.

Dégustation de hareng saur.

LA THURINGE ET LA SAXE

La Thuringe et la Saxe font partie des six nouveaux Länder (avec le Mecklembourg, le Brandebourg, la Saxe-Anhalt et Berlin, devenue un Land depuis l'unification) nés de la disparition de la République démocratique allemande. Leur morphologie générale se compose de collines aux pentes douces, de forêts aux horizons infinis et de villages médiévaux.

La Thuringe est la plus petite des cinq nouvelles provinces, mais c'est ici que l'on trouve la plus grande densité de population, avec deux millions et demi d'habitants qui fournissaient un cinquième de la production industrielle de l'ancienne Allemagne de l'Est. Ainsi, les automobiles Wartburg ont été fabriquées à **Eisenach** jusqu'en mars 1991, et le matériel optique de la firme Zeiss provenait d'**Iéna**.

La Saxe, comptant cinq millions d'habitants, participait pour un tiers dans le P.N.B. de l'ex-R.D.A (textiles de **Chemnitz** – qui vient de retrouver son nom après avoir été pendant plus de quarante ans Karl-Marx-Stadt –, ordinateurs et machines de bureau Robotron de Dresde, par exemple). Au début du XVIIIe siècle, la Saxe inventa la porcelaine en cherchant à fabriquer de l'or artificiel, et Meissen a repris le flambeau : sa manufacture de porcelaine à pâte dure continue à travailler selon la tradition ancienne.

Néanmoins, ce pays qui pourrait être idyllique souffre aussi de la pollution, en particulier la région qui englobe **Leipzig** et **Halle**. Cette dégradation de l'environnement est due principalement aux mines de lignite et d'uranium et à l'industrie chimique, mais l'agriculture porte également une grande responsabilité dans ce domaine. Autre exemple : sur la route nationale qui relie Eisenach, Weimar, Iéna et Dresde, le voyageur découvre des ruines et, sur certaines d'entre elles, des chantiers de restauration. Le pays semble se relever lentement de quarante années de socialisme.

La Saxe et la Thuringe faisaient toutes deux partie de l'empire des Wettin. Elles ne furent séparées que pendant une centaine d'années, avant la Réforme. La Thuringe et le nord de la Hesse, en particulier **Kassel** et Smalkalde, furent intimement liées pendant plusieurs siècles. Le nouveau blason de la Thuringe – lion rouge et argent sur fond bleu – ressemble fort à l'emblème de la Hesse. Cette proximité historique et spatiale incite à commencer à Kassel le périple à travers le sud de l'Allemagne orientale, puis à prendre la direction de **Dresde**, non sans une petite escapade dans la **forêt de Thuringe** (Thüringer Wald) jusqu'à Smalkalde (Schmalkalden).

Pages précédentes : deux vues de la forêt de Thuringe. A gauche, les statues de Goethe et de Schiller, à Weimar.

Celle
Aller
Langen-
hagen
Fuhse
Gifhorn
Elbe-Seitenkanal
Oebisfelde
Stendal
Rathenow
Burgdorf
Wolfsburg
Mittellandkanal
Hannover
Genthin
Braunschweig
Helmstedt
Elbe-Havel-Kanal
Burg
Salzgitter
Wolfenbüttel
Hildesheim
Magdeburg
Innerste
Bode
Schönebeck
Huy
314
Goslar
Bad Harzburg
Halberstadt
Elbe
HARZ
Brocken
1142
Quedlinburg
Bernburg
Dessau
Leine
Osterode
Bode
Aschersleben
Köthen
Elend
Saale
Sorge
Harzgerode
Petersberg
250
Wolfen
Göttingen
Nordhausen
Eisleben
Halle
Delitzsch
Sanger-
hausen
BUNDESREPUBLIK
DEUTSCHLAND
Kyffhäuser
477
Merseburg
Unstrut
Weiße Elster
Eschwege
Mühlhausen
Sömmerda
Naumburg
Unstrut
Creuzburg
Hörschel
Eisenach
Gotha
Erfurt
Weimar
Jena
Altenburg
Wurtha
Thal
Gera
Ruhla
Großer Inselberg
916
Arnstadt
Ronne-
burg
Bad Salzungen
THÜRINGER
Schmalkaden
Großer
Beerberg
Ilmenau
Zella-Mehlis
Greiz
Saalfeld
987
Suhl
Wasser-
kuppe
950
Meiningen
WALD
RHÖN
Werra
Plauen
Weiße Elster
Kreuzberg
930
Rennsteig Path
Blankenstein
Hof
Döbraberg
795
FRANKENWALD
Bad Neustadt
an der Saale
Coburg
Bad Kissingen
Fränk. Saale
HASSBERGE
Saale
Kulmbach
FICHTEL-
GEBIRGE
Staffelberg
539
Schweinfurt

L'est de l'Allemagne

À gauche, Wartburg ; à droite, le centre d'Eisenach.

EISENACH ET GOTHA

« Trans-Banane » est le surnom que l'on donna à la nationale 7 après l'ouverture de la frontière en 1989, lorsqu'elle vit les colonnes de voitures – les fameuses Trabant – déferler sans discontinuer vers l'Ouest. La banane, absente des tables depuis quarante ans, était devenue le symbole de la qualité de vie occidentale. **Kassel**, célèbre pour ses parcs et ses musées, a été décrite dans le chapitre « Les Frères Grimm ». Actuellement, la circulation est pratiquement ininterrompue sur la nationale 7 (F7) en direction d'Eisenach. Le flot de voitures traverse des petits villages paisibles jusqu'à présent à l'écart de la vie moderne. Point n'est besoin de panneaux indicateurs pour distinguer aujourd'hui le passage qui marquait l'entrée et surtout la sortie de l'ancienne R.D.A. En effet, les rangées de vieux arbres noueux ne subsistent le long des routes que là où, comme partout ailleurs en R.D.A., on a oublié d'aménager les bas-côtés. C'est là que se trouve le centre géographique de l'Allemagne nouvelle : dans le triangle formé par Eisenach, Mühlhausen et Eschwege.

Creuzbourg

Creuzbourg (Creuzburg)est située à 70 km de Kassel, c'est la première ville frontalière. Elle a vécu pendant plus de quatre décennies en zone interdite. Les citoyens de la R.D.A. eux-mêmes ne pouvaient y pénétrer que munis d'un laissez-passer spécial. On y a retrouvé des traces d'habitation remontant à 4000 ans av. J.-C. Les Celtes occupèrent le site jusque vers l'an 200 av. J-C., époque à laquelle ils furent chassés par les Germains. En 724, l'évêque Boniface consacra une chapelle édifiée sur le vaste domaine royal des rois francs qui domine la ville. A la sortie de Creuzbourg, sur la gauche, derrière le pont de pierre qui enjambe la **Werra**, fut construite à la fin du XVe siècle la **Liborinuskapelle**, véritable petit joyau du gothique flamboyant.

A quelques kilomètres seulement, toujours sur la nationale F7, en direction du sud-est, on traverse **Herleshausen**, l'ancien poste frontalier, avant d'arriver à Eisenach établie au fond d'une cuvette et dont le ciel est perpétuellement terni par les émanations industrielles.

Eisenach

A Eisenach, agglomération de cinquante mille habitants, le château, l'hôtel de ville, la Résidence, l'église Saint-Georges et le syndicat d'initiative entourent la vieille **place du Marché**. L'une des plus belles et des plus anciennes maisons bourgeoises de la ville, dans laquelle Martin Luther vécut de 1498 à 1501 chez Ursula Cotta lorsqu'il fréquenta l'école de latin, fut détruite en 1944. Elle a été reconstruite telle quelle et baptisée **Maison de Luther** (Lutherhaus).

Johann Sebastian Bach naquit à Eisenach le 21 mars 1685 dans la rue Frauenplan ; sa maison natale abrite actuellement le **musée Bach**.

La fermeture des usines d'automobiles Wartburg entraîna la mise au chômage de seize mille personnes, y compris les sous-traitants. Entre-temps il est vrai, la firme

Opel a investi un milliard de marks dans de nouvelles installations. Les écologistes craignent que l'extension industrielle ne provoque d'importants changements climatiques dans la vallée de l'Hörsel, orientée ouest-est, qui permet la ventilation de la ville située dans une cuvette.

La Wartburg

Cette fameuse forteresse dominant la ville d'Eisenach est juchée sur un plateau rocheux de 400 m d'altitude. Elle connaît les mêmes records d'affluence touristique que le château de Neuschwanstein mais, sur le plan historique, elle a beaucoup plus à offrir. En effet, Martin Luther et sainte Élisabeth y habitèrent. Au Moyen Age, s'y déroulaient de fameux concours de trouvères ; actuellement elle est le théâtre des non moins fameuses fêtes de la Wartburg. D'après la légende, elle aurait été fondée par Louis le Sauteur en 1067. « Wart Berg, je veux que tu deviennes ma forteresse », s'écria-t-il à haute voix, et il fit venir de la terre de Schauenburg pour y affirmer sous la foi du serment qu'il était bien sur « son propre territoire ». La salle des Landgraves, qui lui est dédiée, a été décorée en 1854, d'une frise historique sous le plafond, par Moritz von Schmid.

C'est sous le prince Hermann Ier (1190-1217) qu'eut lieu la légendaire « guerre des Trouvères » (1206-1207), qui allait permettre de découvrir les plus célèbres d'entre eux, Walther von der Vogelweide, Wolfram von Eschenbach et Heinrich von Ofterdingen. Sujet de la manifestation : Pourquoi notre prince Hermann est-il tellement brillant ? Bien des siècles plus tard, cette légende servit de thème aux *Contes des frères Sérapion* (1819-1821) de E.T.A. Hoffmann, au *Phantasus* (1816) de Ludwig Tieck et à l'opéra de Richard Wagner *Tannhäuser*. Dans la salle des Trouvères, une fresque datant de 1855 rappelle ce festival de musique.

De même, on perçoit encore dans la forteresse de la Wartburg le rayonnement de sainte Élisabeth (1207-1231), qui fut canonisée en 1235. La fille du roi de Hongrie épousa le landgrave local et, un an plus tard, mit au monde son premier

La lignite est un combustible pauvre qui dégage beaucoup d'anhydride sulfureux ; néanmoins dans les régions minières on l'appelle « la mère nourricière

enfant, Hermann. La jeune femme, habitée par la foi franciscaine, fit édifier des églises, fonda des asiles et des hôpitaux. Son confesseur, ami personnel du pape, lui ordonna, alors qu'elle était âgée de dix-huit ans, une ascèse rigoureuse et une patience exemplaire pour supporter tous les fardeaux que lui imposait la vie. Un jour qu'elle portait du pain et de la viande cachés sous son ample manteau pour les distribuer aux vieillards de l'hospice, elle fut soumise à un contrôle policier mais, quand on ouvrit le manteau, on ne trouva que des roses. Dans l'ancien appartement d'Élisabeth, un vitrail somptueux datant de 1902-1906 représente des scènes de la vie et de la légende de la sainte.

Martin Luther, qui venait de Worms où il s'était refusé à désavouer publiquement devant l'empereur Charles sa critique de l'Église catholique, préféra s'enfuir. Pour les catholiques, le pouvoir était entre les mains de Dieu, et immuable. Luther établit les principes fondamentaux de l'éthique protestante, les futures superstructures idéologiques des sociétés industrielles occidentales. Il est déclaré hors-la-loi et mis au ban de l'Empire. Son protecteur, Frédéric de Saxe, le fit enlever et cacher au château de la Wartburg. C'est là que, sous le déguisement du « chevalier Georges », il passa dix mois de semi-captivité au cours desquels il sombra dans la dépression, jusqu'à ce que ses amis le convainquent enfin de traduire la Bible. Il apporta une contribution notable à l'art de la traduction : « Il ne s'agit pas de se demander comment exprimer le texte latin dans un allemand littéral. Ce qu'il faut, c'est le rendre compréhensible à l'homme de la rue. »

Tout le second étage a été aménagé en salle de fête somptueuse, ornée de piliers aux chapiteaux datant du XIIe siècle et d'un plafond à caissons en bois ajouté au siècle dernier. Au-dessus de la cheminée est suspendue la bannière des corporations d'étudiants (Burschenschaften). La marche des Corporations, à la fête de la Wartburg de 1817, avec les drapeaux noir, rouge, or, était dédiée à l'unité allemande. Elle se voulait aussi un défi aux princes et aux monarques conservateurs des petits États. Malgré le temps qui

La pauvreté des sols des montagnes n'autorise que la culture et l'élevage extensifs.

passe, ce rayonnement de l'histoire allemande reste toujours perceptible dans la Wartburg, et c'est ce qui, en premier lieu, explique l'attraction magique exercée par la forteresse. Au XIXe siècle, elle menaçait ruine. La restauration, commencée sur l'initiative de Goethe, fut achevée en 1890.

Les monts de Hörsel

On reprend la F7, qui conduit tout d'abord à **Sättelstädt** où l'on tourne à gauche, à l'église, pour atteindre les monts de Hörsel (Hörselberge). La route grimpe en pente raide vers cette chaîne de calcaire conchylien de 7 km de longueur seulement. De l'autoroute toute proche, on en distingue d'ailleurs parfaitement la silhouette. On peut avoir la surprise de rencontrer, surtout par temps de brume, le plus célèbre des habitants des Hörselberge, Wotan, le roi des dieux de la mythologie germanique. Ses compagnons de la Chasse Sauvage (Wilde Jagd) portent sur le dos leur tête, leurs bras et leurs jambes perdus dans les combats et hurlent comme le vent de la tempête. Le son des cors et des cris précède cette troupe effrayante. Mais le fidèle Eckart est là pour donner un conseil : ou bien on évite la Wilde Jagd, ou bien on ferme les yeux. Sur la crête, à 480 m d'altitude, quelques pas seulement séparent l'auberge de la **grotte de Vénus**, la déesse « vêtue de voiles légers à la manière païenne et d'un charme indicible », qui a, dit-on, séduit le chevalier Tannhäuser pendant sept ans.

Frau Holle est le personnage le plus connu de ces monts, qui récompense les courageux et châtie les paresseux. Une de ses filles, Goldmarie, cueille les pommes mûres au bon moment et ne laisse pas brûler le pain. Elle agit en harmonie avec la nature et, de nos jours, elle est le symbole des féministes écologistes.

Au sud, séparée des monts de Hörsel par la dépression du **Hörsel**, affluent de la Wirra, s'étend la **forêt de Thuringe** (Thüringer Wald), réservoir d'oxygène de la région, qu'on surnomme « les poumons verts » de la Thuringe, paradis du ski et de la randonnée. Elle abrite des villages qui ont gardé leurs traditions tout en

Vue de Gotha et de son hôtel de ville.

étant ouverts au tourisme : **Oberhof**, **Friedrichroda** et **Bad Liebenstein**.

Gotha

On distingue de très loin déjà le **château de Friedenstein** qui domine la ville du haut de son perchoir. Construit après la guerre de Trente Ans, entre 1643 et 1657, c'est le premier château baroque allemand. Le comte Ernest le Pieux désirait un logis composé de trois ailes contiguës, dans le style des palais italiens. Cette famille féconde donna naissance à tous les ancêtres des maisons royales de Suède, d'Angleterre, de Belgique et de Bulgarie. Le château abrite plusieurs musées très intéressants. Un **musée de la Cartographie** rappelle le souvenir de Johann Georg Justus Perthes, fondateur des éditions J. Perthes. L'*Almanach de Gotha* et, surtout, les ouvrages de géographie en firent la réputation. En 1953, la firme fut transférée à Darmstadt. Dans le musée du château, les pièces d'habitation et d'apparat ont été conservées, qui abritent notamment une collection de tableaux de Cranach l'Ancien, de Rubens et de Franz Hals. Dans la tour occidentale se trouve le **théâtre Eckhof** qui, avec sa machinerie de scène, est resté pratiquement intact.

Tous les bâtiments historiques de Gotha, originaux ou restaurés, entourent la **place du Marché**, une place rectangulaire située au cœur de la vieille ville. Le plus spectaculaire d'entre eux est l'**hôtel de ville**, ouvrage Renaissance, de couleur rouge. C'est dans le Tivoli de Gotha que fusionnèrent, en mai 1875, le parti social-démocrate des travailleurs (venant d'Eisenach) et l'Association des travailleurs allemands (disciples de Ferdinand Lassalle). Cette fusion fut à l'origine de l'organisation qui forma ensuite le S.P.D., le parti socialiste allemand. En 1990, les sociaux-démocrates de l'ex-R.D.A. choisirent ce lieu historique pour poser les bases de leur nouveau parti.

L'**Institut géographique**, fondé en 1785 par Justus Perthes, possède une collection de cartes et de documents géographiques du monde entier.

Tous les abitants de ex-R. D. A. interrogent sur leur avenir.

LA FORÊT DE THURINGE

Au sud des villes d'Eisenach, de Gotha, d'Erfurt, de Weimar et d'Iéna commence la région doucement vallonnée de la forêt de Thuringe (Thüringer Wald), paradis des randonneurs. Aujourd'hui, les amoureux de la nature redécouvrent le calme et le repos de ce réseau dense de sentiers pédestres, long de 168 km. Goethe aimait à s'y promener. Des voiles de brume et des échappées de nuages s'allongent et se déploient sur les prés ondulants et les terrasses de verdure. Le gel en pétrifie les hauteurs pendant cent cinquante jours par an. La **Werra** prend sa source à proximité du Rennsteig. Elle limite la forêt de Thuringe au sud, où ses eaux sont fortement salées par les mines de potasse proches.

Parmi les châteaux et les forteresses, en bordure des villages médiévaux nichés dans les vallées, la population a installé des jardinets et parfois un petit chalet pour s'assurer un refuge privé. Le dialecte local a gardé sa couleur, faite d'une certaine nonchalance. Pas plus que l'animation citadine, on ne rencontre en ces lieux le chic, l'élégance et le style que donne une vie mondaine.

Vue de Smalkalde.

Thal et Ruhla

A **Wutha**, dans les monts de Hörsel, on quitte la F7 pour prendre vers le sud, en direction de Thal. Lorsque, en mars 1920, après la Première Guerre mondiale, éclata à Berlin le putsch des forces nationalistes de droite groupées autour de Kapp, fonctionnaire de Prusse orientale, les travailleurs décrétèrent la grève générale dans tout le pays. A Thal, ils avaient réquisitionné des armes stockées chez un particulier. Des volontaires du « corps d'étudiants de Marburg » armés capturèrent quinze travailleurs et les fusillèrent sur la route de Gotha. Les auteurs de cette exécution arbitraire furent acquittés. Un monument dressé dans le cimetière rappelle ce meurtre odieux.

Sur la route qui mène à Ruhla, quand on commence à monter vers le Rennsteig, l'épicéa domine. Les maisons de cette petite localité de sept mille habitants s'entortillent tant bien que mal sur les pentes des monts boisés, le long de la vallée encaissée de la rivière. Ruhla n'est pas seulement la ville des fabricants de pipes, artisanat dont le **musée** local retrace l'historique, elle est surtout le berceau de la fabrication des montres, des pendules et du matériel de précision. Par la suite, l'industrie de l'électricité automobile est venue s'y implanter à son tour. On y fabrique, pour l'exportation, toutes les pièces nécessaires aux circuits électriques des automobiles. Cette industrie emploie douze mille personnes qui habitent les localités environnantes.

Le Rennsteig

Cette route de randonnée à travers la montagne, la plus célèbre de toute l'Allemagne, part de **Hörschel**, près d'Eisenach, et pénètre jusqu'à 15 km à l'intérieur de la Bavière. Elle est à coup sûr plus ancienne que ne l'indique la première mention historique qui en est faite dans les documents de 1330. Le

Rennsteig croise la route carrossable à la sortie de Ruhla, non loin du **Grosser Inselsberg** (916 m d'altitude), puis une seconde fois un peu plus au sud-est, sur le **Grosser Beerenberg** (982 m), avant Ilmenau. Il a toujours été une frontière naturelle entre la Thuringe d'un côté, la Hesse et la Franconie de l'autre. Les eaux s'écoulent à l'ouest vers la Weser et le Rhin, à l'est vers l'Elbe. Nul ne sait qui a emprunté cette voie dans les temps anciens. Il est possible aussi que les Celtes soient passés par le Rennsteig lorsqu'ils furent assaillis par les Germains et obligés de quitter leurs forteresses. A-t-il servi de voie de communication aux porteurs de messages ? A-t-il été un tronçon de voie rapide menant aux rives du Danube ? Quoi qu'il en soit, il faut à un bon marcheur au moins cinq jours pour parcourir cette distance de 168 km, sur un chemin entièrement balisé par des « R ».

Bad Liebenstein

Tout comme à Ruhla, à Bad Liebenstein, la petite industrie vit en pleine harmonie avec la forêt et son principal trésor, les eaux thermales. Depuis 1610, la bourgade est spécialisée dans le traitement des maladies cardiaques. Mais on ne peut pas vivre uniquement des hôpitaux. Aussi fabrique-t-on à Liebenstein des gâteaux secs pour le pays et des sonnettes de bicyclettes pour le Benelux. Toute cette activité se déroule dans le cadre charmant de maisons à colombage restaurées (le **bureau de poste**, par exemple, a tout à fait l'allure d'un petit château) et d'établissements thermaux récents.

On longe la vallée encaissée de la **Truse** et sa cascade, puis on grimpe l'étroit sentier en lacets pour atteindre une autre petite ville qui a, elle aussi, un passé historique très chargé.

Smalkalde

C'est à Smalkalde (Schmalkalden) que la Réforme est sortie de son cadre spirituel pour se matérialiser. La démocratisation de l'office religieux entreprise par Luther n'avait plus que de lointains rapports avec les pures questions de foi. Les pro-

Vieille maison d'Arnstadt.

testants s'unirent en 1530 pour former la Ligue de Smalkalde, afin de se défendre contre les attaques des puissances catholiques du Saint Empire romain germanique, et de propager la Réforme. A l'apogée de son pouvoir, la Ligue de Smalkalde tint son congrès décisif le 10 février 1537. Il réunit dix-huit princes protestants et les représentants de vingt-huit villes hanséatiques et villes impériales, ainsi que les légats du Danemark, de la France, de l'empereur Charles-Quint et du pape, et quarante-deux théologiens éminents parmi lesquels Mélanchton et Luther.

A ce congrès il était question avant tout du pouvoir dans les Länder allemands. Le représentant de l'empereur se heurta à une hostilité unanime, mais l'accueil réservé au légat du pape fut encore plus brutal : on ne l'écouta même pas. Luther publia ses *Articles de Smalkalde* rédigés dans un style net et tranchant, qui scellèrent la séparation définitive entre les églises catholique et protestante. L'empereur Charles Quint déclara la guerre de Smalkalde et écrasa les princes ligués à Mühlberg-sur-l'Elbe, qui signèrent, le 19 mai 1537, la capitulation de Wittenberg. Le triomphe du protestantisme n'en fut pas pour autant diminué. En 1555, presque toute l'Allemagne était passée à la Réforme. La paix d'Augsbourg établit un compromis religieux entre les deux confessions, mais Luther n'était plus là pour s'en réjouir puisqu'il avait rendu l'âme en 1546, à Eisleben.

Sourire accueillant

La ville de Smalkalde est mentionnée pour la première fois dans les documents de 874. Elle appartenait tout d'abord aux landgraves de Thuringe, puis passa entre les mains des comtes de Henneberg. Pendant deux cents ans, elle fut soumise à la domination commune des comtes de Henneberg et des landgraves de Hesse et, après l'extinction de la famille Henneberg, elle revint aux seuls landgraves de Hesse-Kassel. Le landgrave de Hesse-Kassel, Guillaume IV, fit construire en 1590 le **château de Wilhelmsburg** en guise de pavillon de chasse et résidence d'été. Le château abrite actuellement un **musée** qui retrace l'époque florissante du traitement du fer et de l'acier, ancêtre de l'industrie sidérurgique, et son développement depuis le XVe siècle. Les architectes et les artistes qui travaillèrent à la construction et à la décoration du château venaient en majeure partie de la cour de Kassel. L'intérieur, abondamment décoré de stuc et de fresques, et remarquablement restauré, forme un ensemble plein de charme et d'harmonie. Toute la façade extérieure a conservé les couleurs de la Hesse, rouge et blanc.

Enfin, il faut absolument voir la **maison** soigneusement restaurée **de Luther** (Lutherhaus), située sur le Schlossberg.

Smalkalde demeura longtemps un centre de fabrication d'objets en acier d'utilité courante. Depuis 1745, on y ajouta celle des fusils et, durant la Seconde Guerre mondiale, celle des grenades à main et des lance-fusées antichars. Deux bombardements aériens détruisirent un grand nombre de maisons d'habitation et d'installations industrielles. Seule une petite partie de la vieille ville médiévale est restée sauve.

Les petits villages assoupis dans la forêt, **Steinbach-Hallenberg**, **Zella-Mehlis** et **Oberhof**, sont à la fois charmants et vivants grâce à leur église baroque et à leur petite industrie diversifiée. Le village d'Oberhof (trois mille habitants, situé à 830 m d'altitude, est devenu un centre de sports d'hiver réputé qui reçoit plus de cent mille vacanciers par an. Ils y trouvent un tremplin de ski sur le Rennsteig, un stade de biathlon et une piste artificielle de patinage de vitesse.

Ilmenau et Arnstadt

Après avoir escaladé la montagne en lacets et passé la crête, la route redescend vers Ilmenau, ville de trente-cinq mille habitants dominée par une usine de fabrication de verre industriel. Goethe fit de nombreux séjours à Ilmenau, et il fut même envoyé par le comte de Weimar en 1776 pour y faire une étude sur les mines d'argent et de cuivre. En 1780, il composa un poème dithyrambique sur la pureté de l'air dans un petit pavillon de chasse situé sur le **mont Kickelhahn**, juste en face de la fabrique. La **route de Goethe**, sentier de randonnée de 18 km, part de l'hôtel de ville d'Ilmenau, traverse **Manebach** et aboutit à la **maison de Goethe** (Goethehaus), près de Stützerbach.

On trouve pour la première fois la mention officielle d'Arnstadt dans un document de l'an 704. Elle est située sur la F4, à environ 10 km au sud d'Erfurt. Pendant deux cents ans, à partir de 1620, Caspar, Heinrich, Johann Christoph et surtout Johann Sebastian Bach ont marqué de leur empreinte l'histoire de la musique de cette ville. Caspar sonnait les heures sur la Neideckturm, et Bach tint les orgues de l'actuelle **église**, qui porte son nom, de 1703 à 1707. Le **musée du château** abrite la « ville de Poupées Monplaisir », ensemble de quatre cents poupées de cire datant de 1690 à 1750, collectionnées par la princesse Augusta Dorothea. Arnstadt est connue également pour ses fabriques de cristal, art mis au point au XVIIe siècle et cultivé aujourd'hui par les tailleurs de verre de Bohême et de Thuringe. A 11 km au nord-ouest, la fameuse cuisine de la **Wachsenburg** a fait de ce restaurant un temple renommé de la gastronomie.

Les saucisses grillées de Thuringe sont réputées.

ERFURT ET WEIMAR

Renaître de ses ruines, tel est le rêve persistant de la nouvelle capitale de la Thuringe, Erfurt (deux cent vingt mille habitants), la plus grande ville de la province. Elle vient de fêter ses 1 250 ans d'existence et possède un patrimoine architectural puisqu'elle a été, en partie, épargnée par la guerre. Mais jusqu'à présent, on a plutôt songé à démolir qu'à restaurer. Des bâtiments précieux pour l'histoire de l'architecture, tels **La Roue dorée** (Das goldene Rad), la **Couronne** (Krone) et le **Fruchtbazar**, attendent désespérément leur restauration. Le **quartier Saint-André** en particulier, peuplé par des générations d'artisans qui y travaillaient autrefois, est souillé de lambeaux de crépi, de gouttières cassées et de vitres brisées gisant sur le trottoir. Sur onze mille logements, six cent cinquante étaient encore habitables, mais souvent dans des conditions précaires.

Enfin, lorsqu'on projeta de percer un grand boulevard circulaire – un Ring – qui devait traverser tout le quartier, la ligue de la Jeunesse protestante commença à réagir. En décembre 1989, des milliers de citoyens formèrent une chaîne humaine et encerclèrent la vieille ville pour la protéger du sacrilège. Cette muraille entoura aussi des bâtiments qui avaient déjà été rénovés : le **pont des Boutiquiers**, bordé de maisons aujourd'hui occupées par des galeries d'art et des magasins d'antiquité (il faut aller boire un café chez **Renate Michaelis**) ; la **cathédrale** (Dom) consacrée en 742, qui possède une des plus grosses cloches du monde, la ***Gloriosa***, et un porte-flambeau datant du XIIe siècle, le ***Wolfram***.

L'**église Saint-Sévère** (Severikirche) est également un haut lieu de la ville historique, que l'on visite pour sa somptueuse décoration de stuc et le sarcophage du saint qui date du XIVe siècle. Une vingtaine d'autres églises et monastères dressent leurs tours et leurs clochers vers le ciel et donnent à la ville son originalité. L'**église des Carmes Déchaussés** (Barfüsserkirche), **des Dominicains** (Dominikanerkirche), **des Frères prêcheurs** (Predigerkirche) et **des Augustins** (Augustinerkirche), le **monastère des Bénédictins** (Benediktinerkloster) et le **couvent des Ursulines** (Ursulinenkloster) restent les témoins des nombreux ordres qui se sont établis à Erfurt. Le moine Boniface prêcha la foi chrétienne aux Germains païens de la ville et des environs. En 742, il fonda un évêché qui ne tarda pas à être rattaché à celui de Mayence. La ville connut son apogée au Moyen Age grâce à l'exportation de ses étoffes teintes en bleu pastel. A partir du XVIIe siècle, l'horticulture et la culture maraîchère se développèrent qui devinrent un véritable facteur économique ; ce fut l'origine de l'exposition permanente d'horticulture I.G.A.

Erfurt était déjà la capitale de la Thuringe entre 1948 et 1952, jusqu'à ce que la R.D.A. fût partagée en districts. Le 19 mars 1970, Willy Brandt et Willi Stoph se rencontrèrent une première fois à l'hôtel d'Erfurt (Erfurter Hotel), près de la gare centrale, pour lancer la nouvelle *Ostpolitik* (la politique de l'Est) et, le 21 mai de la même année, ils se retrouvèrent

Ruelle d'Erfurt bordée de maisons à pans de bois.

à Kassel. On trouve encore des traces de l'opulence passée de la ville dans l'actuelle zone piétonnière qui entoure le petit **marché aux poissons** de forme carrée, dominé par la **statue de Roland** (1591), sur lequel donne aussi l'**hôtel de ville**, de style néogothique.

Weimar

Les habitants (soixante mille) de cette ville célèbre dans le monde entier, située à 20 km seulement d'Erfurt, auraient aimé qu'elle devienne la nouvelle capitale du nouveau Land de Thuringe, comme elle l'était en 1920. Profondément imprégnée de culture et de tradition, elle reste un lieu de pèlerinage privilégié pour les visiteurs férus de culture. C'est la duchesse de Saxe-Weimar, Anne-Amélie (1739-1807), qui fit de Weimar une métropole culturelle au rayonnement international. Cette princesse était à la fois poète, compositeur et amateur d'art. Fille du duc Charles Ier et nièce de Frédéric le Grand, elle épousa très jeune le duc Ernest-Auguste-Constantin, dont elle eut deux fils, Charles-Auguste et Constantin. Devenue veuve à l'âge de dix-neuf ans, elle se chargea elle-même de la régence de la principauté de Saxe-Weimar-Eisenach. En 1772, elle fit venir le poète Christophe-Martin Wieland, professeur de philosophie à l'université d'Erfurt, qui devint le précepteur de son fils Constantin. A partir de 1774, Charles-Auguste fut confié à un officier prussien, Karl Ludwig von Knebel qui, la même année, présenta son élève à Johann Wolfgang von Goethe. A cette époque, le poète connaissait déjà la célébrité grâce à son roman épistolaire *Les Souffrances du jeune Werther*.

Anne-Amélie et Goethe

En 1775, la duchesse Anne-Amélie se retira du pouvoir afin de se consacrer entièrement à la littérature, à l'art et à ses « salons », innovation à laquelle elle tenait tout particulièrement. Ces réunions cultivées avaient pour cadre le **château de Tiefurt**, sa résidence d'été de style baroque construite au milieu d'un parc

La bliothèque le Weimar.

aménagé en jardin anglais. (Il est vivement recommandé de faire cette agréable promenade en aval de l'Ilm). La duchesse transmit les rênes du pouvoir à Charles-Auguste qui fit venir Goethe à Weimar. Le poète y restera près de soixante ans. En 1777, il prit la direction de la Commission d'exploitation minière d'Ilmenau et s'arrangea pour que les ouvriers retrouvent du travail, et le budget de la principauté son équilibre. Deux ans plus tard, il fut le premier Allemand à réduire les troupes d'une bonne moitié de leur effectif, soit deux cents fantassins. Cette mesure de restriction entraîna une diminution des impôts. Il se fit aussi le précurseur de l'idéologie syndicale en luttant pour que les ouvriers qui participaient à la construction du château de Weimar touchent des salaires tarifés. Mais ses efforts de réforme sociale n'eurent pas de succès. En 1786, déçu, il alla s'établir en Italie.

Goethe et Schiller

Friedrich Schiller arriva à Weimar en juillet 1787. Après le succès total des *Brigands* à Paris, Schiller avait déjà été nommé, le 26 août 1792, citoyen d'honneur de la République française par l'Assemblée nationale. Les deux poètes eurent une amitié dont on ne trouve de comparaison que dans celle qui unissait Montaigne et La Boétie. Lors de la première représentation, en 1798, de *Wallenstein*, drame de Schiller, Goethe collabora aux répétitions en sa qualité de directeur du théâtre, fonction qu'il exercera pendant vingt-six ans. Mais le rayonnement intellectuel et la force créatrice de Weimar sombrèrent en quelques années. Herder mourut en 1803, Schiller en 1805, la duchesse Anne-Amélie en 1807, Wieland en 1813. Goethe survécut à tous jusqu'en 1832.

Tous les lieux chargés d'histoire ont été préservés. Même ceux de l'histoire culinaire. Le **Weisser Schwan** (Le Cygne Blanc), le **Schwarzer Bär** (l'Ours Noir) et l'**Hotel Elefant** sur la **place du Marché**, que Thomas Mann choisit comme cadre de son roman *Lotte à Weimar* (la Lotte de Werther). **L'Esplanade** et le **Café Goethe** sont toujours bondés de monde eux aussi.

Le **château**, dans lequel Goethe avait eu l'intention d'effectuer des transformations, abrite de nos jours la **galerie d'État** avec ses collections d'art : chefs-d'œuvre de Cranach l'Ancien, du Tintoret, de Rubens et de Caspar David Friedrich. Tout à côté, le **Château vert** (Grüne Schloss) renferme la bibliothèque centrale du classicisme allemand, avec huit cent quarante mille ouvrages. Weimar peut être fière de ses livres, car les **Archives de Goethe et de Schiller**, sur la rive opposée de l'Ilm, en comportent aussi six cent mille.

Sur cette rive se trouve également l'ancienne **maison de Jardin** (Gartenhaus) de Goethe. Telle qu'on la voit encore aujourd'hui, on a l'impression que le prince des poètes vient juste de sortir pour faire sa promenade quotidienne. C'est là que Goethe, alors ministre, et sa maîtresse Christiane Vulpius, vécurent les plus belles années de leur amour. Au bout de dix-huit ans de vie commune, ils finirent par se marier (en 1806).

Dans la **maison de Goethe**, sur la **Frauenplan**, non loin du marché, on peut visiter dix-sept pièces. Elles sont toutes restées en l'état. Les visiteurs peuvent aller où ils veulent, mais ils sont priés de garder leurs distances dans la salle de séjour et le cabinet de travail qui se trouvent sur la partie arrière de la maison, pièces dans lesquelles, même de son vivant, Goethe ne recevait que ses amis les plus intimes. Une grille protège la bibliothèque qui contient huit mille volumes classés aujourd'hui encore selon son système personnel, sur de simples étagères peintes en gris. C'est aussi d'un regard plein de respect que l'on considère le célèbre pupitre, placé entre les deux fenêtres donnant sur le jardin, sur lequel Goethe écrivait debout. Dans le musée qui porte son nom, tout proche de sa maison, on se sent véritablement revenu à l'époque du poète.

A quelques pas de là également, dans la zone piétonnière, se trouve la **maison de Schiller** (Schillerhaus). Elle coûta au poète toute sa fortune, 4 200 thalers en 1802. Le nouveau **musée Schiller**, tout proche de la maison, est un bâtiment tout neuf avec de grandes salles claires, le seul bâtiment moderne que le régime socialiste ait construit pour en faire un musée

GOETHE

Le 7 novembre 1775, Johann Wolfgang Goethe, originaire de Francfort-sur-le-Main, foulait pour la première fois le pavé de la petite ville à la fois résidentielle et modeste de Weimar. Il avait vingt-six ans, et sa célébrité dépassait déjà les frontières de l'Allemagne, grâce à son roman *Les Souffrances du jeune Werther* (1774). Mais Goethe n'était pas seulement un écrivain. En un minimum de temps, le simple précepteur et ami du jeune duc Charles-Auguste, lui-même âgé de vingt ans, devint un haut fonctionnaire et siègea au Conseil d'État. Il fut anobli en 1782.

Au bout de dix ans de vains efforts pour imposer ses idées réformatrices, et de travail acharné au gouvernement de la principauté, période durant laquelle sa production poétique stagnait, Goethe se résigna à l'échec et partit pour l'Italie. En 1788, il revint à Weimar et reprit des responsabilités officielles. On lui confia la double fonction de ministre de l'Enseignement et de directeur du théâtre. En 1792 et 1793, il suivit le grand-duc Charles-Auguste qui avait pris part aux campagnes prussiennes contre la France. Il évoqua ces événements dans *La Campagne de France* (1822).

Dans la seconde moitié de sa vie, qui fut très longue puisqu'il mourut le 22 mars 1832, à l'âge de quatre-vingt-trois ans, il se consacrera surtout à la création littéraire et à d'importantes recherches en matière d'histoire naturelle, qu'il concrétisera dans de nombreux ouvrages sur la botanique, la zoologie, la géologie, la théorie des couleurs et la météorologie. La ville résidentielle de Weimar deviendra un lieu de pèlerinage pour les intellectuels de l'Europe tout entière.

Il ne fait aucun doute que Goethe occupe une position sans égal dans l'histoire de la culture allemande, mais elle n'est pas due uniquement à ses écrits. Tous ses ouvrages, production immense, ne sont que les « fragments d'une grande confession », selon ses propres termes. Il faut comprendre par là qu'un esprit ne doit pas se limiter aux investigations abstraites. Goethe était un homme extrêmement sensuel et doté d'un esprit également pratique. S'il est devenu un penseur universel, c'est parce qu'il voulait vivre dans l'universel. Toujours et partout, il éprouvait le besoin d'agir. Le besoin de sonder et de connaître l'esprit et la personnalité de l'homme, de les étendre jusqu'à l'universel, est aussi le thème central de son œuvre maîtresse, *Faust* (œuvre à laquelle il travailla pendant soixante ans). Faust, l'érudit dégoûté du savoir livresque sans âme, se donne au diable qui lui ouvre les portes des expériences humaines. Malgré les succès accumulés, Faust est un raté, plus intelligent mais dépourvu de sagesse, plus riche mais malheureux. Les anges sauvent son âme des griffes de Satan car, dit Goethe, « celui qui toujours cherche en un pénible effort, nous pouvons le sauver ».

Sa carrière, Goethe l'a jugée tout aussi tragique et il a espéré être sauvé, lui aussi, de la même manière que son héros. « La conviction de notre survie me vient de la notion d'activité, car si j'agis sans répit jusqu'à ma mort, il est du devoir de la nature de me donner une autre forme d'existence, quand l'existence présente ne pourra plus supporter mon esprit ».

Le dieu de Goethe, c'était la Nature. En elle, il se sentait en sécurité. Il fit de l'étude de la nature son office divin. Dans sa jeunesse, il fut célébré comme le plus grand génie de son temps, le prototype de l'individu créateur qui inventa un langage nouveau pour toute une génération, en exprimant par des mots ses propres sentiments. Plus tard, dans sa vieillesse, Goethe se considéra comme un « être collectif », et définit la grande sagesse qu'il avait acquise avec le temps et ses œuvres comme une synthèse souple d'une infinité d'impressions, d'incidences, d'empreintes. Il refusa d'être le représentant du groupe allemand qui visait un État national. En tant que traducteur, en tant que critique et en tant qu'auteur du poème *Le Divan occidental et oriental*, il mobilisa toutes ses forces pour une littérature universelle, dans l'espoir que les peuples européens en perpétuel conflit « prennent conscience les uns des autres, se comprennent et, s'ils ne peuvent pas s'aimer, apprennent au moins à se supporter mutuellement ».

dans toute l'ex-R.D.A. Si l'on se dirige vers le **Théâtre national**, on passe devant le **palais de Wittum** dans lequel la duchesse Anne-Amélie vécut pendant un peu plus de trente ans. Il abrite aussi un musée dédié à Christoph Martin Wieland. Enfin, on découvre devant la façade du Théâtre national la **double statue de Goethe et Schiller**, dressés côte à côte sur un socle élevé. Pendant les grandes manifestations de 1989 qui secouèrent également Weimar, ils portaient un panneau autour du cou, avec ces mots : « Nous, nous restons ici ». En 1919, l'Assemblée nationale siégea dans le musée, et c'est de là qu'elle proclama la Constitution de Weimar qui donna son nom à la première république allemande.

Nombreux encore sont les personnages célèbres qui séjournèrent dans la ville. Johann Sebastian Bach y occupa la fonction d'organiste de la Cour, de 1708 à 1717. Plus tard vinrent Franz Liszt qui y vécut dix-sept ans, Richard Strauss, Friedrich Nietzsche. Walter Gropius y fonda, dans les années vingt, l'école du Bauhaus, vite transférée à Dessau.

De sinistre mémoire

Le passé de Weimar est obscurci par le souvenir du camp de concentration de Buchenwald, aménagé en 1937 au nord-ouest de la ville. Plus de soixante mille déportés, venus de trente-cinq pays différents, y périrent. L'horloge du camp est restée fixée à 15 h 15, l'heure à laquelle les prisonniers se libérèrent eux-mêmes le 11 avril 1945. Mais elle ne marque pas pour autant la fin de la tragédie. Les services secrets soviétiques l'utilisèrent à leur tour. D'après les estimations des personnes qui participèrent à la construction du mémorial, treize mille autres déportés politiques environ y moururent entre 1945 et 1950, prétendument d'anciens nazis, dont beaucoup furent victimes de dénonciations arbitraires. Le **monument commémoratif**, qui porte une tour de 50 m, est visible de très loin. Il se trouve à environ 1 km du camp proprement dit, sur le **Grosser Ettersberg**, où Goethe travailla à la rédaction de son *Torquato Tasso* et où Schiller termina sa *Marie Stuart*.

Le Théâtre national et les statu[es] de Goethe et de Schil[ler] à Weimar.

DE IÉNA A CHEMNITZ

Après Gotha, Erfurt et Weimar, Iéna est la dernière des villes sur la nationale F7. Une fois qu'on a goûté au plat local, le succulent gratin de pâtes dans son moule à soufflé, on peut intéresser à deux personnages qui ont fait la grandeur de la ville : Carl Zeiss et Otto Schott.

Iéna, centre intellectuel

En 1846, Carl Zeiss (Weimar, 1816 - Iéna, 1888) ouvrit un atelier d'optique. Mais ce n'est qu'à partir de 1866, lorsqu'il travailla avec le physicien Ernst Abbe, que ses affaires commencèrent à être florissantes. Abbe mit au point le premier microscope construit selon des méthodes scientifiques. La condition première pour obtenir des appareils optiques de précision sont des verres optimum. Otto Schott, le chimiste, se chargea de les fabriquer. Il inventa le verre dit *Jenaer Glas* résistant au feu, et créa la verrerie Schott. L'industrie du verre marque encore aujourd'hui de son empreinte la ville d'Iéna, qui compte cent mille habitants. Le **musée de l'Optique**, situé sur la **place Carl Zeiss**, retrace la vie et l'œuvre d'Otto Schott et de Carl Zeiss, et expose treize mille appareils optiques et plus de mille objets qui ont fait l'histoire de l'optique. Près du Jardin botanique, le **planétarium Zeiss** (1926) fut doté en 1985 d'un appareil à projection panoramique qui montre neuf mille planètes dans une perspective cosmique.

Les naturalistes ne sont pas les seuls à avoir fait la grandeur de l'**université d'Iéna** fondée en 1558. C'est là que, en 1789, Schiller donna sa première conférence sur les idéaux de la Révolution française, dans une salle bondée d'auditeurs. Car à l'âge de trente ans, Schiller était déjà une personnalité célèbre. Depuis, il a donné son nom à l'université. La maison qu'il habita à Iéna et dans laquelle il écrivit *La Pucelle d'Orléans*, de 1797 à 1802, est devenue le **musée Schiller**.

Place Marché, Weimar.

Après qu'une recommandation d'Immanuel Kant lui eut permis de publier le texte *Critique de toute révélation*, le philosophe Johann Gottlieb Fichte (1762-1814), originaire de Rammenau, dans la Saxe, fut nommé, en 1794, professeur à Iéna et y connut la célébrité. Mais, en 1799, il fut accusé d'athéisme, reproche extrêmement sérieux et lourd de conséquences. Il se défendit par une déclaration écrite, mais perdit sa chaire de philosophie et fut chassé de l'université. Il termina sa carrière à l'université de Berlin, dont il devint le recteur.

En bordure de la place du Marché s'élève le plus ancien bâtiment de l'université, le **Collegium Jenense**, qui date du XIIIe siècle et, en plein centre de la place, se dresse la **statue** de son fondateur, le prince électeur Johann Friedrich, qui brandit une épée dans sa main droite. Tout à côté, la tour haute de 120 m qui abrite les bureaux administratifs de l'université est surnommée le ***Penis Jenensis***. Aussi controversée que soit l'esthétique de ce gratte-ciel, de nos jours, il ne paraît plus tellement déplacé en plein cœur de Iéna, car la ville a été presque entièrement rasée par les bombardements et reconstruite à présent dans un style qui semble s'être inspiré de cet édifice. En outre, du restaurant installé au vingt-cinquième étage, la tour offre aux visiteurs un panorama remarquable.

L'**hôtel de ville**, de style gothique tardif (1377) qui borde aussi la place du Marché, est l'un des seuls bâtiments qui ait échappé aux destructions de la guerre. C'est une construction en forme de halle à deux nefs, chacune d'elles étant surmontée d'un toit en croupe. Mais elle est surtout connue pour son horloge mécanique appelée **Schnapphans** (le Chenapan). Toutes les heures, Schnapphans, coiffé de son bonnet de bouffon, ouvre une large bouche édentée et engouffre une boule que lui tend un pèlerin. A ce moment précis, on entend distinctement une plainte rauque.

Gera

La ville de Gera, que traverse également la nationale F7, joue un rôle très particu-

Ci-dessou[s]
et à droite,
jeux
de lumière
vespérale
à Gera.

lier dans l'histoire récente de la R.D.A. C'est de la centrale de la Stasi, qui employait deux mille cinq cents espions et mouchards pour le seul canton de Gera, que fut lancé en décembre 1989 l'ultime appel à la contre-révolution, à l'échec du revirement démocratique.

Peu de temps après, le comité des citoyens occupa le pâté d'immeubles entouré de murs qui abritait la Sûreté de l'État (Stasi), afin de dissoudre cette organisation honnie, en veillant à ce qu'aucun dossier ne soit détruit. Tout ce matériel fut mis sous scellés par le Parquet, mais il attend toujours d'être examiné. Quelques rares victimes de la R.D.A. seulement ont été autorisées à consulter ces tristes archives rassemblées par quatre-vingt-six mille professionnels de la police secrète.

La dissolution de la Stasi s'est révélée, jusqu'à la réunification de l'Allemagne, l'un des problèmes les plus pénibles pour l'ex-R.D.A. Elle entraîna la démission de certains ministres, et des députés de la Chambre du peuple furent obligés d'abandonner leur mandat. Les **immeubles de la Stasi** ne sont qu'à quelques dizaines de mètres du cœur de la ville.

La **place du Marché** de Gera est l'une des plus belles de la Thuringe. Elle est bordée par l'**hôtel de ville** (Rathaus), du XVe siècle, dont on admire la tour somptueusement décorée à six étages, haute de 57 m, et par plusieurs monuments intéressants qui furent restaurés à la fin des années soixante : la **pharmacie de la ville** (Stadtapotheke), qui date de 1606, le **palais du Gouvernement** (Regierungsgebäude) construction baroque à trois étages de 1722, et un ensemble pittoresque de maisons médiévales. Le **musée** installé dans l'ancienne prison et orphelinat (Zucht- und Waisenhaus), de 1738, rue de la République, retrace toute l'histoire de la ville. L'**Orangerie** (située dans Untermhaus) abrite la **galerie d'Art** qui présente une collection impressionnante d'œuvres de Cranach l'Ancien, de Rembrandt, de Jan von Goyen et de Max Liebermann. Quelques artistes de R.D.A. y sont présentés : Bernhard Heisig, Willi Sitte et Werner Tübke.

Il faut réserver une mention spéciale au **musée Otto Dix**. Ce peintre graveur né à Gera en 1891 dénonça par ses œuvres la guerre et l'injustice sociale dans les années vingt et trente, jusqu'à ce qu'on lui interdise, en 1934, d'exercer son art.

On trouve encore à Gera trois grandes églises : l'**église paroissiale Sainte-Marie**, construction à nef unique dans le style gothique tardif, datant du XVe siècle ; l'église baroque à trois nefs, **Saint-Sauveur** (Salvatorkirche), construite en 1720, fut couverte de peinture dans le style Art nouveau (Jugendstil) au début du XXe siècle ; l'**église de la Trinité** (Dreifältigkeitskirche) de style gothique remonte au XIVe siècle.

Ronnebourg

On remarque à coup sûr, même de très loin, deux pyramides noires, de plus de 10 m de hauteur, qui dominent la nationale F7 à 14 km au-delà de Gera. Autrefois, on appelait l'uranium *pechblende*. Plus de cinquante mille personnes travaillaient dans les mines d'uranium, pour extraire l'élément fondamental servant à la fabrication des bombes atomiques de l'Union soviétique.

En 1766, on reconnaissait déjà l'étonnante vertu thérapeutique des sources radioactives de Ronnebourg... Pendant quelques décennies, Ronnebourg put jouir de la réputation d'une ville thermale à l'échelle européenne mais, ensuite, elle tomba rapidement dans l'oubli. Il ne faut pas le regretter, car cette vertu thérapeutique accordée à la radioactivité est une absurdité. Des dizaines de milliers de mineurs atteints de cancer paient de leur vie l'effet prétendument bienfaiteur de la radioactivité. Selon une enquête sérieuse effectuée en 1926, 71 % des mineurs mouraient du cancer. Aujourd'hui, toute la région de Ronnebourg est trois cents fois plus chargée de radioactivité que Berlin. La poussière radioactive échappée des terrils – ces fameuses pyramides noires que l'on aperçoit de l'autoroute – couvre tout le secteur. Les mares de boue qui entourent les terrils laissent s'écouler aujourd'hui encore de petits filets d'eau

La ville industrielle de Ronneb

non filtrée jusqu'au milieu des champs de pommes de terre et de blé. « Eau non potable », voilà le seul et unique avertissement que l'on peut déchiffrer à grand-peine sur de vieux écriteaux rouillés. Il faudra dépenser des milliards de marks pour assainir ce paysage lunaire.

Dans un style très différent de celui de ces pyramides contemporaines, se dressent, au centre de la ville, un **château**, ouvrage gothique tardif, transformé au XIXe siècle, et quelques **vestiges des installations thermales** d'antan.

Altenbourg

Voici la dernière étape sur la F 7, le paradis des amateurs de cartes. Tous ceux qui jouent au skat connaissent Altenbourg, la ville dans laquelle, entre 1810 et 1817, furent élaborées les nouvelles règles du skat, à partir de plusieurs autres jeux de cartes (trois joueurs, jeu de trente-deux cartes).

Sur la plus vieille place du Marché de la ville, le **Bühl**, on découvre le **palais Seckendorf** (1725), juste en face, le **palais du Gouvernement** (Regierungsgebäude, 1604), de remarquables maisons bourgeoises, et la fameuse **fontaine du Skat** (Skatbrunnen). Le **château**, dont la partie la plus ancienne, la **tour du Seigneur**, date du Xe siècle, mais qui a subi d'importantes transformations au XVIIIe siècle, abrite le **musée de la Carte à jouer** (Spielkartenmuseum). Une importante collection de cartes à jouer, comprenant des pièces historiques de tarot et de skat, des cartes polychromes gravées sur bois datant du XVe siècle, ainsi qu'un atelier de carterie du début du XVIIe siècle, justifient amplement la prétention d'Altenbourg, la ville la plus orientale de la Thuringe, à être la capitale mondiale du skat.

Zwickau

A 35 km au sud-est d'Altenbourg, la ville industrielle de Zwickau se trouve déjà en Saxe. C'est le berceau des Trabant, ces petites voitures équipées d'un moteur à deux temps rendues célèbres par l'ouverture du mur de Berlin en novembre 1989.

Trabant *prises dans la neige.*

Elle a été créée et mise au point par l'industrie automobile locale dans les années cinquante. Sa conception désastreuse en fait un véritable danger public. Le réservoir d'essence, par exemple, se trouve sous le capot, à proximité du moteur. Il a donc fallu ôter en toute hâte de la circulation les 3,4 millions de ces menaces ambulantes qui, en outre, représentaient un véritable fléau pour l'environnement. Actuellement, la firme Volkswagen investit plusieurs milliards pour exploiter les anciennes usines et en construire de nouvelles afin d'y fabriquer la *Polo*.

La ville de Zwickau a été mentionnée pour la première fois dans les documents officiels en 1118. Elle naquit d'un poste de douane sur la route commerciale entre Prague et Halle, connut son âge d'or au XVe siècle grâce à la draperie et aux mines d'argent des Erzgebirge, et fut jusqu'en 1977 le centre des charbonnages de la République démocratique.

La ville a été relativement épargnée par la guerre. Tous les monuments intéressants sont groupés autour de la **place du Marché** : l'hôtel de ville, remanié, en 1862, dans le style néogothique, la **maison de la Draperie** (Gewandhaus), bâtiment datant de 1525, devenu, en 1823, le Théâtre municipal ; plusieurs demeures patriciennes parmi lesquelles la **maison natale de Robert Schumann** (1810-1856). La ville entretient la mémoire du grand compositeur dans le **musée** qui lui est consacré, à la **société Schumann** et au **conservatoire**.

L'une des vénérables maisons de la place du Marché appartenait au propriétaire des mines d'argent, Martin Römer. Un jour, en allant en Italie, il passa à Nuremberg pour rendre visite au maître de la sculpture sur bois, Michael Wohlgemut, qui eut plus tard pour élève Albrecht Dürer. Afin de rendre hommage au Tout-Puissant, Römer commanda en 1479 à Wohlgemut un magnifique retable pour la **cathédrale** de Zwickau. Ce chef-d'œuvre brille de tous ses feux sous la lumière céleste qui pénètre à travers les fenêtres gothiques aux riches décorations flamboyantes. Les nombreux cafés qui bordent les rues de la zone piétonnière, au

L'ancien et le nouvea regardent l'avenir...

milieu des maisons d'habitation et des magasins restaurés, donnent de l'animation et invitent le voyageur à un repos bien mérité.

Chemnitz

On passe ici d'une ville industrielle à l'autre. A l'opposé de Zwickau, le centre de Chemnitz fut presque entièrement détruit pendant la guerre. De larges boulevards coupent maintenant le cœur de la ville reconstruit, avec des jardinières de fleurs coulées dans le béton. En face de l'Interhotel Kongress, se dresse une énorme statue (7 m de hauteur, 42 t), qui brise l'ordonnance de la zone piétonnière. Il s'agit de la tête de Karl Marx, extrêmement expressive, énergique et majestueuse dans sa gravité. Le socle est en granite d'Ukraine. Lors de la réunification de l'Allemagne, les habitants ont échangé le nom de Karl-Marx-Stadt, qu'on leur avait imposé en mai 1953, contre son ancien nom de Chemnitz.

La prospérité de Chemnitz est fondée depuis le XVe siècle sur les richesses minières des Erzgebirge. La ville servait alors de base de ravitaillement et de centre de transbordement. De plus, tout comme à Zwickau, l'industrie textile joua toujours un rôle important à Chemnitz, tout d'abord dans le cadre des familles de tisserands travaillant à domicile, puis grâce aux grandes filatures actionnées à partir de 1800 par la force hydraulique et, plus tard, par des machines à vapeur. Le fait que Volkswagen avait déjà commencé, avant la révolution, à fabriquer à Chemnitz les moteurs qui étaient montés à Wartburg semble conférer une certaine assise à l'évolution économique de la ville.

La seule partie ancienne qui ait été épargnée par les bombes est la **place du Théâtre**, où se trouvent l'**Opéra** et le **musée**. Ce dernier a conservé sa décoration intérieure, de style Art nouveau. La forêt pétrifiée du musée est probablement unique en son genre : elle est formée d'arbres vieux de deux cent cinquante millions d'années. L'**ancien hôtel de ville**, qui date de 1498, a été détruit et reconstruit suivant le modèle original.

[C]i-dessous, [K]arl-Marx-Stadt est redevenue [C]hemnitz ; à droite, [d]écoration [Ar]t nouveau d'un magasin [de] Chemnitz.

FRID. AVGVSTI II

DRESDE ET SES ENVIRONS

Pour ses habitants, il ne fait aucun doute que Dresde est la plus belle ville d'Allemagne. Beaucoup de touristes, parmi les dizaines de milliers qui y viennent chaque année, le pensent également. Un baroque exubérant, des jardins prestigieux et un éclat tout en dorures, voilà ce qui servait de cadre aux fêtes éblouissantes d'Auguste II (1670-1733), prince électeur de Saxe. Tout ce que la ville offre actuellement à l'admiration de ses visiteurs est dû à Auguste II, dit le Fort. Davantage de culture et d'art, moins de soldats et moins de pouvoir, telle était sa morale. Il fit venir à sa cour les architectes et les artistes les plus talentueux et travailla ainsi à perpétuer son nom. Paradoxalement, sa **statue équestre** entièrement couverte d'or, semble être un peu à l'écart sur le **Neustädter Markt**. Le prince Auguste s'est assuré également l'éternité grâce aux trois cent cinquante-deux enfants que lui ont donnés ses maîtresses.

Mais la passion constructrice du prince s'est exprimée avec la même dureté que celle de Pierre le Grand à Saint-Pétersbourg : surcharge fiscale pour les paysans et salaires de misère pour les ouvriers employés à la construction du Zwinger, et châtiés sans pitié quand ils faisaient la grève. Auguste II entretenait aussi une armée. Il n'eut d'ailleurs pas recours à elle pour devenir roi de Pologne puisqu'il monta sur le trône par le biais d'intrigues.

Pages cédentes : e Zwinger élevé sous Auguste Fort pour abriter le faste ses noces. A gauche, la statue l'Auguste le Fort ; à droite, e château 'e Dresde.

Légère et vaporeuse à la manière d'une ville italienne, Dresde est située sur un méandre de l'Elbe. Auguste le Fort se faisait conduire dans de luxueuses gondoles vénitiennes jusqu'au château de Pillnitz, construit dans un style chinois. Il avait nommé un grand chambellan, chargé exclusivement d'organiser les fêtes et les divertissements qui attiraient dans sa ville la haute aristocratie de toute l'Europe.

Nombreux furent les artistes qui contribuèrent à la célébrité de la ville : les compositeurs Heinrich Schütz, Carl Maria von Weber, Richard Wagner, Robert Schumann, les écrivains Ernst Theodor Amadeus Hoffmann, Erich Kästner et Karl May, les peintres Canaletto, Philipp Otto Runge, Caspar David Friedrich. Il ne faut pas oublier les noms aux sonorités illustres d'une tradition musicale centenaire : le chœur de Sainte-Croix, l'orchestre de l'Opéra de Semper, la Staatskapelle et la Philharmonie de Dresde.

Toute la vieille ville fut détruite dans la nuit du 14 février 1945, victime d'un bombardement anglais, ce qui causa la mort de trente-cinq mille personnes. De nos jours, Dresde vit dans l'espace limité par son passé reconstitué d'une part, et de l'autre, par sa zone piétonnière, la **Prager Strasse**, à laquelle on a donné maintenant des dimensions colossales. Dresde vit dans un air pollué au milieu des eaux non épurées ; cela dit, elle essaie de redevenir une métropole de tourisme classique. Ses habitants connurent leur heure de chance à l'automne 1989. Sans l'avouer ouvertement, le bourgmestre, Wolfgang Berghofer, et le chef du Parti du district, Hans Modrow, étaient partisans de

Gorbatchev. Au début du mois de novembre 1989, l'un et l'autre prirent la tête des manifestations. Dans la vallée des Ignorants, comme on avait baptisé ce district parce qu'il ne recevait pas les émissions télévisées de l'Ouest, le nombre des demandes de sortie de territoire avait toujours été plus élevé que la moyenne du pays. Au cours du seul été 1989, vingt-deux mille personnes auraient fui vers l'Ouest. Après la fin de la R.D.A., bien des usines, telle Pentacon, fabrique d'appareils de photo qui occupait six mille travailleurs, durent fermer. Si l'on veut avoir une idée précise de l'imbrication du passé et du présent, de l'histoire et de l'actualité, il suffit de jeter un coup d'œil du haut de la tour de l'**hôtel de ville**.

Un fragment de la Sainte Croix serait conservé dans l'**église de la Sainte-Croix** (Kreuzkirche), située sous la tour, et reconstruite dans le style baroque. Le chœur de la Sainte-Croix (Kreuzchor) y chante vêpres tous les samedis. Les premiers bâtiments de la ville, du XIe siècle, se trouvaient à l'endroit où ont été conservées les ruines de l'**église Notre-Dame** (Frauenkirche) en guise de mémorial de la Seconde Guerre mondiale.

Les marchands s'établirent autour du passage qui enjambait l'Elbe. Au Moyen Age, il y avait déjà un pont de pierre à l'endroit où le **pont Auguste** relie les deux secteurs de la ville, de part et d'autre du fleuve. En 1485, la ligne albertine, branche cadette de la maison de Saxe, qui succéda aux Wettin, fit de Dresde sa ville résidentielle. Lorsque l'influence de Luther et de la Réforme commença de se faire sentir, Georges le Barbu prit délibérément parti pour le pape. C'est seulement après la guerre de Trente Ans que sonna l'âge d'or de Dresde, avec l'apogée du baroque, sous le règne d'Auguste le Fort. Un monde nouveau voyait le jour, qui ne voulait à aucun prix se rattacher à l'ancien.

Le Zwinger

Il s'agit du principal centre d'intérêt de la ville. A l'origine, Auguste II voulait, à l'instar des grands prince de l'époque,

L'Opéra de Semper.

construire une orangerie. Le site fut baptisé Zwinger (déviation de *eingezwängt*) parce qu'il était resserré entre les lignes intérieure et extérieure des fortifications. Ses portails monumentaux, ses pavillons, ses galeries et son grand **jardin** conférèrent un immense prestige à ce palais somptueux. On s'empressa de terminer provisoirement ses jeux d'eau et sa statuaire en 1719 afin qu'il puisse servir aux cérémonies de mariage du prince électeur Frédéric Auguste II (1696-1763) avec l'archiduchesse Marie-Josephe de Habsbourg (1699-1757), fille de l'impératrice Marie-Thérèse d'Autriche. Plusieurs années plus tard, Auguste le Fort, dut en arrêter la construction, faute d'argent. L'architecte de la Cour, Matthäus Daniel Pöppelmann et le sculpteur Balthasar Permoser, qui y travaillèrent de 1710 à 1732, prirent exemple sur Rome, Vienne, Prague, ainsi que l'orangerie du château de Versailles, que le prince connaissait depuis sa visite à Louis XIV.

Le Zwinger abrite plusieurs galeries et collections d'art, dont la plus importante est la **galerie des Maîtres anciens** (Gemäldegalerie Alter Meister). Les plans en ont été dessinés par Gottfried Semper. Achevée en 1854, elle contient deux mille œuvres de peintres allemands, flamands, hollandais, français et italiens. Parmi les plus célèbres, il convient de citer la *Madone de la Sixtine*, de Raphaël, l'*Autoportrait avec Saskia*, de Rembrandt et la *Vierge aux Sept Douleurs*, d'Albrecht Dürer. Cette pinacothèque fut fondée par le prince électeur Auguste lui-même. Dans l'aile droite du bâtiment de Semper, le **musée historique** présente une collection d'armes d'apparat. On peut également voir, dans la **Grande Galerie**, la collection de porcelaines, l'une des plus importantes au monde.

L'église catholique de la cour, à Dresde.

L'opéra de Semper

Tout aussi célèbre que le Zwinger, l'opéra de Semper, du nom de son architecte, Gottfried Semper (1803-1879), a été construit dans le style de la Haute Renaissance italienne. Il jouxte le Zwinger sur la belle et vaste **place du Théâtre**. Devant l'opéra se dresse la **statue équestre du roi Johann** et un **monument au compositeur Carl Maria von Weber**. Après sa reconstruction, l'opéra de Semper fut inauguré en 1985 avec *Der Freischütz*, premier opéra en langue allemande.

De 1817 à 1826, Weber occupa le poste de maître de chapelle de la Cour. C'est dans l'opéra de Semper que furent créées *Elektra* et *Salomé*, de Richard Strauss, qui remportèrent un immense triomphe. Auparavant, l'endroit était occupé par un théâtre qui brûla en 1869. C'est dans ce théâtre, précurseur de l'opéra, que Richard Wagner fit jouer aussi pour la première fois *Rienzi* (1842), *le Vaisseau fantôme* (1843) et *Tannhäuser* (1845). Mais, après avoir connu une période de gloire, il fut obligé de s'expatrier dans des conditions dramatiques lorsque, en 1849, il prit résolument le parti des révolutionnaires et que, du haut de la tour de l'hôtel de ville, il réussit à prévenir par signaux le gouvernement provisoire vaincu (dans lequel se trouvait l'anarchiste russe Mikhaïl Bakounine) de l'approche des régiments saxons et prussiens, fidèles au roi.

Les plans de la **garde de la Vieille Ville** (Alstädter Wache), dont la façade est ornée de six colonnes ioniennes en grès, à l'est de la place du Théâtre, sont l'œuvre de K. F. Schinkel. Ils ont été conçus sur le modèle de la Nouvelle Garde (Neue Wache, 1816) de Berlin. Ce monument a été achevé en 1831. La place du Théâtre est dominée par l'**église catholique de la Cour** (Katholische Hofkirche), construite de 1739 à 1755 d'après les plans d'Auguste III. C'est la plus vaste église de toute la Saxe. Elle possède de nombreux trésors qui ne manquent pas d'impressionner les visiteurs, parmi lesquels les soixante-dix-huit statues placées dans des niches sur les murs extérieurs, la chaire en bois sculptée par Permoser, et l'orgue de Silbermann, qui date de 1753.

La reconstruction du **château des Margraves** (1547), entièrement détruit, ne commença qu'en 1985, mis à part la **porte de Georges** (Georgentor) qui avait été achevée en 1967. Il est destiné à abriter la collection d'art de la Saxe. De là, une galerie appelée **Langer Gang** aboutit au **Johanneum**, sur le **nouveau marché** (Neumarkt), qui abritait jadis les écuries princières et qui abrite maintenant le **musée des Transports** (Verkehrsmuseum). Sur la façade extérieure du Langer Gang se déploie une frise exécutée tout d'abord en sgraffite (technique de décoration murale en camaïeu) en 1876, puis couverte de vingt-quatre mille carreaux de céramique de Meissen en 1906. Elle raconte le cortège princier et représente trente-cinq souverains de la dynastie wettine.

Presque au centre du Neumarkt, les ruines de l'**église Notre-Dame** (Frauenkirche), construite de 1726 à 1743, attirent invariablement le regard. Elles sont précédées de la **statue en pied de Martin Luther**, qui dirige un index impérieux vers la Bible. Avant que sa coupole ne s'effondre après le bombardement de 1945, l'église mesurait 95 m de haut. On discute beaucoup à Dresde pour savoir s'il faut conserver les ruines en guise de mémorial, ou si l'on doit reconstruire cette église qui fut la plus importante église protestante du pays.

Détente au milieu d'un parc.

On passe ensuite devant l'**hôtel Dresdner Hof**, ouvert en 1989, puis devant la **Sekundogenitur** – ancienne librairie appartenant traditionnellement aux princes cadets de famille, devenue de nos jours un café et une taverne. Puis on débouche sur la **terrasse de Brühl**, qui domine la rive de l'Elbe. Construite en 1738, elle fut surnommée « la fenêtre de l'Europe », et sert en même temps de débarcadère à la Flotte blanche (Weisse Flotte). C'est là, dans le **bastion des Vierges**, agrémenté de pavillons de plaisance que, en 1708, l'alchimiste Johann Friedrich Böttger découvrit le secret de la porcelaine européenne au cours de ses expériences qui visaient à la fabrication de l'or. Derrière l'église Notre-Dame, l'**Albertinum**, prévu initialement pour servir d'arsenal, abrite des sculptures et la collection de monnaies dans la **Voûte verte** (Grüne Gewölbe), et surtout l'extraordinaire trésor des princes électeurs de Saxe : bijoux, pierres précieuses, tableaux du XIVe au XVIe siècle. Il ne faut pas manquer non plus d'aller visiter la **galerie des Maîtres nouveaux** (Galerie Neuer Meister) où on peut voir, non pas des œuvres contemporaines, mais des tableaux du XIXe siècle, tels par exemple *la Croix dans la montagne*, de Caspar David Friedrich, ou *Deux Tahitiennes*, de Paul Gauguin.

Loschwitz et Graupa

Les endroits choisis aujourd'hui par les citadins pour leurs excursions du week-end étaient, au XVe siècle, les lieux de détente des patriciens. Le compositeur Heinrich Schütz et le joaillier d'Auguste le Fort passaient leurs vacances à Loschwitz. Le mécène Christian Gottfried Körner y invitait ses amis écrivains, parmi lesquels Friedrich Schiller qui y travailla à *Don Carlos*. Depuis 1896, un tramway relie Loschwitz à la ville de Dresde. Au-delà de la station supérieure du funiculaire se trouve l'**institut de recherches Manfred von Ardenne** qui, même à l'époque du communisme, était un établissement privé. Il avait mis au point une thérapie progressive contre le cancer qui promettait d'être

Le château de Pillnitz.

efficace. L'**auberge du Chevreuil-Blanc** (Gasthof Weisser Hirsch) qui possédait sa licence de débit de boissons depuis 1688, a été transformée à la fin du siècle dernier en maison de repos de réputation mondiale. La **lande de Dresde** (Dresdner Heide), toute proche de la ville, est la région qui se prête le mieux aux séjours de repos. C'est là que Heinrich Cotta (1763-1844) mit au point un système de balisage des sentiers pédestres qui fut universellement adopté par la suite. A **Klein-Osterwitz**, le compositeur Carl Maria von Weber allait se reposer de la vie de cour. Le **château** abrite maintenant un **musée** qui lui est consacré.

A **Graupa**, le **musée** donne tous les renseignements sur Wagner. Lorsqu'il était intendant général de l'opéra de Dresde, Wagner fut confronté à de nombreuses difficultés. Il ne réussit pas à élargir l'effectif de son orchestre, ni à obtenir des augmentations de salaire pour ses musiciens. Mais, lorsqu'il s'établit dans le domaine de l'exploitant agricole Schäfer, à Gross-Graupa, la famille du fermier lui fit une haie d'honneur. Le **Bastion** (Bastei) de la Suisse saxonne, tout proche, lui inspira la musique de *Lohengrin*.

Le château de Pillnitz

Après la traversée du **pont de Loschwitz**, appelé **Merveille bleue** (Blaues Wunder) en hommage à sa couleur, on suit la **Pillnitzer Landstrasse** et on arrive sur l'allée qui mène au château de Pillnitz. Auguste le Fort, lui, préférait emprunter la voie d'eau, l'Elbe, et glisser sur ses gondoles vénitiennes pour rejoindre ses maîtresses. Il fut dessiné par l'architecte Matthäus Daniel Pöppelmann et aménagé de meubles turcs et persans. Avec ses toits de pagodes arqués, il correspondait au goût exotique du baroque tardif de Cour et est considéré aujourd'hui comme l'exemple le plus marquant de la mode chinoise. La façade principale, dominée par un large escalier double, est tournée vers le fleuve.

Dans le magnifique **parc**, on peut admirer, entre autres, les camélias importés du Japon en 1770, qui mesurent

Le musée Karl-May, à Radebeul.

actuellement 8 m de hauteur. Au printemps, on a l'impression de baigner dans un océan de fleurs d'un rose tendre.

Radebeul, Moritzbourg, Meissen

Dans la direction diamétralement opposée, c'est-à-dire en aval de l'Elbe, trois buts d'excursion sont possibles, tous trois étroitement liés à Auguste le Fort : Radebeul, Moritzbourg et Meissen. Le trajet de Dresde à Radebeul par le tramway permet de se faire une idée assez précise de la vie dans les faubourgs que les bombes alliées épargnèrent presque totalement. Radebeul (trente-cinq mille habitants) est formée de la réunion, depuis 1924, de dix communes. Cela explique pourquoi il n'y a pas de véritable centre. Depuis l'arrêt l'Auberge du Cheval-Blanc (Landgasthof Weisses Ross), on peut partir à pied à la découverte de la ville, ou changer de moyen de locomotion et prendre le tortillard pour Moritzbourg.

On traverse de vieux vignobles et on monte un escalier dessiné par Pöppelmann avant d'arriver à la **Maison Jaune**, devenue un restaurant et un but de promenade. Au bas de l'escalier, et contigu à celui-ci, la **maison Hoflösnitz** abrite le **musée vinicole**. A l'origine, elle servait de pavillon de réception à Auguste à l'époque de la cueillette du raisin. La pièce la plus étonnante de ce musée est un phylloxéra que l'on peut examiner au microscope. Depuis 1920, on a planté des ceps de vigne résistant au phylloxéra, en provenance d'Amérique. Le **musée Karl May**, installé dans la dernière maison occupée par l'écrivain, la **villa Shatterhand**, est malheureusement dans un état voisin de l'abandon, malgré un grand taux de fréquentation. Karl May fut mis au ban par les idéologues du Parti et réhabilité en 1984. Il faut voir la **collection de marionnettes** installée dans la **Maison Haute**, dont l'intérieur en style 1870-1880 (Gründerzeit) est resté intact. L'atmosphère qui règne dans les pièces aux meubles précieux, peuplées de poupées rigides, ne laisse pas d'impressionner petits et grands.

Tableau présentant un atelier abrication de porcelaine pâte dure.

Le **château de Moritzbourg** servait de cadre grandiose aux réceptions de chasse d'Auguste le Fort. Un **musée** extrêmement élégant montre l'art avec lequel le roi recevait et traitait ses convives.

On enjambe l'Elbe avant d'arriver à Meissen au blason célèbre (deux épées croisées de couleur bleue) visible sur les objets de porcelaine. La ville, vieille de plus d'un millénaire, fut la première de Saxe. Les maisons qui bordent la **place du Marché** datent encore presque toutes du Moyen Age et ont conservé tout leur charme. Le **château d'Albrechtsburg** fut construit pour être la première résidence des Wettin jusqu'en 1525. En 1710, Auguste y transféra sa manufacture de porcelaine pour pouvoir garder le secret de fabrication. Il avait capturé Johann Friedrich Böttger et le retenait prisonnier, car il espérait que, grâce à ses connaissances en alchimie, l'apprenti apothicaire parviendrait à fabriquer de l'or, les finances désorganisées de l'État ayant besoin d'être assainies. Comme on le sait, au lieu de fabriquer de l'or, Böttger découvrit la porcelaine européenne. En 1916, on y installa un **musée de la Porcelaine**, ainsi qu'un **atelier** de démonstration.

LE MASSIF DE L'ELBSANDSTEIN

Où qu'on aille dans la région de Dresde, Auguste le Fort nous y a précédé, et la **Suisse saxonne**, cette partie saxonne du massif de l'Elbsandstein, ne fait pas exception à la règle. Ce massif fut découvert par les voyageurs au siècle dernier, lorsque le chemin de fer s'étendit jusqu'à cette région reculée et quand la navigation à vapeur y fit son apparition. Auparavant, seuls les citoyens fortunés pouvaient se faire transporter en litière à travers le dédale des montagnes déchiquetées. Il est prévu d'y établir l'un des cinq nouveaux parcs nationaux.

Pirna, porte de la Suisse saxonne

L'évolution de la ville de Pirna a été déterminée par le dernier pont sur l'Elbe. Jusqu'à la fin du Moyen Age, cette cité était le grand centre de commerce de la région. De nos jours, l'ensemble formé par le cœur de la ville est classé monument historique. Même si la guerre a épargné Pirna, on y découvre partout ruines, maisons vides délabrées, bâtiments d'époques gothique, Renaissance, baroque et néoclassique. Cela dit, on a reconstruit les alentours de la **place du Marché**, dominée au centre par un bâtiment isolé, l'**hôtel de ville**, qui réunit des éléments de style s'étalant sur cinq siècles. Le rez-de-chaussée est une ancienne maison de commerce qui date de 1485. Les portails et les frontons sont gothiques, la tour date de 1718, son horloge, de 1612, est restaurée. Les maisons bourgeoises qui bordent la place du Marché ont gardé un certain éclat : beaux portails, cours à arcades et encorbellements délicats. Ne pas manquer de s'arrêter devant le **n° 3** de cette place, qui date du début du XVIe siècle, avec ses cinq baldaquins et sièges creusés dans la pierre ; devant le **n° 7** de la même place, la **maison Canaletto**, construction Renaissance de 1520, présente un fronton décoré à angle très ouvert. Il y a quelques années encore, on pouvait parfaitement comprendre la fameuse « vue de Canaletto » qui s'offrait au maître lorsqu'il peignait la place du Marché de Pirna vers 1750. La cité devait être un lieu pittoresque, sinon Canaletto, déjà célèbre par ses *Vedute* (vues de Dresde, de Varsovie et de Vienne), n'aurait pas consacré plusieurs tableaux à cette petite ville. Du sommet de la tour de l'**église Sainte-Marie**, à l'est de la vieille ville, on a une vue panoramique unique sur le centre historique de Pirna et les montagnes qui l'entourent, la Suisse saxonne. Cette église-halle (trois nefs de même hauteur, architecture gothique caractéristique désignée par le therme de *Hallen Kirche*) est du début du XIVe siècle.

La forteresse qui domine la ville porte le nom trompeur de **Pierre de Soleil** (Sonnenstein). Les bâtiments actuels datent du XIXe siècle, époque où le bastion fut transformé en maison de santé. Sous le IIIe Reich, plus de dix mille malades furent parqués en ce lieu, dans le cadre du programme d'euthanasie. Triste page d'histoire de la forteresse, que même les guides de l'ex-R.D.A. passent sous silence. Après la guerre, le Sonnenstein fut transformé en fabrique de

A gauche, à l'assaut du Bastei, dans la Petite Suisse saxonne ; à droite, l'Elbe serpente cœur des Sandsteingebirge.

moteurs d'avions. Depuis, il a été aménagé en hôpital psychiatrique pour enfants. A 5 km de Pirna, se trouve le **jardin baroque de Großsedlitz** (Barock-garten Großsedlitz). Auguste le Fort l'acheta en 1723 et en confia la construction et la décoration (escaliers extérieurs, statues et jeux d'eau) à Matthäus Daniel Pöppelmann. De nos jours, la **salle des Glaces** du **pavillon Frédéric** sert de cadre romantique aux jeunes promis le jour de leurs noces.

La Suisse saxonne

A l'aube du XIXe siècle, la Suisse saxonne devint le paradis des randonneurs. Deux patriotes locaux de cette époque écrivirent les premiers ouvrages précurseurs des guides de voyages, et ouvrirent ainsi la voie à la randonnée et à l'alpinisme. Mais ce sont deux Suisses authentiques qui, par la suite, baptisèrent cette région montagneuse du nom de Suisse saxonne. Il s'agit d'Adrien Zingg (1734-1816) et d'Anton Graff (1736-1813), qui travaillaient tous deux à l'Académie des beaux arts de Leipzig, et dont les œuvres sont exposées dans les galeries de Dresde. Le peintre Caspar David Friedrich parcourut lui aussi la Suisse saxonne et emprunta très souvent le « chemin des peintres », sentier très fréquenté à cette époque-là.

Ce n'est pas l'altitude qui attirait et qui attire les promeneurs dans cette région. Le **Grosser Winterberg** atteint tout juste 552 m. Ce qui fascine dans ce massif, c'est la variété des formes des blocs rocheux, les parois à pic, les cheminées de pierre qui grimpent vers le ciel, dégagées de tout support, fières dans leur isolement, et les profondes fissures qui s'écartent parfois en forme de vallées encaissées. Ce massif gréseux a été érodé par l'Elbe et ses affluents, et creusé de gorges et de ravins. Des chutes de rochers mettent sans cesse en péril les promeneurs des routes et des sentiers. Mais les plus menacés sont les alpinistes qui sous-estiment le degré de difficulté de ces parois. Quelques-uns des rochers d'escalade ont été interdits depuis peu à cause de la friabilité de la roche. Cette région protégée de la Suisse saxonne, d'une étendue de 368 km^2 carrés, recevait près de trois millions de vacanciers par an, ce qui la plaçait au deuxième rang des lieux de vacances des Allemands de l'Est, après la mer Baltique. Le seul moyen vraiment satisfaisant d'explorer cette région qui s'étend sur 51 km de Dresde jusqu'à Schmilka, premier village tchèque, c'est le bateau. L'Elbe n'a rien de comparable au Rhin, large et majestueux. Il donne plutôt l'impression de folâtrer, de s'amuser ; il est aimable, baroque et plein d'animation. La croisière en amont dure six heures et demie. En revanche, la descente du fleuve jusqu'à Dresde ne prend que quatre heures. On peut aussi revenir par le train. La première curiosité que l'on rencontre, c'est le groupe de rochers crevassés et fissurés appelé le **Bastion** (le Bastei), du haut duquel on a une vue unique sur la boucle de l'Elbe.

Un pont de pierre de 76 m de longueur, encastré dans le rocher, enjambe les **gorges de la Mardertelle** (Die Schlucht der Mardertelle) à l'endroit appelé **Steinschleuder**, rocher très recherché par les alpinistes. Peu après, le bateau de la

Enseigne de la librairie des Sorabes, minorité slave.

Flotte blanche (Weißen Flotte) jette l'ancre à la station climatique de **Rathen**, interdite aux voitures. Pendant l'été, ces rochers, aux formes étonnantes, servent de mur de scène au théâtre en plein air qui peut accueillir deux mille spectateurs. Le programme est très varié. Derrière Rathen se dresse la **forteresse de Königstein**, perchée à 360 m. Auguste le Fort se fit tout d'abord construire un petit château de plaisance. Sa cave voûtée abrite le plus gros tonneau de vin du monde, d'une contenance de 250 000 l. Au XIXe siècle il est transformé en prison d'État. Mikhaïl Bakounine, l'anarchiste russe qui prit part au soulèvement de Dresde en 1849, et Auguste Bebel, le social-démocrate, y furent enfermés pendant quelque temps.

Bad Schandau s'étire sur les rives de l'Elbe. Il ne faut pas manquer d'aller voir l'église construite en 1704. Elle possède une chaire en grès, sculptée dans un seul bloc rocheux, et un autel en grès également, décoré de pierres précieuses de la région. Les randonneurs peuvent prendre le funiculaire, le **Kirnitztalbahn**, excellente réalisation technique des années vingt, qui les emportera jusqu'à la **cascade de Lichtenhainer** (Lichtenhainer Wasserfall). C'est le point de départ de l'ascension du **Kuhstall**, sorte de caverne très profonde de 11 m de haut et de 17 m de large dans laquelle les chevaliers brigands mettaient en sécurité le bétail qu'ils avaient volé.

Après un trajet de 51 km, le bateau arrive à la ville frontière de **Schmilka**. A cet endroit, et sur quelques kilomètres, l'Elbe forme la frontière avec la Tchécoslovaquie. En hiver, il est souvent gelé, car le courant est très faible, la déclivité étant presque nulle. Puis on traverse une région oubliée de l'Allemagne dans laquelle vivent trois minorités : les Sorabes slaves à Bautzen, les Herrnhuter à Herrnhut, et les Silésiens à Görlitz.

Bautzen

Le seul nom de Bautzen fait frémir Rudolf Bahro et des milliers d'autres opposants au régime de la R.D.A. : il représente la prison dans laquelle ils ont

Atelier d'un sculpteur sorabe.

végété pendant des années et d'où quelques-uns sont sortis pour rejoindre l'Ouest, dont la liberté avait été rachetée par le gouvernement fédéral.

La **forteresse d'Ortenburg**, érigée sur un bloc de granit, servit de fortification frontalière pendant l'expansion allemande vers l'est, comme en témoigne un document datant de 1002. Elle appartint tout d'abord à la Bohême puis, à partir de 1635, à la Saxe. Dans la vieille ville, les façades historiques de nombreuses maisons ont été restaurées. Ce qui naquit jadis d'une situation difficile ne manque pas d'originalité aujourd'hui : la **cathédrale Saint-Pierre** (Petridom), avec sa tour de 85 m, est une église ouverte aux catholiques et aux protestants depuis la Réforme (1524). Une grille de fer forgé sépare les deux cultes. Le contrat stipule que la grande nef revient aux protestants et le chœur aux catholiques.

La **forêt de la Spree** (Spreeewald) est au centre d'une jolie région maraîchère quadrillée par un réseau de canaux très dense. On peut la visiter en barque plate et visiter son **musée folklorique**.

Les soixante mille Sorabes, qui forment la plus petite tribu slave, vivent éparpillés entre Bautzen, Hoyerswerda et au-delà de Cottbus et de la forêt de la Spree. La Domowina, grande organisation culturelle, fut fondée en 1912. Elle a son siège à Bautzen. Elle fut interdite en 1937 (et rétablie en 1945), et les Sorabes subirent des déportations massives. En 1948, une loi donna à la communauté sorabe une autonomie culturelle dans le cadre de la R.D.A. Cela dit, la communauté villageoise sorabe fut détruite par l'établissement des kolkhoses et les réquisitions de territoires affectés aux mines de lignite à ciel ouvert. La Stasi entretenait un département spécial pour la surveillance des Sorabes. Les difficultés de préservation de la langue, des traditions et de la culture venaient surtout de ce qu'ils parlaient deux dialectes, le bas-sorabe et le haut-sorabe. La Domowina a sa propre maison d'édition.

Après les événements de 1989, on a fait quelques découvertes sinistres : des amas d'ossements et des détails sur la terreur instaurée par les services secrets

Ruines du château Branitz, près de Cottbus.

soviétiques entre la fin de la guerre et les années cinquante. Un immense charnier a été découvert juste à côté de la prison de Bautzen, probablement le plus vaste de l'histoire de l'après-guerre allemande. Il contenait les restes de dix-sept mille prisonniers environ. Bautzen fut l'un des onze camps d'internement soviétiques, dans lesquels périrent au total soixante-dix mille personnes.

Herrnhut

Au sud de Löbau, entre Bautzen et Görlitz, s'établit une minorité religieuse, les frères de Herrnhut. La communauté de Frères fut fondée en 1722 par le comte Nicolas von Zinzendorf, d'obédience piétiste, et des piétistes de Bohême-Moravie. Pénétrés d'un sens religieux très profond, les frères mirent tout en commun. La piété de cette fraternité fait appel surtout au sentiment. Ainsi, par exemple, le matin de Pâques, avant même le lever du soleil, toute la communauté se déplace vers le cimetière, accompagnée d'un chœur de trompettes. Dès le point du jour, ils célèbrent solennellement la résurrection du Christ. Les tombes, toutes semblables dans leur sobriété, soulignent l'égalité des hommes devant la mort. Le **musée ethnologique de Herrnhut** montre les résultats de leur action missionnaire un peu partout dans le monde.

Vue de la vieille ville de Bautzen.

Görlitz

Görlitz, la ville la plus orientale de l'Allemagne, située en Haute-Lusace, connut son apogée au XVe siècle. A cette époque, le commerce des draps et des étoffes était prospère autour de chaque pont sur la Neisse, surtout les étoffes teintes à la guède, d'un joli bleu pastel. Görlitz est le carrefour de deux routes importantes reliant Stettin à Prague par Francfort-sur-l'Oder d'une part, et Leipzig à Breslau d'autre part. Quelques édifices rappellent cette période d'opulence : plusieurs églises en gothique tardif, l'**hôtel de ville** et la **maison des Bourgeois** (Bürgerhaus). Les tours de l'**église paroissiale Saint-Pierre et Saint-Paul** se dressent très haut vers le ciel et dominent toute la vieille ville. Dans cette vaste église à cinq nefs, l'autel de 1695, la chaire de 1693 et les stalles du Conseil méritent un instant d'attention. Le retable à deux panneaux de l'**église du Haut**, qui faisait partie jadis du couvent des franciscains, date de 1510, et un autre, baroque celui-là, de 1713. La construction de la plus ancienne église de Görlitz, l'église à trois nefs **Saint-Nicolas** (Nikolaikirche) a été commencée en 1452. En 1949, la ville comptait encore cent mille habitants, mais aujourd'hui, elle n'en a plus que les deux tiers. Bien que la Convention de Görlitz, signée en 1950, ait reconnu la ligne Oder-Neisse comme frontière inviolable de paix et d'amitié de la République démocratique allemande, en 1980, elle a été hermétiquement fermée. Aujourd'hui, elle est de nouveau ouverte.

Sur la route de Berlin

En empruntant la nationale F 115, on traverse une région de l'Allemagne, en bordure de la frontière germano-polonaise, qui paraît presque vide de toute population. Le prince Hermann von Pückler-

Muskau vit le jour en 1785 dans le **château de Bad Muskau**, du XVIe siècle. Le **musée de la ville**, établi dans le **Vieux Château**, raconte la manière dont Pückler fit aménager, entre 1815 et 1835, le **parc** de 200 ha qui se perd à l'horizon dans le paysage vierge. Le **château de Kromlau** (1845), à l'ouest de Bad Muskau et, tout à côté, le **pavillon de chasse de Weisswasser** semblent aussi avoir jailli d'un coup de baguette magique au milieu d'une nature enchantée : rivières et étangs naturels ont été harmonieusement incorporés dans le tracé du parc, selon le modèle anglais. Ces créations sont dues également au génie de Pückler.

La crème glacée qui porte le nom du « Prince-Pückler » est préparée avec des fraises fraîches, des marrons, du chocolat noir et du marasquin.

On passe ensuite devant des fermes isolées, et il faut affronter les troupes de canetons et de dindes prétentieuses qui occupent fièrement le milieu de la route, avant de découvrir les mines de lignite à ciel ouvert de **Cottbus**. Il fut un temps où la situation favorable de la ville sur la route du sel avait contribué à sa prospérité économique. Mais aujourd'hui, maisons vides ouvertes à tout vent, façades d'immeubles bouchées par des planches grossièrement clouées, nouvelles cités d'habitations couvertes de la poussière brune du charbon ambiant, voilà ce que le visiteur découvre en arrivant à Cottbus. Une curiosité cependant à ne pas manquer : le **théâtre** (1908), de style Art nouveau, entièrement restauré.

Francfort-sur-l'Oder

Le pont qui enjambe l'**Oder** pour passer en Pologne se trouve en plein centre de Francfort-sur-l'Oder. C'est d'ailleurs le seul pont important de la ville. Cette cité de riches marchands au commerce florissant appartenait à la Ligue hanséatique (1368). Elle entretint une université de 1506 à 1811, la première de la Marche de Brandebourg, et retrouva ensuite une nouvelle santé économique avec le développement de la région industrielle de la haute Silésie. Il ne reste rien de ce passé florissant. L'université fut transférée à Breslau, et la ville est maintenant coupée en deux, sa partie orientale appartenant à la Pologne. L'économie et la culture sont tournées vers Berlin, éloignée de 70 km seulement. Le **musée** local, un petit château baroque, abrite les souvenirs de l'écrivain Heinrich von Kleist.

Francfort-sur-l'Oder est reliée à Berlin par les nationales F5 et F1. La route bordée d'arbres, dont les cimes s'entremêlent pour former une voûte romantique, se faufile sous des frondaisons touffues et baigne dans une lumière enchanteresse. Des villages idylliques, dont toutes les maisons sont précédées de coquets jardinets fleuris, se nichent au bord de petits lacs cachés au milieu de forêts denses. Ils sont séparés les uns des autres par d'immenses champs de maïs.

Après un court trajet à travers des villages de plus en plus rapprochés, les grands arbres qui bordaient la route, elle-même transformée en autoroute, font place à des immeubles d'habitation qui manifestent la volonté de construction de la R.D.A. Les petits jardinets fleuris ont disparu et les balcons donnent de préférence sur la route qui s'étire toute droite pendant des kilomètres vers la capitale.

A gauche, église barc de campag à droite, le Jugemer dernier, version baroque, dans la pe église d'O

HOTEL STADT BERLIN
TER-CONTINENTAL BERLI
ik der
NZA

BERLIN

Berlin ist Haupstadt ! Berlin est de nouveau la capitale de l'Allemagne réunifiée. Les rues autrefois tranchées par le Mur ont été ressoudées, provoquant partout des bouchons. C'est Bismarck qui, en 1871, proclama le roi de Prusse empereur d'Allemagne et hissa Berlin au rang de capitale du Reich allemand. Elle perdit ce rôle en 1945. En France, on n'imagine pas que Paris puisse être remise en question. Mais l'Allemagne est une fédération et n'a jamais été un État centralisé. Berlin a été plus longtemps capitale de la Prusse que capitale de l'Allemagne.

Une vieille tradition : le fédéralisme

Il faut se rappeler qu'il n'y a pas, en Allemagne, un ministre des Affaires culturelles mais seize, un par Land. De même seize ministres se partagent les tâches de l'Intérieur, de l'Économie, ou de l'Aménagement. Tous sont sous la tutelle du ministre fédéral, à Bonn. La Défense, les Affaires extérieures et les Finances relèvent exclusivement de Bonn. Chaque Land a une indépendance telle qu'il organise ses propres épreuves de fin de cycle secondaire, l'équivalent de notre baccalauréat, *das Abitur*, selon des modalités et aux dates qui lui conviennent. Il y a donc peu de risques ou de tentations de voir se créer à Berlin une classe intellectuelle qui veuille concentrer le pouvoir allemand sur les bords de la Spree.

Quand, le 20 juin 1991, on a compté les votes, personne n'y croyait vraiment. C'est à une très faible majorité, trois cent trente-sept voix contre trois cent vingt, que le Bundestag a décidé le transfert des institutions vers Berlin. Partisans de Bonn et de Berlin s'étaient durement affrontés autour d'arguments essentiellement géopolitiques. Les premiers avaient insisté sur la légitimité démocratique de la petite ville rhénane, peu éloignée de Bruxelles, qui devait incarner une république fédérale bien ancrée à l'Ouest. En outre, Bonn restant le symbole du fédéralisme, on évitait les risques de voir se créer une mégapole berlinoise. Enfin les frais qu'occasionnerait le déménagement pour Berlin faisant pencher le plateau du côté de Bonn. Les partisans de Berlin, eux, parlaient du fort symbole de liberté que représentait la ville et de la nécessité d'ouvrir le pays vers L'Europe centrale, dont Berlin était proche. C'est d'ailleurs sa situation, mais à l'intérieur du pays, qui a fait pencher la balance en sa faveur : il serait, en effet, plus facile pour Berlin que pour Bonn de régler les problèmes des nouveaux Länder. En fait il est question que seul le Bundestag siège à Berlin, et que le Bundesrat (Conseil fédéral), qui représente les Länder, reste à Bonn.

Pages ...cédentes : ...a porte de ...ndebourg. A gauche, l'église Souvenir, sur ...u'damm, dominée ...la tour de ...élévision.

Réunie mais pas réconciliée

L'agglomération berlinoise, qui totalise trois millions quatre cent mille habitants, est la plus importante d'Allemagne et du centre de l'Europe. En réalité il s'agit de deux villes qui se sont développées séparément depuis 1945. Leur réunion officielle, le 2 juin 1991, a posé, dans les premiers temps, d'importants problèmes d'intégration. La réunification des administrations et des circuits économiques ne se fait pas sans mal. Par exemple, les lignes téléphoniques étant toujours distinctes, il est difficile, en 1992, d'obtenir un correspondant dans l'autre partie de la ville. Il apparaît évident que l'aménagement du nouveau Berlin prendra plusieurs années. La spéculation, la flambée des prix des bureaux, les hausses en Bourse des valeurs berlinoises témoignent d'une grande fébrilité.

On trouve encore partout les traces de l'histoire. De l'héritage prussien laissé par les Hohenzollern qui régnèrent pendant plus de cinq cents ans à Berlin, princes électeurs, rois et empereurs, il est resté des œuvres d'art et des témoins architecturaux. Du déchaînement des années vingt on a conservé un besoin presque constant de s'amuser. Les nazis ont laissé des terrains vagues et des cicatrices sur les âmes de leurs victimes. En revanche, les différences de situation auxquelles ont été confrontées les populations de l'Est et de l'Ouest maintiennent une culture vivante avec un fameux potentiel de résistance.

Histoire du Mur

Le Mur, c'était 161 km de longueur, 4 m de hauteur, avec, du côté de la R.D.A., un mirador tous les 7 km pour garantir son efficacité. Il était illuminé toute la nuit. Du côté occidental, il était barbouillé de graffitis multicolores. Çà et là des plates-formes plus ou moins rudimentaires avaient été érigées à sa base, qui permettaient de jeter un coup d'œil furtif sur l'autre côté. Les voyageurs de passage à Berlin contemplaient toujours avec un mélange de fascination et de dégoût cette construction qui, tout compte fait, avait causé la mort de soixante-dix candidats à la liberté. Le léger frisson qui secouait inévitablement tous les observateurs du Mur contribuait aussi à son charme spécifique. Et pourtant, le Mur appartient déjà à l'histoire. Ceux qui, aujourd'hui, veulent en voir un fragment n'ont plus qu'à aller au musée. Il en reste quelques vestiges visibles à certains endroits précis, comme au Gropiusbau, à Kreuzberg par exemple. Les garde-t-on au titre de pièces de musée vivantes ? C'est peu probable. Il y a longtemps que le Mur, percé par les pioches et les marteaux, est devenu une zone de danger permanent, mais d'un autre genre. On ne reconnaît même plus les postes de douane inviolables. Les rues coupées par le mur ont été réunies, les autos roulent de l'Ouest à l'Est sans être obligées de s'arrêter ni même de freiner. Les urbanistes discutent déjà âprement pour remplir ce secteur laissé à l'abandon. Il ne faut pas oublier que le Mur occupait un des meilleurs emplacements de la ville. C'est la raison pour laquelle ce terrain libéré éveille la convoitise de nombreux promoteurs. Par ailleurs, des voix s'élèvent aussi qui plaident en faveur de la conservation de cette « cicatrice » historique, qui voudraient l'aménager en jardin commémoratif, en parc de repos, en mémorial. Mais ces voix-là n'ont guère de chances d'être entendues. Berlin, qui souffre d'un manque d'argent chronique, ne peut pas se contenter de semer du gazon sur une terre aussi lucrative.

Le 13 août 1961, jour où la ville fut coupée en deux, commença comme n'importe quel autre jour de l'après-guerre à Berlin. Les habitants de l'Est et de l'Ouest faisaient la navette d'une zone à l'autre, et surtout d'un système de société à l'autre, sans être inquiétés. Officiellement, la partie orientale de Berlin était sous occupation soviétique ; en réalité, elle jouait le rôle de capitale de la R.D.A. depuis longtemps déjà. Rien n'empêchait les habitants de ce secteur d'affluer dans la zone occidentale confiée aux puissances d'occupation alliées, et devenue, avec leur aide et celle de la République fédérale d'Allemagne, la vitrine du capitalisme. Nombreux cependant étaient ceux qui mettaient à profit la libre circulation pour tourner définitivement le dos à la R.D.A. Le nombre des fugitifs ne faisait qu'augmenter, or c'était autant de main-d'œuvre qui allait manquer à la R.D.A. pour la reconstruction d'une économie complètement détruite par la guerre. En pleine guerre froide, ce trou dans le rideau de fer était déjà depuis longtemps une source de soucis constants pour les chefs du parti socialiste unifié d'Allemagne (S.E.D.). A la suite d'une consultation des chefs de parti des États du pacte de Varsovie, en août 1961 à

Elle est morte en tentant de franchir le Mur.

La bande de terrain surveillé, côté Est, i précédait le Mur.

Moscou, la décision fut enfin prise : il fallait ériger un ouvrage fortifié pour stopper le flot des fugitifs et l'influence dangereuse du capitalisme.

Durant la nuit du 12 au 13 août 1961, une armée de soldats et des groupes recrutés dans les entreprises déroulèrent le long de la ligne de démarcation des rouleaux de fil de fer barbelé et montèrent des chevaux de frise. Les Berlinois furent stupéfaits, ahuris, anéantis. Les fils de fer barbelés et le mur édifié à la hâte durant la nuit ne séparaient pas seulement l'Est et l'Ouest, le capitalisme et le socialisme, mais aussi les familles et les amis, les enfants et les parents, les travailleurs et leur lieu de travail. D'aucuns réussirent à passer au dernier moment la frontière provisoire et à s'enfuir en abandonnant tous leurs biens derrière eux. Scènes d'adieux bouleversantes et fureur impuissante : Berlin vécut ce jour-là une tragédie politique et humaine.

Malgré toutes les difficultés, bien des Berlinois de l'Est essayèrent encore par la suite de franchir le Mur. Durant les premiers mois qui suivirent la construction, certains sautèrent des fenêtres des immeubles situés en bordure de la frontière; d'autres rampèrent dans des canalisations d'égouts. Tous les moyens étaient bons. Les moindres brèches furent aussitôt colmatées par les autorités de la R.D.A., les accès souterrains entre les deux secteurs grillagés, les couloirs de métro conduisant aux lignes qui menaient vers l'Ouest murés. Des plaques de béton firent monter le mur à 4 m de hauteur, on installa des miradors, on aménagea des zones surveillées par des chiens et on mina les bandes de terrain qui longeaient la frontière. Le « rempart antifasciste », comme fut baptisé le Mur par ses bâtisseurs, ne cessa de se perfectionner.

Le 9 novembre 1989

Personne n'aurait pu se douter que l'heure de la chute du Mur sonnerait aussi vite, même si, depuis plusieurs mois déjà, bien des symptômes avaient laissé présager des changements en R.D.A. L'ouverture du rideau de fer, à la frontière austro-hongroise, au mois d'août 1989,

résultat de la politique de détente menée par Mikhaïl Gorbatchev, provoqua un véritable exode des vacanciers de l'Est vers l'Occident. Le moment était venu d'imposer des réformes au gouvernement en place et, le 4 novembre, près d'un million de personnes se rassemblèrent sur l'Alexanderplatz de Berlin-Est pour protester contre le régime honni. Et finalement, le porte-parole de la S.E.D., Günter Schabowski, annonça que l'interdiction de voyager serait abrogée, sans se douter apparemment des conséquences qu'allait avoir cette décision. Pour Berlin-Est comme pour Berlin-Ouest. L'effet ne se fit pas attendre : en voiture, à bicyclette et à pied, une foule compacte de Berlinois de l'Est afflua aux passages frontaliers pour se déverser, tel un torrent humain, dans les rues de Berlin-Ouest. Des gens qui ne se connaissaient pas s'embrassaient, les larmes coulaient, tout Berlin sautait de joie. Pendant des semaines, les Trabant pétaradantes, qui n'allaient pas tarder à être honnies, furent accueillies avec des transports d'enthousiasme à chaque passage douanier.

Bientôt cependant, la vie de tous les jours reprit ses droits et l'unification des deux Allemagne qui se dessinait à l'horizon rendit aux Berlinois le sens du réel. Après la chute du Mur, il fallut refaire les routes, rétablir les lignes de métro coupées. Et les problèmes sociaux et économiques de Berlin réunifiée s'imposèrent avec force. Certaines parties du Mur furent réduites en gravats et servirent de base au nouveau revêtement des rues. Dans le centre, d'autres morceaux furent enlevés par des particuliers qui les gardèrent en souvenir. Le reste fut découpé en plaques, si possible revêtues de peintures bariolées pour en augmenter la valeur, et vendues par une société commerciale de l'ex-R.D.A. Un an après sa chute, le Mur avait déjà rapporté 2,1 millions de marks, somme qui doit revenir à la santé publique et à l'entretien des monuments.

Ces vingt-huit années de séparation et d'isolement ont laissé derrière elles le mur invisible qui sépare les personnes appartenant à des systèmes sociaux différents, ayant vécu des expériences différentes et possédant une échelle de valeurs

Le Mur revêtu d'une peau plus humaine.

différente. Des conflits existent, mais les confrontations quotidiennes sont aussi source de rapprochements.

Naissance d'une grande ville

Ses 883 km² (Berlin-Ouest, 480 km² + Berlin-Est, 403 km²) font de Berlin la plus grande ville d'Allemagne. Après la Première Guerre mondiale, Berlin se limitait au centre historique et à quelques faubourgs. Certes, elle formait une belle et grande ville, mais était bien loin de la ville tentaculaire qu'elle est devenue. En 1920, une réforme territoriale, très controversée à l'époque, lui annexa tous les villages, hameaux, petites villes et domaines qui l'entouraient, et c'est depuis cette réforme que furent fixées les limites qui sont encore les siennes aujourd'hui. Cette réforme la divisa en districts auxquels on donna la configuration et le nom qu'ils portent actuellement. Nombre d'anciens noms de villages ont été conservés, qui servent maintenant à désigner des subdivisions de quartiers, tels Dahlem dans le quartier de Zehlendorf, ou Karlhorst dans celui de Lichtenberg. Avec leur nom d'origine, bien des quartiers de Berlin ont gardé aussi leur caractère spécifique de petites bourgades. C'est pourquoi il existe de petits centres dispersés dans toute la capitale allemande. Il n'est pas étonnant non plus que des quartiers excentrés de Berlin aient gardé une structure villageoise.

On enlève un décor vieux e quarante ans.

Berlin compte au total vingt-trois districts, dont trois dans le secteur est (**Hohenschönhausen**, **Hellersdorf** et **Marzahn**) ont été créés dans les années soixante-dix et quatre-vingt. Ils sont caractérisés par de gigantesques pâtés d'immeubles nouveaux. La pénurie de logements incita les autorités à planter dans le sable de la Marche de Brandebourg des gratte-ciel divisés en appartements modernes mais exigus. Marzahn, le plus ancien des trois nouveaux districts, a réussi, grâce à l'initiative de ses habitants, à se constituer un certain urbanisme humain. Ils plantèrent eux-mêmes arbres et arbustes, installèrent des aires de jeu pour les enfants et animèrent les infrastructures. Les balcons débordent de géraniums.

Les habitants du **quartier de Brandebourg**, dans le district de **Reinickendorf**, au nord de Berlin, eurent sensiblement les mêmes réactions, et sont très fiers de leur environnement. Mais on ne peut malheureusement pas en dire autant de tous les quartiers. Ainsi dans le district méridional de **Neukölln**, et plus précisément dans celui de **Gropiusstadt**, un ensemble de problèmes sociaux, de criminalité et de débordements d'extrême-droite détermine jusqu'à aujourd'hui encore la vie quotidienne et l'atmosphère générale. Berlin est, en réalité, deux villes en une seule. La **tour de la Télévision** (Fernsehturm) sur l'Alexanderplatz, construite pour être l'emblème de la capitale de la R.D.A., indique le centre historique de Berlin. De l'autre côté, l'étoile scintillante de Mercedes, qui tourne sans cesse au sommet de l'**Europa-Center**, signale le **Kurfürstendamm**, cœur du secteur occidental. En fait, depuis novembre 1989, **Unter den Linden** lui a déjà damé le pion en redevenant la promenade préférée des Berlinois. Pour les commerces, la **Friedrichstrasse** est en train de remonter le courant à vive allure,

Berlin et ses environs
4 km/ 2,5 miles
Mathiasberg
56
Hohen - Neuendorf
Mühlenbeck
Bötzow
Henningsdorf
E4/6
Glienicke / Nordb.
Schönwalde
FROHNAU
BERLINER
FORST
TEGEL
HERMSDF.
LÜBAR
WAIDMANNS-
LUST
HEILIGENSEE
Humboldt-Schloß
BORSIG-
WALDE
KONRADS-
HÖHE
WITTENAU
BERLINER FORST
SPANDAU
Falkensee
TEGEL
TEGELORT
REINICKENDOR
HAKENFELDE
Flughafen
Berlin-Tegel
F.-FALKENHÖH
SPANDAU-
NEUSTADT
HASELHORST
K.-Schumacher-
Damm
WEDDIN
SPANDAU
Zitadelle
SIEMENS-
STADT
KLOSTER-
FELDE
STRESOW
Schloß
Charlottenbg.
TIERGART
STAAKEN
WILHELM-
STADT
WESTEND
Schl. Bellevue
CHARLOTTENBG.
Siegessäule
Seeburg
PICHELSDORF
Funkturm
AB.- Dr.
Funkturm
WILMERS-
DF.
Finkenberg
75
SCHÖN
GATOW
BERLINER
Karlsbg.
78
Flugplatz
Gatow
FORST
GRUNEWALD
Fahrland
Groß-
Glienicke
Jagdschloß
Grunewald
SCHMARGEN-
DF.
FRIEDENAU
KLADOW
GRUNEWALD
DAHLEM
2
Havel
STEGLITZ
ZEHLENDF.
P.-NEDLITZ
NIKOLASSEE
LICHTER-
FELDE
LANKWITZ
P.-SACROW
Berlin-
Zehlendorf
P.-BORNIM
WANNSEE
Schloß
Cecilienhof
Schloß
Kl. Glienicke
273
SCHÖNOW
MARIEN
Schloß
Sanssouci
Schloß
Babelsberg
Kleinmachnow
P.-KLEIN-
GLIENICKE
STEIN-
STÜCKEN
Teltow
Potsdam
P.-
BABELSBERG
Stahnsdorf
1
2
Kl.
Ravensberg
114
P.-DREWITZ
101
Güterfelde
Großbeeren
Bergholz
Rehbrücke

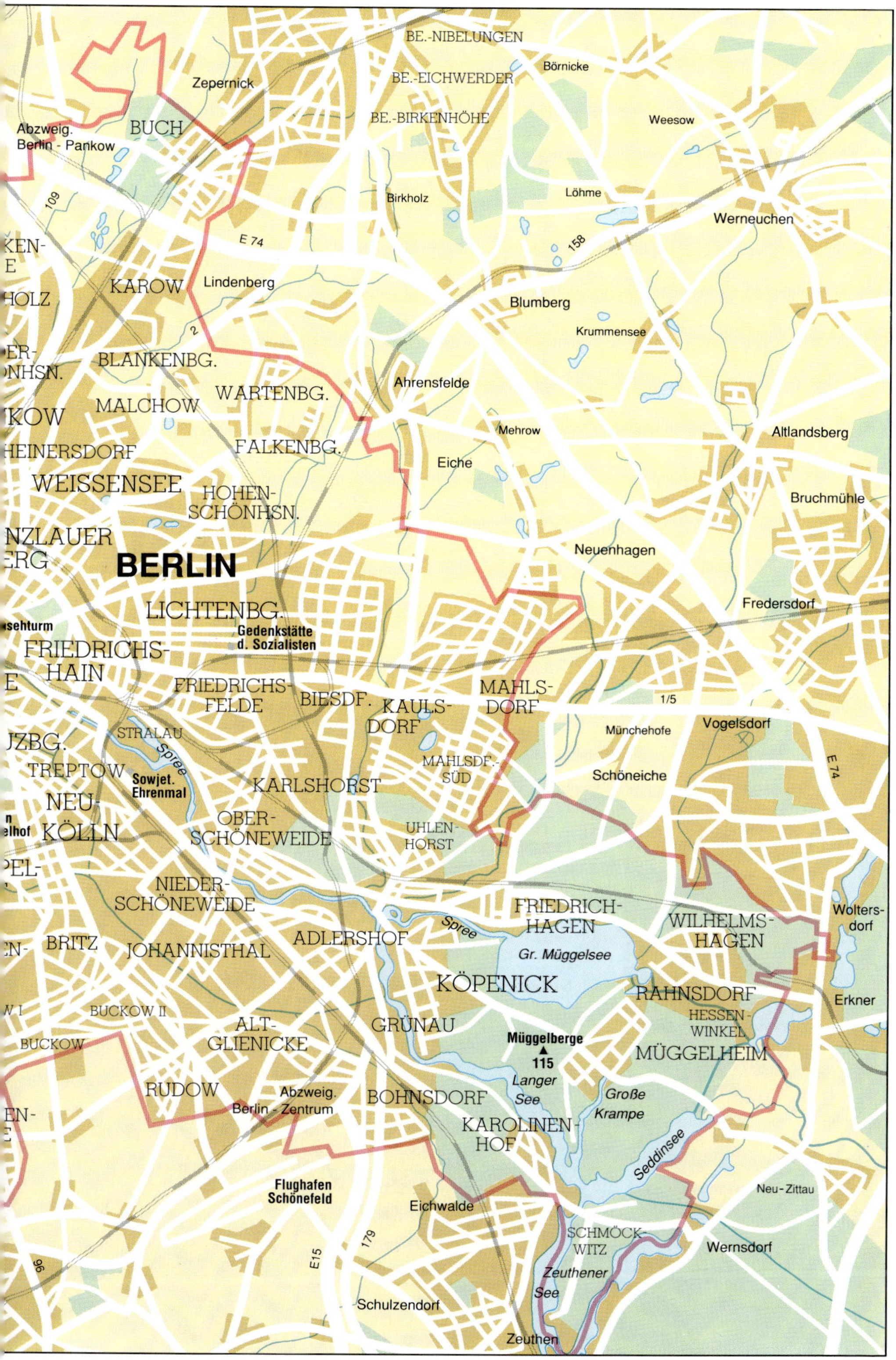

BE.-NIBELUNGEN
Börnicke
BE.-EICHWERDER
Zepernick
BE.-BIRKENHÖHE
Weesow
Abzweig.
Berlin - Pankow
BUCH
Birkholz
Löhme
Werneuchen
109
E 74
158
KAROW
Lindenberg
Blumberg
Krummensee
2
BLANKENBG.
WARTENBG.
Ahrensfelde
MALCHOW
Mehrow
Altlandsberg
FALKENBG.
Eiche
WEISSENSEE
HOHEN-
SCHÖNHSN.
Bruchmühle
Neuenhagen
BERLIN
Fredersdorf
LICHTENBG.
Gedenkstätte
d. Sozialisten
FRIEDRICHS-
HAIN
FRIEDRICHS-
FELDE
BIESDF.
KAULS-
DORF
MAHLS-
DORF
1/5
Münchehofe
Vogelsdorf
STRALAU
Spree
MAHLSDF.-
SÜD
TREPTOW
Sowjet.
Ehrenmal
KARLSHORST
Schöneiche
E 74
NEU-
KÖLLN
OBER-
SCHÖNEWEIDE
UHLEN-
HORST
NIEDER-
SCHÖNEWEIDE
FRIEDRICH-
HAGEN
WILHELMS-
HAGEN
Wolters-
dorf
Spree
BRITZ
JOHANNISTHAL
ADLERSHOF
Gr. Müggelsee
KÖPENICK
RAHNSDORF
Erkner
HESSEN-
WINKEL
BUCKOW II
ALT-
GLIENICKE
GRÜNAU
Müggelberge
115
MÜGGELHEIM
BUCKOW
Langer
See
RUDOW
Abzweig.
Berlin - Zentrum
BOHNSDORF
Große
Krampe
KAROLINEN-
HOF
Seddinsee
Neu-Zittau
Flughafen
Schönefeld
Eichwalde
SCHMÖCK-
WITZ
Wernsdorf
179
E15
96
Zeuthener
See
Schulzendorf
Zeuthen

tout au moins quant au prix des terrains, et par conséquent des loyers.

Si les Français on leur coq, les Berlinois ont leur ours, qui figure sur les armoiries de la ville, probablement depuis le XIIIe siècle. De nos jours, on le voit un peu partout : sur les bornes kilométriques des routes qui conduisent à Berlin et à peu près sur tous les souvenirs « typiques » des boutiques de pacotille. Enfin, depuis 1951, l'ours est la récompense accordée aux meilleurs films de la Berlinale. Ainsi le Festival du film de Berlin a-t-il fait de ce mammifère habitué aux forêts une distinction mondaine aussi convoitée que les Palmes et les Oscars.

Le Kurfürstendamm : au centre du mythe de Berlin

Le *Ku'damm*, comme l'appellent les Berlinois, n'a pas perdu tout son pouvoir d'attraction, lequel n'est pas dû à l'esthétique du lieu ou à son histoire. Il demeure pour beaucoup Le symbole de la ville. Le Kurfürstendamm, tel qu'il apparaît maintenant, a moins d'un siècle, bien qu'il ait existé au XVIe siècle sous le nom de Knüppeldamm. A cette époque, il servait uniquement d'allée cavalière aux princes électeurs qui chassaient à courre entre le château et Grunewald. C'est seulement après 1871, à l'époque dite *Gründerzeit*, que l'on commença la construction du boulevard, lorsque, inspiré par les Champs-Élysées, Bismarck, chancelier de l'empereur, manifesta le désir de doter la nouvelle capitale du Reich d'une avenue somptueuse et représentative. On le borda d'édifices de style « wilhelmien » : imposants et surchargés d'ornements. Le Ku'damm devint l'adresse de prédilection de la grande bourgeoisie berlinoise et des familles juives aisées.

Malgré cette ostentation, l'atmosphère de renaissance qui accompagna le tournant du siècle prit possession du Kurfürstendamm. Là, Berlin révélait sa jeunesse. On y trouvait les cabarets les plus extravagants, et tout ce qui appartenait à la bohème devait s'y montrer, en particulier pendant les années vingt (*Wilde Zwanziger*). Le lieu de rendez-vous le plus célèbre de cette époque, le

Circulatio difficile da le secteur occidental

Romanisches Café (Café roman), qui se trouvait à l'endroit où se dresse l'horrible Europa-Center et qui pouvait s'enorgueillir d'un livre d'or très prestigieux. Heinrich Zill, Otto Dix, Ernst Lubitsch, Joseph Roth, Bertolt Brecht, Fritz Lang, etc., pas un grand nom de la culture allemande ne manquait au rendez-vous.

L'année 1933 sonna le glas de cette société endiablée. Depuis longtemps, les nazis voyaient d'un très mauvais œil cette agitation créatrice. Les artistes, pour la plupart d'origine juive, furent arrêtés, déportés ou massacrés. A l'occasion des Jeux olympiques de 1936, le boulevard, sous le pavoisement systématique des maisons et des arbres, fut transformé en un océan rouge et blanc de croix gammées et d'anneaux olympiques.

Mais le souvenir de ce boulevard jadis pétillant de vie demeura. Après les destructions de la guerre et la séparation de la ville en deux, le Kurfürstendamm fut reconstruit, et devait devenir le centre de Berlin-Ouest. Le centre de la ville proprement dit appartenait au secteur Est et était devenu inaccessible. Mais le nouveau Ku'damm se signalait par les façades de verre des nouveaux immeubles et les petits bâtiments à un étage qui ressemblaient plutôt à des baraquements. Tout cela marquait d'une laideur affligeante l'image de l'ancien boulevard prestigieux. Étant donné la perte de son véritable centre, Berlin-Ouest confia au Ku'damm la fonction de servir de cadre représentatif au monde international des affaires.

Une foule de cafés, de magasins de luxe et de cinémas bordent les larges trottoirs. Les hommes d'affaires et les commerçants, soucieux de préserver la bonne réputation de leur adresse, ont fait nettoyer la place des petites boutiques, des magasins de pornographie et des bistrots à bon marché qui la dénaturaient. Finalement, en 1987, à l'occasion des sept cent cinquante ans de la ville, le sénateur chargé des Affaires culturelles, Hassemer, rendit au Ku'damm le faste qui convient à une métropole internationale en faisant orner d'œuvres d'art, par ailleurs très controversées, la bande médiane de cette large artère. La popula-

... et file attente sur le marché noir Alexanderplatz en 1989.

tion n'en aima pas moins son « boulevard des Sculptures » qui offrait à présent une attraction supplémentaire.

Parmi les cafés, on retiendra quelques noms : à l'ouest, **Einstein**, qui sert les meilleurs café viennois ; **Café am Ufer**, **Graffiti**, **Dralle's** et **Wendel** et ses fameuses douze bières pression. Il existe aussi beaucoup de cafés-boîtes de jazz, la plupart excellents : **Quartier Latin**, **Quasimodo**, **Blues Café**, **Café Schwing**, **Café Stresemann**. A l'est, **Fernsehturm** en haut de la tour de télévision ; **Operncafé**, tout près de l'Opéra ; **Wirtshaus am Orankesee**, qui a un jardin en bordure du lac ; **Müggelseeklause** et ses bières ; et les deux cafés du **Grand Hôtel** sont parmi les meilleurs endroits.

On notera qu'il existe une bière typiquement berlinoise, excellente d'ailleurs, faite à partir du froment : la *Berliner Weisse*.

Breitscheidplatz et Wittenbergplatz

Pour tous ceux qui veulent faire connaissance avec la ville, la première étape obligée est la Breitscheidplatz, avec les ruines de l'ancienne **église commémorative de l'empereur Guillaume** (Kaiser-Wilhelm-Gedächtniskirche) et l'**église** moderne aux parois vitrées bleuâtres. Depuis 1983, et particulièrement pendant l'été, toute une population des plus bariolées s'ébat autour du ***Wasserklops***, la gigantesque fontaine sculptée par Schmettau, juste à côté de l'Europa-Center. Ce gratte-ciel, l'un des plus hauts de Berlin, couronné de l'étoile Mercedes, est presque une ville en soi, du moins en ce qui concerne les possibilités d'achats et de distractions. On peut tout avoir ici, le beau et le laid, le bon et le mauvais goût, à des prix élevés. Un casino ajoute encore à ce faste. Bref l'Europa-Center est l'endroit idéal par temps de pluie, surtout si l'on a de l'argent à dépenser.

Cela dit, pour les achats, mieux vaut se rendre au **KaDeWe**, le « Grand Magasin de l'Ouest », sur la **Wittenbergplatz**, qui a tout de même plus de style que l'Europa-Center. Ce grand magasin, le plus vaste d'Europe, ne fait plus partie du Kurfürstendamm, mais il appartient encore au secteur commercial de l'Ouest. On y trouve absolument tout ce qu'il est possible d'acheter. On ne peut pas avoir une idée précise de ce qu'est Berlin-Ouest si on n'est pas allé faire un tour dans le KaDeWe.

Il faudra une journée entière, si on aime flâner, pour aller de la Wittenbergplatz jusqu'à la **Lehniner Platz** en passant par la Breitscheidplatz. Après le KaDeWe et la Gedächtniskirche, on peut aller prendre une collation au **café Kranzler**. Il existait un café Kranzler avant la guerre, tout à fait légendaire, qui se trouvait dans l'ancien centre. On respire, dans l'actuel café, un peu de ce parfum du Berlin élégant d'antan. Lorsqu'on commence à être saturé des innombrables boutiques du Ku'damm et de ses vitrines, qui ne sont d'ailleurs pas toutes d'une extrême élégance, faire un petit détour par les rues adjacentes est bien agréable. C'est là que débute le quartier dit « **Off-Ku'damm** », bordé de boutiques plus distinguées, mais pas forcément meilleur marché. On y trouve en tout cas des tavernes, des restaurants et des cafés plus originaux. Ici on peut baguenauder tout un après-midi sans s'ennuyer. Le soir, on a, tout à côté, à la **Schaubühne am Lehniner Platz**. Installé à l'origine dans le quartier de Kreuzberg, près de la porte de Halle, ce théâtre fit fureur grâce au travail remarquable de son metteur en scène attitré, Peter Stein. Aujourd'hui encore, il s'inscrit en tête de liste des théâtres berlinois mais, depuis son transfert dans cette nouvelle maison équipée des derniers perfectionnements de la technique, il a perdu de son ambiance spécifique. Il n'est pas moins culturel de se laisser tenter par la vie nocturne légendaire de Berlin. Là, on a le choix, selon l'âge et les goûts, entre deux boîtes de nuit : ***Far Out***, contiguë à la Schaubühne, et ***Eden***, sur l'Adenauerplatz. Mais on peut aussi, comme le font volontiers les Berlinois eux-mêmes, passer tout ou partie de la nuit à flâner sur le Ku'damm. L'animation se prolonge jusqu'au point du jour.

Le centre historique

La vie au cœur historique de Berlin est plus calme, ce qui ne signifie pas d'ailleurs qu'elle soit plus monotone.

LES MUSÉES

Deux chiffres donnent une idée de la richesse culturelle de la capitale et de la concurrence que se sont livrée les deux anciens secteurs de l'Ouest et de l'Est : le premier totalisait vingt-sept musées, le second, vingt-six. En voici les principaux. Le **musée de Berlin**, dans le quartier de Kreuzberg, retrace l'histoire de la ville et de son art. La **Galerie berlinoise**, dans le **Gropius-Bau**, rassemble des vues et des photographies historiques de Berlin.

L'**île des Musées** (Museumsinsel) regroupe cinq musées de première importance. 1) Le **musée Pergame** (Pergamon Museum) – auquel on accède par le pont du Kupfergraben – abrite l'autel de Zeus et d'Athénée (180-160 av. J.-C.) et la porte du marché de Milet. Il abrite également le **musée de l'Extrême-Orient** et le **musée des Arts et Traditions populaires**.

2) Le **musée Bode** (Bode-Museum). 3) Le Nouveau-Musée (Neues Museum), 4) L'Alte Nationalgalerie et 5) L'**Ancien Musée** (Altes Museum), où l'on peut voir des œuvres artistiques modernes et qui abrite le **cabinet des Estampes et Gravures**. Il a été construit dans le **jardin d'Agrément**.

Dans le **musée de la Préhistoire et de la Protohistoire** (Museum für Vor- und Frühgeschichte) a été rassemblée une partie de la collection d'antiquités troyennes de Heinrich Schliemann.

La **Galerie nationale** (Nationalgalerie) expose des tableaux et des sculptures depuis la fin du XVIIIe siècle jusqu'à l'époque contemporaine.

Dans le **château de Köpenick** a été aménagé le **musée des Arts décoratifs** (meubles historiques, porcelaines, objets en cuir et surtout la parure de Gisèle (Giselaschmuck), qui date des environs de l'an 1000).

Le **musée de l'Histoire allemande** (Museum für Deutsche Geschichte) est installé dans l'**Arsenal** (Zeughaus), sur l'Unter Den Linden. Il regroupe des pièces qui illustrent l'histoire de l'Allemagne. La **cour intérieure de l'Arsenal** est décorée de vingt-deux masques représentant des guerriers à l'agonie. Les façades extérieures célèbrent la victoire. On a créé le **musée des Huguenots** dans la **cathédrale française** (Französischer Dom), située sur la place de l'Académie (Histoire des Huguenots dans la région de Berlin qui les accueillit au début du XVIIIe siècle). Le **musée de la Marche de Brandebourg** (Märkisches Museum) se trouve dans le Köllnischer Park (Histoire de la culture berlinoise). A voir également, le **musée de la Poste** (Postmuseum), dans la Leipziger Strasse.

La **Fondation du Patrimoine culturel prussien** (Stiftung Preussischer Kulturbesitz), à la **station de métro Dahlem-Dorf**, abrite plusieurs musées : la **galerie de Tableaux** (Gemäldegalerie. Collections de peintres, du XIVe et du XIXe siècle), la galerie des Sculptures et le musée d'Ethnographie.

Le **musée d'Art islamique** et le **musée des Traditions populaires** (Afrique, Amérique, Proche-Orient et mers du Sud) invitent à une belle exploration du monde.

Le **château de Charlottenbourg** abrite deux musées : le **Musée égyptien** (buste de Néfertiti, 1358 av. J.-C.) et le **musée des Antiquités** (grecques et romaines). On peut également y voir une **collection de porcelaines** de Berlin et **de vases** datant de l'époque Biedermeier.

La **galerie des Peintres romantiques** abrite les œuvres de Caspar David Friedrich, Schinkel, Spitzweg… La **collection Bröhan** (Sammlung Bröhan) présente l'art berlinois du XXe siècle. L'**atelier de moulage** (Staatliche Gipsformerei) se trouve près du château. On peut aussi visiter le **musée de la Radio**, dans la tour de la Radio.

On trouve plusieurs musées d'importance sur le **Landwehrkanal**. La **Nouvelle Galerie nationale** est spécialisée dans l'art de la fin du XIXe et du XXe siècle. Quelques pas seulement la séparent du **musée des Arts décoratifs**, (tapisseries, argenterie, meubles de style). En face se trouve le **musée des Instruments de musique** (le musée est gratuit, seuls les concerts qu'on y donne sont payants). Le **Museum für Gestaltung**, renferme les **archives du Bauhaus**.

Enfin, il faut savoir que presque tous les musées berlinois sont gratuits sinon très bon marché.

Bien au contraire. C'est dans ce quartier-là que l'on rencontre le plus de Berlinois authentiques et, surtout, le passé de la ville. Là, en effet, se trouvait son berceau, la petite cité de marchands établie sur le gué de la Spree, à la hauteur du **pont Mühlendammbrücke**. La plupart des constructions historiques ne datent pas des premiers temps de la ville, presque tout ayant été balayé, comme le Stadtschloss, qui fut la résidence des Hohenzollern. Les dirigeants de l'ex-R.D.A. le firent raser au début des années cinquante. Bien que très endommagé par la guerre, il est vrai, il était loin d'être entièrement détruit. Actuellement se dresse à sa place le **palais de la République** (Palast der Republik) à la couleur cuivrée étincelante, siège de la chambre des Députés et parc populaire d'attractions sous la domination du parti S.E.D. En 1990, il a été fermé après qu'on y eut détecté de l'amiante.

Dans les années soixante-dix, la R.D.A. commença la restauration de l'héritage prussien du pays. Certes, la plupart des projets partaient d'une intention louable, mais la réalisation dépassa souvent l'objectif initial, telle par exemple la restauration du **quartier Saint-Nicolas**. De même, on reconstruisit l'**église Saint-Nicolas**, (XIIIe siècle) le plus ancien monument de Berlin. Malheureusement, les maisons qui bordent la place de l'église furent transformées en galeries marchandes bruyantes. Malgré tout, elles sont plus agréables à regarder que les gratte-ciel utilitaires qui entourent l'Alexanderplatz et la Leipziger Strasse.

On pénètre dans le centre de Berlin par la fameuse **porte de Brandebourg** (Brandenburger Tor). Ce monument construit en 1791 a toujours été un symbole du destin allemand. C'est par là que passa Napoléon triomphant dans sa marche forcée vers la Russie et qu'il se glissa, vaincu, après avoir perdu ses ultimes batailles européennes. L'empereur des Français vola la ***Quadriga***, déesse de la Victoire dressée sur son quadrige, et la fit transporter à Paris.

Huit ans plus tard, en 1814, le général Blücher la rapporta à Berlin, accompagnée d'un cortège solennel. En 1848, les révolutionnaires dressèrent des barricades contre la porte de Brandebourg. Empereurs et rois la traversèrent encore triomphalement, et les révolutionnaires de 1918 passèrent également par là pour rejoindre la Résidence et proclamer la République. En 1933, les nazis y exhibèrent à leur tour leur victoire, et douze ans plus tard, en 1945, les soldats soviétiques hissèrent le drapeau rouge sur la *Quadriga*.

Après la construction du mur, tout le secteur qui entoure la porte de Brandebourg fut déclaré zone interdite, tant pour les Berlinois de l'Ouest que pour ceux de l'Est. Au moment de l'ouverture du Mur, ce monument fut le centre de tous les espoirs en une Allemagne réunifiée et le rendez-vous de tous les citoyens allemands qui, pendant une journée entière, formèrent « le peuple le plus heureux de la terre », selon l'expression de l'ancien bourgmestre de Berlin-Ouest, Walter Momper. A présent, toute émotion bue, on projette de faire tout simplement de la porte de Brandebourg le centre d'un important carrefour de circulation.

Statue vivante sur la Breitscheidplatz.

Les travaux de Karl Friedrich Schinkel

La plus prussienne de toutes les artères berlinoises est l'allée appelée **Unter den Linden** (Sous les tilleuls). Là aussi, bien des éléments qui faisaient son charme jadis ont été détruits. Il n'empêche que le promeneur peut toujours y humer les effluves de l'ancienne métropole. Les ouvrages néoclassiques de l'architecte Karl Friedrich Schinkel (1781-1841), du début du XIXe siècle, montrent encore aujourd'hui qu'à une certaine époque elle passa pour être la plus belle ville d'Europe. Le **Théâtre royal** (Schauspielhaus, 1818), construit sur la **place de l'Académie**, l'ancien marché des Gendarmes, est peut-être l'ouvrage le plus réussi de Schinkel. Encadrée par la **cathédrale allemande** (Deutscher Dom) et la **cathédrale française** (Französischer Dom), cette place forme sans contredit un ensemble parfait sur le plan esthétique. Parmi les travaux de Schinkel, certains accordent la palme à la **Nouvelle Garde** (Neue Wache, 1816), sur l'Unter den Linden. Quoi qu'il en soit, c'est sa première œuvre, et elle est d'une beauté classique. En réalité, aux yeux de la foule, son premier intérêt consistait dans le cérémonial de la relève de la garde. Les soldats de l'armée du peuple de la R.D.A. paradaient devant la Neue Wache au pas de l'oie, héritage prussien s'il en fût. Le bâtiment servait de mémorial aux victimes du fascisme et du militarisme. Aujourd'hui encore, l'avenir de ce monument commémoratif est incertain. On continue à se disputer pour savoir à qui on pourrait le dédier, et quel souvenir il pourrait évoquer.

Le monument le plus imposant de Schinkel, autre chef-d'œuvre du grand architecte, est le **Musée ancien** (Altes Museum, 1823), dans l'**île des Musées** (Museumsinsel). Extérieurement et intérieurement, il a été conçu et réalisé dans l'unique but de servir l'art. L'île tout entière, du reste, présente dans sa forme et son contenu une rare concentration d'œuvres d'art.

Il est à noter qu'un après-midi ne suffit pas, et de loin, pour visiter l'île des

A la fin de 1990, veillées et sommations se succédaient devant l'immeuble de la Stasi, Normannenstrasse.

Musées, la **Galerie nationale** (Nationalgalerie), le **musée Pergame** (Pergamon Museum) et le **musée Bode**.

Le centre de la ville ne respire pas seulement l'histoire du Berlin de Frédéric le Grand, mais aussi celle du fascisme et du socialisme. Le **Forum Friderizianum**, qui entoure l'ancienne place de l'Opéra devenue la **place Bebel** (Bebelplatz), est bordé de bâtisses d'époques diverses, allant du baroque, tel par exemple l'ancien **Arsenal** (Zeughaus) transformé en musée, jusqu'au style pompeux wilhelmien symbolisé par la **cathédrale de Berlin** (Berliner Dom), en passant par le classicisme précoce de l'**Opéra de l'État allemand** (Deutsche Staatsoper) qui, il est vrai, fut si souvent transformé que l'on n'y trouve presque plus rien de son style originel.

Sur l'ancienne place de l'Opéra, les nazis brûlèrent en 1933 plus de vingt mille livres dont ils rejetaient les auteurs. La **statue équestre de Frédéric le Grand** contemple la tour de la Télévision, qui domine toute la ville sur l'Alexanderplatz, le palais de la République et le **Forum Marx-Engels** où se dresse la **statue de Karl Marx et Friedrich Engels**.

Les quartiers populaires

Les vieux faubourgs populaires donnent leur empreinte caractéristique à une grande partie de la ville de Berlin : Friedrichshain, Kreuzberg, Wedding et Prenzlauer Berg. Durant la première moitié du XIXe siècle, à l'époque de l'industrialisation et de la spéculation foncière, on fit sortir de terre comme des champignons de misérables clapiers locatifs devant les portes de la ville, pour y loger les ouvriers. Depuis, certaines de ces gigantesques cages à lapin ont été rasées, ce qui a aéré quelque peu les immeubles restants. Des terrains se sont ainsi libérés sur lesquels les enfants peuvent jouer et les adultes poser leur barbecue.

Prenzlauer Berg, appelé plus couramment *Prenzelberg*, est de loin le district le plus animé de la ville. Les immeubles du siècle dernier sont occupés en majeure partie par des jeunes plus ou moins marginaux. Maisons accaparées par les squatters, bistrots, galeries et ateliers étaient déjà, du temps de la R.D.A., la marque distinctive de Prenzelberg, encore que dans des conditions beaucoup plus difficiles que de nos jours. Cependant, la prédilection du gouvernement de l'ancien Parti Socialiste Unifié de la R.D.A. pour les galeries marchandes bruyantes n'a pas épargné ce quartier. Une seule rue, la **Husemannstrasse**, a été assainie et restaurée selon le modèle de l'ancienne ville d'une manière tellement spectaculaire qu'elle ressemble maintenant à une rue-musée. Le reste de Prenzlauer Berg, en revanche, n'offre que des façades qui s'effritent et des immeubles dont la plupart sont souvent antérieurs à la Première Guerre mondiale.

On compare souvent Prenzelberg et **Kreuzberg**, surtout en ce qui concerne l'ambiance qui y règne et la vie qui les anime. Or, malgré sa réputation de quartier licencieux, il y a longtemps que Kreuzberg, après avoir été nettoyé et remis au pas, est cité comme un exemple de mélange des cultures. Kreuzberg compte un pourcentage élevé de population étrangère, mais le soi-disant mélange

Art populair
à Kreuzberg

des cultures se limite à une juxtaposition plus ou moins harmonieuse. Après les querelles de voisinage et les échauffourées interculturelles du début des années quatre-vingt, on y cultive une sorte de culture marginale. En réalité, ce quartier est un pur produit de la réforme territoriale de 1920. Il est formé des anciennes banlieues méridionales de Berlin, Friedrichstadt et Luisenstadt, et doit son nom à la colline sur laquelle ont été aménagés le **parc Victoria** et la **cascade artificielle** (Künstlicher Wasserfall).

Il y a longtemps que les combats de rues qui ont secoué Kreuzberg dans les années vingt, luttes autour de logements occupés ou batailles revenant régulièrement, le 1er mai par exemple, se sont transportés dans un autre district, celui de **Friedrichshain**. Là, en novembre 1990, la **Mainzer Strasse** fut le théâtre de combats très violents entre la population locale et la police. Toute la rue n'était qu'un champ de bataille. Depuis toujours, Friedrichshain est un district à problèmes. Il est sorti de terre au siècle dernier pour former un quartier ouvrier, sans le moindre souci des nécessités d'hygiène. Dans ces conditions il n'est pas étonnant que ses occupants tombent plus facilement et plus souvent malades qu'ailleurs, et que les invalides y soient plus nombreux. Le **parc populaire de Friedrichshain** (très belle **fontaine**) fut ouvert il y a quelque cent ans pour créer une aire de jeu et une zone de repos pour toute une population défavorisée.

L'ancienne Frankfurter Strasse, rebaptisée **Karl-Marx-Allee**, dans laquelle, à la fin de la Seconde Guerre mondiale, plus un seul immeuble ne tenait debout, fut reconstruite au début des années cinquante dans le style « pâtisserie » de l'ère stalinienne. Le gigantisme de ce style n'est sans doute pas du goût de tout le monde ; il n'empêche que l'on aménagea sur ce large boulevard des logements qui correspondaient parfaitement aux exigences de confort, et surtout de lumière et d'air, de l'époque.

A l'inverse des trois districts précédents, l'atmosphère de **Wedding** n'a pas changé. Wedding est resté le district ouvrier de Berlin par excellence. Au

En famille, Prenzlauer Berg.

DES BERLINOISES

Berlin est une ville féminine. « Berlin », dit d'un air exalté Johanna, une jeune femme de Stuttgart, capitale du Bade Wurtemberg, « Berlin ressemble à une liaison amoureuse. Elle commence par attirer, une attirance telle qu'elle provoque la chair de poule.

Suit inévitablement la confrontation avec une dure réalité à laquelle on ne s'attend pas, et enfin on se rend compte que l'on doit prendre soi-même sa vie en main et qu'alors tout est faisable. » Johanna, les yeux pétillants, se met à rire à gorge déployée, avec ce charme particulier de ceux qui ne se prennent pas trop au sérieux.

Les femmes ont joué un rôle très important dans la reconstruction de Berlin.

Berlin, la ville de la femme, la ville des femmes. Les femmes ont marqué de leur empreinte le caractère de la ville. Il faut se rappeler, au XIXe siècle, les salons célèbres de Rahel Varnhagen, d'Henriette Hertz ou de Bettina von Arnim, parmi bien d'autres.

Tout ce qui avait un nom ou un grade se rencontrait chez elles, à condition de posséder aussi de l'esprit, car pour pouvoir se mesurer avec ces femmes très cultivées, on ne pouvait se contenter d'un titre universitaire ou d'une réputation littéraire. C'est également une femme, la reine Sophie Charlotte, qui, au XVIIIe siècle, fut à l'origine de la fondation de l'Académie des sciences et qui attira des savants à Berlin, Leibniz par exemple.

Elles n'avaient pas seulement de l'esprit. Le courage, la combativité et l'engagement social faisaient aussi partie des qualités que les femmes de Berlin ont mises à l'honneur. L'artiste Käthe Kollwitz se consacra aux plus pauvres d'entre les pauvres, aux enfants qui vivaient dans la misère. A la fin du XIXe siècle, Lina Morgenstern fonda la première association de Formation des ouvrières, et Else Lasker-Schüler trouva à Berlin l'inspiration de ses créations littéraires.

Les Berlinoises ont également su faire preuve d'esprit révolutionnaire, et parfois même de brutalité, pour reconquérir leur ville. Ainsi le premier centre féminin de la République fédérale fut ouvert dans la Stresemannstrasse. Pendant la révolte estudiantine, le « conseil des femmes » bombarda de tomates la délégation des étudiants socialistes, où dominait l'élément masculin. Elles ouvrirent des jardins d'enfants afin de rompre l'isolement domestique, et des foyers d'accueil pour les femmes et les jeunes filles victimes des brutalités masculines. Les prostituées se rassemblèrent et fondèrent le groupe Hydra, afin de lutter ensemble pour leurs droits et la reconnaissance de leur métier. Le premier foyer de femmes du troisième âge vit le jour en 1990. Il est géré par les pensionnaires elles-mêmes.

Les femmes ont remporté de nombreuses victoires, qui sont souvent moins spectaculaires et qui ont parfois été accueillies avec des sourires ironiques au début, puis, au fur et à mesure de leurs succès, ont fini par susciter une véritable admiration. La première maison occupée uniquement par des femmes, ancienne fabrique de confiserie, est devenue aujourd'hui un centre féministe de quartier. Il y a à Berlin des galeries de tableaux, des cafés, des bistrots, des infothèques, des centres de santé exclusivement réservés aux femmes, et même un hôtel, **Artemisia**, qui ne reçoit que des femmes. La liste est longue.

Le sénat de Berlin-Ouest lui-même était dominé par les femmes depuis 1989. Walter Momper, élu peu de temps auparavant, en 1989, augmenta à coup sûr sa popularité en installant cinq femmes dans les fauteuils de sénateur ; et la liste écologique en nomma trois autres. L'une de ces femmes sénateurs réussit à faire peur non seulement à ses adversaires politiques de Berlin, mais à toute l'industrie nucléaire de la République fédérale. Il s'agit de Michaele Schreyer, sénateur chargé des affaires de l'urbanisme et de la protection de l'environnement, sans parti, mais soutenue par les Verts, qui interdit le fonctionnement du réacteur nucléaire expérimental de l'Institut Hahn-Meitner de Berlin-Steglitz. Tant qu'elle occupa son fauteuil, elle réussit à s'imposer et à se faire respecter de tous.

début du siècle et jusqu'à l'avènement des nazis, c'était le haut lieu du communisme. La misère du prolétariat industriel et les conditions de logement indescriptibles contribuèrent à donner à ce secteur une exécrable réputation. Dans ce quartier, la vie est réglée sur deux paramètres : « boulot » et « dodo ».

Les villages de Berlin

Nombre de districts n'ont jamais perdu leur caractère de petites villes. **Weissensee**, par exemple, est un centre industriel dans lequel se sont multipliés les immeubles d'habitation et où règne l'ambiance typique de la cité de banlieue. Le **Lac blanc** (Weisser See), l'un des nombreux plans d'eau qui parsèment Berlin et qui a donné son nom au district, est, avec son **parc** et son **théâtre en plein air**, une des deux grandes attractions du quartier. Mais Weissensee est également très connu pour son **cimetière juif** (Jüdischer Friedhof) où est enterrée une grande partie de l'élite juive de la culture et des affaires, dans la mesure toutefois où elle a échappé aux camps d'extermination des nazis. Ce cimetière, orné de monuments funéraires somptueux au milieu de petites tombes modestes souvent délabrées, existe depuis plus de cent ans déjà.

D'une tout autre nature sont les curiosités du district de **Lichtenberg**. L'appareil de contrôle du parti socialiste unifié d'Allemagne (de l'Est) avait élu domicile en plein centre de ce quartier industriel et ouvrier, dans la **Normannenstrasse**. Le ministère de la Sécurité d'État, plus connu sous le nom de Stasi, s'établit dans un immense complexe de bâtiments pour se consacrer à la surveillance systématique de chaque citoyen en particulier.

Une partie de l'état-major des armées soviétiques est encore stationnée actuellement dans le quartier de **Karlshorst-Lichtenberg**, là où fut signé l'acte de capitulation en mai 1945. Les anciens amis du temps de la R.D.A. sont devenus, pour nombre de Berlinois, une simple troupe d'occupation indésirable.

Si Lichtenberg est un quartier assez bourgeois, **Treptow** est en revanche une localité plutôt industrielle, qui respire cependant grâce à ses espaces verts. Dans le **parc de Treptow**, on peut encore voir les derniers vestiges de la chancellerie du Reich de Hitler, sous forme de pierres qui furent incorporées au **monument aux Morts** (Ehrenmal) **soviétiques**. **Plänterwald** est une forêt et, à ce titre, elle attire beaucoup plus de visiteurs. Elle abrite un **parc d'attractions**, ouvert toute l'année, et le fameux **restaurant Zenner**, qui peut se vanter d'une tradition vieille de quatre cents ans.

Le district voisin de **Neukölln** (trois cent cinq mille habitants), le plus peuplé des districts, est beaucoup moins divertissant. Pour habiter là, affirment bien des Berlinois, il faut être tout en bas de l'échelle sociale. Il émane une profonde tristesse de cet endroit aux trottoirs couverts d'ordures. De l'ancien Rixdorf, totalement dépourvu de verdure, qui fut débaptisé en 1912 seulement et rebaptisé Neukölln en hommage à Cölln, autrefois ville jumelle de Berlin, il émane aussi des effluves de misère banlieusarde et d'ennui. A noter cependant les nombreux bistrots aux coins des rues, qui, dénués de toutes décorations à la mode, donnent encore une idée du vieux Berlin.

Sans presque s'en rendre compte, on passe de Neukölln dans le district de **Tempelhof**. C'est là que se trouve le **premier aéroport** de Berlin qui, depuis la construction de celui de Tegel, ne sert plus qu'aux vols secondaires. Mais on projette déjà de lui redonner une activité nouvelle à l'avenir. C'est là aussi que, durant le blocus de 1946, les avions militaires alliés ravitaillèrent pendant un an les Berlinois du secteur occidental, totalement isolés du reste du monde, par un pont aérien incessant. Le **monument** élevé dans l'aéroport pour commémorer ce pont aérien (Luftbrückendenkmal) peut être considéré comme le symbole de ce district.

Schöneberg est très animé, en particulier ses trottoirs connus pour leurs péripatéticiennes. La **Nollendorfplatz** et la **Winterfeldplatz** sont le domaine des cafés et des bistrots plus ou moins louches, des boutiques et des stands de fripiers et de brocante. La **Potsdamer Strasse** qui, pendant longtemps, a eu la réputation d'être un ensemble de lupanars, tend à devenir actuellement un quartier de divertissements très différents.

L'établissement appelé le **Quartier** (Quartier), créé en 1990, est un théâtre de variétés qui n'a rien à envier aux autres théâtres de la métropole. Mais le nom de Schöneberg est avant tout lié à son **hôtel de ville**, où la chambre des Députés de Berlin-Ouest avait établi son siège. Le **Kleistpark**, derrière les colonnades royales, rappelle des souvenirs sinistres. C'est là que se trouve la **Cour Suprême**, où les terribles juges de la cour du peuple condamnèrent à mort les responsables de l'attentat du 20 juillet 1944. Une partie seulement de cet immeuble fut utilisé après la guerre, pour abriter le Conseil de contrôle des alliés. Il est question d'y installer les bureaux de la justice.

Les districts bourgeois

Berlin n'est pas seulement constituée d'histoire, d'agitations et de misère prolétarienne. Le panorama de la ville englobe aussi de solides quartiers bourgeois et d'élégants quartiers résidentiels. Ainsi par exemple, **Steglitz**, district dans lequel une bourgeoisie d'hommes d'affaires et de familles cultivées mène une vie calme et paisible. Cela est vrai à une exception près, la **Schlossstrasse**, longue rue commerçante, la rue principale du district. Ces dernières années et surtout depuis la chute du Mur, elle a perdu beaucoup de sa quiétude. Tous les samedis, il y règne une activité indescriptible, comme si elle était le théâtre d'une représentation gratuite. Les habitants de Steglitz ne sont d'ailleurs pas les seuls à l'envahir ce jour-là. Une partie de la population de Potsdam, en principe à une demi-heure de voiture si l'on ne prend pas en compte les inévitables bouchons, vient s'approvisionner ici.

Le district de **Zehlendorf** est beaucoup plus calme, qui a su marier nature et culture. Le quartier de **Dahlem** possède un des deux plus vastes ensembles de musées de Berlin. Il est en outre le siège de l'université libre d'où est partie la révolte estudiantine des années soixante. Mais l'époque de l'agitation et des protestations véhémentes est révolue. Les étudiants berlinois ont actuellement à résoudre ds problèmes autres que poli-

Le pont d'Oberbaur

tiques : Berlin souffre d'une énorme pénurie de logements et, avec leurs budgets restreints, les étudiants ne peuvent même pas se permettre un logement décent. De nos jours le district de Zehlendorf nourrit un conflit autour du réacteur de recherche de l'**institut Hahn-Meitner**. Devant l'impossibilité de résoudre le problème du stockage des déchets atomiques, le sénateur écologiste de la liste des Verts, Frau Michaele Schreyer, s'était opposée à l'autorisation de fonctionner.

Ce qui fait indiscutablement le charme de Zehlendorf, c'est **Grunewald**, la forêt et les nombreux petits lacs, dont le plus connu est le **Wannsee** et sa célèbre **plage**. L'**île aux Paons** (Pfaueninsel) est un lieu merveilleux, non seulement propice à la détente, mais qui étonne par le curieux château construit au XVIIIe siècle qui imite des ruines.

A l'extrémité opposée de la ville, au nord, un autre quartier paisible a également été incorporé à la capitale, **Reinickendorf**, district plein de contrastes. Le voisinage de l'**aéroport de Tegel** (Flughafen Tegel) n'est pas de la plus grande discrétion ; mais, le ruisseau appelé **Tegeler Fliess** longe l'un des plus beaux parcs protégés de Berlin.

D'imposants gratte-ciel se dressent dans le quartier de **Brandebourg**, voisin d'un quartier, **Lübars**, qui a conservé sa structure villageoise.

Les Berlinois de l'Est avaient aussi leur quartier bourgeois, et l'ont toujours : le district de **Pankow**, au nord de la ville, quartier résidentiel extrêmement bien entretenu, surtout lorsqu'on connaît les habitudes de la R.D.A. Il y a en fait une excellente raison à ce régime d'exception : dans ce quartier de villas somptueuses traversé par le **boulevard Maïakovski** (Majakowski-Ring), vivait la nomenklatura de l'ancien parti socialiste unifié. Au début des années soixante-dix, elle se retira à Wandlitz. C'est la raison pour laquelle le langage populaire avait surnommé, non sans un certain mépris, le gouvernement de la R.D.A. le « régime de Pankow ». Les artistes jouissant d'un certain renom et les diplomates ont toujours eu une prédilection pour ce district.

Vue de la Badstrasse.

L'ouest nouveau

La division de Berlin après la Seconde Guerre mondiale correspondait en partie à une division traditionnelle. L'est rouge fut attribué aux Soviétiques tandis que les alliés occidentaux se partageaient l'ouest nouveau, les districts les plus représentatifs. On ne distingue plus à présent que quelques vestiges de la stature menaçante et du luxe glacé de l'ancien quartier du gouvernement nazi, dans le district de **Tiergarten**. La chancellerie du Reich de Hitler a été rasée. L'ancien quartier des ambassades a conservé beaucoup de villas imposantes qui abritaient la représentation de nombreux pays. Parmi les monuments de cette période, seul le **Reichstag** (on peut y voir un exposition permanente : *Questions à l'histoire allemande*) au lourd passé fut remis à l'honneur le 3 octobre 1990, pour célébrer les festivités de la réunification des deux Allemagne. Le **parc Tiergarten** est le plus vaste espace vert de Berlin et celui qui peut se prévaloir de la tradition la plus riche.

Le troisième centre culturel de la ville se trouve à l'orée de ce parc. Il s'agit du **forum de la Culture** (Kulturforum), qui fut commencé dans les années soixante pour faire pendant au Museumsinsel du secteur oriental. Il n'est pas encore terminé, mais mérite son appellation de forum puisqu'il comprend : le **musée des Instruments de musique**, la **Salle de musique de chambre**, la **Philharmonie** et la **Bibliothèque nationale**. L'édifice le plus impressionnant est la Philharmonie, œuvre que l'architecte Hans Scharoun (1893-1972) fit construire de 1956 à 1963. C'est là que le prestigieux orchestre philharmonique de Berlin (Berliner Philharmoniker), sous la baguette de ses chefs mythiques a si souvent triomphé.

Mais ce district résidentiel par excellence possède aussi son quartier industriel et ouvrier, **Moabit**, dont la sinistre réputation est à mettre sur le compte de sa prison. Elle ne recevait pas seulement les grands et les petits criminels de Berlin : on sait maintenant que bien des notabilités de Wandlitz y ont été enfermées.

Le district voisin de **Charlottenbourg** était, avant son annexion forcée à la capitale, la ville la plus riche de la Marche de Brandebourg, mais on ne retrouve que peu de traces de cette opulence passée. Néanmoins, dans ce secteur situé au nord du Kurfürstendamm, on peut encore découvrir des **hôtels particuliers** somptueux avec d'imposants perrons, menant à une majestueuse porte d'entrée, et de très grands appartements. Le **château de Charlottenbourg** (XVIIe siècle) est l'édifice historique le mieux conservé du quartier. En dehors de curiosités propres, la **statue équestre du Grand Électeur**, la **galerie d'Or**, le **trésor antique**, le **trésor des Guelfes** et son magnifique **parc**, le château abrite de nombreuses expositions. Le **bâtiment de l'I.C.C.** (Internationales Congress Centrum) est loin d'avoir une élégance aussi racée. C'est un colosse habillé d'aluminium qui évoque un engin spatial. A côté de lui, la tour de la Télévision et le **champ de Foire** paraissent tout à fait anachroniques.

Le quartier le plus élégant, et dans bien des domaines le plus cher aussi de Berlin, est **Wilmersdorf**, le centre administratif de la ville. Il héberge la classe moyenne cultivée formée de professeurs d'université et de nombreux hauts fonctionnaires, soucieuse de ne pas s'éloigner de la **Fehrbelliner Platz**. On a beaucoup parlé des « veuves de Wilmersdorf », celles qui logent dans les nombreux foyers pour personnes âgées, luxueux et onéreux, et les vieilles dames nanties qui vivent dans des appartements beaucoup trop grands pour elles seules. La pénurie de logements amène à penser les Berlinois que cette situation est scandaleuse. Mais, en fin de compte, l'adresse la plus distinguée, non seulement à Wilmersdorf mais dans tout Berlin, est le quartier de **Grunewald**. Nouvelles constructions élégantes et villas somptueuses laissent entrevoir une prospérité qui fait pâlir de jalousie plus d'un promeneur.

Spandau et Köpenick

Lorsque, au XIIIe siècle, Berlin fut fondée dans le bassin de la Spree en même temps que sa jumelle Cölln, elle s'établit exactement entre deux forteresses qui pouvaient

Immeuble occupé par des squatters.

se prévaloir d'une tradition beaucoup plus ancienne que la nouvelle cité. Et aujourd'hui encore, les deux villes de Spandau et Köpenick ont gardé leur caractère spécifique. L'une et l'autre se sont défendues avec véhémence en 1920 contre l'intégration dans la capitale, leur cadette de plusieurs siècles. De nos jours encore, les habitants de Spandau fusillent du regard le maladroit qui les traite de Berlinois. Les Ascaniens régnèrent sur la citadelle médiévale de Spandau avant de s'incliner devant la petite cité double de Cölln-Berlin. Mais Spandau n'en perdit pas pour autant son importance stratégique. A l'époque de Frédéric Guillaume Ier, le roi-soldat, elle devint le centre de fabrication de l'armurerie prussienne. Sa situation avantageuse au confluent de la Spree et de la Havel favorisait le commerce. Spandau servit de prison aux criminels de guerre jugés au procès de Nuremberg. Rudolf Hess, le chef nazi qui fut l'adjoint et le successeur désigné de Hitler, y passa plus de quarante ans, avant de se donner la mort en 1987, à l'âge de 83 ans. Il était le dernier prisonnier. Une fois vidée de son unique occupant, la prison a été rasée, et on édifia un centre commercial sur son emplacement. Le nom de Köpenick est également lié à un acte criminel qui lui a valu une célébrité bien au-delà de ses frontières. Au début du XXe siècle, le cordonnier Wilhelm Voigt, déguisé en capitaine, s'empara du trésor de la ville. Ce vol audacieux avait été mené avec tant d'habileté et de hardiesse que l'empereur lui-même, dit-on, aurait éclaté de rire en en apprenant les détails.

Köpenick possède le plus grand lac de la ville, le **Müggelsee**, qui est traversé par la Spree. A l'époque où la capitale était encore séparée en deux secteurs, tout Berlin-Est venait s'y distraire en été. La **Böschestrasse** conduit au tunnel de la Spree et, quand on a traversé des dunes de sable, on est vraiment dans la nature. A part, en effet, quelques **clubs nautiques** éparpillés, on ne voit qu'une nature sauvage. Le lac semble infini ; par mauvais temps on ne distingue pas l'autre rive. Sans avoir quitté la capitale, on se croirait dans un autre monde.

A l'école des Beaux-Arts de Weissensee.

POTSDAM

Les souverains prussiens aurait préféré cette ville pour ses remarquables terrains de chasse et parce qu'elle était assez éloignée de Berlin, donc des vicissitudes de la Cour. En fait, l'histoire de Potsdam a plusieurs siècles d'avance sur celle de Berlin. Tout concorde pour laisser penser que la Poztupimi (« Sous les chênes ») des documents de 933, était la toute première Potsdam. Pendant des siècles, ce fut un simple village de pêcheurs sorabes établi sur les rives de la Havel, jusqu'au jour où, vers 1660, le Grand Électeur eut le coup de foudre pour cette bourgade tranquille.

Il s'y fit construire un château, et Potsdam devint « résidence royale ». Le souverain allait chasser très souvent dans les immenses forêts avoisinantes. Le **parc à Gibier** (Wildpark), qui porte toujours cette appellation, était son terrain de chasse favori. Potsdam entra dans l'histoire en 1685, par l'intermédiaire de l'*édit de Tolérance* : de sa résidence de Potsdam, le Grand Électeur accorda l'asile à ses coreligionnaires huguenots, chassés de France par l'*édit de Nantes*.

C'est seulement son fils Frédéric Ier, premier roi en Prusse – il se donna lui-même le titre et la couronne – qui, au début du XVIIIe siècle, fit de Potsdam un véritable parc d'attractions. Au sens littéral du terme apparemment, car si l'on en croit le témoignage de son petit-fils, Frédéric le Grand, il régnait dans le château de Potsdam une perpétuelle atmosphère de fête. Les divertissements coûteux se succédaient sans interruption, ainsi que ripailles et orgies. Une chose est certaine, ce nouveau roi, premier de la dynastie, n'était pas très enclin à se laisser entraîner dans la guerre.

Tout changea avec Frédéric Guillaume Ier. Entre-temps, la Cour avait installé sa résidence permanente à Potsdam, mais le futur roi-soldat rompit le charme du plaisir désordonné : écœuré par les dépenses somptuaires et l'ivresse de divertissements de son père, il instaura des habitudes d'économie extrême. Il

Pages précédente[s] Frédéric jouant de la flûte, *d'Adolf von Menze*[l,] *1852.*
Ci-dessou[s] *le château de Sans-So*[uci]

'Orangerie
e Potsdam.

força tous ses sujets à travailler et posa ainsi la première pierre de cette vertu prussienne devenue légendaire par la suite. Afin de loger le corps de troupes qui formait sa garde personnelle, il fit de Potsdam une ville de garnison, et donna naissance à un autre mythe, le militarisme prussien.

Mais la ville résidentielle des Hohenzollern, aux portes de Berlin, prit véritablement son visage actuel et son éclat à l'avènement de Frédéric II, qui allait devenir Frédéric le Grand. C'est lui qui fit construire le célèbre château Sans-Souci par son architecte attitré Knobelsdorff, à qui il avait imposé ses propres croquis. Il s'y retirait lorsqu'il voulait échapper à l'activité et à l'agitation de la capitale prussienne, à la curiosité et aux exigences des Berlinois dont les prétentions lui étaient souvent un pesant fardeau. Quant à la ville elle-même, il en fit un véritable bijou appelé la Perle de la Havel (Perle an der Havel). Ses successeurs perpétuèrent la tradition. Au début du XIXe siècle, l'architecte en chef de la Prusse, Karl Friedrich Schinkel, ajouta à la physionomie baroque de la ville une touche néoclassique. L'architecte paysagiste Peter Joseph Lenné créa le parc de Sans-Souci, tel qu'il est aujourd'hui. C'est une création unique, perpétuel enchevêtrement de la culture et de la nature.

Les empereurs Hohenzollern héritèrent eux aussi de cet engouement pour Potsdam. En 1886, l'ouverture de la ligne de métro Berlin-Potsdam apporta une solution au problème de la distance qui séparait les deux villes résidentielles. Durant la Première Guerre mondiale, alors que les soldats et les civils périssaient misérablement et que la population mourait de faim, le prince héritier, qui ne monta du reste jamais sur le trône, fit construire un autre château à Potsdam. Le **château Cecilienhof**, achevé en 1917, fut la seule possession que les Hohenzollern purent conserver après la chute de l'Empire. Les anciens souverains prussiens y demeurèrent jusqu'en 1945. Lorsqu'ils s'enfuirent devant l'invasion de l'armée Rouge, ils ne manquèrent pas d'emporter tout le mobilier avec eux.

Durant l'été 1945, c'est au Cecilienhof que les représentants des trois puissances victorieuses siégèrent pour se concerter sur l'avenir de l'Allemagne vaincue. On en réorganisa l'agencement intérieur en toute hâte pour permettre à la délégation de travailler. Actuellement encore, on peut visiter la salle de conférences avec la célèbre « table ronde » et les bureaux particuliers de Churchill, de Truman et de Staline. Les accords de Potsdam ont valu à la petite cité une grande place dans l'histoire. Outre le **monument** qui commémore la conférence de Potsdam, le Cecilienhof abrite, depuis l'époque de la R.D.A., un hôtel et un restaurant gastronomique.

Les résolutions des accords de Potsdam devaient fixer le développement de la démocratie dans une Allemagne unifiée. Or, jusqu'en 1989, que voyaient les visiteurs qui, du salon bleu, jetaient un coup d'œil par la fenêtre ? Le Mur, symbole de la scission de l'Allemagne. La réalité n'avait rien à voir avec les résolutions de Potsdam. Les fortifications frontalières du régime du parti socialiste unifié d'Allemagne ont interdit pendant près de trente ans l'accès au lac et à une partie du parc.

Sans-Souci

Pour les visiteurs, généralement, Potsdam est synonyme de Sans-Souci. Et Sans-Souci n'évoque pas seulement le **château** de Frédéric le Grand, mais un vaste **parc** de 290 ha et un grand nombre d'autres joyaux architectoniques et historiques. Le château en lui-même paraît effectivement assez modeste. C'est à peine s'il s'élève au-dessus des terrasses, comme s'il voulait se cacher. Frédéric II l'avait conçu et élaboré d'après ses propres goûts et besoins ; et c'est à l'architecte Knobelsdorff, malgré les critiques de ce dernier, qu'il en confia la réalisation. Les pièces, au nombre de douze seulement, sont décorées et aménagées de façon somptueuse. Tout le monde n'a pas la chance de pouvoir le visiter car, depuis l'ouverture du Mur, le château et le parc de Sans-Souci sont envahis par une telle foule de visiteurs qu'on a été obligé de

Image célèbre de la conférence de Potsdam

limiter les entrées. En effet, il devenait impossible d'assurer l'entretien et la surveillance des trésors qu'il renferme.

Dans sa retraite de Sans-Souci, Frédéric pouvait se consacrer aux arts, à la musique en particulier. Pendant plusieurs années, le monarque prussien francophile hébergea un illustre convive, le philosophe français Voltaire. Les joutes oratoires de ces deux esprits subtils et entêtés sont légendaires. Néanmoins, lorsqu'il quitta Potsdam, Voltaire se sentit extrêmement frustré. De toute évidence, avec l'âge, le roi devenait de plus en plus étrange et obstiné, ce que le philosophe français à la langue acérée ne pouvait supporter.

Le château Sans-Souci est certes la principale attraction du parc, mais celuici est tellement vaste et tellement diversifié qu'il ménage un grand nombre de surprises. A l'autre extrémité de l'**Allée principale** (Hauptallee), se dresse le **Nouveau Palais**, un château opulent qui, une fois achevé, ne plaisait plus du tout au souverain. En fin de compte, il y logea sa Cour et ses hôtes. En face se trouvent aussi les communs, les bâtiments administratifs dans lesquels logeait le personnel du château. Il est manifeste que l'on n'a pas jugé bon, depuis fort longtemps, d'y faire des travaux de restauration. Les arbres poussent à l'intérieur et ont traversé les toits, les sculptures du fronton sont noires. Fenêtres brisées et courants d'air, ainsi que le manque de chauffage, entraînent une détérioration inexorable de la décoration intérieure et des tableaux irremplaçables qui en furent le joyau : la moisissure s'y est installée en maître.

Tout au long de l'Allée principale, on découvre des édifices de tous les styles, habilement cachés derrière des bosquets et des broussailles. Ainsi par exemple la **maison de Thé**, d'inspiration chinoise, scintille de tous ses ors à travers le feuillage vert. Des statues dorées dans le style chinois forment des groupes de personnages répartis tout autour du petit pavillon rond. Cet exemple illustre bien l'engouement, au XVIIIe siècle, pour les « chinoiseries ».

En revanche, le **château de Charlottenhof** est un pur produit du clas-

Soldats russes devant un étalage de camelots vietnamiens.

sicisme de Schinkel, de même que les **Thermes romains**, expression du goût de l'époque pour l'Antiquité. L'**Orangerie**, construite dans le style de la Renaissance italienne, est l'édifice le plus vaste de tout cet ensemble. Elle ne servait pas seulement à abriter les plantes exotiques, mais fut également utilisée comme maison d'hôtes. Cet immense terrain savamment aménagé en parc est parsemé d'allées et de chemins qui réservent aux promeneurs des spectacles toujours nouveaux et inattendus : ici, un jardin stylisé, là, un groupe de personnages sculptés en marbre. Quand on flâne dans le parc, on comprend fort bien l'amour qu'éprouvèrent les Hohenzollern pour le domaine de Sans-Souci.

Au cœur de la ville

Ce n'est pas cette fois aux touristes insouciants, mais plutôt à l'ignorance des pères fondateurs de l'ancienne R.D.A. que la vieille ville de Potsdam doit l'état de délabrement qui est le sien. La perle du baroque prussien, ce joyau de l'urbanisme et de l'architecture planté dans le sable de la Marche de Brandebourg, offre actuellement une vision tragique. Potsdam était, avec Dresde et Wurzbourg, l'une des plus belles villes historiques allemandes et, au prix de beaucoup d'efforts et d'un peu de chance, elle pourrait le redevenir. Dans les rues de la capitale du Land de Brandebourg le promeneur ne découvrira plus que quelques vestiges du luxe de jadis. Il arrive qu'on devine le Potsdam baroque et néoclassique devant des façades décrépies ou dans des ruelles tortueuses ; on peut également avoir la surprise de tomber sur une rue ou une maison restaurée. Mais le plus souvent, hélas, les façades ravalées ne sont que des trompe-l'œil. Derrière, en effet, c'est le vide, car les chefs du parti de la R.D.A. ont très souvent reconstruit les façades pour donner l'illusion d'une ville en parfait état.

Le **quartier hollandais** en est un exemple typique. Au début du XVIIIe siècle, Frédéric Guillaume Ier, le roi-soldat, fit construire dans ce secteur de coquettes maisons d'habitation en briques

Restauratio[n]
à Sans-Souc[i]

rouges dans le style hollandais. Elles ont traversé deux cent cinquante années sans subir le moindre préjudice. Et voilà que, au cours des quelques dernières décennies, elles ont été démolies les unes après les autres, même si leur état permettait d'envisager une restauration efficace.

L'architecture socialiste : uniformité et gigantisme

Les critères de l'Allemagne socialiste étaient différents : ils exigeaient, de même qu'à Berlin-Est, la radiation pure et simple du passé prussien entaché de féodalisme. Quelques-unes de ces richesses ont néanmoins pu être préservées et sont en cours de restauration. Seule la **Brandeburger Strasse**, petite rue commerçante et piétonnière, a été entièrement remise en état. Malheureusement, un horrible bâtiment défigure complètement la silhouette de la ville : l'**Interhotel Potsdam**, immense bloc de béton, est un exemple typique de l'architecture socialiste. Le **Nouveau Théâtre** (Theaterneubau), édifice très laid, également en béton, voisine avec l'**église Saint-Nicolas** (Nicolaikirche), œuvre de Schinkel. Là, sur le **Vieux Marché** (Alter Markt) se trouvait encore en 1961 la Résidence de Potsdam, qui avait été gravement endommagée pendant la guerre, comme celle de Berlin, mais pas entièrement détruite. L'ancien régime de la R.D.A., décidément radical en matière de culture, décida de raser l'édifice construit par le Grand Electeur trois siècles plus tôt. Les hommes politiques voulaient aménager une place importante pour percer un large boulevard leur permettant des défilés militaires gigantesques. Afin de ne pas négliger totalement le point de vue culturel, ils décidèrent d'y construire en plein milieu un théâtre baptisé **Halle polyculturelle** (Mehrzweck-Kulturhalle). Malgré les protestations des experts, la construction de cette halle fut confiée à l'architecte qui avait créé l'aéroport de Schönefeld. Inutile de faire un effort pour imaginer le charme qui peut émaner de ce Nouveau Théâtre. Aujourd'hui, il est question de reconstruire la façade de l'ancienne Résidence et de transformer l'intérieur en hôtel moderne.

Statue de Frédéric le Grand.

La conseillère municipale de Potsdam chargée des Affaires culturelles met tout en œuvre pour que, à côté de la préservation de la ville historique, se crée une cité jeune et vivante. Les studios de la Société anonyme allemande du film (D.E.F.A.) installés dans le quartier de Babelsberg ont suggéré des solutions importantes pour la remise en état de la ville. En 1912, dans les années qui saluèrent les débuts du cinéma allemand, la firme B.I.O.S.C.O.P. construisit son premier atelier à Babelsberg. Peu de temps après, l'état-major général des armées mit sur le compte de la mauvaise propagande cinématographique, entre autres, la triste issue de la Première Guerre mondiale. Pour éviter que pareille aventure ne se reproduisît, on fonda la société de Production de films Universum (U.F.A.), gérée par la Deutsche Bank (Banque Allemande). Actuellement, on y construit un studio à effets spéciaux, selon le modèle américain. Le **musée du Film**, qui retrace l'histoire du cinéma, est installé dans le bâtiment des anciennes écuries princières.

LA SAXE-ANHALT

La traversée de la Saxe-Anhalt promet un voyage de contrastes et de retours en arrière dans le temps. Les différentes régions de ce Land semblent faire partie de mondes totalement étrangers les uns aux autres.

Dans le **Harz**, on se croira revenu dans un paysage de conte de fées du romantisme allemand. Bourgs et villages, encore intacts avec leurs maisons à colombage, perdus dans l'océan des forêts de conifères et seulement accessibles par des routes à gros pavés inégaux, alternent avec des champs au sol de lœss noir extrêmement fertile dans lesquels on sème de la betterave à sucre, du blé et de l'orge. Le monde fantastique du **Brocken**, le point culminant du Harz, où le diable et les sorcières se donnent rendez-vous, remonte encore plus loin dans le passé. L'envoûtement qui saisit le visiteur dans le Harz par un soir d'automne envahi de brume ne le quitte plus jusqu'à **Mersebourg**. « Eiris sazun idisi, sazun era duodor... », ainsi commence, en vieil allemand, l'une des formules magiques de Mersebourg qui a guéri, dit-on, un cheval blessé à la jambe et permis la libération des captifs.

Tout à côté – on se trouve déjà en **Saxe** – un autre fantôme s'évanouit dans la nature : celui du régime du parti socialiste unifié d'Allemagne (S.E.D.), vieux de quarante ans. C'est à Leipzig, deuxième ville de l'ancienne R.D.A., que se déroulèrent les manifestations du lundi (contestation du régime communiste. Tout d'abord menées par des intellectuels, ces manifestations devinrent, en 1989, de plus en plus massives et complètement spontanées). Autrement dit, on revient ici dans l'histoire récente de l'Allemagne.

Nouveau retour de soixante à soixante-dix ans dans le passé, on revient alors dans une région qui aurait pu servir de décors aux premiers films révolutionnaires de l'Union soviétique, ceux qui faisaient inlassablement le procès du capitalisme de l'économie libre : le secteur industriel de **Bitterfeld** et de **Wolfen**. Cheminées vomissant des fumées nauséabondes, travailleurs pâles et vieillis avant l'âge, chambranles de fenêtres brûlées à l'acide, maladies et dépressions... Enfin, sur la route de Berlin se trouve **Wittenberg**, sur les rives de l'Elbe, la ville dans laquelle Luther vécut et travailla de 1508 jusqu'à sa mort, en 1546.

L'existence du Land de Saxe-Anhalt, principal objectif de ce prochain voyage, a été plutôt éphémère. Après la Seconde Guerre mondiale, la réunion de l'État libre d'Anhalt et de la province prussienne de Saxe, qui n'a rien à voir avec le royaume de Saxe, donna naissance tout d'abord à la province de Saxe-Anhalt, qui devint, en 1947, un Land de R.D.A. En 1952, il était rayé de la géographie par la réforme administrative et divisé en districts. Mais le territoire de ce nouveau Land, d'une superficie de 20 400 km^2, avait fait partie de l'archevêché de Magdebourg de 968 à 1680 ce qui lui donne le droit de revendiquer, lui aussi, une histoire millénaire.

Pages précédentes : la vie au grand air. A gauche, la cueillette des framboises.

DEPUIS BERLIN JUSQU'AU HARZ

La nationale n° 1, la F1 qui, au temps de la Grande Allemagne, reliait Königsberg à Aix-la-Chapelle en passant par Berlin, est une avenue de 40 km de long qui conduit à la ville de Brandebourg.

Werder

Pour les Berlinois, Werder évoquait, avant la guerre, des arbres en fleurs et du vin. Presque entièrement cernée par l'eau, Werder était traditionnellement un but d'excursion printanière, à l'époque de la floraison des arbres fruitiers, quand les gâteaux aux pommes et aux prunes ont une saveur toute particulière, frais comme on les sert dans les cafés-pâtisseries de la ville. Le plus connu d'entre eux, le **Friedrichshöhe**, bâtisse en brique vernissée légèrement délabrée avec tourelles et créneaux, est accessible par un escalier de cent quatre-vingt-seize marche, du haut duquel on a une très belle vue sur les jardins, les vergers et les bateaux.

Le **Jardin vert**, célèbre jadis pour la diversité de ses espèces, s'est malheureusement transformé depuis en dragon vert dont les arbres, s'étendant à l'infini, sont sélectionnés pour la production fruitière industrielle. Aussi ne trouve-t-on qu'une sorte de fruits, au goût et à la peau identiques, les Délice jaune (Gelber Köstlicher), marque unique. Mieux vaut aller se restaurer à l'un des stands qui bordent la route, dans lequel on peut acheter des fruits variés et de culture biologique. Sous les frondaisons de chênes, de tilleuls, d'aulnes et d'érables, le chemin serpente à travers la dépression uniformément plate de cette région arrosée par la **Havel**, coupée seulement de quelques bosses de moraines frontales çà et là. Le fleuve court à droite de la route, il est relié à l'**Oder** et au **Mittellandkanal** par des canaux.

Brandebourg

Il ne faudrait pas céder à la tentation d'imaginer la ville de Brandebourg après avoir écouté les *Concertos brandebourgeois*, de Johann Sebastian Bach, car c'est une ville industrielle, une ville d'aciéries et de laminoirs. Le *Cantor* de Leipzig avait composé ces six *Concertos* en 1721 pour le jeune prince Léopold d'Anhalt-Köthen, petite ville au nord de Halle, et les avait vendus l'année suivante au margrave de Brandebourg. Ils n'ont de brandbourgeois que le qualificatif, donné par Spitta, le premier biographe du compositeur.

A l'origine, la ville s'appelait Brennabor. Il s'agissait d'une forteresse slave qui abritait un sanctuaire dédié au dieu Triglaw. En 928, l'empereur Henri Ier conquit le fort situé sur un gué de la Havel. Au XIIe siècle, artisans et commerçants allemands s'installèrent dans ce bourg en plein développement qui finit par devenir un évêché. Aux siècles suivants, le commerce et l'artisanat de la draperie lui apportèrent la prospérité économique jusqu'à ce que Berlin, devenue ville résidentielle des princes électeurs, ne lui fasse de l'ombre. Brandebourg ne reprit son essor que vers

A gauche, maisons olombage du Harz ; à droite, athédrale de lberstadt.

1690, grâce à l'arrivée des huguenots chassés de France, qui apportèrent dans leurs bagages de nouvelles méthodes de tannerie. L'histoire de cette ville a connu aussi des pages sombres. En 1933, Brandebourg-Görden fut l'un des premiers camps de concentration dans lequel périrent quelque mille huit cents prisonniers politiques. Erich Honecker, accusé de résistance communiste contre les nazis, y passa près de dix ans.

Magdebourg

Pour les voyageurs en transit qui, jadis, allaient de la République fédérale jusqu'à Berlin, Magdebourg, vue de l'autoroute ou de la gare, avait l'aspect d'une ville industrielle entourée d'immeubles d'habitation ternes et uniformes. Était-ce une fausse impression ? Pas tout à fait. La zone piétonnière, le **Breiter Weg**, était décrite dans les prospectus touristiques de R.D.A. comme « un exemple remarquable de la construction contemporaine »... Et justement, on peut fort bien aller à pied à la découverte de Magdebourg. La **librairie de l'université Otto von Guericke** se trouve à proximité du grand magasin **Centrum**. Otto von Guericke (1602-1686) fut en 1646 et pendant trente ans, bourgmestre de Magdebourg, sa ville natale, mais il est bien plus connu comme homme de sciences. En 1650, il invente une machine pneumatique ; ses travaux sur les effets du vide sont connus et plus particulièrement l'expérience qui mit en évidence, grâce aux « hémisphères de Magdebourg », la pression atmosphérique, expérience réalisée en 1654 devant la diète de Ratisbonne.

Sur le **Vieux Marché** (Alter Markt), où se trouve un bureau d'information touristique, se dresse, devant l'**hôtel de ville** baroque, la **statue du chevalier de Magdebourg** qui date de 1240. Elle représente l'empereur Otton le Grand, fondateur de la ville au Xe siècle. Le long de l'Elbe, en face du débarcadère de la Flotte blanche (Weisse Flotte), se trouve un des plus importants couvents romans de l'Allemagne : le **couvent Notre-Dame**. Sa **salle de concerts** est dédiée au

La richesse du sol de la lande de Magdebour (Börde) permet la culture intensive.

compositeur Georg Philipp Telemann (1681-1767), né à Magdebourg.

La ville est dominée par la cathédrale dont la première pierre a été posée en 955. Ravagée par un incendie en 1207, elle fut reconstruite en trois cent onze ans dans le style des cathédrales françaises. Les stalles du chœur, du XIVe siècle, et la chaire, du XVIe siècle, ont résisté au temps et aux guerres.

Le Harz

La nationale F81, en direction de Halberstadt, traverse des champs appartenant aux coopératives de production agricole, qui s'étendent jusqu'à l'horizon, sans la moindre haie ni la moindre rangée d'arbres pour rompre l'uniformité du paysage. Les partages successifs de patrimoines rendent les petites exploitations situées à l'ouest de l'ancienne zone de démarcation de plus en plus difficiles à gérer. Ainsi, malgré sa fertilité, le sol noir de la région agricole de Magdebourg, dite Börde, est-il livré sans aucune protection à l'attaque du vent. Des plantations infinies de maïs – on peut parler de monoculture – et des tracteurs remplis de cuves d'engrais naturels trahissent l'élevage de porcins. Et pourtant, dès que l'on quitte la route nationale pour pénétrer dans l'une des petites localités comme **Egelen**, **Kroppenstadt** ou **Gröningen**, on peut observer sur des routes pavées, entre des maisons à colombage bien entretenues, des hommes en bleu de travail occupés à bavarder, des maîtresses de maison en tablier et des enfants qui jouent avec les chats près de la basse-cour. Seuls des poteaux électriques et des antennes de télévision rappellent le temps présent.

Halberstadt

La vieille ville résidentielle de l'évêché de Halberstadt a été presque entièrement détruite pendant la Seconde Guerre mondiale. Des six cents édifices historiques qu'elle comptait encore avant 1939, trois cents ont été rasés, bien des années après, il est vrai. La construction de la **cathédrale** gothique, consacrée en 1491, a duré plus de deux siècles et demi. Elle a été

Ruches au milieu d'un champ de colza dans la plaine qui s'étend au pied du Harz.

restaurée à grands frais, de même que l'**église Notre-Dame**, située sur le côté opposé de la place. L'abondante collection d'objets d'art qui forme le **trésor de la cathédrale** (tapis romans, croix en cristal de roche et habits liturgiques) est l'une des plus riches d'Allemagne. Le **Heineanum**, contigu à la cathédrale, expose seize mille espèces d'oiseaux empaillés et dix mille œufs. La ville, qui compte aujourd'hui quarante-sept mille habitants, est destinée à devenir, tout comme Meissen, Weimar, Brandebourg et Stralsund, une cité modèle. Les millions de marks débloqués par le fonds d'urbanisme aideront à protéger les vestiges du Moyen Age.

Quedlinbourg

Il s'agit d'une véritable ville-musée (trente mille habitants) de deux mille maisons à colombage. Tout le centre est classé et a été présenté à l'U.N.E.S.C.O. qui devrait l'inscrire sur la liste du patrimoine mondial. La **collégiale Saint-Servatius** (1129) domine de ses rondeurs romanes les toits de la ville. Malheureusement, les stalles et l'autel ont été détruits par les nazis. L'église, désaffectée, abrite la crypte du fondateur du premier royaume de Germanie, le roi Henri Ier. Elle fut aménagée en sanctuaire du IIIe Reich et ornée d'une immense croix gammée sur le mur.

Près du palais du roi Henri Ier, la reine Mathilde, à qui son royal époux avait fait don de la ville de Potsdam, fonda en 919 un couvent de femmes afin d'assurer l'éducation des filles de la haute aristocratie.

Mais une autre femme, Dorothée Christiane Erxleben, joua aussi un rôle important au Siècle des lumières. Son père était médecin, et elle fut la première femme allemande qui étudia la médecine, avec l'autorisation du roi Frédéric II. Alors qu'elle attendait encore le certificat royal d'autorisation, elle écrivit, à l'âge de vingt-trois ans, un livre de médecine plus particulièrement adressé aux femmes. Après avoir rempli son rôle d'épouse en mettant au monde quatre enfants, elle passa, en 1753, sa thèse de médecine.

Le château de Wernigero

Le Brocken, montagne des poètes et des sorcières

Pour atteindre cette montagne, on peut prendre la route directe par la ville luthérienne d'Eisleben, en direction de Leipzig. Du haut du Brocken, une vue magnifique s'offre aux regards, celle-là même qui, en 1831, fascina Hans Christian Andersen. Pour rejoindre **Harzgerode**, on peut prendre la F6, mais la route qui passe devant la **gare de Quedlinbourg** est plus intéressante, plus difficile aussi à trouver. Là, le Harz devient abrupt. On y longe, à gauche et à droite de la route, de petits vergers, mini-exploitations agricoles qui fournissent les fruits destinés à devenir la réserve de schnaps et de liqueur pour l'hiver, et qui sont distillés ouvertement au noir dans les fermes de **Gernrode**.

La route F242 traverse Harzgerode et va jusqu'à **Sorge** en passant par **Hasselfeld**, située à l'ancienne frontière des deux Allemagne. De Sorge à **Elend**, on pénètre dans le cœur du Harz, où les forêts de conifères s'étendent jusqu'à l'horizon, majestueuses et froides, dans une paix totale. Sorge et Elend (Souci et Misère), tel est le lot des paysans de la forêt du Harz. Le petit train qui, depuis 1899, traverse le Harz sur 60 km, depuis **Nordhausen** jusqu'à **Wernigerode**, fait halte à Sorge et à Elend.

Pour Henri Heine qui écrivit, en 1824, *Voyage dans le Harz*, l'ascension du Brocken était encore une entreprise risquée. Plus on monte, plus les sapins s'amenuisent et, à la fin, il ne reste plus que des buissons de framboises sauvages et des herbes d'altitude. La température devient aussi sensiblement plus froide. Le Brocken domine de ses 1 142 m les cimes des arbres qui l'entourent. Il faut arriver jusque-là pour que les rocs de granit aux formes bizarres deviennent vraiment visibles. Ce sont sans doute les balles que se lançaient par jeu les esprits malins durant la « nuit de Walpurgis », cette fête du printemps célébrée par les sorcières qui arrivaient en chevauchant des manches à balai et des fourches pour rendre hommage à leur maître, Satan. Au cours de son ascension, Henri Heine pen-

Ci-dessous, maisons colombage de dlinbourg ; à droite, sourire du Harz.

sait à la grande tragédie nationale et mystique du docteur Faust : « J'avais sans cesse l'impression qu'un cheval grimpait à mes côtés. Et je pense que Méphisto aussi doit reprendre péniblement son souffle quand il escalade sa montagne préférée ». A vingt-six ans, Johann Wolfgang von Goethe fit le même chemin : « Je me dressai sur le sommet du Brocken, et j'embrassai du regard cet infini de neige, parmi ces brisants de granit menaçants. En baissant les yeux, je vis un océan de nuages immobiles, et devinai seulement d'après le niveau des couches de nuages les montagnes et les vallées qui se cachaient dessous ». Au sommet, le promeneur peut se restaurer à l'**auberge du Brocken**. L'affluence touristique n'a pas détruit la flore et la faune uniques du Brocken, réserve naturelle extraordinaire entre les Alpes et la Scandinavie, qui, pendant des décennies, fut protégée des hommes par la force des armes. A partir de 1971, le Brocken a été déclaré zone militaire, interdite au public, et on ne le mentionna même plus dans les informations et les cartes météorologiques.

Aschersleben, Mansfeld

Pendant cette halte saisissante dans l'univers mythique allemand, les voyageurs pressés ont déjà repris le chemin de Quedlinbourg, point de départ de cette digression dans le Harz, afin de mettre le cap sur Leipzig. Aschersleben est l'une des petites cités industrielles typiques de la région, qui vit d'une fabrique de couvertures de laine, de l'industrie des machines-outils et du matériel d'emballage. Les mines de potasse et de lignite ont perdu l'importance qu'elles eurent pendant des siècles, et les installations d'extraction ont été démontées. Il ne reste que **quinze tours de garde médiévales** parmi les nombreuses autres qui donnaient à la ville son allure particulière. On commence à restaurer le **centre** en veillant à ce qu'il garde son cachet.

Légèrement à l'écart de la nationale F180 qui mène à Eisleben, la vieille ville minière de Mansfeld est plutôt triste à voir. Le complexe local d'industrie lourde, avec ses mines, ses laminoirs et ses ateliers d'usinage, a cessé d'exister.

Détail de maison ancienne.

Sangershausen et Frankenhausen

Non loin de Mansfeld, à l'ombre des terrils cuivrés de Sangershausen, qui dominent le paysage environnant, les huit cents travailleurs des mines de cuivre Thomas Müntzer ont déjà été licenciés. C'est là que, au XVIe siècle, le réformateur Thomas Müntzer organisa les bandes de paysans révoltés. Il épura la religion de la langue latine et supprima les privilèges du clergé. Contrairement à Martin Luther, il prêcha le militantisme. Il injuriait les potentats de l'Église et traitait Luther de « frère Cochon ».

En 1525, un tiers de l'Allemagne était en rébellion contre les seigneurs féodaux et l'Église. Les princes firent front : à Frankenhausen, au pied du **Kyffhäuser**, à quelques kilomètres seulement de Sangershausen, cinq mille paysans furent massacrés et Müntzer décapité. Le souvenir des guerres de paysans incita les chefs de la R.D.A. à faire construire un édifice monumental de forme ronde sur le Kyffhäuser. De 1983 à 1987, Werner Tübke peignit une fresque anti-héroïque de 123 m de long sur 14 m de haut, comportant plus de trois mille personnages.

Eisleben, la ville de Luther

Martin Luther vit le jour en 1483 à Eisleben et y mourut le 18 février 1546. Il est immortalisé par une **statue** colossale, dressée sur la **place du Marché**. La statue regarde l'**hôtel de ville**, lequel, après un incendie, fut reconstruit dans le style gothique tardif. Le **musée Luther** est installé dans la maison même où mourut le célèbre réformateur, au-dessus de la place du Marché. Il rassemble toute l'œuvre de sa vie.

Tout comme Mansfeld, Eisleben vivait de l'extraction du cuivre. Les énormes terrils de mines, dans les faubourgs de la ville, témoignent de l'importance qu'a eue, depuis plus de quatre mille ans, pour la région d'Eisleben, la matière première nécessaire à la fabrication du bronze. Les armes et les outils antiques exposés dans le **musée** (Heimatmuseum) témoignent de cette tradition.

Ci-dessous, ambiance campagnarde ; à droite, attention, les sorcières se rendent toujours sur le Broken !

MND

HALLE, MERSEBOURG ET LEIPZIG

Avant d'arriver à Leipzig, on traverse Halle et Mersebourg, deux villes riches de traditions, situées sur la **Saale**. Elles marquent la frontière entre le Harz romantique et le centre industriel de l'Allemagne orientale.

Halle

La visite du centre de la ville (deux cent trente mille habitants), que la guerre n'a pas touché, réfute rapidement le cliché selon lequel Halle ne serait qu'une ville industrielle. Elle faisait partie de l'évêché de Magdebourg depuis 968. A cette époque, on y exploitait déjà les salines, d'où son nom : *Halthus* signifie sel ou saline en vieil allemand. Sel, en langue celtique, se dit *hall*, et tous les lieux dont le nom contient ce mot, notamment en Autriche (Hallein, Bad Hall, etc.), exploitent ou ont exploité des salines. Au XVe siècle, la ville fut le théâtre de combats acharnés entre les bourgeois enrichis par le commerce du sel, et leurs seigneurs épiscopaux, combats qui se soldèrent par la défaite de la bourgeoisie. La **citadelle de Moritzburg** fut construite entre 1484 et 1503 pour assurer le contrôle des marchands de sel. Mais les évêques ne réussirent pas à s'imposer longtemps : la Réforme les priva de leur pouvoir temporel. Après avoir été détruite au Moyen Age, la citadelle ne fut reconstruite que beaucoup plus tard. Depuis le début du XXe siècle, elle a été transformée en **musée**, qui expose notamment les œuvres d'artistes allemands tels que Caspar David Friedrich, Franz von Stuck, Wilhelm Lehmbruck et Ernst Barlach. Aux XVIIe et XVIIIe siècles, l'université, fondée en 1694, devint un des hauts lieux à la fois du piétisme et de l'humanisme. C'est à Halle qu'eut lieu, en 1890, le premier congrès du parti socialiste, le S.P.D. Elle abritait alors un mouvement ouvrier puissant qui se signala dans sa lutte contre les débordements d'extrême-droite des années vingt. Dans les années soixante, il devint nécessaire de créer des habitations aux portes des installations industrielles. C'est la raison pour laquelle fut construite dans la banlieue de Halle, à partir de 1964, la ville de **Halle-Neustadt**, gigantesque cité-dortoir qui accueillit le personnel des industries chimiques.

Au cœur de la ville, la vaste **place du Marché** et son ensemble fascinant d'églises et d'édifices historiques reflètent l'opulence passée de Halle : l'**ancien hôtel de ville**, l'**hôtel de ville**, le **châtelet du marché** et la **cathédrale Notre-Dame** à quatre tours, consacrée en 1537. Martin Luther prêcha dans cette église, et Georg Friedrich Haendel (Halle 1685-Londres 1759) y tint l'orgue. Le compositeur est immortalisé dans un monument érigé en face de l'église. Sur la place se dresse la **tour Rouge**, achevée au XVe siècle, de 84 m de hauteur, en forme de clocher dégagée de tout support, tel un campanile. Au XVIe siècle, le cardinal Albert Ier avait fait construire sa résidence sur la partie ouest de la place, qui fut transformée par la suite en musée et abrite actuellement d'intéressants fossiles.

A gauche, …ifestation du lundi … Leipzig ; à droite, …a banane, symbole …prospérité …s un pays qui vient …e s'ouvrir au libre échange.

Mersebourg

La route traverse le secteur industriel de **Schkopau** pour nous entraîner dans l'histoire ancienne de l'Allemagne. Au Xe siècle, Henri Ier fit construire un palais fortifié, à l'endroit même où l'on retrouve aujourd'hui, serrées l'une contre l'autre, les deux principales fiertés de la ville : la **cathédrale** et le **château**. Mersebourg avait déjà beaucoup de charme aux yeux des premiers empereurs germaniques car, entre 933 et 1212, ils y tinrent plus de vingt diètes. Le **parc du château** recèle quelques joyaux d'architecture en assez bon état de conservation : la **maison des États**, un **palais**, l'**orangerie** et un **café**. Le château repose sur les murailles du palais de l'empereur et fut construit entre le XVe et le XVIIe siècle.

Henri Ier avait fait construire l'église de son palais, qui fut consacrée en 931 puis élevée au rang de cathédrale lors de la fondation de l'évêché, en 968. La construction de l'édifice actuel commença en 1015. Il subit d'innombrables transformations, et c'est au XVIe siècle qu'on lui donna cette silhouette caractéristique définitive, avec ses quatre tours. Parmi les éléments de décoration intérieure, particulièrement abondants et fastueux, on peut citer l'**épitaphe** en bronze datant de 1080, les **fonts baptismaux**, du milieu du XIIe siècle, et les **stalles du chœur** en bois sculpté. Célèbres dans le monde entier, les **archives** de la cathédrale, créées en 1004 par l'évêque Wigbert, renferment une collection de manuscrits médiévaux et, en particulier, les « formules magiques de Mersebourg » (IXe et Xe siècles), qui comptent parmi les témoignages littéraires les plus anciens d'Allemagne.

Leipzig

La ville a pris une telle extension que Mersebourg en est presque devenue un faubourg. On se rappelle que, en 1988-1989, les prières du lundi dans l'église Saint-Nicolas, se sont muées en protestations ouvertes. Le 2 octobre 1989, quinze mille manifestants défilèrent autour du centre. Une semaine plus tard, le 9 octobre, des forces de sécurité amenées de tout le pays envahirent Leipzig. Les « manifestants du lundi », à l'automne 1989, affirmaient qu'ils étaient le peuple, que si le deutschmark venait chez eux ils resteraient, et que s'il ne venait pas, ils iraient là où il se trouve. La confrontation violente paraissait inévitable. Mais un appel fut diffusé par la radio locale, à l'initiative de Kurt Masur, chef d'orchestre et directeur artistique du Gewandhaus, qui exhorta la foule au calme et à la solution pacifique. Bien que tout le centre de la ville fût interdit aux cameras, quelques opposants au régime de la R.D.A. réussirent à filmer la manifestation en cachette et à faire passer en fraude les cassettes vidéo à Berlin-Ouest. Le soir même, le monde entier, à l'Ouest et surtout à l'Est, put suivre à la télévision cette volonté inflexible manifestée par tout un peuple de parvenir à un changement pacifique de régime. Une réaction par la force et la violence aurait discrédité davantage encore les dirigeants de la R.D.A.

Leipzig, la ville libre qui ne fut jamais ville résidentielle, avait résisté avec succès à la domination détestée de Berlin-Est. Un mois jour pour jour après cette

La cathédrale de Halle.

manifestation du 9 octobre, le « mur de la honte tombait. »

Leipzig (cinq cent cinquante-six mille habitants) est la deuxième ville de l'ancienne R.D.A. Elle est confrontée actuellement à des problèmes qui paraissent encore insolubles : remonter l'infrastructure tombée dans un état de désuétude et d'indigence indescriptible. Trente mille logements ont cessé d'être habitables, les transports en commun doivent être remis entièrement en état, les rues sont crevassées. Enfin, on constate des fuites d'eau sur un tiers des canalisations... Les réparations du réseau des égouts et des conduits d'évacuation des eaux usagées à elles seules engloutiront des milliards. Il est vrai que, un an seulement après l'ouverture des frontières, la pollution de l'air par l'anhydride sulfureux a déjà baissé d'un quart, à la suite de la fermeture des cokeries des anciens centres chimiques d'Espenhain et de Böhlen. La ville se dépeuple progressivement. Depuis une vingtaine d'années, elle a perdu cinquante mille habitants, et cent cinquante mille depuis 1930.

La ville dans l'histoire

La foire de Leipzig est inséparable de l'histoire et de la prospérité de la ville. La première foire eut lieu en 1268, lorsque le margrave de Meissen déclara Leipzig ville de libre commerce. Mais, à l'époque, elle jouait déjà un rôle prépondérant dans les échanges commerciaux entre est et ouest. C'est là, dans la cuvette de Leipzig, que se croisent la route royale et la route impériale. Au VIIe siècle, une cité sorabe appelée Lipzi (« sous les tilleuls ») occupait déjà le territoire où se développa Leipzig par la suite. Marchands et artisans vinrent s'y établir, et leurs quartiers ne firent que se développer. Après 1497, date à laquelle l'empereur Maximilien Ier accorda à Leipzig le privilège d'organiser des foires, son rôle en tant que ville commerçante se stabilisa. Épices et viande venaient de l'Est, produits coloniaux, étoffes et bijoux venaient de l'Ouest. En 1507, le droit d'ouvrir un magasin et le droit d'étape furent étendus à un secteur équivalant à 115 km de circonférence à l'intérieur

Arc-en-ciel dans le décor d'Eisleben.

duquel il était interdit à toute autre foire de s'établir. Leipzig, qui, à l'époque, comptait quarante-cinq mille habitants, avait dépassé Francfort-sur-le-Main. Parmi les privilèges de la ville, les aubergistes et les commerçants pouvaient majorer leurs prix pendant la foire, sous un contrôle rigoureux cependant. Par ailleurs, les contribuables en situation de débiteurs, qui s'étaient installés en dehors de la ville, pouvaient traiter librement leurs affaires en ville.

En 1839 fut ouverte, entre Leipzig et Dresde, la première ligne de chemin de fer interprovinciale d'Allemagne.

En 1409, l'université de Prague, agitée par des courants nationaux, provoqua l'exode des professeurs et des étudiants allemands. C'est pour les recevoir que fut créée l'**université de Leipzig** qui, aujourd'hui, marque la ville de son empreinte, grâce surtout au gratte-ciel de 142 m de hauteur appelé la Dent abrupte (Steiler Zahn). Vinrent s'y ajouter un grand nombre d'autres écoles, professionnelles, spécialisées et grandes écoles, tel le Centre des sports, qui formait les cadres sportifs de la R.D.A.

Goethe vanta l'université de Leipzig en ces termes : « Je me loue de mon Leipzig, il forme son monde ». Plus tard, il qualifia la ville de « petit Paris » et lui offrit un monument littéraire en faisant du célèbre cabaret estudiantin **Auersbachs Keller** le théâtre d'une scène de son *Faust*. Les tableaux et sculptures en bois relatant la légende de Faust que l'on peut voir encore aujourd'hui ornaient déjà les murs de la taverne.

Des personnalités marquantes firent leurs humanités à l'université de Leipzig : l'historien Leopold von Ranke, le philosophe et mathématicien baron Gottfried Wilhelm von Leibniz, le poète Friedrich Gottlieb Klopstock, Gotthold Ephraïm Lessing, l'écrivain Johann Paul Friedrich Richter (alias Jean-Paul) le philosophe Friedrich Nietzsche, etc. L'imprimerie fit son apparition dans la ville en 1481. Francfort-sur-le-Main, pourtant reconnue comme étant un pôle de l'imprimerie, fut bientôt dépassée, et cela parce que les imprimeurs y étaient soumis à la censure de l'archevêque de Mayence. La Réforme apporta également un nouvel essor. La traduction du *Nouveau Testament*, de Martin Luther, tirée à cinq mille exemplaires, fut épuisée en quelques semaines. En quinze ans, deux cent mille exemplaires furent vendus.

Leipzig a développé un monopole de la librairie (il existe un **musée du Livre**) grâce à un système unique : les maisons d'édition distribuaient leurs livres par l'intermédiaire d'un « centre de commandes » créé en 1842. Jusqu'en 1945, les libraires lui envoyaient leurs commandes et recevaient les ouvrages de presque tous les éditeurs. Ce système avait deux avantages : rationalisation de la vente et raccourcissement des délais de livraison. Les noms des grandes maisons d'édition de Leipzig restent connus : Karl Baedeker, Breitkopf & Härtel, Goldmann, Grieben, Reclam, Georg Thieme.

Les éditeurs tirèrent même profit de la bataille des Nations, dont Leipzig fut le théâtre en 1813, en imprimant des plans de bataille et les portraits des militaires et des hommes politiques les plus influents. Un auteur, Ludwig Husserl, publia deux livres épais et deux collections d'anecdotes sur le sujet. La grande bataille de

Employés municipaux affectés à l'entretien de Leipzig, durant la pause.

Leipzig mit fin à la souveraineté de Napoléon en Europe. Cent quatre-vingt-dix mille soldats de l'Empereur (français, belges, hollandais, italiens, polonais, badois, hessois, saxons et wurtembergeois) furent encerclés à Leipzig par deux cent cinq mille alliés (russes, prussiens, suédois, anglais et autrichiens, hongrois, tchèques et croates). A l'occasion du premier centenaire de cette bataille, l'empereur Guillaume Ier inaugura un monument commémoratif. Dressé de ses 91 m sur une colline artificielle de 30 m de hauteur, il se voulait l'expression du nationalisme allemand. La **plate-forme panoramique** est aujourd'hui l'un des pôles d'attraction de la ville.

Le mouvement des ouvriers allemands de Leipzig n'obéissait pas, quant à lui, à des idées nationalistes. En 1863, Ferdinand Lassalle créa la Ligue des ouvriers allemands, organisation qui précéda la social-démocratie. Des socialistes célèbres, tels Clara Zetkin, Rosa Luxemburg et Franz Mehrin, collaborèrent au *Leipziger Volkszeitung* (Gazette populaire de Leipzig), créé en 1894.

La gare centrale et l'ancien hôtel de ville

Contrairement à Dresde, Leipzig ne fut pas trop abîmée durant la Seconde Guerre mondiale. Plus vaste encore que les autres gares terminus de Munich, Francfort et Stuttgart, la gare centrale, achevée en 1915, réserve aux voyageurs leur première surprise. La marquise qui recouvre le hall d'arrivée et de départ des trains mesure 240 m de longueur et enjambe vingt-quatre quais. La symétrie de l'ensemble n'obéit pas à des critères d'esthétique mais à une situation administrative spécifique. Autrefois, en effet, l'administration de la gare était double : l'est appartenait à la Saxe et l'ouest à la Prusse. On quitte le hall transversal, qui mesure 300 m de longueur, 33 m de profondeur et 27 m de hauteur, par un large escalier extérieur. De là, on peut atteindre les points les plus extrêmes du centre de la ville en moins d'un quart d'heure. Pour rejoindre la place du Marché, il faut traverser la vaste **place de Saxe** (Sachsenplatz), esplanade sans attrait.

Assainissement du quartier de Connewitz, à Leipzig.

Totalement asymétrique, l'**ancien hôtel de ville** contraste curieusement avec la gare. Près de la tour qui supporte le balcon de la Proclamation, au-dessus du portail principal, se trouvent six chiens assis à pignons, deux à gauche et quatre à droite. Les bourgeois de Leipzig étaient des marchands qui savaient compter. En 1556, ils firent construire leur hôtel de ville en neuf mois, entre deux foires, sur les fondations du précédent bâtiment gothique et de l'ancienne maison de la corporation des tisseurs de laine. Les colonnades furent érigées en 1907 seulement, à la place d'anciennes baraques en bois. L'ancien hôtel de ville abrite aujourd'hui le **Musée historique**.

La place du Marché

Elle aurait pu conserver son caractère historique si l'on n'avait pas construit en 1965 l'**immeuble de l'Administration de la foire**, dont le modernisme tapageur détruisit complètement l'harmonie de l'ensemble. En face de l'**hôtel de ville** se trouve le **passage des Artisans**, réouvert au public en 1989, qui donne un aperçu fidèle de la vie de Leipzig à l'époque médiévale. Au numéro 4 de la **Kleine Fleischergasse**, se trouve le **Kaffeebaum**, le plus vieux café de la ville. Une **statue** représentant un Turc grandeur nature, qui offre une coupe de café à un angelot, surplombe son entrée.

La **Thomasgasse** mène à l'**église Saint-Thomas**. Construite au XIIIe siècle par le margrave Dietrich l'Acculé, originaire de Meissen, elle servit de collégiale aux moines augustins. Au XVe siècle, sous Claus Roder, elle reçut la forme d'une église-halle de style gothique tardif. Au moment des fêtes de l'inauguration de l'université, en 1409, les *Thomaner*, comme ils se nommaient eux-mêmes, existaient déjà depuis deux cents ans. A ses débuts, la chorale se limita à douze jeunes garçons qui fréquentaient l'école réservée aux enfants de familles pauvres et avaient pour mission d'accompagner de leurs chants les offices divins. Les *Thomaner* chantaient à chaque fête officielle de l'Église ou de l'État. Ils devinrent l'unique manécanterie notable du

Un refuge pour les chats.

protestantisme allemand. Lorsque, le 13 mars 1723, Johann Sebastian Bach devint maître de chapelle, il se plaignit de la médiocre qualité du chœur. Sur les cinquante-quatre chanteurs de l'époque, il en congédia dix-sept mais, par la suite, il composa la majorité de ses motets pour son chœur. De nos jours, les *Thomaner* se produisent vêtus d'une sorte de costume marin et sont connus du monde entier.

Le **musée Grassi** abritent des collections d'ethnographie et d'instruments de musique. Les archives Bach se trouvent dans le **pavillon Gohlis**, édifice rococo de 1756. La peinture romantique est très bien représentée au **musée des Beaux-Arts**.

Autour de l'hôtel de ville

Sur sa façade arrière donnent le charmant **Naschmarkt** (littéralement « marché où l'on grignote ») et l'ancienne **bourse du commerce**, dont la construction s'acheva en 1687 selon des modèles italiens et hollandais. Elle servait de lieu de rencontre aux hommes d'affaires et aux banquiers pendant les foires. Aujourd'hui, elle est le théâtre de manifestations solennelles. Si l'on suit la direction indiquée par le jeune Gœthe, dont la **statue** se dresse devant l'ancienne bourse du commerce, on tombe directement sur la **cave d'Auersbachs** (Auersbachs Keller), dans le **Mädlerpassage**. La rotonde de cette élégante galerie est animée par un **carillon** en porcelaine de Meissen. A la sortie du passage, sur la droite, a été construit en 1901 le **Städtische Kaufhaus** (grand magasin) qui fait partie du complexe de la foire. A cet endroit se trouvait l'ancienne maison de la Draperie (Gewandhaus) qui abritait, outre le commerce des étoffes, d'où son nom, l'orchestre local. Le nouveau **Gewandhaus**, imposant bâtiment de trois étages, borde la **Karl-Marx-Platz**. Cet orchestre, fondé en 1781, a été dirigé par les plus illustres baguettes : Félix Mendelssohn-Bartholdy, Wilhelm Furtwängler, Bruno Walter...

Quelques pas en arrière pour se retrouver près de l'**église Saint-Nicolas** (Nikolaikirche), la principale église de Leipzig. La construction de l'édifice commença au XIIe siècle, en style roman. Le chœur gothique date du XIVe siècle, et la grande halle à trois nefs, de style gothique flamboyant, fut consacrée en 1523. Les décorations en stuc des piliers et des voûtes, ainsi que l'aménagement intérieur qui répond à l'esprit du classicisme, sont autant de témoignages de la prospérité passée de la ville. Les habitants de Leipzig ont utilisé cet édifice religieux comme lieu de rassemblement pendant les événements de 1989.

Le quartier situé au sud, appelé **Connewitz**, offre un aperçu de l'architecture de la période dite « Gründerzeit », de la fin du siècle dernier. Nombre d'habitants du quartier et de la ville, jeunes, urbanistes et architectes, se sont réunis pour protester contre la dégradation progressive des immeubles d'habitation à quatre étages, s'opposer à leur démolition et lutter contre le préfabriqué. Quelques maisons de la **Stöckartstrasse** sont occupées par des squatters, occupation qui a été légalisée entre-temps, mais qui reste l'objet d'attaques constantes de la part de voyous et autres néonazis.

Vente à la sauvette de produits « occidentaux » devant la gare de Leipzig.

Wahl'90
SED Nein
Gift Abt.2
Ex-Bereich

ATTENTION, POLLUTION

La région industrielle qui entoure Halle et Leipzig était à coup sûr la plus sale d'Europe. D'une manière générale, l'état de santé des Allemands de l'Est est nettement moins bon que celui de leurs compatriotes de l'Ouest, et l'espérance de vie beaucoup plus courte. Voici quelques exemples qui expliqueront cet état de fait : la pollution constante de l'air par l'anhydride sulfureux dans les Erzgebirge et dans la région de Bitterfeld, au nord de Leipzig, provoque des lésions de la croissance chez les enfants et un affaiblissement du système immunitaire. Certains enfants de Bitterfeld sont maigres et chétifs, et ils ont une mauvaise formule sanguine. Autour de l'usine de transformation de lignite d'Espenhain, au sud de Leipzig, un enfant sur deux souffre d'affections des voies respiratoires. Près de 40 % des habitants de l'ex-R.D.A. vivent dans des secteurs où le taux d'anhydride sulfureux dépasse notablement les normes autorisées par la loi. Les villes les plus polluées sont Leipzig, Halle et Chemnitz.

Les chefs de l'ancienne R.D.A. réagirent à la catastrophe écologique de 1982 en déclarant confidentielles toutes les données : c'est la politique de l'autruche. Quelques comparaisons montrent les dimensions de la catastrophe : les émissions d'anhydride sulfureux projetées dans l'air par la seule centrale de Cottbus sont supérieures à celles de toutes les centrales de Suède et de Norvège réunies. Avec ses 5,6 millions de tonnes annuelles de ce poison, l'Allemagne de l'Est était le pays le plus polluant d'Europe. Les usines chimiques Buna, près de Halle, déversent tous les jours 20 kg de mercure dans la Saale, ce qui représente dix fois plus que ce que le géant de la chimie ouest-allemande, B.A.S.F.-Ludwigshafen, n'en déverse en une année dans le Rhin. Le mercure ainsi rejeté suffirait à fabriquer trois millions de thermomètres médicaux par an. Les habitants de Mölbis veulent quitter leur village. L'air vicié par la gigantesque usine d'Espenhain (qui a cessé de fonctionner en 1991) ronge littéralement les briques de leurs maisons, et leur fait craindre le pire pour leurs poumons.

En résumé, l'air de l'Allemagne de l'Est est dix fois plus pollué que celui de l'Allemagne de l'Ouest. A cela s'ajoutent les poisons émis par les fameuses petites Trabant : une seule de ces voitures produit plus d'oxyde de carbone que cent de nos automobiles. L'ancienne R.D.A. occupe également la première place dans le monde sur le plan du gaspillage d'énergie. Des centrales surannées au rendement très bas gaspillent une quantité d'énergie qui suffirait à couvrir les besoins énergétiques globaux d'un pays comme le Danemark. Même l'approvisionnement en eau potable n'est assuré que grâce aux énormes quantités de chlore déversées.

Bitterfeld (« champ amer ») a été placée par les équipes de télévision du monde entier au centre de leurs informations. Jane Fonda elle-même y est venue et a rendu visite à Hans Zimmermann, spécialiste des questions touchant à l'environnement, . Plombier de son métier, il créa, longtemps avant la chute de la R.D.A., un groupe écologique qui resta constamment dans le colimateur de la Stasi. C'est à lui que l'on doit la cassette vidéo qui fit fureur à la télévision ouest-allemande : *Bitteres aus Bitterfeld* (« De l'amertume en provenance de Bitterfeld »).

A quelques kilomètres de là, à Wolfen, l'entreprise phototechnique O.R.W.O. rejette depuis seize ans ses eaux usées dans le *Silbersee* (« lac d'argent »), étendue d'eau couverte d'écume brunâtre à reflets argentés qui se déverse dans l'Elbe. L'association Greenpeace a montré que le taux de chlorures y est six cents fois plus élevé que dans le Rhin. On pourrait équiper un laboratoire chimique complet avec les déjections de cette usine (cyanure, cadmium, arsenic, chrome et cuivre).

A ses propres sources de pollution, l'ex-R.D.A. ajoute celles de ses voisins. Ainsi, dans les environs de Berlin se trouvent les dépôts d'ordures de Vorketzin et de Schöneiche, dans lesquels, en échange de 180 millions de marks de taxes, Berlin-Ouest livre plus d'un million de tonnes d'ordures ménagères par an, auxquelles il faut ajouter les déchets chimiques en provenance d'Autriche, de Suisse et des Pays-Bas.

DE DESSAU A WITTENBERG

En revenant de Leipzig à Berlin, on traverse tout d'abord la région industrielle de Bitterfeld et de Wolfen, puis deux autres villes, Dessau, la cité du Bauhaus, et Wittenberg, celle de Martin Luther.

Dessau

La principale curiosité de cette ville de cent quatre mille habitants installée sur la **Mulde** se trouve à l'est de la gare centrale : le **Bauhaus**, la « maison de l'œuvre bâtie ». Cette école d'art, la plus importante du XXe siècle, fut créée en 1919 à Weimar et transférée en 1925 à Dessau. Mais même là, le groupe d'artistes, peintres et sculpteurs, d'architectes, d'urbanistes, de décorateurs et de photographes, réuni autour de Walter Gropius, ne survécut pas au-delà de 1932. Les hommes politiques conservateurs de Weimar, et plus tard les nationaux-socialistes, leur barrèrent la route. Une ultime tentative pour installer le Bauhaus dans les bâtiments d'une usine berlinoise tourna court également. A l'époque, le groupe était dirigé par Mies van der Rohe, son dernier directeur. Il ne réussit pas à empêcher les nazis de perquisitionner, en 1933, les bâtiments de repli de l'école et de la fermer, sous prétexte que le Bauhaus était un foyer de « décomposition bolchevique ».

Le Bauhaus s'efforçait de réunir créations artisanale et artistique et de leur donner un nouveau sens. Pour souligner le lien entre les capacités artisanales et la créativité artistique, Walter Gropius appelait les professeurs « maîtres » et les élèves « apprentis ». Plus qu'un enseignement traditionnel de professeurs à élèves, il s'agissait d'une collaboration entre « maîtres » et « apprentis ». Le Bauhaus visait à faire disparaître la séparation entre art et artisanat. Plus encore, de l'avis des maîtres, Ludwig Mies van der Rohe, Lyonel Feininger, Moholy-Nagy, Paul Klee, Wassily Kandinsky, Gerhard Marcks ou Josef Albers, il n'existait pas

Enfants de Bitterfeld arborant le badge de la Ligue verte.

davantage d'opposition irréductible entre l'artisanat et la technique. Pour eux, il importait de toujours créer dans le sens de l'homme, donc du fonctionnel et du matériel. Enseigner et apprendre, théorie et pratique, devaient former une unité. Aujourd'hui, les idées du Bauhaus servent de critères de style à la construction moderne, au design de l'industrie et de la vie quotidienne et à l'éducation artistique.

A partir de 1937 fut fondé à Chicago le New Bauhaus. En R.D.A en revanche, il se heurta au « réalisme socialiste » et ne trouva pas d'écho. Il fallut attendre 1977 pour que la ville de Dessau s'intéresse de nouveau au Bauhaus et transforme les bâtiments qu'il occupait en **musée**. Ont été conservés : les bâtiments proprement dits de l'ancien établissement d'enseignement ; l'**office du Travail** (Arbeitsamt) sur la **August-Bebel-Platz**, dont les plans avaient été réalisés par Walter Gropius ; la cité du Bauhaus, dans le **quartier de Törten**, comprenant des immeubles d'habitation et un magasin, ainsi que les maisons des maîtres dans la **Ebert-Allee**. En revanche, côté technique, on ne peut nier la réussite que furent les avions Junker et autres usines d'armement. Voilà pourquoi, le 7 mars 1945, Dessau fut presque entièrement pulvérisée par une attaque massive de bombardiers britanniques. De cette ville, mentionnée pour la première fois dans les documents officiels en 1213, et dans laquelle résidèrent les ducs d'Anhalt-Dessau (1471-1918), il ne resta plus que les ruines d'une aile de la **Résidence ducale** (1530), qui a été restaurée entre-temps. L'**église Saint-Georges** (1712-1717) fut reconstruite aussi, après avoir été incendiée pendant la Seconde Guerre mondiale.

Le château de Mosigkau et le parc de Wörlitz

Dessau connut son apogée sous le règne de Léopold Friedrich François d'Anhalt-Dessau (1740-1817), qui réunit autour de lui des poètes et des architectes et fit ériger des édifices remarquables en ville et dans les environs, tels le château de Mosigkau, situé à la périphérie sud-ouest, et le parc de Wörlitz. En 1742, le prince

Wittenberg, la ville de Martin Luther.

Léopold fit don à sa fille Anne Wilhelmine de la seigneurie de Mosigkau. Dix ans plus tard, la princesse y transféra sa résidence et fit construire par Knobelsdorff le château rococo (1752-1757) qui abrite aujourd'hui le **musée d'État**. Il contient une collection de tableaux (Rubens, Van Dyck, Jordaens), des objets d'artisanat, des porcelaines et des faïences. Pour suivre la mode de l'époque, on jouait à cache-cache dans le jardin, avant d'aller se reposer et converser dans la **Maison de thé** japonaise.

Comme s'il voulait servir de compensation à la tristesse de cette région industrielle, le parc de Wörlitz, l'un des plus beaux d'Allemagne, a été aménagé dans le style anglais à proximité de Dessau, sur la route de Wittenberg, la départementale F 107, dans les anciennes zones marécageuses des bords de l'Elbe. Entre les années 1764 et 1800, le prince Léopold Friedrich François fit tracer ce parc grandiose autour de son pavillon de chasse. Le **château de Wörlitz**, première construction classique allemande (1769-1773), dont les murs et les plafonds de la salle à manger et de la salle de réception sont ornés de riches peintures, abrite aujourd'hui une collection de tableaux (Averkamp, Canaletto, Rubens).

La croisière en bateau sur les **lacs artificiels** reliés par des canaux dure environ une heure. Mais elle ne remplace pas une longue promenade à travers les 112 ha de ce parc magnifique. Plus de huit cents espèces d'arbres et un grand nombre de plantes exotiques, chacune occupant la place qui lui convient, furent plantés entre les hauteurs, le long d'un dédale de sentiers et de ponts, dans des grottes et autour de statues et de sculptures antiques. Des bâtiments d'époques diverses ornent le parc : une **ferme italienne**, un **temple grec**, un **châtelet** gothique et un **palmarium**...

Wittenberg

Quand on vient de l'ouest, donc de Wörlitz, l'œil est aussitôt attiré par la **tour de l'église du château**, dont la coupole évoque une couronne impériale

Le musée du Bauhaus

posée sur une tête. De là, on a un aperçu sur toute la ville, qui compte actuellement cinquante mille habitants. Jusqu'à la semaine sainte de l'année 1990, un tank était en stationnement devant l'église du château, ses canons dirigés vers l'Ouest. Les réformateurs s'empressèrent de déboulonner de son socle ce monument sinistre.

Martin Luther afficha ses quatre-vingt-quinze thèses sur la porte de cette même église le 31 octobre 1517, ce qui déclencha le mouvement de la Réforme. La **porte des Thèses**, en bronze, date de 1858. Luther et Mélanchton sont enterrés dans cette église. Luther fut indigné des agissements de Johann Tetzel, le grand trafiquant d'indulgences : chez ce dominicain sans scrupules, on pouvait se faire pardonner un meurtre, par exemple, en échange de huit ducats seulement. Sans s'en rendre compte, Luther se mit en travers des projets de la haute finance européenne, matérialisée par une opération triangulaire suspecte. L'archevêque Albert, cardinal de Mayence, dont dépendait Luther, avait acheté son poste à Rome, et il voulait encore réunir entre ses mains quelques autres sièges épiscopaux lucratifs, en dehors de la légalité. Pour ce faire, ce prélat de vingt-cinq ans avait besoin d'un règlement spécial en provenance de Rome. Le fameux banquier d'Augsbourg, Jakob Fugger, lui avança 23 379 ducats. Le pape Léon X délivra une indulgence, dont le produit servirait à rembourser Fugger et à contribuer à la construction de la basilique Saint-Pierre de Rome. Le dominicain Tetzel devint le représentant général de l'affaire des indulgences. Le 10 décembre 1520, sous le **chêne de Luther** (Luthereiche), Luther brûla la bulle pontificale et le droit canonique, fondement juridique du Moyen Age. Cet événement eut sur la politique un impact plus grand encore que sur les âmes. Non loin du chêne se trouve la **maison de Luther** (Lutherhaus), avec la Lutherhalle, le musée le plus complet du monde sur l'histoire de la Réforme, dans lequel sont exposés les tableaux représentant le réformateur, sa femme et les dix commandements, peints par Cranach l'Ancien, ami de Luther.

Le musée de Dessau expose les objets u Bauhaus.

DE BERLIN A LA MER BALTIQUE

Au départ de Berlin, on peut prendre l'autoroute en direction de Rostock et débarquer directement sur la côte de la mer Baltique. Mais il est beaucoup plus agréable de quitter la capitale à **Staaken** et de suivre l'ancienne F5, la nationale Berlin-Hambourg. Elle est restée longtemps la dernière voie de communication routière autorisée pour le transit entre l'ex-R.D.A. et Berlin-Ouest. Jusqu'à la construction de l'autoroute en 1982, on était obligé de l'emprunter pour aller de Hambourg à Berlin en voiture. Mais les gros camions aussi roulaient jour et nuit sous les frondaisons des arbres centenaires qui formaient une voûte ininterrompue. La côte septentrionale de l'Allemagne, entre Rostock et Stralsund, vient d'être déclarée **parc national de la baie de Poméranie occidentale**. La pointe nord-est de l'île de Rügen est devenue, elle, **parc national de Jasmund**.

La Marche de Brandebourg

On traverse la Marche de Brandebourg (Mark Brandenburg) sur cette ancienne route de transit. Le paysage est typique : champs, forêts, pâturages, allées bordées d'arbres sur la plaine, et sol sablonneux. Les villages s'étirent le long de la route, les fermes ont de grands perrons. De vieilles dynasties aristocratiques, tels les Bredow et les Ribbeck, ont donné leur nom aux localités. Theodor Fontane, écrivain allemand né en 1819 à Neuruppin, a donné de cette région des descriptions pleines de tendresse, dans ses *Promenades dans la Marche de Brandebourg* (*Wanderungen durch die Mark Brandenburg*).

Neuruppin (vingt-huit mille habitants), homogène dans son classicisme, date de la fin du XVIIIe siècle. Elle a été reconstruite après le grand incendie qui la dévasta en 1787. Les immenses places servaient de champs d'exercice à l'armée, car Neuruppin a toujours été une importante ville de garnison, tout d'abord pour les Prussiens et, ces dernières décennies encore, pour l'armée Rouge. Celle-ci s'étant retirée, l'armée allemande (Bundeswehr) s'est intéressée à l'endroit, mais les citoyens de Neuruppin ont fait front pour exiger que les installations militaires soient définitivement fermées.

Le **musée** (Heimatmuseum) expose des souvenirs de l'écrivain et journaliste Theodor Fontane (Neuruppin, 1819 - Berlin,1898) et de Karl Friedrich Schinkel (Neuruppin, 1781 - Berlin, 1841). Ce peintre et décorateur de théâtre (plus de quarante scénographies, à commencer par les décors de *la Flûte enchantée*), élève de D. et F. Gilly, fut l'architecte le plus éminent de la Prusse et l'une des personnalités artistiques les plus marquantes du XIXe siècle. L'édifice le plus ancien de la ville, la **collégiale des Dominicains** (XIIIe siècle), fut restaurée entre 1836 et 1841 d'après les plans de Schinkel.

Quant à Theodor Fontane, il est resté célèbre grâce surtout à ses romans à caractère social (*Dédales*, 1888) ou satirique (*Madame Jenny Treibel*, 1892, *Effi Briest*, 1895).

*Pages
:édentes :
ambiance
sible d'un
atin dans
Aarche de
ıdebourg.
A gauche,
hâteau de
einsberg ;
à droite,
image
un couple
semblant
frileux
devant
l'avenir.*

DANMARK
(DÄNEMARK)
Nykøbing
Lolland
Rødby Havn
Gedser
Fehmarnbelt
FEHMARN
Puttgarden
Fehmarnsund
Heiligenhafen
Oldenburg
Kieler Bucht
ANGELN
Kappeln
Schlei
Schleswig
Eckernförde
(Kielkanal)
Kiel
Selenter See
Westensee
Rendsburg
Nord-Ostsee-Kanal
WAGRIEN
Grömitz
Warnemünde
Kühlungsborn
Rostock
Lübecker Bucht
POEL
Hohenwestedt
Neumünster
Trave
Timmendorfer Strand
Travemünde
Bad Segeberg
Itzehoe
Stör
Lübeck
Schwaan
Wismar
Bad Oldesloe
Elmshorn
Güstrow
Elbe-Lübeck-Kanal
Ratzeburger See
Schweriner See
Norderstedt
Ratzeburg
Pinneberg
Ahrensburg
Schwerin
Hamburg
Wede
ALTES LAND
BUNDESREPUBLIK
DEUTSCHLAND
Reinbek
Buxtehude
Geesthacht
Parchim
Winsen
Lauenburg
Ruhner Berge
178
Ludwigslust
Grabow
Bleckede
Lüneburg
Elbe
Wilseder Berg
169
Pritzwalk
Bispingen
Dannenberg
Perleberg
LÜNEBURGER
Schnackenburg
Wittenberge
Soltau
Munster
Uelzen
WENDLAND
HEIDE
Blauer Berg
130
Ilmenau
Seehausen
Salzwedel
Uchte
ALTMARK
Elbe-Seitenkanal
Celle
Stendal
Leine
Brome
Fuhse
Aller
Langenhagen
Burgdorf
Gifhorn
Oebisfelde
Mittellandkanal
Hannover
Wolfsburg
Elbe-Havel

Le nord-est de l'Allemagne

Il ne faut pas manquer d'aller voir le **jardin du Temple** (Tempelgarten), œuvre baroque de Georg Wenzeslaus von Knobelsdorff, précurseur de Schinkel et architecte de Frédéric le Grand. Les *Gazettes illustrées de Neuruppin* (*Neuruppiner Bilderbogen*) éditées par les éditions Gustav Kuhn, ont également contribué à faire connaître le nom de la ville. Elles peuvent être considérées à juste titre comme les précurseurs des magazines illustrés. On y trouve des articles qui donnent régulièrement le compte rendu des événements de l'époque. Entre 1810 et 1935, cent millions de gazettes ont été imprimées.

Durant la première nuit de pleine lune du mois d'août, les habitants de Neuruppin organisent un grand corso de bateaux décorés et fleuris sur le lac : il défile de Neuruppin à Altruppin en longeant des jardins illuminés dans lesquels se donnent des réceptions costumées qui représentent des petites scènes adaptées au thème de la nuit.

Non loin de Neuruppin se trouve le **Luch**, dépression humide que le roi de Prusse, Frédéric le Grand, fit assécher. Des colons venus de Souabe, du Wurtemberg et d'ailleurs s'y établirent. Avec ses petites digues tracées au milieu d'une infinité de voies d'eau toutes droites, cette région plate évoque la Hollande.

De Neuruppin, on peut atteindre le **château de Rheinsberg** en vingt-cinq minutes. Quand il n'était encore qu'héritier du trône, le futur Frédéric le Grand passa quatre années dans ce château des bords du lac construit par Knobelsdorff. C'est également dans ce château que Kurt Tucholsky, écrivain né à Berlin en 1890 et qui, effrayé par la montée du nazisme, se suicida en 1935, situa l'action du roman *Rheinsberg* (1912). Nombreux sont les couples qui, se sentant proches de Wolf et de Claire, les héros de Tucholsky, aiment à se promener en ces lieux. Un monument commémoratif a été élevé dans ce château à la mémoire de l'écrivain. Le **parc** est agrémenté, entre autres, d'allégories représentant les quatre éléments. Pendant des années le château de Rheinsberg a servi de maison de repos

Le Kyritzer See, l'un des six cent cinquante lacs du nord de Berlin.

pour diabétiques. Actuellement, l'association artistique locale s'efforce de lui trouver une nouvelle vocation afin d'attirer les touristes à Rheinsberg.

La Prignitz

On reprend le chemin qui mène à l'ancienne route de transit, en direction de **Kampehl**. L'**église** du village abrite le cadavre momifié d'un chevalier que l'on peut voir. On raconte que, accusé d'avoir tué un berger, le chevalier protesta devant le tribunal en ces termes : « Si c'est moi le meurtrier, fasse Dieu que ma dépouille ne se putréfie pas ». Le chevalier fut acquitté, et, après sa mort, en l'an 1703, on l'enterra à Kahlbutz. Or, quand on dut, presque un siècle plus tard, déplacer sa sépulture, on trouva son cadavre intact.

A **Kyritz** (dix mille habitants), un monument dressé devant la **maison de la Culture** du canton rappelle la réforme agraire proclamée à cet endroit le 2 septembre 1945 par Wilhelm Pieck, le premier président de la R.D.A. Cette réforme expropria les grands propriétaires terriens. Kyritz se trouve au milieu d'une succession de lacs sur lesquels on peut voguer en bateau de plaisance. On trouve partout dans la région des barques à louer.

Les bourgs de Kyritz, Pritzwalk, Wittstock et Perleberg appartiennent à la région appelée Prignitz. Le relief plat, sillonné de petites routes de campagne, avec ses localités idylliques et ses lacs, convient parfaitement aux randonnées à bicyclette. Un projet est actuellement en cours, qui a pour objectif de redonner à cette région une place de choix dans le réseau international des stations de randonnées à vélo. Élaboré et géré par la commune de **Rosenwinkel**, ce projet prévoit aussi des représentations théâtrales, des concerts et des concours sportifs, tels les « jeux olympiques paysans de Rosenwinkel » (*Rosenwinkler Bauernolympiade*).

Le premier week-end de septembre, nombreux sont les visiteurs qui se précipitent à **Havelberg**, ville située à proximité du confluent de l'Elbe et de la Havel, afin de voir le grand marché aux chevaux sur les prés de la Havel. Au fil

Le château de Rheinsberg. Frédéric le Grand l'occupa pendant quatre ans avant de monter sur le trône de Prusse.

des ans, cette tradition a donné naissance au plus grand marché aux puces de la R.D.A. Autrefois, le marché aux chevaux était aussi un marché aux mariages, et maintenant encore, on sent planer sur le grand bazar une atmosphère de flirt qui semble faire très bon ménage avec l'atmosphère typique des foires. Autre curiosité de Havelberg, sa **cathédrale** gothique.

En aval de l'Elbe, on arrive à **Wittenberge**. Cette ancienne ville industrielle et portuaire est en pleine restructuration économique. Autrefois, la production de cellulose était une branche industrielle importante, mais extrêmement polluante pour l'air et l'eau de l'Elbe, ce qui n'a pas empêché une centaine de couples de cigognes d'établir leur nid dans les environs de la ville.

Sur la **place du Marché** de **Perleberg** se dresse une **statue de Roland**. Nombreuses sont les villes de l'Allemagne septentrionale qui, au Moyen Age, ont vu fleurir ces sculptures représentant un homme nu-tête, armé d'une épée, pour rappeler la lutte menée par les villes pour leur indépendance politique et la liberté de leur juridiction.

Le Mecklembourg

On quitte la Marche de Brandebourg pour pénétrer dans le Mecklembourg. En 1757, les ducs de Mecklembourg établirent leur résidence à **Ludwigslust**. A l'époque, la ville fut décorée dans le style baroque, puis transformée une nouvelle fois dans le style classique. Il ne faut pas manquer la visite du **château** et de son **parc** de 135 ha. En 1837, la résidence ducale fut transférée à 40 km au nord, dans la ville de **Schwerin** (cent trente mille habitants). Le **château de Schwerin**, construit de 1846 à 1857, se trouve dans une île entre le **Burgsee** et le **Schweriner See**, dont la superficie atteint 66 km². Ce magnifique château, hanté par un esprit appelé Petermännchen (« Pierre petit homme », nom qui désigne deux espèces de poisson-dragon venimeux qui hantent les côtes de l'Europe septentrionale.). Les bateaux de plaisance qui appareillent à proximité du château mettent le cap sur

A gauche, statue de Roland, qui symboli l'indépenda du Brandebour ci-dessous, monument du souvenir pour les sol de l'armée Rouge tomb au combat.

l'**île Kaninchenwerder**, où l'on a une vue saisissante sur les deux lacs sur lesquels évoluent les voiliers, soit du restaurant, soit de la **tour panoramique**. Au départ de Schwerin, on peut rejoindre Berlin en canoë kayak ou sur un petit voilier ; les bateaux à moteur sont interdits. C'est du reste le seul moyen de locomotion qui permette de savourer vraiment le charme incomparable de cette région étrange. Depuis le 27 octobre 1990, Schwerin est redevenue la capitale du Mecklembourg-Poméranie occidentale.

Au bord de la Baltique

Une demi-heure de voiture suffit pour rejoindre la côte de la mer Baltique au départ de Schwerin. Jadis, elle était zone frontalière et le lieu préféré des vacanciers de la R.D.A. On se disputait les places dans les foyers de vacances réservés au peuple. A présent, on ne risque plus la cohue sur les plages de la Baltique et, dans les grands hôtels et les pensions privées, on trouve toujours des chambres libres. Beaucoup d'usines ayant fermé, le tourisme est souvent la solution de rechange qu'ont choisi les autochtones. On peut facilement, au départ d'**Ahlbeck** par exemple, faire une promenade en mer à bord d'un chalutier. Avant 1989, c'était strictement interdit, tout comme il était défendu de faire de la voile et de la planche dans ce secteur. Celui qui avait l'imprudence de s'éloigner de la côte sur son matelas pneumatique risquait de se faire arrêter pour violation de frontière. Il arrivait souvent aussi qu'une heure de romantisme sur la plage au cours des chaudes nuits d'été fût troublée par des patrouilles de douaniers de la R.D.A.

Le relief de la côte est très varié. Les passages escarpés alternent avec les vastes plages de sable fin. Tantôt les forêts plongent leurs racines dans le sable, tantôt ce sont les haffs (lagunes et étangs côtiers), ou *Bodden* (terme propre à la côte de la mer Baltique) qui dominent. Ces vastes lagunes d'eau salée sont séparées de la haute mer par des langues de sable. De même, fjords, îlots et presqu'îles estompent la démarcation entre mer et terre.

Le cklembourg une région essentiellement rurale.

Wismar

Au XIIIe siècle, Wismar signa un pacte avec Lübeck et Rostock pour lutter contre la piraterie maritime et, de cette alliance, sortit l'une des branches de la Ligue hanséatique. De 1648 à 1903, la ville appartint aux Suédois qui, en 1803, la donnèrent en gage au Mecklembourg pour un siècle. En 1903, ils renoncèrent à la reprendre. Les Suédois avaient fait de Wismar la plus grande forteresse d'Europe. Au cours des nombreuses guerres contre la Suède, la ville fut souvent attaquée.

Petite ville portuaire de cinquante-sept mille habitants qui fut très endommagée pendant la Seconde Guerre mondiale, Wismar a continué à se dégrader au cours des décennies suivantes. Elle tire principalement ses ressources des activités de son chantier naval moderne. L'**église Saint-Nicolas**, avec son vaisseau de 27 m de hauteur, est le seul édifice qui soit sorti intact des bombardements.

Sur la vaste **place du Marché** bordée de superbes maisons bourgeoises, on trouve **Le Vieux Suédois** (Der Alte Schwede), le plus ancien bâtiment de la ville. Il fut construit autour de 1380 avec un pignon en trois parties, et est occupé actuellement par une vieille auberge de marins très sympathique. La **fontaine** de la place du Marché, de style renaissance hollandaise, approvisionnait la ville en eau potable jusqu'en 1897. Dans le port, il reste encore d'anciens quais et d'anciens hangars et entrepôts. De là, les bateaux partent pour l'**île de Poel**, but d'excursion très apprécié. On n'a jamais pu expliquer ce que représentent les deux têtes de Suédois qui ornent le port. Il est possible qu'il s'agisse tout simplement de la figuration des têtes tranchées de deux pirates, exposées aux regards de tous en manière de dissuasion.

Kühlungsborn, Bad Heiligendamm, Bad Doberan

Au nord-est de Wismar, on traverse Kühlungsborn, l'un des centres de vacances les plus importants de la côte mecklembourgeoise, et Bad

Stralsund, ancienne ville hanséatiqu

Heiligendamm avec ses établissements thermaux blancs comme neige. Ce bourg est la plus ancienne station balnéaire d'Allemagne (1793). On peut aussi observer sur la côte rocheuse les étudiants de l'école locale des arts appliqués occupés à reproduire la nature. Un petit train à voie étroite surnommé ***Molli***, romantique à souhait et déclaré monument historique, relie les deux localités à Bad Doberan, ancienne résidence d'été de la cour de Mecklembourg devenue aujourd'hui chef-lieu de canton, avec ses douze mille habitants. La **basilique** de Doberan, ancienne collégiale datant du XIIIe siècle, abrite les tombeaux de plusieurs ducs de Mecklembourg. L'**hippodrome** de Doberan, aménagé en 1807, est le plus ancien d'Europe.

Rostock

Dans les années cinquante, la R.D.A. entreprit la réinstallation et la modernisation de l'ancienne ville hanséatique de Rostock, qui compte actuellement deux cent cinquante mille habitants. En faisant de Rostock un grand port capable d'assurer les échanges avec les pays du monde entier, la R.D.A. devenait indépendante du port de Hambourg. La première université de l'Europe septentrionale fut créée à Rostock en 1419. La construction de la majestueuse **église Sainte-Marie** (Marienkirche), symbole de la ville qui la domine de toute sa hauteur, commença en 1230. On y découvre, entre autres trésors, une **horloge astronomique** offerte en 1472 aux marchands de Rostock. En face de l'**hôtel de ville**, les anciennes maisons patriciennes sont encore en bon état de conservation.

Sur la **place de l'Université**, on trouve la fameuse **fontaine Porno** aux sculptures audacieuses, dans le style du réalisme socialiste. Pour se remettre du choc causé par ce spectacle insolite, on peut aller à la **Kogge**, auberge à décoration historique, située dans la Wokrenter Strasse. A ne pas manquer non plus les vestiges des **anciennes fortifications**. Néanmoins, la plus grande partie de Rostock se compose de bâtiments nouveaux, vastes et espacés, qui encadrent le

Rostock.

cœur de la ville et dans lesquels logent les deux-tiers des habitants. Les blocs en béton du quartier-dortoir s'étirent le long de la **Warnow** inférieure jusqu'à **Warnemünde**, qui est à la fois la grande station balnéaire et le port de Rostock.

Déjà, à son époque, l'écrivain Theodor Fontane était enthousiasmé par le style architural de Warnemünde. Il appréciait les vérandas collées aux façades des maisons qui donnent son style à la localité et aux touristes leur plaisir.

La **plage** infinie de Warnemünde est un haut lieu du nudisme. Dans les années soixante, le territoire réservé aux nudistes était encore balisé de panneaux, maintenant ils occupent toute la côte de la Baltique, ce qui est unique en Europe. C'était d'ailleurs l'une des rares libertés tolérées par le régime socialiste.

Darss et Zingst

On peut poursuivre jusqu'à la presqu'île formée il y a quelques siècles seulement par la réunion des **îles Fischland**, **Darss** et **Zingst**. Une grande partie de cette région est placée sous la protection de la nature. Sur la route qui mène à Darss, on peut faire un arrêt dans le **village-musée de Klockenhagen**, dont les maisons typiquement mecklembourgeoises à pans de bois sont soigneusement entretenues. Parmi les stations balnéaires de la mer Baltique, **Ahrenshoop** tient la première place. Depuis une centaine d'années, elle abrite une colonie d'artistes et est restée un lieu de rencontre des intellectuels du pays, même sous le régime socialiste, grâce aux foyers de vacances entretenus par l'Union culturelle de la R.D.A.

Derrière Ahrenshoop commence la **forêt vierge de Darss** (Darßer Urwald). On peut l'explorer à pied ou à bicyclette, mais elle est interdite à la circulation automobile. La côte occidentale de Darss est occupée par une forêt d'arbres torturés par le vent, d'aspect très pittoresque. A **Perow** et à **Zingst**, les portes des maisons sont peintes de couleurs vives, typiques de cette ancienne île.

Les villages du *Bodden*, comme **Born** et **Wick**, aux rives envahies de roseaux, méritent aussi une visite. Darss est égale-

Une fois l'ordre ancien à la poubelle.

ment appelée l'île de l'Ambre (*Bernsteininsel*). Tous les renseignements concernant « l'or du Nord » que l'on ramassait dans l'île, sont donnés au **musée de l'Ambre de Ribnitz-Damgarten**, sur le continent, car c'est dans cette localité que se faisait le façonnage des pierres. La **Rechnitz**, petite rivière toute proche, est la frontière naturelle entre le Mecklembourg et la Poméranie occidentale.

Stralsund

La ville hanséatique de Stralsund, située sur l'**isthme de Strelasund**, en face de Rügen, passe pour être la plus belle ville d'Allemagne du nord. Dès l'année 1234, le prince slave Wizlaw Ier accorda la charte urbaine à la colonie de marchands qui s'y était établie. En 1648, elle passa à la Suède en même temps que la Poméranie occidentale et, en 1815, après le congrès de Vienne, elle revint à la Prusse. La vieille ville est constituée d'un labyrinthe de rues et de ruelles dont la plupart sont encore conservées telles qu'elles furent tracées au XIIIe et au XIVe siècle, comme la **Fährstrasse**. Des étangs et des parcs aménagés entourent la cité où dominent l'**hôtel de ville** gothique, les **églises Saint-Nicolas** et **Sainte-Marie**, les bâtiments du couvent, les fortifications et les maisons patriciennes. Les maisons des marchands, étroites et profondes, ont été construites sur le même principe architectural jusqu'au XVIIIe siècle : la moitié de la maison, au rez-de-chaussée et au premier étage, était réservée à l'habitat, l'autre moitié, sur toute la profondeur et sur deux étages, occupée par les entrepôts, d'où les marchandises étaient hissées à l'aide d'un treuil jusque dans les réserves situées sous les combles.

Dans le **couvent Sainte-Catherine**, le **musée de la Mer** expose le squelette d'un rorqual de 16 m de longueur, ainsi que cent vingt espèces de poissons dans un grand aquarium constamment alimenté en eau de mer. Depuis 1936, la ville est reliée par une digue à Rügen, la plus grande île allemande de la mer Baltique. Un pont levant laisse passer les bateaux à intervales réguliers.

... il faut songer construire l'avenir.

L'île de Rügen

Les tableaux de Caspar David Friedrich ont largement contribué à faire connaître dans le monde entier les falaises crayeuses de Rügen qui tombent souvent de 100 m à pic dans la mer. Son collègue Philipp Otto Runge, peintre romantique, célébra aussi cette île.

L'une de ses particularités sont les bancs de silex interstratifié dans les falaises de craie, profondément érodés à certains endroits par la mer. Sur la **Schaabe** et la **Schmale Heide** (la Lande étroite), les rochers forment de longues murailles dirigées vers l'intérieur de l'île. A force d'être léchées sans cesse par la mer, les côtes abruptes de **Wittow**, de **Jasmund**, **La Granitz** et du **Mönchgut** ont dû être étayées par endroits à l'aide de murs de soutènement. Derrière ces presqu'îles séparées de Rügen par des *Bodden* et des pâturages, se trouve l'île proprement dite sur laquelle se sont établis les bourgs de **Bergen** (le chef-lieu), **Putbus**, **Ganz** et **Ginst**. Un peu plus isolée vers l'ouest, l'**île de Hiddensee**, longue et étroite langue de terre, s'étire du nord au sud et fait fonction de brise-lames. Les plus hautes collines de Rügen sont le **Piekberg**, près de **Hagen**, le **Trenzer Berg**, au nord de Sassnitz, le **Rugard**, avec la **tour Ernst-Moritz-Arndt**, et le **Königstuhl**, qui s'élève directement sur la côte. Au sommet de ces collines, on jouit de spectacles inoubliables. L'intérieur de cette grande île de 926 km² ne le cède en rien, sur le plan de la beauté, à la côte elle-même, longue de 570 km : des allées de tilleuls et de châtaigniers relient les petites localités. Les routes sont bordées depuis toujours de champs de colza, de céréales et de coquelicots. De magnifiques forêts protègent des châteaux : le **château de Spyker**, sur les rives du Bodden de Jasmund, et le **pavillon de chasse de Granitz**, près de Binz, transformé de nos jours en **musée de la Chasse**. De là, on a une vue panoramique sur une grande partie de l'île et du **Greifswalder Bodden**. L'immense pelouse du **château de Ralswiek** sert de scène en plein air pendant le festival de Rügen.

De nombreux **monuments mégalithiques** attestent que Rügen est l'un des sites les plus anciens occupés par l'homme. Les historiens affirment que, dès le début de l'âge de la pierre, la « civilisation de Lietzow » fournissait des outils en silex de Rügen dans de nombreux endroits de l'Europe centrale.

A **Garz**, la plus ancienne ville de l'île, un **musée consacré à Ernst-Moritz-Arndt**, poète et érudit (1769-1860), rappelle l'enfant le plus célèbre de Rügen. **Putbus**, avec ses splendides maisons de style classique, ressemble à une station balnéaire anglaise. Sur une hauteur, on trouve une place ronde entourée de maisons blanches comme neige et appelée « Le Cirque » (*der Circus*). L'**obélisque** qui se dresse au centre de la place est dédié au prince Malte de Putbus. C'est lui qui fit construire le bourg en 1810, dans ce style homogène que l'on peut encore admirer aujourd'hui. Le **parc** du château abrite des arbres exotiques géants.

La **presqu'île de Mönchgut** est idéale pour les randonnées à pied. On peut encore y voir les anciennes fermes de Rügen qui permettent de se faire une bonne idée du passé de l'île. Les stations balnéaires anciennes de **Seelin** et **Binz** sont devenues un des pôles d'attraction les plus appréciés des touristes. Au nord de l'île se dresse la fameuse falaise de craie de Caspar David Friedrich, le **Königstuhl** (117 m) et le **port de Sassnitz** (le port principal), fréquenté surtout par des bateaux qui font la navette entre la côte allemande de la Baltique et la ville suédoise de Trelleborg depuis 1897. Sur le **cap d'Arkona**, pointe nord de Rügen, se dresse la **forteresse d'Iaromar**, un temple consacré à la divinité slave Svantevit, dont ont été conservés jusqu'à nos jours des murs de 13 m de hauteur. Ce sanctuaire fut conquis par les Danois en 1168, et par eux détruit. Quelques minutes de marche conduisent au petit village de **Vitt**, bien abrité du vent dans une cuvette, et protégé par la **chapelle des Navigateurs** (Seefahrerkapelle) érigée sur un brisant.

Vers la frontière polonaise

Greifswald (soixante-quatre mille habitants) est la ville natale de Caspar David Friedrich. Elle s'est établie autour du **couvent d'Eldena**, construit par les cis-

Gerahrd Hauptmann lors d'une « promenade matinale créative ».

HIDDENSEE

Les premiers colons qui envahirent cette île, langue de terre longue de 17 km à l'ouest de l'**île de Rügen**, à qui elle sert en quelque sorte de brise-lames, furent des moines cisterciens. En 1297, ils fondèrent un monastère sur cette île, propriété du Danemark à l'époque, monastère dont il ne reste plus qu'une arche. Les moines y restèrent même après la sécularisation de leur couvent en 1536.

Pendant des siècles, la population vécut en parfaite autarcie, de la pêche et d'un peu d'agriculture. Le **musée** de l'île expose des pièces de mobilier et des ustensiles de ménage, ainsi que les souvenirs rapportés de leurs voyages par les navigateurs, ce qui donne une idée précise de la simplicité de la vie des insulaires pendant et après le Moyen Age. A la fin du siècle dernier, artistes et intellectuels découvrirent Hiddensee, la petite sœur de Rügen, qui, comme l'écrivit Gerhart Hauptmann en 1899, devint « la plus spirituelle de toutes les stations balnéaires ». Romancier et homme de théâtre, Gerhart Hauptmann avait visité l'île pour la première fois quatorze ans auparavant, quand il avait vingt-trois ans : le coup de foudre avait été immédiat. C'est alors qu'il écrivit le premier d'une longue série de poèmes sur Hiddensee. Ses séjours d'été dans l'île firent partie de son rythme de vie et de création. Il y trouvait l'inspiration et la concentration ; c'est de cette période que datent ses « promenades matinales créatives », au cours desquelles il méditait sur ce qu'il allait rédiger dans l'après-midi. Il attendit malgré tout l'âge de cinquante ans pour acheter la maison **Seedorn**, qui est devenue le **musée Gerhart Hauptmann**. On peut jeter un coup d'œil dans sa minuscule chambre à coucher, véritable cellule monastique, et lire cete phrase, paradoxale chez un écrivain, qu'il griffonna sur le mur, au-dessus de son lit : « L'art le plus noble est le silence ». Il est enterré dans le cimetière de l'île, à côté de l'urne funéraire de son épouse.

D'illustres hôtes

Hiddensee devint une colonie d'artistes après la Première Guerre mondiale. Thomas Mann y rencontra Gerhart Hauptmann, qu'il fit figurer dans son roman *La Montagne magique* (*Der Zauberberg*) sous les traits de Mynheer Peeperkorn. Albert Einstein avait l'habitude de parcourir les collines de l'île par tous les temps, vêtu d'un pardessus élimé. Pour la comédienne Asta Nielsen, Max Taut construisit une maison aux contours ondulants, **le Manège**. Sigmund Freud, Käthe Kollwitz, Max Reinhardt, Joachim Ringelnatz, Ernst Barlach, Stefan Zweig, Gottfried Benn, Heinrich George, Carl Zuckmayer et même le terrible George Grosz, qui se moquait sans retenue de la société de Hiddensee, honorèrent de leur présence cette île enchanteresse.

Après la Seconde Guerre mondiale, le comité central du Parti y installa un centre de vacances. C'est là, sous le toit en berceau de la **Maison sur la Colline** (Haus am Hügel), que vint se reposer, entre autres, Günter Guillaume, l'espion de la R.D.A. qui causa la chute de Willy Brandt. Des artistes également tombèrent sous le charme de Hiddensee, comme le metteur en scène Walter Felsenstein.

Le centre de vacances appartient désormais à la commune. Les trois autres maisons que le comité central avait fait construire avant la chute de la R.D.A. ont été transformées en logements pour les personnes du troisième âge.

Autres hôtes fidèles de l'île, les myriades d'oiseaux qui, tous les ans, s'y reposent au cours de leur migration vers le sud ; certains même y passent tout l'hiver. Les oies du Canada, les canards siffleurs et les cygnes tuberculés survolent par milliers les régions lagunaires. Hiddensee étant une zone protégée, les automobiles n'y ont pas accès. Baptisée tour à tour « Sylt du Nord », « Capri de Poméranie », « Perle de la mer Baltique », Hiddensee fait le bonheur de tous, des riches comme des pauvres. Les Berlinois fortunés y possèdent une maison de campagne dans la lande. Enfin, à la basse saison, les élèves des Beaux-Arts y installent leur chevalet sur les collines.

terciens en 1248 sur les bords de la petite rivière **Ryck**. On peut encore en visiter les ruines, qui ont servi de modèle à l'un des tableaux les plus célèbres de Friedrich. Greifswald a fait également partie de la Ligue hanséatique à partir de 1278. En 1456, le légendaire bourgmestre de Greifswald, Heinrich Rubenow, fonda l'**université**, que fréquentèrent des personnalités célèbres, tels Elrich von Hutten le réformateur, l'écrivain Ernst-Moritz Arndt et le médecin Ferdinand Sauerbruch. Comme la ville fut endommagée à plusieurs reprises au XVIIIe siècle par des incendies, elle a perdu son image médiévale homogène, mis à part quelques constructions en briques de style gothique. En 1945, grâce à l'initiative du commandant de la place de l'époque, Greifswald s'est rendue sans combat aux troupes russes, ce qui lui a permis de conserver intacte sa vieille ville qui est très intéressante à visiter.

Le nom de Greifswald est lié depuis quelque temps à la centrale nucléaire qui s'est établie dans les environs immédiats et semble être d'une sécurité toute relative. Elle fournissait autrefois un dixième des besoins en courant électrique de la R.D.A., ainsi que le chauffage urbain de Greifswald. A diverses reprises, il y eut des risques d'accident grave. Actuellement, une centrale thermique classique, construite à la hâte, assure l'approvisionnement en chaleur de Greifswald. Quant à la centrale nucléaire, nul ne connaît le sort qui lui est réservé.

L'île d'Usedom

Elle constitue la dernière étape de cette escapade le long de la côte de la mer Baltique. On y accède grâce à un pont situé près de **Wolgast**, ville natale du peintre romantique Philipp Otto Runge, qui enjambe la petite rivière **Peene**. L'extrémité de la pointe orientale de l'île fait déjà partie de la Pologne. La station balnéaire de **Heringsdorf** (le « village du hareng ») fut inaugurée en 1822. Actuellement, elle est réunie aux localités voisines d'**Ahlbeck** et de **Bansin** pour former une grande agglomération touristique. La lagune, ou haff, est bordée de

Ambiance estivale sur la côte de Rügen (à gauche) et à Warnemünc (ci-dessous

petits villages de pêcheurs ; mais, maintenant, les pêcheurs ne peuvent plus vivre du produit de leur pêche. Les eaux usées déversées par l'Oder ont presque totalement exterminé les poissons. Il ne faut pas manquer un arrêt à **Lüttenort**, où on peut visiter l'atelier du peintre Otto Niemeyer-Holstein (mort en 1984 à l'âge de quatre-vingt-huit ans), dont toute l'œuvre est consacrée à la mer. Toute l'île ne se visite pas : **Peenemünde**, où.l'on fabriqua les fusées A4 et les V2, est aujourd'hui une base de l'armée de l'air.

Retour vers Berlin

Pour retourner à Berlin, on peut emprunter la route qui suit la frontière polonaise. On commence par traverser **Anklam**, ancienne ville hanséatique dans laquelle, mis à part l'**église Sainte-Marie**, la **tour de la Poudre** et la **porte de Pierre**, presque tous les témoignages de son passé brillant ont disparu. Un **monument** rappelle le souvenir d'un pionnier de l'aviation, Otto Lilienthal, né dans cette ville en 1848 et qui se tua en vol.

L'**Uckermark**, la Marche frontière de la Pologne, est une région vallonnée et parsemée de nombreux lacs. Son sol se partage entre les forêts et les exploitations agricoles, un pays calme et silencieux, sillonné de voies d'eau sur lesquelles chalands et péniches voguent paisiblement.

Au nord-ouest de Berlin se trouvent **Buckow** et le **monastère de Chorin**. Ce dernier fut fondé en 1273. Détruit pendant la guerre de Trente Ans, il a été reconstruit en partie depuis le milieu du XIXe siècle. On y donne des concerts symphoniques durant le festival d'été de Chorin. Le village de Buckow est considéré comme la perle de la petite Suisse du Mecklembourg. Montagnes et lacs, versants couverts de sapins et ravins ombragés, torrents rebondissant sur les galets, tel est le cadre d'un village très apprécié des Berlinois qui y vont en villégiature. Berthold Brecht et Helene Weigel y possédaient une résidence d'été, transformée en **musée**. C'est là que Brecht composa son dernier cycle de poésie, *Élégies de Buckow*, que baigne le calme du **lac de Schermützel**.

Promenade sur le Kyritzer See.

LES LACS DU MECKLEMBOURG

A quelques kilomètres au nord de Berlin commence l'une des régions les moins peuplées de l'Europe. Jusqu'à présent, ce secteur calme et verdoyant est resté ignoré des voyageurs. Cela n'a rien d'étonnant car, disposant d'une infrastructure très embryonnaire, il est incapable d'accueillir un grand nombre de touristes. Une excursion à travers ce pays de moraines glaciaires ne permet pas de découvrir le nombre illimité de sentiers tranquilles, de rivières et de lacs que cache cette partie du Mecklembourg. La nature y déploie ses couleurs les plus séduisantes : champs de colza d'un jaune lumineux et doré qui s'étirent jusqu'à l'horizon, traînées de coquelicots d'un rouge vif à la lisière des champs, grasses prairies d'un vert éclatant sur les collines aux pentes douces parmi des lacs paisibles, d'un bleu profond. **Oranienbourg** (vingt-cinq mille habitants), sur la nationale F96, à 25 km au nord de Berlin, fait encore partie de la grande banlieue de la capitale.

A l'origine, cette agglomération, née aux alentours de l'an 1200, s'appelait Bötzow. En 1651, un nouveau **château** de style hollandais y fut construit, qui fut baptisé du nom de l'épouse du grand électeur de l'époque, Louise Henriette, de la maison d'Orange. Le nom d'Oranienbourg fut également donné à la ville un peu plus tard. En 1814, une fabrique d'acide sulfurique s'établit dans le château ; le directeur de l'usine, Friedrich Ferdinand Runge, chimiste de son état, découvrit dans le goudron minéral la présence d'aniline et d'acide phénique, deux éléments de base essentiels pour l'industrie chimique. Le château et le **parc** ont été restaurés.

En 1933, les nazis enfermèrent leurs premiers prisonniers (socialistes et communistes allemands) dans une brasserie. En 1936, ils ouvrirent le camp de **Sachsenhausen**, au nord de la ville, dans lequel périrent cent mille personnes, soit environ la moitié des déportés qui y

Pages précédentes : détente familiale à la campagn[e]. Ci-dessous, le château de Güstrow.

furent jetés. Au cours de l'hiver 1990, on a appris que les services secrets soviétiques y avaient pris la relève en liquidant beaucoup de gens. Récemment, des fosses communes, contenant les restes d'environ douze mille cinq cents personnes mortes dans des camps d'internement soviétique ont été mises au jour près de l'ancien camp nazi. On estime actuellement à soixante-cinq mille le nombre d'Allemands morts dans des camps soviétiques de l'ex-R.D.A. ou lors de leur rapatriement dans les années d'après-guerre.

L'ancienne route de transit qui menait à l'embarcadère de Rügen, la F 96, mène à la petite ville de **Fürstenberg**. Elle s'est établie sur trois îles, entre les **lacs Röblingsee**, **Baalensee** et **Schwedtsee**, qui sont alimentés par la Havel. Le **château**, construction baroque, date de 1752. A une vingtaine de kilomètres au nord de Fürstenberg, dans la localité de **Ravensbrück**, de sinistre mémoire, les nazis établirent un camp de concentration pour femmes, le plus vaste du IIIe Reich, qu'on a transformé en mémorial.

Le plateau lacustre de Strelitz

Fürstenberg est la porte du plateau lacustre de Strelitz qu'on traverse en direction de Lychen, vers l'est. Les vestiges des murailles de la ville et la vieille porte de **Stargard** sont les témoins d'un âge d'or révolu. Plus au nord encore se trouve **Feldberg**, d'où un sentier romantique monte vers **Carwitz**, ancien village de petits paysans et de pêcheurs. C'est là qu'alla se réfugier, au début des années trente, l'écrivain Hans Fallada (1893-1947), auteur de romans qui dénonçent les conditions de vie des petites gens dans une période de grand chômage. Après la guerre, il devint le bourgmestre de Carwitz. De Feldberg la route F198, qui se dirige vers le nord, mène à **Woldegk**, dont on admirera les moulins. L'un d'entre eux est transformé en café, un autre en atelier de poterie. Un **musée** leur est consacré.

C'est dans cette région de lacs que la **Havel** prend sa source. Ses nombreux affluents et canaux forment un véritable réseau de voies d'eau. Par l'intermédiaire

Paysan du klembourg.

du **canal de la Müritz à la Havel**, les trois cents petits lacs qui entourent **Neustrelitz** sont reliés au millier d'autres qui forment le plateau lacustre du Mecklembourg. Ces régions différentes ont toutes deux leur origine dans la période de glaciation. Les glaciers entraînèrent rochers et alluvions et creusèrent des cuvettes avant de fondre. Elles se sont remplies d'eau au cours de notre ère, le holocène. Aujourd'hui, ce relief vallonné est en partie couvert de forêts, en partie utilisé par l'agriculture, et entrecoupé de lacs scintillants. Entre les lacs, sur des terres souvent laissées à l'abandon, on peut voir de nombreux **châteaux** et **chaumières**.

Avant de se diriger vers le centre du plateau lacustre du Mecklembourg, il faut faire un détour par **Neubrandenburg** (quatre-vingt mille habitants), au nord de Woldegk. Cette ville a été presque entièrement reconstruite après la guerre. Seuls témoignent du passé les remparts fortifiés et une enceinte de 2 300 m de longueur, composée de murs de 8 m de hauteur, avec trois fossés remplis d'eau et quatre portes, dont la plus célèbre, la **porte de Treptow** (Treptower Tor) abrite un **Musée préhistorique**. Fritz Reuter (1810-1874), poète originaire du Mecklembourg, vécut dans cette ville de 1856 à 1863. A **Stavenhagen**, sa ville natale, souvent désignée sur les cartes sous le nom de *Reuterstadt* (ville de Reuter), on peut visiter sa maison natale, sur la **place du marché**, transformée en **musée de la Littérature**. Il perpétue le souvenir de ce poète, chantre du peuple et du dialecte mecklembourgeois. On retrouve les personnages de ses romans sur le socle du **monument** qui lui est dédié : soubrettes et valets, hobereaux et marchands, avocats et membres du clergé du Mecklembourg du XIXe siècle.

Au nord-ouest de Stavenhagen commence la « **Petite Suisse mecklembourgeoise** », un pays de moraines vallonné, coupé de quelques hauteurs tout à fait exceptionnelles pour l'Allemagne du Nord (Hardtberg, Röthelberg). Cette région caractérisée par son vaste parc de très vieux arbres, ses lacs, ses espèces animales rares et ses nombreuses

La Müritz, mer intérieure au nord de Berlin...

demeures seigneuriales, anciennes résidences aristocratiques, est restée à l'écart de l'industrialisation. Tout ce que le citadin recherche en fait de charme naturel, il le trouvera là : calme absolu, sans hôtels ni pensions. Le syndicat d'initiative de **Teterow** tient essentiellement à cette caractéristique. Il cherche à développer un tourisme paisible (vacances à la ferme) afin d'exploiter les terres laissées en friche tout en protégeant l'environnement. La Petite Suisse mecklembourgeoise est la solution idéale pour le vacancier individualiste fuyant les bruits du tourisme de masse. Seule exception, tous les ans, à la Pentecôte, la tranquillité de Teterow est troublée par les trépidations des courses de moto-cross.

La vallée de la Nebel

En poursuivant sur la F4, on entre dans la vallée de la Nebel. A **Güstrow** (trente-sept mille habitants) on admirera un **château**, ancienne résidence des ducs de Mecklembourg. Güstrow est considéré comme l'édifice renaissance le plus important d'Allemagne. C'est là aussi que vécut le général Albrecht von Wallenstein qui obtint, en 1628, le titre de duc de Mecklembourg. Après l'extinction de la famille princière, le château servit de lazaret au XIXe siècle. Il a été restauré entre 1964 et 1972. Dans le **jardin de la Lavande** (Lavendelgarten) du château, on a l'impression d'être transporté d'un coup de baguette magique dans un paysage méditerranéen.

De l'avis du sculpteur et graveur Ernst Barlach, Güstrow pouvait très bien supporter la comparaison avec une ville toscane. Il y vécut de 1910 à 1938, et c'est là qu'il créa sa sculpture en bronze *Der Schwebende* (« Le Planeur ») pour la grande salle de la nef latérale nord de la cathédrale gothique. Pendant la domination nazie, Barlach fut proscrit ; les nazis s'emparèrent de sa sculpture et la fondirent pour les besoins de l'armement. On en retrouva une copie enterrée dans la lande de Lünebourg qu'on plaça, après la guerre, dans l'église Saint-Antoine de Cologne. En 1952, cette ville en fit une nouvelle copie qu'elle offrit aux habitants

... est propice à la baignade.

de Güstrow. Actuellement, cette réplique a repris la place de l'original dans la **cathédrale**. On peut voir d'autres œuvres de Barlach dans la **chapelle Sainte-Gertrude** (Gertraudenkapelle) et dans le **parc** qui l'entoure. La maison dans laquelle il vécut, *Heidberg 15*, a été transformée en **musée-mémorial**.

Ganschow, proche de Güstrow, est devenue au cours des trente dernières années le berceau d'un haras, le plus grand centre européen d'élevage de chevaux de selle. Du reste, on ne peut imaginer le Mecklembourg sans chevaux. Mais il a fallu l'entêtement des paysans pour réussir à imposer la poursuite de cet élevage face aux chevaux-vapeur des tracteurs. Quarante apprentis sont formés dans la seule petite ville de Ganschow.

Des lacs à l'infini

On arrive à la succession ininterrompue de lacs qui s'étire vers le sud. Nous passerons par Krakow (F103) et Malchow (F192), en direction du **Müritzsee**, le plus vaste lac du Mecklembourg (116 km^2 de superficie). Par gros temps, on pourrait presque se croire au bord de la mer tant les vagues semblent menacer les plaisanciers. Cela dit, l'endroit reste propice à la pratique de tous les sports nautiques. L'agglomération la plus connue des bords du Müritzsee, **Waren** (vingt-trois mille habitants), fait fonction de petite station balnéaire et climatique depuis plus de cent ans. Dans les constructions en terrasses qui bordent la rive du lac, on retrouve tous les styles du siècle passé. Des balcons ornés de vignes rappellent l'Italie, à côté de clapiers à lapins, de linge suspendu sur des fils au-dessus de la rue, et de maisons individuelles neuves. Le haut du clocher de l'église est occupé non pas par la statue d'un saint, mais par un cygne. Comme cela se produit actuellement dans de nombreuses autres villes de l'ex-R.D.A., les habitants ont fait front pour lutter en faveur de la restauration de la vieille ville, menacée de tomber en ruine.

Le terrain de chasse de Willi Stoph, l'ancien chef du gouvernement de la R.D.A., était une partie du grand parc naturel baigné par la rive orientale du Müritzsee. Les écologistes voulaient en faire une réserve de gibier. Mais cette région protégée avec tant de soin par les princes du parti reçut une nouvelle revalorisation : elle a été classée **parc national**, l'un des cinq parcs nationaux de la République allemande.

Le flanc occidental de la Petite Suisse Mecklembourgeoise est bordé par la rive du **Plauer See**. Les localités de **Plau**, **Malchow** et **Bad Stuer**, au bord du lac, étaient déjà fréquentées par les curistes au milieu du siècle dernier.

Enfin, à l'ouest des grands lacs mecklembourgeois, sur la route qui mène à Tügen, se trouve **Neustrelitz** (vingt-sept mille habitants), ville-résidence des ducs de Mecklembourg-Strelitz aménagée en 1733. Elle a la forme d'une étoile, et ses branches partent de la **place du Marché**. De 1918 à 1933, elle fut la capitale de l'État libre de Mecklembourg-Strelitz. Son château fut détruit en 1945, mais le **parc** a conservé encore quelques constructions intéressantes, tels l'**Orangerie**, de style classique, le **temple de Louise** (Luisentempel) et les **écuries princières**.

Images amenées à disparaître d'une ex-R.D.A. en pleine évolution.

INFORMATIONS PRATIQUES

PRÉPARATIFS ET FORMALITÉS DE DÉPART

Pour entrer en Allemagne

Seule une carte nationale d'identité est exigée des ressortissants de la C.E.E. et de nombreux pays de l'Europe de l'Ouest. Pour les ressortissants des autres pays, un passeport en cours de validité suffit. Pour toute information complémentaire, adressez-vous aux consulats d'Allemagne.

Prolongation de séjour

Une autorisation de séjour est nécessaire pour prolonger la visite au-delà de trois mois. Aucun emploi ne pourra être exercé sans autorisation de travail.

Vêtements à emporter

Même si vous voyagez durant les mois les plus chauds de l'année (juillet et août), n'oubliez pas un vêtement chaud et un imperméable, car les soirées sont fraîches et le temps imprévisible. Emportez une bonne paire de chaussures de marche. Elles vous seront indispensables.

ALLER EN ALLEMAGNE

En avion

Une centaine de lignes internationales desservent les grands aéroports allemands : Berlin, Brême, Düsseldorf, Dresde, Francfort/Main, Hambourg, Hanovre, Cologne/Bonn, Leipzig, Munich, Münster/Osnabrück, Nuremberg, Stuttgart et Sarrebruck. La Deutsche Lusfthansa (DLH), compagnie internationale allemande, assure les liaisons entre l'Allemagne et plus de 160 villes dans le monde.

A L'ARRIVÉE

Douane

L'importation et l'exportation des devises étrangères et des DM sont illimitées.

Vous pouvez importer tous les effets personnels qui vous sont nécessaires, ainsi que des quantités raisonnables de provisions pour votre propre consommation.

Vous pouvez également importer des quantités limitées d'alcool, de tabac, etc.

Les ressortissants de la C.E.E. peuvent importer 200 cigarettes, 100 petits cigares, 50 gros cigares ou 250 g de tabac ; 1 l de boisson titrant plus de 22°, 2 l de boisson titrant moins de 22°, 2 l de vin de table ou 2 l de vin mousseux ; 500 g de café, 200 g de café lyophilisé ou 100 g de thé ; 50 g de parfum et 25 cl d'eau de toilette.

Ces restrictions s'appliquent aux achats effectués dans des magasins.

Pour les biens acquis dans les magasins hors taxe, les limites sont inférieures.

Ceux des ressortissants européens qui n'appartienent pas à la C.E.E. bénéficient de droits plus limités.

Transport depuis l'aéroport

Les aéroports proposent un service de navettes régulières qui permettent de rejoindre le centre-ville facilement et à moindre coût.

Décalage horaire

L'Allemagne est à l'heure de Greenwich + 1 heure. L'heure d'été (mars à octobre) est de deux heures en avance sur la G. M. T.

Monnaie et change

Le mark est divisé en 100 pfennigs. Il existe des pièces de 1, 2, 5, 10 et 50 pfennigs et de 1, 2,5 DM. Les billets existent en 10, 20, 50, 100, 200, 500 et 1000 DM.

Vous pouvez changer votre argent dans n'importe quelle banque ou dans les *wechselstussen* (bureaux de change) qui se trouvent souvent dans les gares et les aéroports.

Les banques sont ouvertes, en général, du lundi au vendredi de 8 h 30 à 13 h et de 14 h 30 à 16 h. Dans la plupart des villes les banques ouvrent le jeudi jusqu'à 17 h 30.

Il est préférable de se munir de chèques de voyage plutôt que de billets de banque. Les chèques sont en effet remboursés en cas de vol, à condition que l'on ait noté leurs numéros. Ils sont faciles à échanger en monnaie du pays. Eurochèque est le meilleur moyen de paiement, on l'accepte presque partout.

Bien que les Allemands n'acceptent pas volontiers les cartes de crédit, vous pourrez régler vos notes d'hôtel, de restaurant ou vos achats dans les grands magasins avec votre carte American Express, Diner' s Club, Visa ou Master Card. Vous pourriez avoir des difficultés dans les villes moyennes et les villages.

A SAVOIR UNE FOIS SUR PLACE

Informations touristiques

Tous les sites et localités touristiques d'Allemagne possèdent leur syndicat d'initiative ou bureau de tourisme (indiqué par la lettre «I» de Information). Vous pouvez écrire à l'endroit où vous désirez aller. Vous redevrez une réponse certaine.

Eingetragener Verein (e. V.), signifie association déclarée.

Deutscher Fremdenverkehrsverband e. V.
Niehbuhrstrassc 16 b,
5300 Bonn 1
Tél : 0228/214071-73
Fremdenverkehrsverband Schleswig-Holstein e. V.
Niemansuweg 31,
2300 Kiel 1
Tél : 0431/56302 ou 561061
Fremdenverkehrsverband Nordsee-Niedersachsen-Bremen e. V.
Gottorpstrasse 18,
2900 Oldenbourg
Tél : 0441/14535
Fremdenverkehrsverband Lüneburger Heide e. V.
Glockenhaus,
2120 Lüneburg
Tél : 0413/42006
Harzer Fremdenverkehrsverband e. V.
Marktstrasse 45,
3380 Goslar 1
Tél : 05321/20032
Fremdenverkehrsverband Weserbergland-Mittelweser e. V.
Falkestrasse 2,
3250 Hameln 1
Tél : 05151/24566
Verkehrsverein GmbH Münster
Berliner Platz 22,
4400 Münster
Tél : 0251/510180
Touristik Münsterland
« Das Grüne Band »
Hohe Schule 13,
4430 Steinfurt
Tél : 02551/5099
Fax : 02551/7144
Landesverkehrsverband Westfalen e. V.
Balkenstrasse 40,
4600 Dortmund 1
Tél : 0231/571715
Landesverkehrsverband
Abraham-Lincoln-Strasse 38-43,
6200 Wiesbaden
Tél : 0611/76725 ou 367226
Fremdenverkehrsverband Rheinland-Pfalz e. V.
Löhrstrasse 103,
5400 Koblenz
Tél : 0261/31079
Saarland e. V.
Am Stiefel 2,
6600 Saarbrücken 3
Tél : 0680/35376
Landesfremdenverkehrsverband Baden-Württemberg e. V.
Bussenstrasse 23,
7000 Stuttgart 1
Tél : 0711/481045
Fremdenverkehrsverband Neckarland-Schwaben e. V.
Wohlhausstrasse 14,
7100 Heilbronn
Tél : 07131/629021 ou 629062
Fremdenverkehrsverband Schwarzwald e. V.
Bertoldstrasse 45,
7800 Freiburg in Breisgau
Tél : 0761/31317
Fremdenverkehrsverband Bodensee-Oberschwaben e. V.
Schützenstrasse 8,
7750 Konstanz
Tél : 07531/222312
Fremdenverkehrsverband Franken e. V.
Am Plärrer 14,
8500 Nürnberg 81
Tél : 0911/264202 ou 264204
Fremdenverkehrsverband München-Oberbayern e. V.
Sonnenstrasse 10,
8000 München
Tél : 089/597347
Fremdenverkehrsverband der Freien Hansestadt Bremen
Bahnhofsplatz 29,
2800 Bremen 1
Tél : 0421/3636-1
Fremdenverkehrsverband Allgäu-Bayerisch-Schwaben
8900 Augsburg 1,
Tél : 0821/33335

Fremdenverkehrsverband Ostbayern e. V.
Landshuter Strasse 13,
8400 Regensburg (Ratisbonne)
Tél : 0941/560260 ou 520262
Verkehrsamt Berlin Europa-Center
1000 Berlin 30,
Tél : 030/21234
Hamburg-Information GmbH
Neuer Jungfernstieg 5,
2000 Hamburg 36
Tél : 040/351301

Dans les cinq nouveaux Länder, adressez vos demandes aux centres d'informations touristiques, dont voici quelques adresses :
Berlin-Information
Informationszentrum am Fernsehturm
O-1020-Berlin
Tél : Berlin 2 12 46 75 (renseignements) ou *2 12 45 12* (pour les groupes)
Dresden-Information
Pragerstrasse 10/11,
O-8010-Dresden
Tél : Dresden 4 95 50 25
Eisenach-Information
Bahnhofsstrasse 3-5,
Tél : Eisenach 48 95/61 61
Erfurt-Information
Bahnhofsstrasse 37,
O-5020-Erfurt
Tél : Erfurt 2 62 67
Frankfurt-Information
Karl-Marx-Strasse 8 a,
O-1200-Frankfurt/Oder
Gotha-Information
Hauptmarkt 2,
O-5800 Gotha
Tél : Gotha 4036
Halle-Neustadt-Information
Wohnkomplex VII Block 338,
O-4090-Halle-Neustadt
Tél : Halle-N. 65 63 98/65 62 98
Jena-Information
Ernst-Thälmann-Ring 35,
O-6900 Jena
Tél : Jena 2 46 71
Leipzig-Information
Sachsenplatz 1,
O-7010 Leipzig
Tél : Leipzig 7 95 90/79 59 2 00
Magdeburg-Information
Alter Markt 9,
O-3010 Magdeburg
PSF 266
Tél : Magdeburg 3 19 67
Potsdam-Information
Friedrich-Ebert-Strasse 5,
O-1560 Potsdam
Tél : Potsdam 2 30 12
Rostock-Information
Schnickmannstrasse 13/14,
O-2500 Rostock
Tél : Rostock 2 26 19/3 46 02
Sächsische Schweiz-Information
Jakobistrasse 5,
O-8300 Pirna
Tél : Pirna 8 52 35
Weimar-Information
Marktstrasse 4,
O-5300 Weimar
Tél : Weimar 21 73/56 90
Wittenberg-Information
Collegienstrasse 8,
O-4600 Wittenberg
Tél : Wittenberg 22 39/25 37
Rügen-Information
Hauptstrasse 9,
O-2337 Binz auf Rügen
Tél : Binz 81 241

Le Climat

L'Allemagne bénéficie d'un climat continental: les hivers peuvent y être très froids et les étés très chauds. Le climat change quelque peu entre le Nord-Ouest et le Sud-Est. Aux environs de Hambourg et dans le Scheswig-Holstein au nord, l'influence de la mer entraîne des hivers plus doux et des étés moyennement chauds. Au sud, vous trouverez des écarts de températures plus nets.

La température hivernale moyenne varie entre 1° C à Berlin et 2,5° C à Cologne, dans les montagnes la moyenne s'établit entre 10° C et 15° C. C'est dans la région de Ludwigshafen-Mannheim, dans la vallée du Rhin, que la température estivale est la plus élevée : elle peut monter jusqu'à 35° en juillet. En voyageant l'été vous serez rarement déçu par le temps. Les étés sont en général chauds et secs, à part de rares averses. Les précipitations atteignent 750 mm en moyenne au nord, et 620 dans la vallée du Rhin.

En Bavière, la moyenne des précipitations atteint 1300 mm, excepté à Oberstdorf, qui est particulièrement humide avec 1750 mm.

Les Alpes sont spécialement pluvieuses et présentent une autre particularité : le *foehn*. Ce vent chaud et sec qui descend des sommets vers le sud de la Bavière et de la Souabe est la cause de deux phénomènes : il éclaircit le temps et donne mal à la tête.

L'Allemagne est particulièrement agréable entre mai et début octobre. Si vous faites du ski, choisissez la période de la mi-décembre à mars. N'oubliez pas de vous vêtir chaudement.

Jours fériés

Certains jours fériés varient selon les Länder partagés en deux zones.

Zone catholique : Bade-Wurtemberg, Bavière, Hesse, Rhénanie du Nord-Westphalie, Rhénanie-Palatinat et Sarre.

Zone protestante : Basse-Saxe, Schleswig-Holstein, Hambourg, Brême et Berlin. Les régions concernées sont indiquées en italique.

Les fêtes à date fixe sont indiquées en caractère gras et les fêtes mobiles en caractère maigre.

Jour de l'an : 1er janvier
Épiphanie : 6 janvier *(Bade-Wurtemberg et Bavière)*
Fête du travail : 1er mai
Ascension : mai
Dimanche de Pentecôte : fin mai/début juin
Lundi de Pentecôte : *id.*
Fête-Dieu : juin *(Bade-Wurtemberg, Bavière, Hesse, Rhénanie du Nord-Westphalie, Rhénanie-Palatinat, Sarre)*
Assomption : 15 août *(Bavière et Sarre seulement)*
Fête nationale : 3 octobre
Fête de la Toussaint : 1er novembre *(Bade-Wurtemberg, Rhénanie du Nord-Westphalie, Bavière, Rhénanie-Palatinat, Sarre)*
Jour de Pénitence et de Prière : novembre
Premier jour de Noël : 25 décembre
Second jour de Noël : 26 décembre

Horaires d'ouverture

La plupart des magasins sont ouverts de 9 h ou 9 h 30 à 18 h 30. Les petits magasins (boulangeries, fruiteries, boucheries) ouvrent dès 7 h du matin, ferment pendant deux heures et demie à midi puis sont ouverts jusqu'à 18 h 30. Dans les aéroports et les gares, les magasins sont ouverts assez tard, parfois jusqu'à minuit.

Les administrations ouvrent le matin, de 8 h à 12 h.

Postes et télécommunications

Les bureaux de poste (*Postamt*) sont ouverts de 8 h à 18 h. Les bureaux secondaires ferment parfois de 12 h à 15 h. Vos lettres peuvent être envoyées «poste restante» ; vous trouverez ainsi votre courrier au guichet dit *Postlagernde Sedungen* du bureau de poste principal. Les tarifs des lettres à l'intérieur du pays sont de 1 DM pour les lettres jusqu'à 20 g et de 60 pfennigs pour les cartes postales.

Les mêmes tarifs s'appliquent aux envois pour Andorre, la Belgique, le Danemark, la Finlande, la France, la Grèce, la Grande-Bretagne, l'Irlande, l'Islande, l'Italie, la Yougoslavie, le Liechtenstein, le Luxembourg, Malte, Monaco, les Pays-Bas, la Norvège, l'Autriche, le Portugal, Saint-Marin, la Suède, la Suisse, l'Espagne, la Turquie, le Vatican et Chypre.

Les envois jusqu'à 20 g pour tous les autres pays doivent être affranchis à 1,40 DM plus 20 pfennigs pour le courrier par avion ; les cartes postales sont à affranchir à 80 pfennigs. Le courrier des boîtes aux lettres jaunes est relevé deux fois par jour, le matin et le soir ; celui des boîtes qui portent un point rouge est relevé plus souvent. Une seule levée est assurée le samedi.

Pour envoyer un télégramme, faites le *1131* ou rendez-vous au bureau de poste.

• Téléphone
Des cartes de téléphone sont en vente dans tous les bureaux de poste au prix de 12 et de 50 DM. Vous pouvez les utiliser dans les cabines publiques.

Pour les appels à longue distance, rendez-vous au bureau de poste ou utilisez une cabine portant une étiquette verte (en général dans les aéroports et les gares).
Les indicatifs de téléphone ne sont pas encore uniformisés.
Composer :
de la France vers l'ex-R.D.A. : *37*
de l'ex-R.D.A. vers la France : *06 33*
de la France vers l'ex-R.F.A. : *49*
de l'ex-R.F.A. vers la France : *0033*

Si vous avez des difficultés concernant la langue, appelez le *001 18* pour obtenir le service international.

Médias

Les journaux conservateurs (*Frankfurter Allgemeine Zeitung*), les journaux socialistes (*Tageszeitung*), intellectuels (*Suddeutsche Zeitung*), la presse à scandale (*Bild Zeitung*), tous donnent des informations sur le cinéma, le théâtre et les concerts. Ces renseignements se trouvent en général en dernière page.

Radio et télévision sont des services publics. Il existe deux chaînes nationales de télévision,

A.R.D. et Z.D.F., dont la première dispose de stations régionales.

L'A.R.D. comprend également neuf stations de radio. Chacun des Länder (à l'exception de la Rhénanie-Palatinat) possède une chaîne locale qui diffuse trois ou quatre programmes. Le troisième programme de toutes les chaînes donne les informations routières (modulation de fréquence). Les longueurs d'onde respectives sont affichées sur les bas-côtés des autoroutes.

Santé et urgences

La R.F.A. a mis en place un système de sécurité sociale qui prend en charge les frais de consultation chez les médecins et dans les hôpitaux. Seule une faible participation à l'achat des médicaments est exigée.

Les ressortissants français peuvent se procurer auprès de leur centre de sécurité sociale le formulaire A 111 qui leur permet de bénéficier du système allemand. Traitements et médicaments sont également gratuits pour les autres membres de la C.E.E. et pour les ressortissants autrichiens, turcs et yougoslaves.

Les ressortissants des autres pays seront bien avisés de prendre leurs précautions, les frais médicaux étant très élevés dans ce pays. Si vous suivez un traitement particulier, emportez l'ordonnance de votre médecin et éventuellement les médicaments dont vous aurez besoin. Demandez à votre consulat l'adresse d'un médecin parlant votre langue.

En cas d'accident, appelez la police au *110* : elle vous enverra une ambulance, ou adressez-vous à la Croix-Rouge *(Rotes Kreuz)*.

Les pharmacies *(Apotheken)* sont ouvertes de 8 h à 18 h 30. Une liste des pharmacies ouvertes la nuit ou les jours de congé est affichée sur la porte.

T.V.A.

La V.A.T. est la T.V.A. allemande. On ajoute une T.V.A. de 14 % à toutes les marchandises et les services tels que les coiffeurs ou les restaurants. Les ressortissants de la C.E.E. peuvent déduire la T.V.A. s'ils s'engagent (preuves à l'appui) à l'acquitter en rentrant dans leur pays, ou si l'article acheté dépasse 810 DM. Les ressortissants des autres pays sont dispensés de la taxe. Pour faire déduire la T.V.A. il vous faudra remplir un formulaire lors de l'achat. Le formulaire doit être tamponné à la frontière, puis renvoyé au magasin qui vous remboursera le montant de la T.V.A.

COMMENT SE DÉPLACER

En avion

Si vous réservez à l'avance, vous pourrez profiter du système *Flieg und Spar*, qui vous déduira 40 % du prix du billet sur les vols intérieurs. La Deutsche Luftverkehrsgesellschaft dessert les villes moyennes à l'intérieur du pays, mais offre aussi des liaisons avec les aéroports importants. Les billets s'obtiennent également par la Lufthansa ou les agences de voyages.

En train

Actuellement, les deux systèmes qui régissaient les chemins de fer de l'Allemagne de l'Ouest et de l'Allemagne de l'Est avant la réunification sont encore en vigueur : la Deutsche Bundesbahn à l'Ouest (D.B.) et la Deutsche Reichsbahn à l'Est (D.R.). Leurs tarifs sont différents, ainsi que le confort offert aux voyageurs.

• A l'ouest

Sur les longs parcours, la Bundesbahn offre d'excellentes conditions de voyage pour un prix relativement élevé. En revanche, la circulation sur les voies secondaires est plutôt réduite, et pratiquement nulle durant la nuit et les week-ends.

En général, les trains Intercity (I.C.) assurent toutes les heures la navette entre deux grandes villes. C'est la solution la plus rapide et la plus économique. Depuis 1991, soixante nouveaux trains rapides Intercity ont été mis en service. Ils circulent à environ 280 km/h et relient les villes suivantes : Hambourg-Hanovre-Kassel-Francfort-Stuttgart-Munich. Ainsi pour aller de Hambourg à Munich, vous avez un train toutes les heures qui franchit la distance en six heures (environ 900 km). Ces nouveaux trains répondent à une devise difficilement traduisible que l'on pourrait exprimer ainsi : «Deux fois plus rapide que la voiture, "à moitié aussi rapide" que l'avion».

Les nouveaux Länder issus de la réunification de l'Allemagne sont progressivement desservis aussi par les trains Intercity : entre Hanovre et Berlin par exemple, les trains circulent toutes les deux heures.

Depuis 1988, des trains Interregio (I.R.) assurent le transport des voyageurs toutes les deux heures entre les grandes villes, dans des wagons «post-modernes» bleus et blancs; depuis 1991, ils acceptent aussi les bicyclettes. Étant donné la lenteur de la fabrication de ces nouvelles voitures, des pseudo-Interregio, qui ne peuvent pas encore offrir le confort des vrais trains I.R, assureront le trafic jusqu'en 1992 au rythme d'un train toutes les deux heures sur certains trajets.

Depuis 1990, les chemins de fer allemands assurent la liaison avec les métropoles étrangères dans les confortables wagons des trains Euro-City (E.C.). Malheureusement, les tarifs de ces nouveaux trains rapides sont plus élevés que ceux des trains ordinaires ; ils entraînent une réservation et un supplément.

Les D-Zug, trains express qui parcourent de longues distances avec des arrêts assez fréquents, continuent d'assurer la plus grande partie des communications par chemin de fer, de sorte que l'on peut aussi rejoindre n'importe quelle ville allemande sans avoir à payer de supplément. Les E-Zug circulent sur des distances moyennes, allant jusqu'à 250 km. Quant aux «Nahverkehrszug» (omnibus), ils offrent un confort très limité et s'arrêtent à la moindre halte ou petite gare.

Les régions rurales sont sillonnées d'un réseau d'autobus qui assurent les communications entre les gares de moyenne importance et les villages des environs. Ce sont souvent les uniques liaisons officielles avec le monde extérieur dont disposent les villages à l'écart des grandes voies et, bien souvent aussi, ces lignes d'autobus n'assurent qu'un aller et retour par jour.

Les grandes et petites banlieues des métropoles sont desservies par des trains de banlieue (Schnellbahn, ou S-Bahn) et des lignes de métro (Untergrund-Bahn, ou U-Bahn) qui relient les grandes villes aux communes environnantes et fonctionnent généralement en liaison avec le réseau urbain et régional des transports en commun, ainsi que les tramways, à des intervalles allant de quelques minutes à une demi-heure.

Un réseau d'Europabus à prix modique fonctionne aussi entre quelques grandes villes; le point de départ se trouve sur la place de la Gare principale *(Hauptbahnhof)*, où l'on obtient tous les renseignements nécessaires.

Les bicyclettes sont admises dans tous les trains comportant un wagon de marchandises, contre une redevance de 9,5 DM quelle que soit la distance, et de 5 DM seulement pour les groupes à partir de six personnes. Autre solution qui facilite les choses : le service «Fahrrad am Bahnhof», service de location de vélos à la gare même, organisé par la Bundesbahn entre le 1er avril et le 31 octobre, et parfois durant toute l'année, en particulier dans les régions touristiques. Si vous vous y prenez suffisamment à l'avance, la Bundesbahn peut même faire transporter vos vélos de location dans votre gare d'arrivée, qui normalement n'assure pas ce service et ne dispose donc pas de stock. Le tarif de location se monte à 8 DM par jour pour un vélo à 3 vitesses (12 DM si vous n'avez pas de billet de chemin de fer). La brochure «Fahrrad am Bahnhof» vous présente également des propositions de trajets.

Le service «Rail and Road» vous permet d'obtenir une voiture de location à votre gare d'arrivée (le cas échéant, vous pouvez même la commander du train Intercity).

Enfin, «Rail and Fly» vous assure une correspondance à prix modique avec certains aéroports.

Les trains-autos *(Autoreisezug)* sont la solution idéale, mais onéreuse, de s'assurer un départ en vacances confortable lorsqu'on a une grande distance à parcourir et que l'on veut éviter le stress d'une longue route.

Tarifs

Nous vous conseillons instamment de vous renseigner au guichet de la gare avant d'effectuer un voyage, quel qu'il soit.

Les tarifs de la Bundesbahn et des transports en commun urbains subissent souvent des modifications. Depuis le 1er janvier 1991, la Bundesbahn offre des tarifs dégressifs. Le prix de base en seconde classe est de 20 pfennigs par kilomètre pour la première personne d'un groupe ou d'une famille ; les autres membres bénéficient d'une réduction de 50 %. En première classe, le tarif est supérieur de 50 % à celui de la seconde classe. Les billets aller-retour sur des trajets assez longs bénéficient de réductions appréciables pour tous les voyageurs, y compris les membres d'une famille ou d'un groupe.

Le cas échéant, il est possible de voyager à tarif spécial, sans supplément, et dans les mêmes conditions de rapidité qu'avec les Intercity onéreux – par exemple si l'on va non pas dans une grande ville, mais dans la campagne.

D'une manière générale, la solution la moins onéreuse pour les longs voyages est le billet aller-retour incluant un week-end. Il existe aussi quelques liaisons entre grandes villes qui sont encore moins chères, à des périodes de basse fréquentation.

Les familles nombreuses — trois enfants et plus — ont droit à un *Familien-Pass*, qui accorde une réduction de 50 % sur toutes les lignes de la Bundesbahn. Les personnes du troisième âge peuvent se procurer une carte dite *Senioren-Pass* qui accorde également des réductions, mais aux périodes de basse fréquentation.

Pour un voyage de plusieurs jours, il existe des *Tourenkarten* qui accordent un crédit de 1000 km sur 21 jours. Une seule condition : le premier trajet effectué en train doit être assez long.

Les chemins de fer allemands offrent aussi des conditions de voyage particulièrement intéressantes aux jeunes.

• A l'est

La Deutsche Reichsbahn ne va pas tarder à adapter ses structures et son système à ceux de la Bundesbahn. Mais actuellement, il existe encore des différences notables dans le service, le confort, les trajets, et également dans les tarifs.
Le prix du kilomètre est de 12 pfennigs. Pour tous renseignements, adressez-vous à la Deutsche Reichsbahn, Verkaufs-und Informationsbüro *Bahnhof Berlin-Steglitz, 1000 Berlin (Ouest), tél : 030/792 29 00.*

Le système des tarifs dégressifs et réduits existe également dans la Reichsbahn : billets aller-retour, aller-retour pour un voyage de plusieurs jours, cartes de groupes et cartes pour personnes du troisième âge.

En voiture

La réunification de l'Allemagne facilite notablement les déplacements en voiture, mais n'améliore pas la circulation sur les grands axes. Il faudra encore du temps avant que cette situation soit réglée. A l'ouest, bien que le réseau routier soit très au point et en excellent état, la densité de la circulation provoque souvent des embouteillages, surtout aux abords des grands centres. En revanche, à l'est, la remise en état des routes se poursuit à vive allure.Les nouveaux Länder ont gardé provisoirement une grande partie du code de la route en vigueur dans l'ex-R.D.A. : 0,0 g pour mille d'alcool au volant, vitesse maximale de 100 km/h, interdiction de déboîter sur l'autoroute lorsqu'on roule en colonne. Dans le reste de l'Allemagne, il est interdit de dépasser 130 km/h sur les autoroutes, 100 km/h en dehors des localités et 50 km/h en agglomération. Taux d'alcool dans le sang : 0,8 g pour mille.

Il n'y a pas de péages sur les autoroutes allemandes. 169 relais et 268 stations-service sont à la disposition des automobilistes 24 h sur 24. Des panneaux y donnent des informations touristiques. Un réseau dense et bien entretenu de routes fédérales et secondaires permet un accès facile à toutes les localités.

Services de dépannage

Voici les numéros de téléphone des services de dépannage :

A.C.E. Stuttgart	*0711/5303111*
Berlin-Est	*2793742* (24 h/24)
A.D.A.C. Berlin	*030/868686*
Brême	*0421/446262*
Dortmund	*0231/171981*
Düsseldorf	*0211/19111*
Francfort/Main	*069/74306*
Hambourg	*040/23999*
Hanovre	*0511/8500222*
Munich	*089/767676*
Nuremberg	*0911/5390222*
Stuttgart	*0711/2800111*
A.V.D. Francfort	*069/6661666*
D.T.C. Munich	*089/8111212*
Police urgence	*110*
Pompiers	*112*

Dans l'ancienne R.D.A., les numéros des Zentralen-Kfz-Hilfsdienst (service central de dépannage des automobiles) changent selon les localités. Pour tous renseignements appeler le *180.*

Potsdam-Kleinm	*26210*
Rostock	*37271*
Schwerin	*49225*
Neubrandenburg	*681323*
Magdebourg	*30071*
Francfort/Oder	*24101*
Cottbus	*735490*
Dresde	*23230*
Chemnitz	*3682222*
Gera	*26330*
Halle	*29575*
Leipzig	*80555*
Erfurt	*5540*
Berlin	*5243565*
Suhl	*40300*

Service de dépannage des Auto-Clubs dans les nouveaux Länder :

A.C.E. Berlin (24 h/24)	*2 79 37 4*
Cottbus	*3 04 81*
Dresde	*4085030*
Erfurt	*53080*
Francfort/Oder	*31011012*

Gera	*69 00*
Halle	*87 20*
Chemnitz	*65 90*
Leipzig	*3 94 40*
Magdebourg	*3036081*
Neubrandenburg	*69050*
Potsdam	*47061/43011*
Rostock	*38039*
Schwerin	*53071*
Suhl	*51020*
A.D.A.C. Berlin	*50 58 88 88*
Dresde	*43 40 50*
Erfurt	*55 42 02*
Francfort/Oder	*31 11 11*
Gera	*2 63 30*
Halle	*2 95 75*
Chemnitz	*3 68 22 22*
Leipzig	*8 05 55*
Lübbenau	*25 01*
Magdebourg	*3 00 71*
Michendorf	*26 11*
Neubrandenburg	*68 13 23*
Parchim	*27 33*
Rostock	*3 72 71*
Suhl	*4 01 39*
Police urgence	*110*
Ambulancc	*115*

Cartes routières

Les cartes qui figurent dans cet ouvrage sont destinées à donner une orientation générale. Les cartes routières les plus précises et les plus claires, pour la route et les randonnées à pied et à bicyclette, sont celles de la Reise-und Verkehrsverlag, Munich. Les plans de ville Euro-City vous permettent de venir à bout des labyrinthes les plus compliqués. Pour les voyages en voiture, vous pouvez aussi vous procurer les Euro-Atlas qui donnent le plan des villes avec une nomenclature détaillée des rues, et les Länderkarten «Euro-Carts» par région.

Les «Regio-Carts» sont des cartes détaillées et constamment remises à jour pour les randonnées, à pied et à bicyclette, depuis la Lande de Lünebourg jusqu'aux Elbsandsteingebirge. Elles sont très précises sur le plan topographique et indiquent toutes les curiosités à visiter.

Nous vous recommandons tout spécialement les cartes de l'A.D.F.C. (l'Automobile-club des cyclistes), que vous pouvez vous procurer à l'A.D.F.C., *Postfach 10 77 44, 2800 Brême,* et sur lesquelles vous trouverez toutes les informations utiles sur le degré des côtes, la densité de la circulation et l'état des sentiers.

Vous trouverez également des cartes détaillées et faciles à lire, dites «Regio Concept», dans les librairies.

Location de voitures

Tous les conducteurs doivent présenter un permis de conduire valable depuis au moins un an dans leur pays de résidence. L'âge minimum pour louer une voiture est généralement de 21 ans. Les voitures sont disponibles à votre arrivée à l'aéroport.

Location dans les agences de voyages, les aéroports ou les agences (Avis, Hertz, Europcar).

A bicyclette

Le vélo est le moyen de locomotion le plus efficace pour allier le mouvement, l'aventure touristique et la protection de l'environnement. Malheureusement les pistes cyclables sont encore très rares sur les routes à grande circulation, sauf dans certains secteurs de l'Allemagne du Nord et sur les autoroutes. Pour l'instant, les cyclistes doivent s'en remettre à leur ingéniosité et à leur intuition pour trouver les petites routes et les sentiers qui les mèneront agréablement et en toute sécurité à leur but. Il existe une documentation spécialisée (livres et cartes) qui les aidera à combiner leurs circuits.

La Ligue des Cyclistes allemands (Bund Deutscher Radfahrer), *Otto Fleck-Schneise 4, 6000 Francfort 71*, peut vous procurer des guides spéciaux pour randonnées cyclistes.

Randonnées à pied

Dans aucun autre pays du globe, la randonnée à pied n'est aussi répandue qu'en Allemagne. Les associations de randonneurs surveillent de près l'état des sentiers et leur balisage.

Il existe plusieurs systèmes de sentiers de randonnées : ceux du Rennsteig, par exemple, dans la forêt de Thuringe, ou les sentiers régionaux ou encore les *Rundwanderwege* (littéralement : sentiers de randonnées circulaires) où l'on part d'un endroit pour y revenir.

Si vous voulez explorer l'Allemagne à pied, il vous faut une carte d'affiliation aux Auberges de Jeunesse *(Jugendherberge)*.

Les clubs alpins, les syndicats d'initiative et quelques agences de voyages (Ameropa, Jugendherbergswerk) proposent des randonnées organisées. Ils ont un avantage : de manière générale, les organisateurs se chargent des problèmes matériels, bagages, repas, logement. Tous les clubs de randonneurs possèdent des listes de refuges qu'ils procurent volontiers à ceux qui leur en font la demande. La plupart du temps, même les randonneurs individuels peuvent y loger, à condition d'avoir réservé leur place. Pour tous renseignements, s'adresser aux bureaux centraux des clubs de randonneurs :

Deutsches Jugendherbergswerk
Bismarckstrasse 8, 4930 Detmold 1
Tél : 05231/740117
Deutsche Wanderjugend
Wilhelmsstrasse. 39, 7263 Bad Liebenzell
Tél : 07052/3131
Touristenverein
"Die Naturfreunde"
Bundesgruppe Deutschland e. V.
Grossglocknerstrasse 28, 7000 Stuttgart 60
Tél : 0711/337687/88
Deutscher Alpenverein
Praterinsel 5, 8000 München (Munich)

Croisières

L'agence Ameropa offre quelques croisières romantiques sur la Weser, l'Elbe et le Rhin, qui correspondent souvent aux trajets décrits dans cet ouvrage. On prend le train pour rejoindre l'embarcadère. Les paquebots de la Weisse Flotte (la flotte Blanche) vous transportent paisiblement de localité en localité, et assurent toutes les informations concernant les curiosités à voir et à visiter.

Transports urbains

Les autobus sont l'un des moyens de transports urbains les plus répandus. Certaines lignes desservent également les petits villages. Les grandes villes disposent en général d'un réseau serré de transports urbains. Les villes de plus de 100 000 habitants sont desservies par des lignes d'autobus régulières et ponctuelles. Les tickets s'achètent soit à l'intérieur des voitures, soit dans des automates installés aux arrêts.
Dans les grandes villes telles que Berlin, Hambourg, Cologne, Munich, Francfort ou Stuttgart, les lignes du métro (U-Bahn), du tramway et du métro aérien (S-Bahn), s'ajoutent aux lignes d'autobus.

Le tramway, prisonnier sur ses rails, permet de visiter les villes à une allure raisonnable, surtout aux heures de pointe. Les panneaux jaunes portant un H vert indiquent les heures de passage des trams et des autobus.

Les stations de métro sont signalées par un U blanc sur fond bleu. Un plan détaillé est affiché à l'intérieur des stations. Le S-Bahn a la particularité de circuler tantôt sous terre, tantôt en surface. Il relie les banlieues des grandes villes au centre. Les stations de S-Bahn sont signalées par un S sur fond vert. Les prix varient selon les villes. Renseignez-vous dans les bureaux d'information. Les tickets sont valables pour tous les transports en commun.
Rouler en taxi est commode, mais onéreux. Vous reconnaîtrez les voitures à leur couleur beige et à leur loupiote sur le toit. Le taxi est libre si la lumière clignote. Il y a des stations de taxis dans toutes les grandes villes. Vous pouvez également les appeler par téléphone. (Vous trouverez les numéros sur la première page des annuaires). Tâchez de retenir le numéro jaune d'immatriculation pour le cas où vous oublieriez quelque chose ou que vous auriez à vous plaindre du chauffeur. Dans certaines villes, vous trouverez des services de minibus, moins chers et mieux adaptés au transport des bagages.

VOCABULAIRE PRATIQUE

Oui, Non	*Ja, Nein*
Bonjour	*Guten Morgen* (le matin)
Bonjour	*Guten Tag*
Au revoir	*Auf Wiedersehen*
Bonsoir	*Guten Abend*
Bonne nuit	*Gute Nacht*
S'il vous plaît	*Bitte*
Merci	*Danke*
Je vous en prie	*Keine Ursache*

Tournez à droite
Biegen Sie nach rechts ab

A gauche	*Nach links*
Au-dessus	*Oben*
En dessous	*Unten*

Continuez tout droit
Gehen Sie geradeaus weiter
Je ne vous comprends pas
Ich verstehe Sie nicht
Parlez-vous français ?
Sprechen Sie französisch?
Pourriez-vous parler un peu plus lentement ?
Könnten Sie bitte etwas langsamer sprechen?
Comment dit-on en français ?
Was heisst das auf französisch?

• Pour chercher une chambre
Où est l'hôtel le plus proche ?
Wo ist das nächste Hotel?

Avez-vous une chambre simple ?
Haben Sie ein Einzelzimmer
Avez-vous une chambre double ?
Haben Sie ein Doppelzimmer ?
Avez-vous une chambre avec salle de bains ?
Haben Sie ein Zimmermit Bad ?
Combien coûte-t-elle ?
Wieviel kostet das ?
Quel est le prix d'une chambre avec pension?
Wieviel kostet ein Zimmer mit Vollpension ?
Montrez-moi une autre chambre, s'il vous plaît
Bitte zeigen Sie mir ein anderes Zimmer
Nous resterons une nuit
Wir bleiben hier eine Nacht
A quelle heure est le petit déjeuner ?
Wann gibt es Frühstück ?
Où sont les toilettes ?
Wo ist die Toilette ?
Où est la salle de bains ?
Wo ist das Badezimmer ?

• Pour demander son chemin

Y a-t-il un autobus pour le centre-ville ?
Gibt es einen Bus ins Stadtzentrum ?
Y a-t-il des visites guidées ?
Werden kommentierte Besichtigungstouren durchgeführt ?
Y a-t-il un syndicat d'initiative ?
Gibt es hier ein Tourist-enformationsbüro ?
Église *Kirche*
Monument *Denkmal*
Château *Schloss*
Centre historique *Altstadtviertel*
Où puis-je acheter des souvenirs ?
Wo kann ich Souvenirs kaufen ?
Connaissez-vous une boîte de nuit ?
Kennen Sie einen Nachtklub ?
Une discothèque ? *Eine Disko ?*
Prix *Preis*
Où est le cinéma le plus proche ?
Wo ist das nächste Kino ?
Quel film y joue-t-on ?
Was für ein Film läuft dort ?
Où est le bureau de poste ?
Wo ist das Postamt ?
Où est la banque la plus proche ?
Wo ist die nächste Bank ?
Où puis-je changer de l'argent ?
Wo kann ich Geld wechseln ?
Où y a-t-il une pharmacie ?
Wo ist die Apotheke ?
Quelle est l'heure de fermeture ?
Wann schliessen Sie ?
Ouvert *Geöffnet*
Fermé *Geschlossen*
Près *Nah*
Loin *Weit*
Bon marché *Billig*
Cher *Teuer*
Gratuit *Kostenlos*
Change *Wechselgeld*
Pouvez-vous changer ?
Können Sie wechseln ?
Téléphoner *Telefonieren*
Cabine *Telefonzelle*
Est-ce le chemin pour la gare ?
Ist das der Weg zum Bahnhof ?
Où est la voie I ?
Wo ist Gleis eins ?
Où est l'aéroport ?
Wo ist der Flughafen ?
Pouvez-vous m'appeler un taxi ?
Können Sie mir ein Taxi rufen ?
Pouvez-vous m'emmener à l'aéroport ?
Können Sie mich zum Flughafen bringen ?
Où puis-je acheter un billet?
Wo kann ich eine Fahrkarte kaufen ?
Départ *Abfahrt*
Arrivée *Ankunft*
Quand part le prochain train pour…
Wann geht der nächste Zug nach…
L'avion pour… *Flugzeug nach…*
Changer (de train, d'avion)
Umsteigen
Sortie *Ausfahrt/Ausgang*
Entrée *Einfahrt/Eingang*
Agence de voyages
Reisebüro
Aire de repos *Rastplatz*
Station-service *Tankstelle*
Pont *Brücke*
Croisement *Kreuzung*
Parking interdit *Parken verboten*
Arrêt interdit *Halten verboten*
Sens unique *Einbahnstrasse*
Hôpital *Krankenhaus*
Bac *Fähre*
Taxe *Gebühr*
Hauteur *Höhe*
Largeur *Breite*
Longueur *Länge*
Avez-vous quelque chose à déclarer ?
Haben Sie etwas zu verzollen ?
Douane *Zoll*

• Au restaurant

Connaissez-vous un bon restaurant ?
Kennen Sie ein gutes Restaurant ?
Pouvez-vous me recommander quelque chose ?
Können Sie mir etwas empfehlen ?
Pouvez-vous prendre la commande?
Können wir bitte bestellen ?
Menu *Speisekarte*

Déjeuner *Mittagessen*
Dîner *Abendessen*
Couteau *Messer*
Fourchette *Gabel*
Cuiller *Löffel*
Serviette *Serviette*
Bière *Bier*
Vin *Wein*
Pain *Brot*
Fromage *Käse*
Viande *Fleisch*
Saucisse *Würstchen*
Miel *Honig*
Pâtes *Nudeln*
Pommes de terre *Kartoffeln*
Riz *Reis*
Confiture *Marmelade*
Œuf *Ei*
Lait *Milch*
Café *Kaffee*
Thé *Tee*
Sucre *Zucker*
Beurre *Butter*
La note, s'il vous plaît ?
Können wir bitte die Rechnung haben?
Payer *Bezahlen*
Faire une réclamation *Sich beschweren*

• Les jours de la semaine

Lundi *Montag*
Mardi *Dienstag*
Mercredi *Mittwoch*
Jeudi *Donnerstag*
Vendredi *Freitag*
Samedi *Samstag, Sonnabend*
Dimanche *Sonntag*

• Les mois de l'année

Janvier *Januar*
Février *Februar*
Mars *März*
Avril *April*
Mai *Mai*
Juin *Juni*
Juillet *Juli*
Août *August*
Septembre *September*
Octobre *Oktober*
Novembre *November*
Décembre *Dezember*

• Les chiffres

Un *Eins*
Deux *Zwei*
Trois *Drei*
Quatre *Vier*
Cinq *Fünf*
Six *Sechs*
Sept *Sieben*
Huit *Acht*
Neuf *Neun*
Dix *Zehn*
Onze *Elf*
Douze *Zwölf*
Treize *Dreizehn*
Quatorze *Vierzehn*
Quinze *Fünfzehn*
Seize *Sechzehn*
Dix-sept *Siebzehn*
Dix-huit *Achtzehn*
Dix-neuf *Neunzehn*
Vingt *Zwanzig*
Vingt et un *Einundzwanzig*
Vingt-deux *Zweiundzwanzig*
Vingt-trois *Dreiundzwanzig*
Vingt-quatre *Vierundzwanzig*
Vingt-cinq *Fünfundzwanzig*
Vingt-six *Sechsundzwanzig*
Vingt-sept *Siebenundzwanzig*
Vingt-huit *Achtundzwanzig*
Vingt-neuf *Neunundzwanzig*
Trente *Dreissig*
Quarante *Vierzig*
Cinquante *Fünfzig*
Soixante *Sechzig*
Soixante-dix *Siebzig*
Quatre-vingts *Achtzig*
Quatre-vingt-dix *Neunzig*
Cent *Hundert*
Deux cents *Zweihundert*
Mille *Tausend*
Deux mille *Zweitausend*
Un million *Eine Million*

• Nombres ordinaux

Premier *Erste*
Deuxième *Zweite*
Troisième *Dritte*
Quatrième *Vierte*
Cinquième *Fünfte*
Sixième *Sechste*
Septième *Siebente*
Huitième *Achte*
Neuvième *Neunte*
Dixième *Zehnte*
Onzième *Elfte*
Douzième *Zwölfte*
Vingtième *Zwanzigste*
Vingt et unième *Einundzwanzigste*
Centième *Hundertste*
Millième *Tausendste*

• Fractions

Un demi *Hälfte*
Un tiers *Drittel*

Un quart	*Viertel*
Trois quarts	*Drei Viertel*

LOISIRS ET SPECTACLES

Calendrier des manifestations culturelles

Vous trouverez ci-après la nomenclature des fêtes les plus importantes du calendrier allemand, par ordre chronologique. Les syndicats d'initiative vous donneront des renseignements plus précis sur d'autres manifestations, en particulier celles qui ne se déroulent pas toujours à la même date.
A noter :
(O) : en Allemagne de l'Ouest
(E) : en Allemagne de l'Est

• Janvier
(O) Villingen-Schwenningen. Villinger Fasnet : défilé du carnaval, célèbre pour ses costumes aux couleurs très vives et parfois effrayants.
(O) Munich. Schäfflertanz-Faschingszug : défilé du carnaval.

• Février
(O) Berlin. Journées musicales tous les deux ans, en alternance avec la Biennale de musique, Festival du Lied politique.
(O) Wasung. Wasunger Karneval : carnaval.
(O) Cologne. Karnevalszug : défilé du carnaval.
(O) Mayence. Karnevalszug, défilé du carnaval-Rosenmontagszug : défilé du Lundi gras.

• Mars
(O) Verden. Laetare Spende : distribution de pain et de harengs selon une vieille tradition, le lendemain du dimanche des Rameaux.
(O) Rothenburg-ob-der-Tauber. Schäfertanz (danse des pâtres) sur la place du Marché. Fin mars, et reprise certains jours d'été.
(E) Eisenach, Arnstadt, Erfurt, Gotha, Weimar. Festival Bach de Thuringe.
(E) Francfort-sur-Oder. Journées musicales.
(E) Leipzig. Foire internationale de printemps et Foire du livre.

• Avril
(E) Weimar. Festival Shakespeare.
(E) Werder (près de Potsdam). Baumblüte : fête populaire et manifestations diverses.

• Mai
(O) Überlingen. Schwedenprozession : la procession se déroule en mai et au mois de juillet.
(O) Ile de Reichenau, sur le lac de Constance. Blutfest, fête du Précieux Sang.
Défilé en costumes d'époque, le dernier dimanche du mois.
(O) Nördlingen. Stabenfest : fête historique, le deuxième lundi du mois.
(E) Dornbourg. Rosenfest : fête des Roses, fête populaire.
(E) Dresde. Festival international Dixieland : Festival de Musique de Dresde.
(E) Finsterbergen. Holzhauer-und Fuhrmannsfest : fête des Bûcherons et des Cochers, fête populaire.
(E) Vogtland. Festival de Musique de Vogtland. Festival international d'harmonica.
(O) Höxter. Conveyer Musikwochen : concerts de musique classique.

• Pentecôte
(O) Rothenburg-ob-der-Tauber. Meistertrunk, la rasade du Maître. Commémoration d'un événement du XVIIe s. Elle se déroule le dimanche de Pentecôte et plusieurs fois au cours de l'été.
Reichsstadtfesttage : fête traditionnelle qui a lieu à la Pentecôte et le dernier week-end de septembre.
(O) Schwäbisch Hall. Kuchenund Brunnenfest, fête des saulniers sur la place du Marché.
(O) Kötzing. Cavalcade de Pentecôte.
(O) Erlangen. Bergkirchweih : fête de la consécration (religieuse et profane).

• De mai à septembre
(O) Brühl. Schlosskonzerte : concerts classiques au château.
(O) Hameln. Rattenfängerspiele : représentations en plein air du *Joueur de flûte de Hameln*, tous les dimanches de 12 h à 12 h 30.
(O) Oberammergau. Passionspiele :
la Passion se joue tous les dix ans, suite à un vœu formulé au XVIIe siècle par la population ayant survécu à la peste de 1632 et 1633. La prochaine série de représentations aura lieu en l'an 2000.
(O) Schwalmstadt-Ziegenhain. Salatkirmes : tous les ans le deuxième week-end après la Pentecôte.
(O) Schwalmstadt-Treysa. Hutzelkirmes : tous les ans le deuxième week-end du mois d'août.

• De mai à octobre
(O) Regensburg (Ratisbonne). Orgelwochen : concerts d'orgue tous les dimanches.
(O) Donauwörth. Kammerkonzerte : concerts de musique de chambre à la lueur des chandelles, dans le château de Leitheim.

• Juin et juillet

(E) Arnstadt. Wollmarkt : Foire à la laine.
(E) Berlin-Est. Köpenicker Sommer et Pankower Sommer : Festivals de Köpenick et Festival de Pankow.
(E) Chorin. Choriner Musiksommer : Été musical de Chorin.
(E) Greifswald. Greifswalder Bachwoche : Festival Bach.
(E) Halle. Händelfestspiele : Festival Haendel.
(E) Leipzig. Internationaler Bach Wettbewerb : concours international Bach.
(E) Potsdam. Parkfestspiele Sanssouci : Festival dans le parc du château Sanssouci.
(E) Nordhausen. Rolandfest : fête de Roland.
(E) Weimar. Internationaler Musiksommer : Festival international de Musique.
(O) Lunebourg. Bachwoche : les œuvres de J.S. Bach sont jouées tous les jours à 20 h durant la deuxième semaine de juin.
(O) Göttingen. Händelfestspiele : Festival Haendel, avec concerts et représentations d'opéras de Haendel pendant toute une semaine en juin.
(O) Oldenbourg. Kultursommer : Festival de Musique classique et moderne, danses populaires et représentations lyriques.

• De juin à août

(O) Bad Segeberg. Karl-May-Spiele : représentations en plein air de scènes tirées des romans de Karl May par ses admirateurs. Western avec cow-boys et Indiens.
(O) Bad Hersfeld. Festspiele in der Stifsruine : représentations lyriques dans les ruines de la collégiale.
(O) Passau. Durant les Europäischen Wochen, concerts, représentations de théâtre et d'opéras dans la Nibelungenhalle.

• De juin à septembre

(O) Meersbourg. Internationale Schlosskonzerte : concerts classiques tous les dimanches dans le château.

• Juillet

(0) Cuxhaven. Duhner Wattrennen : course de chevaux sur la plage.
(O) Ansbach. Rokokospiele im Schloss : pièces de théâtre, concerts et danses du XVIIIe siècle. Plusieurs représentations par jour.
(O) Wilhelmshafen. Wochenende an der Jade : fête dans le port, avec musique et surf.
(O) Dinkelsbühl. Kinderzeche Woche : festival historique présenté par les enfants pour commémorer les événements de la guerre de Trente Ans.
(O) Kaufbeuren. Tänzelfest : grande Fête des enfants avec tir à l'arbalète, théâtre de marionnettes et défilé de costumes.
(O) Mindelheim. Frunsberg Festspiele : spectacle historique dans toute la ville.
(O) Straubing. Agnes Bernauer-Festspiele : tragédies d'Agnès Bernauer, données tous les quatre ans (prochain Festival en 1992).
(O) Ravensbourg. Rutenfest : défilé d'enfants avec des branches et des baguettes de bois.
(O) Öberlingen. Schwerttanz : danse du sabre dans la Stadthalle.

• Juillet et août

(O) Neunbourg. Burgfestspiele : somptueux spectacle historique à l'orée de la Bayerischer Wald (forêt Bavaroise).
(O) Kiefersfelden. Ritterspiele : évocation de la chevalerie médiévale.
(O) Altdorf, près de Nuremberg. Wallenstein Festspiele : représentation théâtrale et défilé historique.
(O) Waldmunchen. Trenck der Pandur : spectacle comportant des chevauchées sauvages.
(O) Heidelberg. Schlossspiele : concerts de musique classique au château de Heidelberg.
(O) Constance. Internationale Musiktage : Festival international de musique.
(O) Bayreuth. Wagner-Festspiele : Festival Wagner. Représentations d'opéra tous les jours durant un mois.

• Août

(O) Francfort. Mainfest : Fête populaire sur les rives du Main et devant le Römer.
(O) Kassel. Zissel : Fête populaire.
(O) Straubin. Gäubodenfest : Fête populaire.
(O) Grafenau. Säumerfest : Fête des saulniers.
(E) Frauenwald. Rennsteigfestspiele.
(E) Weimar. Autour du 28 août, Festabende zu Goethes Geburtstag. Soirées en l'honneur de l'anniversaire de la naissance de Goethe.

• Septembre

(E) Berlin. Festtage des Theaters und der Musik : Festival musical et théâtral.
Weissenseer Blumenfest : Fête des Fleurs au Weissenseer, Fête populaire.
(E) Cottbus. Cottbusser Musikherbst : automne musical de Cottbus.
(E) Dresde. Internationales Schlagerfestival, Festival international de variétés.
(E) Fribourg. Winzerfest : Fête des Vendanges.
(O) Stuttgart. Cannstatter Wasen : kermesse dans la banlieue de Cannstatt.
(O) Coblence/Bonn. Rhein in Flammen :

le Rhin en flammes. Illuminations et feux d'artifices sur le Rhin.
(E) Leipzig. Musiktage : journées musicales.
(O) Nuremberg. Nürnberger Kulturzirkus : Fête de la Musique et représentations théâtrales.
(E) Ostsee. Zeebootregatta in Bodstedt : régates à Bodstedt.
(O) Augsbourg. Plärrer, Fête populaire.

• Septembre et octobre
(O) Munich. Oktoberfest : traditionnelle Fête de la bière qui commence par la mise en perce rituelle d'un tonneau. Elle se déroule la dernière semaine de septembre et la première semaine d'octobre.

• Octobre
(O) Brême. Bremer Freimarkt : kermesse populaire (seconde quinzaine d'octobre).
(O) Fürth. Michaelis Kerwa : Foire au début d'octobre.

• Octobre et novembre
(E) Halle. Hallische Musiktage : Festival de Musique.
(E) Leipzig. Gewandhaus Festtage : Festival du Gewandhaus.
Internationale Dokumentar und Kurzfilmwoche : Festival international du film documentaire et du court métrage.
(E) Weimar. Zwiebelfest : Fête des Oignons.

• Novembre
(O) Hambourg. Hamburger Dom : grande Foire sur le Heiligengeistfeld.

• Novembre et décembre
(O) Nuremberg. Chriskindlmarkt : Foire de Noël traditionnelle, la plus célèbre d'Allemagne. Elle dure de la dernière semaine de novembre au 24 décembre à midi.

• Décembre
(E)Schneeberg (dans les Erzgebirge).
Fest der Freude und des Lichts : Fête de la Joie et de la Lumière, autour de Noël. Exposition et vente d'objets en bois sculpté.

Musées et galeries

Les musées sont généralement fermés le lundi.

• Peinture

Neue Galerie Sammlung Ludwig
Komphausbadstrasse 19,
5100 Aachen
Tél. 0241-472561

Suermondt-Ludwig Museum
Wilhelmstrasse 18,
5100 Aachen
Tél. 0241-472580

Staatsgalerie am Schaezler-Palais
Maximilianstrasse 46,
8900 Augsburg
Tél. 0821-510350

Staatliche Kunsthalle
Lichtenthaler Allee 8a,
7570 Baden-Baden
Tél. 07221-23250 ou 25390

Brücke Museum
Bussardsteig 9,
1000 Berlin 33
Tél. 030-8312029

Gemäldegalerie
Arnimallee 23-27,
1000 Berlin 33
Tél. 030-8301217

Nationalgalerie
Potsdamer Strasse 50,
1000 Berlin 30
Tél. 030-2662662

Kunsthalle
Arthur-Ladebeck Strasse 5,
4800 Bielefeld
Tél. 0521-51247980

Städtisches Kunstmuseum
Rathausgasse 7,
5300 Bonn 1
Tél. 0228-773686 ou 772440

Kunsthalle
Am Wall 207,
2800 Bremen
Tél. 0421-324785

Herzog-Anton-Ulrich Museum
Museumstrasse 51,
3300 Braunschweig
Tél. 0531-1551

Wilhelm-Lehmbruck Museum
Düsseldorfer Strasse 51,
4100 Duisburg 1
Tél. 0203-28132630

Kunstmuseum
Pempelforter Strasse 50,
4000 Düsseldorf
Tél. 0211-8992460

Städtische Kunsthalle
Grabbeplatz 4,
4000 Düsseldorf 1
Tél. 0211-131469

Museum Folkwang
Gœthestrasse 41,
4300 Essen
Tél. 0201-774783

Städelsches Kunstinstitut und Städtische Galerie
Schaumainkai 63,
6000 Frankfurt am Main 70
Tél. 069-617092
Karl-Ernst-Osthaus Museum
Hochstrasse 73,
5800 Hagen
Tél. 02331-207576
Hamburger Kunsthalle
Glockengiesserwall,
2000 Hamburg 1
Tél. 040-24825-2612
Kunstmuseum Hannover mit Sammlung Sprengel
Kurt-Schwitters Platz,
3000 Hannover 1
Tél. 0511-1684400
Landesgalerie im Niedersächsischen Landesmuseum
Am Maschpark 5,
3000 Hannover 1
Tél. 0511-883051
Staatliche Kunsthalle
Hans-Thoma Strasse 2,
7500 Karlsruhe 1
Tél. 0721-1351
Neue Galerie Staatliche und Städtische Kunstsammlungen
Schöne Aussicht 1,
3500 Kassel
Tél. 0561-15266
Staatliche Kunstsammlungen
Schloss Wilhelmshöhe,
3500 Kassel
Tél. 0561-36011
Kunsthalle zu Kiel
Düsternbrooker Weg 1,
2300 Kiel 1
Tél. 0431-5972781
Wallraf-Richartz Museum, Museum Ludwig
An der Rechtsschule,
5000 Köln
Tél. 0221-2212379
Kunsthalle Köln
Josef-Haubrich Hof 1,
5000 Köln
Tél. 0221-2212335
Wilhelm-Hack Museum, Städtische Kunstgalerie
Berliner Strasse 23,
6700 Ludwigshafen
Tél. 0621-5043411
Städtische Kunsthalle
Moltkestrasse 9,
6800 Mannheim
Tél. 0621-2932421
Städtisches Museum
Abteistrasse 20,
4050 Mönchengladbach
Tél. 02166-270394
Alte Pinakothek
Barerstrasse 27,
8000 München 2
Tél. 089-23805216
Städtische Galerie im Lenbachhaus
Luisenstrasse 33,
8000 München 22
Tél. 089-521041-3
Landesmuseum für Kunst und Kulturgeschichte
Domplatz 10,
4400 Münster
Tél. 0251-591251
Kunsthalle
Lorenzer Strasse 32,
8500 Nürnberg 1
Tél. 0911-162853
Saarland Museum Moderne Galerie
Bismarckstrasse 13,
6600 Saarrbrücken
Tél. 0681-66361
Staatsgalerie Stuttgart
Konrad-Adenauer Strasse 32,
7000 Stuttgart 1
Tél. 0711-2125108
Von-der-Heydt Museum
Turmhof 8,
5600 Wuppertal 1
Tél. 0202-5636231
Neue Pinakothek
Barerstrasse 29,
8000 München 40
Tél. 089-23805195
Schackgalerie
Prinzregentenstrasse 9,
8000 München 22
Tél. 089-224407
Staatsgalerie moderner Kunst, Haus der Kunst
Prinzregentenstrasse 1,
8000 München 22
Tél. 089-292710

• Sculpture
Georg-Kolbe Museum
Sensburger Alle 25,
1000 Berlin 19
Tél. 030-3042144
Skulpturengalerie
Arnimallee 23,
1000 Berlin 33
Tél. 030-8301252

Kunstsammlungen der Ruhr-Universität
Universitätsstrasse 150,
4630 Bochum
Tél. 0234-7004738
Akademisches Kunstmuseum der Universität
Am Hofgarten 21,
5300 Bonn 1
Tél. 0228-737282
Liebighaus, Museum alter Plastik
Schaumainkai 71,
6000 Frankfurt am Main 70
Tél. 069-638907
Staatliche Kunstsammlungen
Schloss Wilhelmshöhe,
3500 Kassel
Tél. 0561-36011
Skulpturenmuseum der Stadt Marl
Rathaus,
4370 Marl 1
Tél. 02356-105614
Glyptothek
Königsplatz 3,
8000 München 2
Tél. 089-286100
Europaïscher Skulpturenpark
Schloss,
3533 Willebadessen

• Ethnologie
Museum für Völkerkunde
Arnimallee 23,
1000 Berlin 33
Tél. 030-8301-1
Ubersee Museum
Bahnhofsplatz 12,
2800 Bremen 1
Tél. 0421-3978357
Museum für Völkerkunde
Schaumainkai 29,
6000 Frankfurt am Main 70
Tél. 069-212-5391
Städtisches Museum, Museum für Völkerkunde
Gerberau 32,
7800 Freiburg in Breisgau
Tél. 0761-216-3324
Oberhessisches Museum
Asterweg 9,
6300 Giessen
Tél. 0641-306-2477
Hamburgisches Museum für Völkerkunde
Binderstrasse 14,
2000 Hamburg 13
Tél. 040-44195-1
Niedersächsisches Landesmuseum
Am Maschpark 5,
3000 Hannover
Tél. 0511-883051
Museum für Völkerkunde der Universität Kiel
Hegewischstrasse 3,
2300 Kiel
Tél. 0431-5973620
Rautenstrauch-Joest Museum für Völkerkunde
Ubierring 45,
5000 Köln 1
Tél. 0221-311065 ou 311066
Staatliches Museum für Völkerkunde
Maximilianstrasse 42,
8000 München 22
Tél. 089-224844 ou 224846
Linden Museum Stuttgart, Staatliches Museum für Völkerkunde
Hegelplatz 1,
7000 Stuttgart 1
Tél. 0711-2050 ou 3221
Museum für Völkerkunde
Streinstrasse 19,
3430 Witzenhausen
Tél. 05542-3203

• Outre-mer
Aegyptisches Museum
Schlosstrasse 70,
1000 Berlin 19
Tél. 030-3201261 ou 3201267
Museum für Indische Kunst
Takusstrasse 40,
1000 Berlin 33
Tél. 030-8301361
Museum für Islamische Kunst
Takusstrasse 40,
1000 Berlin 33
Tél. 030-8301391
Museum für Ostasiatische Kunst
Takusstrasse 40,
1000 Berlin 33
Tél. 030-8301381
Kestner Museum
Trammplatz 3,
3000 Hannover 1
Tél. 0511-1682120
Aegyptologische Sammlung der Universität
Marstallhof,
6900 Heidelberg
Roemer-Pelizaeus Museum
Am Steine 1,
3200 Hildesheim
Tél. 05121-1979
Museum für Ostasiatische Kunst
Universitätsstrasse 100,
5000 Köln
Tél. 0221-405038

Staatliche Sammlung
Residenzstrasse 1,
8000 München 2
Tél. 089-298546

NATURE ET RANDONNÉES

Il y a beaucoup de choses à voir en Allemagne. Voici une sélection des châteaux, parcs nationaux et parcs de loisirs mentionnés dans la première partie de ce guide.

Croisières sur le Rhin

• Châteaux
Schloss Biebrich
A 3 km au sud de Wiesbaden (XVIIIe siècle).
Schloss Gutenfels
A Kaub (XIIe siècle).
Burg Pfalzgrafenstein
Également à Kaub (XIVe siècle).
Burg Katz
Près de Sankt Goarshausen.
Burg Thunberg (surnommée «la Souris»)
Près de Sankt Goarshausen.
Burg Rheinfels
Ruines du XIIIe siècle (au-dessus de Goar).
Burg Lahneck
A 8 km au sud-est de Coblence.
Feste Ehrenbreitstein
Au-dessus de Coblence.
Schloss Stolzenfels
A 12 km au sud de Coblence.
Burg Stahleck
Ruines d'un château du XIIe siècle près de Bacharach.
Burg Sooneck
Près de Niederheimbach.
Burg Reichenstein
Près de Trechtlingshausen.

• Parcs naturels
Nassau
Autoroute Cologne-Francfort, sorties Höhr-Grenzhausen, Montabaur, Diez, Limbourg.
Rhein-Taunus
Par l'autoroute Cologne-Francfort ou par la B 260 Wiesbaden-Bad-Ems ou par la B 54 Limbourg-Wiesbaden.

La vallée de la Moselle

• Châteaux
Burg Eltz
Le château dominant Moselkern date de 1157.
Reichsburg Cochem
A 13 km de Burg Eltz.
Burg Landshut
Ses ruines se trouvent à Bernkastel-Kues.

Vers Cologne

• Châteaux
Ruines Hammerstein
Ruines du Xe siècle.
Burg Drachenfels
Ruines au-dessus de Königswinter.
Schloss Augustusburg
Château de 1689 à Brühl.
• Parcs naturels
Rhein Westerwald,
Siebengebirge,
Kottenforst Ville
Par l'autoroute Cologne-Francfort (toutes les sorties de Bonn-Bieburg à Montabaur) et Cologne-Coblence (toutes les sorties de Bonn-Lengsdorf à Coblence).
• Parc de loisirs
Phantasieland Brühl

Heidelberg

• Châteaux
Heidelberger Schloss
Beau château Renaissance.
Schloss Schwetzingen
A l'origine entouré d'eau, ce château se trouve dans un merveilleux jardin à Schwetzingen.
Kurfürstliches Schloss
Le palais du prince électeur à Mannheim est le plus grand château baroque d'Allemagne.
• Parc naturel
Bergstrasse Odenwald
Situé au nord-est de Heidelberg, accessible par l'autoroute Mannheim-Francfort et l'autoroute Heidelberg-Darmstadt.
• Parcs de loisirs
Holiday Park
Situé sur la B 39 à 4 km à l'ouest de Spire.

La Franconie

• Châteaux
Burg Eberbach
Ruines près de la ville d'Eberbach.
Burg Stoltzeneck
Ruines du XIIIe siècle, près de Zwingenberg.
Burg Hornberg
Également près de Zwingenberg.
Burg Guttenberg
A quelques kilomètres au sud de Hassmersheim.

Schloss Erbach
Château baroque à Erbach.
Mildenburg
Château du XIVe siècle au centre de Miltenberg.
Wasserschloss Mespelbrunn
Château du XVe siècle à l'entrée de Mespelbrunn.
Burg Löwenstein
Ruines dominant la ville de Wertheim.
Burg Rothfels
Ruines dominant la vallé du Main à Marktheidenfeld.
Festung Marienberg
Vieille forteresse, symbole de Würzbourg.
Residenz
Beau château baroque au centre de Würzbourg (Residenzplatz).
• Parc naturel
Bergstrasse Odenwald
Par l'autoroute de Manheim-Francfort et l'autoroute de Heidelberg-Darmstadt.
• Parc de loisirs
Naturpark Bayerischer Spessart
Sur l'autoroute Francfort-Nuremberg, toutes les sorties d'Aschaffenburg à Marktheidenfeld.

De Bamberg à Nuremberg

• Châteaux
Schloss Weissenstein
Château baroque à Pommersfeld (à 25 km au sud de Bamberg).
Feste Rosenberg
Château médiéval entre Haslach et Kronach.
Plassenburg
Château du XVIe siècle à Kulmbach.
Altes Schloss
XVIIIe siècle, symbole de Bayreuth.
Neues Schloss
Château rococo du XVIIIe siècle, Ludwigstrasse à Bayreuth.
Schloss Ermitage Burg
Château au nord-est de Bayreuth, dominant la vieille ville de Nuremberg.
• Parcs naturels
Naturpark Frankenhöhe
Autoroute Nuremberg-Ansbach (sorties Aich, Ansbach, Ansbach West).
Augsburg-Westliche Wälder
Prendre l'autoroute Ulm-Munich, sorties Augsbourg, Adelsried-Zusmarshausen ou Burgau.
• Parc de loisirs
Erlebnispark Schloss Thurn
Centre de loisirs et jardin zoologique près de Forchheim.

La Route romantique

• Châteaux
Kurmainzisches Schloss
Château du XIe siècle, abrite un musée à Tauberbischofsheim.
Schloss Bad Mergentheim
Domine la ville de Bad Mergentheim.
Château de Weikersheim
L'un des plus beaux châteaux du Wurtemberg, célèbre pour sa décoration intérieure.
Schloss Harburg
Date du XIIe siècle, domine la ville de Harburg.
Schloss Leitheim
Château rococo près de Donauwörth.
Schloss Hohenschwangau
Restauré au XIXe siècle, face à Neuschwanstein.
Schloss Neuschwanstein
Le château de conte de fées bâti par Louis II de Bavière. Ces deux châteaux se trouvent à quelques kilomètres de Füssen.

Les Alpes bavaroises

• Châteaux
Schloss Linderhof
Château rococo également dû à Louis II de Bavière, situé à quelques kilomètres à l'est d'Oberammergau.
• Parc naturel
Alpenpark und Nationalpark
Le Nationalpark englobe le lac de Königsee.
• Parc de loisirs
Märchenpark Ruhpolding
Parc de loisirs à Ruhpolding.

Munich

• Châteaux
Schloss Herrenchiemsee
Château bâti par Louis II de Bavière sur l'une des trois îles du lac de Herrenchiemsee.
Schloss Nymphenburg
Château au nord-ouest de Munich.
Residenz
Château au centre de Munich.
Schloss Oberschleissheim
Château du XVIIIe siècle au nord de Munich.
• Parc de loisirs
Märchenwald im Isartal
Décor de conte de fées à 28 km de Munich.

La Bavière méridionale

• Châteaux
Burg Trausnitz
Domine Landshut.

Stadtresidenz
Palais Renaissance au centre de Landshut.
• Parcs naturels
Nationalpark Bayrischer Wald
Accessible par l'autoroute Passau-Ratisbonne.
Bayrischer Wald
La forêt se mêle pratiquement au parc.

Autour du lac de Constance

• Châteaux
Schloss Mainau
Château sur la presqu'île de Mainau.
Neues Schloss, Altes Schloss
Les deux châteaux se trouvent à Meersburg.

La forêt Noire

• Châteaux
Schloss Hohentübingen
Château du XVIe siècle dominant Tübingen.
Neues Schloss
Sur la Schlossplatz au centre de Stuttgart.
Altes Schloss
Situé en face de la Planie à Stuttgart.
Grossherzogliches Schloss
Au centre de Karlsruhe.
Neues Schloss
Château Renaissance dominant Baden-Baden.
• Parc naturel
Naturpark Schönbuch
Par l'autoroute Stuttgart-Degerloch, sortie Stuttgart-Degerloch, par l'autoroute Stuttgart-Singen, sorties Bölingen, Herrenberg, Tübingen.
• Parc de loisirs
Altweibermühle Tripsdrill
Centre d'activités à 23 km à l'est de Heilbronn.

Sur les pas des Frères Grimm

• Châteaux
Saalburg
Château roman à 7 km au nord-ouest de Bad Hombourg.
Schloss Philippsruhe
Château du XVIIIe siècle, à Kesselstadt, banlieue de Hanau.
Kaiserpfalz
Château de Barberousse à Gelnhausen.
Burg Brandenstein
Situé à côté de Schlüchtern.
Stadtschloss
Château achevé en 1730, au centre de Fulda.
Schloss Eisenbach
Date du XIIIe siècle, situé à 4 km au sud de Lauterbach.
Schloss Hohhaus
Château du XVIIIe siècle, abrite le musée de Lauterbach.
Landgrafenschloss
XIIIe-XVIe siècles, domine la ville de Marburg.
Schloss Wilhelmshöhe
Le château possède une façade de 287 m ; il est situé près de Kassel.
• Parcs naturels
Hessischer Spessart
Accessible par l'autoroute Francfort-Nuremberg, toutes les sorties entre Aschaffenburg et Marktheidenfeld.
Hessische Röhn
Situé à l'est de Fulda, le parc est accessible par l'autoroute Kassel-Fulda (sorties : Bad Kissingen, Bad Brückenau, Fulda Sud ou Nord et Hühnfeld).
Hoher Vogelsberg
A 20 km au sud-est de Lauterbach par les autoroutes de Giessen-Kassel et Wurtzbourg-Kassel.

La vallée de la Weser

• Châteaux
Welfenschloss
Situé sur le bord de la Werra à Münden (Hannoversch Münden).
Sababurg
Situé à 20 km au nord de Münden.
Trendelburg
Près de Sababurg sur la B 83.
Hämelschenburg
Château Renaissance près d'Emmern.
Leineschloss
Près de la vieille ville de Hanovre.
Schaumburg
Au nord de Rinteln.
Schloss Bückeburg
Château du XIIe siècle, entouré de douves.
• Parcs naturels
Naturpark Münden
Situé à l'est de Münden, sortie Münden-Lutterberg.
Naturpark Soling-Vogler
Accessible par l'autoroute de Göttingen-Hanovre, sorties Göttingen Nord, Hardenberg Nord, Northeim Ouest.
Weserbergland, Schaumburg, Hameln
Sur l'autoroute Hanovre-Bielefeld, sorties Eilsen, Rehren, Bad Nenndorf, Lauenau.
• Parcs de loisirs
Rasti-Land
Situé à 32 km à l'est de Hameln.
Potts Park Minden
A 10 km à l'ouest de Minden.

La côte et les îles de la mer du Nord

• Château
Schloss Oldenburg
Château du XVIIe-XVIIIe siècle, au centre d'Oldenburg.
• Parc de loisirs
Babyzoo Wingst
Jardin zoologique n'abritant que de jeunes animaux. A 20 km au sud est d'Otterndorf.

Hambourg

• Château
Schloss Ahrensburg
Château blanc à 32 km au nord-est de Hambourg.
• Parcs naturels
Naturpark Harburger Berge
Accessible par l'autoroute Hambourg-Brême, sorties Emsen, Nenndorf, Hittfeld.
Naturschutzpark Lüneburger Heide
Situé à l'ouest de Hambourg, accessible par l'autoroute Hanovre-Hambourg, sorties Behringen-Evendorf, Egestorf, Garlstorf.

La côte de la mer Baltique

• Châteaux
Schloss Eutin
Château du XVIIe-XVIIIe siècle, sur les bords du lac d'Eutin.
Schloss Gottorf
Château Renaissance, sur une île de la baie de Schlei dans le Schleswig.
Schloss Glücksburg
Château du XVIe siècle, entouré d'eau.
• Parcs naturels
Naturpark Aukrug
Autoroute Hambourg-Kiel, sortie Neumünster.
Naturpark Westensee
Même autoroute, sorties Blumenthal, Bad Bramstedt. Par l'autoroute Hambourg-Flensburg, sortie Warder.
Hüttener Berge
Accessible par l'autoroute Hambourg-Flensburg, sorties Rendsburg-Büdelsdorf, Owschlag ou Schleswig-Gottorf.
• Parc de loisirs
Hansaland
Situé sur les bords de la Baltique, à 10 km de Timmendorfer Strand.

Le «tourisme doux»

Chaque année, le nombre des vacanciers qui prennent en considération les problèmes de l'environnement ne fait qu'augmenter. Pour quelles raisons? Une sensibilité plus affinée sans doute, mais aussi l'aggravation de la situation écologique. Le cours du «tourisme doux» est à la hausse (dans le sens de médecine douce).

Les organisateurs de voyages et les centres touristiques multiplient les propositions de vacances qui préservent l'environnement et la nature. Le futurologue Robert Jungk dresse un bilan du tourisme : d'un côté, ce qu'il constate : tourisme de masse, agitation, un simple coup d'œil sur les curiosités à voir et à visiter, et photomanie. De l'autre, ce qu'il conseille : voyages en petits groupes, détente, vie adaptée au pays dans lequel on séjourne, plaisir de se cultiver et pondération.

Le porte-parole du «tourisme doux» dans la république d'Allemagne est le Cercle d'études touristiques, *Postfach 16 19, 8130 Starnberg.* L'Église protestante possède aussi un bureau spécial pour le «tourisme doux» et vend la brochure intitulée «Tourismus mit Einsicht» (Tourisme et discernement). Pour la recevoir, envoyez votre demande à : Arbeitskreis Tourismus, *Postfach 476, 7000 Stuttgart 1*, et joignez-y 5 DM en timbres-poste et une enveloppe affranchie. Elle donne la liste de vingt-huit organisations dans onze pays différents qui se préoccupent des problèmes concernant le «tourisme doux».

Une autre brochure, publiée par la maison d'édition Rowolt, *Anders Reisen Almanach 90/91*, donne une longue liste d'adresses, un grand nombre d'informations et d'idées.

Le Cercle d'études pour le tourisme doux de la Ligue de la protection de la nature (Arbeitskreis sanfter Tourismus des Bundes Naturschutz, *8000 München 22, Schönfelderstrasse 8*), publie aussi un article sur «Jugend und sanfter Tourismus» (Jeunesse et tourisme doux).

Le groupe «Sport mit Einsicht» (Sport et discernement), *Robert-Koch Stieg 1, 2000 Hamburg 20*, donne des informations sur les voyages sportifs non-polluants.

La brochure intitulée «Ferien auf dem Lande-Freizeit auf dem Bauernhof» (Vacances à la campagne et Loisirs à la ferme) est publiée par la «Zentrale für den Landurlaub» (Bureau central pour les vacances à la campagne, *Heerstrasse 73, 5300 Bonn*).

Voici également quelques adresses qui intéresseront sans doute les amoureux de la nature:

Strandspaziergang-Urlaub mit Köpfchen
Gemeinschaft Ostfriesischer Inseln
Postfach 2060, 2970 Borkum
Natur und Urlaub
Fremdenverkehrsverband Schleswig-Holstein
Niemannsweg 31, 2300 Kiel
Naturpark Altmühltal
Notre Dame 1, 8078 Eichstätt
Natour
Köblerfeldstr 20,
8830 Treuchtlligen
Nationalpark Bayerischer Wald
Postfach 124, 8352 Grafenau
Verkehrsamt Kleines Walsertal
im Walserhaus, 8985 Hirschegg

SPÉCIALITÉS GASTRONOMIQUES

La cuisine allemande est très variée. Elle diffère selon les régions. Le *Labskaus* du Nord ne se trouve pas dans le Sud. Nous vous donnons ci-après un aperçu des plats typiques.

• Bavière
Krautwickel : feuilles de chou farcies de viande, accompagnées de pommes de terre.
Weisswürste : saucisses de veau et de porc, épicées. On les sert accompagnées de moutarde douce et d'une chope de bière (surtout dans la matinée).
Leberkäs : pâté de viande, chaud ou froid.
Semmelknödel : boulettes de pain, accompagnant le rôti de porc.
Reiberdatschi : pommes de terre crues, râpées, rissolées et accompagnées de compote de pommes. On les appelle aussi *Kartoffelpuffer*.
Hollerküchl : fleurs de sureau trempées dans la pâte à crêpe et frites.
Kugelhupf : gâteau aux raisins secs, aux noix, aux amandes, fait avec une pâte levée.
Dampfnudel : espèce de gnocchi, farci de quetsch et servi avec une sauce à la vanille.

• Bade-Wurtemberg
Flädlesuppe : potage clair aux crêpes coupées en ruban.
Spätzle : pâtes fraîches servies avec viande et légumes.
Maultaschen : pâtes fraîches farcies de viande hachée et d'épinards. Accompagnent la soupe ou la salade.

• Hesse
Metzelsuppe : potage au boudin et au foie.
Handkäs mit Musik : fromage blanc aux oignons émincés.
Kasseler Rippchen : côtes de porc salées et fumées, inventées par le boucher berlinois Kassel.
Zwiebelkuchen : tarte aux oignons, accompagnée en général de vin nouveau.
Appelwoi : cidre sec, boisson très populaire.

• Rhénanie
Sauerbraten : rôti de bœuf à la sauce aigre et au bacon, servi avec des pommes de terre, des radis noirs et du jambon.
Hunsrücker Festessen : choucroute au pudding avec des pommes de terre, des radis noirs et du jambon.
Halver Hahn : tartine ou petit pain de seigle au fromage et à la moutarde.
Kölsch : bière légère. En dehors de la bière, il existe un grand nombre d'excellents vins.

• Westphalie
Westfälischer Schinken : jambon délicieux, surtout avec du pain très noir (*Pumpernickel*).
Mettwurst mit Linsen : saucisse de porc ou de bœuf aux lentilles.
Westfälischer Reibekuchen : galette de pommes de terre râpées et de farine de sarrasin.

• Basse-Saxe
Braunkohl mit Brägenwurst : chou avec de la saucisse à la cervelle.
Heidschnuckenbraten : rôti d'agneau aux pommes de terre.
Braunschweiger Mumme : bière brune très forte et très maltée, généralement coupée de bière ordinaire.

• Allemagne du Nord, Hambourg, Brême
Kohl mit Pinkel : chou aux saucisses épicées et aux pommes de terre.
Labskaus : viande salée, harengs, purée de pommes de terre servis avec des œufs sur le plat et des betteraves rouges.
Lübecker Schwalbennester : paupiettes de veau farcies aux œufs durs.
Lübecker Marzipan : confiserie très répandue, à base de pâte d'amandes.
Rote Grütze : flan aux fruits rouges accompagné de crème fraîche. Dans certaines régions on l'appelle *Götterspeise*.

• Berlin
Berliner Schlachtplatte : boudin au foie, rognons de porc et porc cuit.
Berliner Weisse : bière de froment avec un soupçon de liqueur de framboise.

OÙ LOGER

Auberges de jeunesse

L'aménagement des auberges de jeunesse n'est plus aussi rudimentaire et triste qu'il le fut. Nombre d'entre elles se sont modernisées et agrandies, et sont devenues des centres de loisirs dans lesquels on peut disposer de tout, depuis les cours de planche à voile jusqu'aux cours d'initiation à l'informatique.

Vous pouvez contacter le Deutsche Jugendherbergswerk, *Bismarcksstrasse 8, 4930 Detlmold, tél : 05231/74010,* qui publie une carte générale de toutes les auberges de jeunesse du pays.

Les Auberges écologiques de la jeunesse offrent des programmes de loisirs particulièrement agréables et utiles.

Elles se nomment aussi Centres d'études écologiques pour se démarquer des auberges de jeunesse traditionnelles. On peut s'y inscrire à des excursions et autres «activités naturelles», sous la conduite de spécialistes. Les aubergistes eux-mêmes se montrent très attentifs à la nature dans la gestion de leur établissement, afin d'inciter leurs hôtes à les imiter ensuite dans la vie courante.

Umweltstudienplatz Prien/Chiemsee
Carl-Braun-Strasse 46, 8210 Prien
Tél : 08051/2972
Umweltstudienplatz Benediktbeuern
Don Bosco-Strasse 3, 8179 Benediktbeuern
Tél : 08857/88350
Naturschutzjugendherberge Altenahr
5486 Altenahr/Ahr
Tél : 02643/1880
Jugendumweltherberge Hoherodskopf
6479 Schotten 12
Tél : 06044/2760
Umweltstudienplatz Mönchengladbach-Hardter Wald
Brahmstrasse 156, 4050 Mönchengladbach
Tél : 02161/559512
Umweltstudienplatz Tönning
Badallee 28, 2253 Tönning
Tél : 04861/1280
Euro-Umweltstudienplatz Brilon
Auf dem Holsterloh, 5790 Brilon
Tél : 02961/2281
Euro-Umweltstudienplatz Forbach-Herrenwies
Franz-Köbele-JH Haus Nr 33, 7564 Forbach-Herrenwies
Tél : 07226/257

Pour les auberges de jeunesse dans l'ex-R.D.A., s'adresser au **Jugendherbergsverband,** *Friedrichsstrasse 79 a, 1080 Berlin.*

Camping

L'Allemagne ne manque pas de terrains de camping. *Le Guide du camping*, publié par les Automobiles-Clubs donnent des renseignements précis sur les terrains qui offrent un certain confort. Pour les autres, s'adresser aux syndicats d'initiative et aux bureaux de tourisme de la région que l'on a choisie. On peut également s'adresser au **Deutscher Camping-Club**, *Mandlstrasse 28, 8000 München 40,* qui possède aussi la liste des terrains de camping de l'ancienne R.D.A.

Logement chez l'habitant

Si vous choisissez la formule en pension ou chez l'habitant, renseignez-vous auprès des bureaux de tourisme. Leurs prix sont très variables et ne correspondent pas toujours au confort qu'ils ont à offrir.

Depuis la réunification, plusieurs agences de voyages et tour operators proposent également des logements dans les nouveaux Länder.

Pour les familles avec enfants, les couples ou les petits groupes d'amis, l'appartement ou le chalet de vacances en location est une agréable formule de logement parce qu'elle permet de conserver son propre rythme de vie, d'être entièrement libre de se lever et de prendre ses repas quand on en a envie, et qu'on y trouve une atmosphère intime qui est évidemment exclue à l'hôtel.

Renseignements et réservations auprès des agences de voyages.

Si vous choisissez la formule «vacances à la ferme», procurez-vous les deux livres de poche intitulés *Handbüchern für naturnahe Freizeitgestaltung*, qui contiennent 3 000 descriptions de fermes à l'Ouest (12 DM), 2 500 adresses de logement chez l'habitant et en auberges simples à la campagne à l'Est (5 DM) ainsi que la liste des équipements de loisirs. Vous les trouverez au Landschriften-Verlag, *Heerstrasse 73, 53 Bonn 1*, ainsi que la brochure *Zu Gast beim Winzer* (logement chez un vigneron) à 16,80 DM.

Hôtels

Il ne faut pas négliger les *Gasthof* de campagne, car on y trouve généralement une cuisine familiale et rustique très soignée. Là aussi, vous aurez l'occasion de bavarder avec les autochtones qui se feront une joie de vous faire connaître leur région en détail.

Les groupements hôteliers et les offices de tourisme locaux (voir la liste dans la rubrique Informations touristiques de ce guide) publient leur propre liste d'hébergement. L'hôtellerie allemande travaille aussi en étroite collaboration avec les agences de voyages et les compagnies aériennes. Depuis quelques années, les prix sont nets et incluent les taxes et services.

Les Romantik Hotels

La chaîne Romantik Hotels est très répandue dans toute l'Allemagne. Elle regroupe un grand nombre d'établissements qui occupent des bâtiments historiques et sont tenus par les propriétaires eux-mêmes. Ils offrent hospitalité et tradition dans un cadre raffiné.

Réservations

Pour réserver des places dans les hôtels, quels que soient leur niveau et leur prix, il est recommandé de s'adresser aux syndicats d'initiative ou à :

Allgemeine Deutsche Hotelreservierung
Beethovenstrasse 69,
6000 Francfort-sur-le-Main
Tél : 069/75721

Les réservations de chambre peuvent être faites directement auprès du système de réservation des chaînes ou groupements d'hôtels. En voici quelques adresses :

Crest Hotels
Isenburger Schneise 40,
6000 Francfort-sur-le-Main 71
Tél : 069/6781234
Fax : 069/6702634
Hilton International
Kaiserstrasse 47,
6000 Francfort-sur-le-Main 1
Tél : 069/2500102
Fax : 069/235049
Holiday Inn International
Maïlander Strasse 1,
6000 Francfort-sur-le-Main 70
Tél : 069/01305678
Penta Hotels GmbH
Auguste-Viktoria-Strasse 15,
6200 Wiesbaden
Tél : 061/21377041
Fax : 061/21303960
Romantik Hotels KG
Freigerichststrasse 5,
8757 Karlstein am Main
Tél : 06188/5020 et 6891
Fax : 06188/6007
Sheraton Hotels & Inns
An der Hauptwache 11,
6000 Francfort-sur-le-Main 1
Tél : 069/01303535
Fax : 069/69772209
S.R.S. (Steinberger Reservation Service)
Postfach 16440,
6000 Francfort-sur-le-Main 16
Tél : 069/215718
Fax : 069/60509450

VOS ACHATS

Dans les *Andenkenladen* vous trouverez un large éventail de bric-à-brac mais aussi des objets de valeur. Les chopes de bière sont, bien entendu, présentes partout. En verre, en céramique, en étain, peintes ou non, certaines (les plus chères) sont complétées d'un petit couvercle en étain. Les verres à vin sont tout aussi répandus, principalement le *Römer,* un gros verre ventru.

Le Sud abonde en sculptures sur bois : rosaires, croix, figures de saints. Vous en trouverez le plus grand choix dans les lieux de pèlerinage, tels qu'Oberammergau.

En dehors du domaine religieux, nous vous conseillons les vêtements typiques : le *Dirndl* ou la *Lederhose* en Bavière, par exemple. Cherchez les magasins portant l'indication *Trachtenmoden.* .Au Nord, les vêtements typiques sont ceux des marins.

La *Schiffermütze*, la casquette bleue, chère au chancelier Schmidt, le *Seemannspullover* en grosse laine bleue qui coupe le vent du nord et le ciré jaune, tenue de base du marin frison.

BIBLIOGRAPHIE

• Histoire
Benoist-Méchin (J.)
Frédéric de Hohenstaufen ou le rêve excommunié, Presse Pocket, 1983.
Histoire de l'armée allemande, Albin Michel, 1974.
Castellan (G.)
La République de Weimar, Armand Colin, 1969.

Droz (J.)
Histoire de l'Allemagne, Hatier (4 tomes).
Dunan (M.)
Napoléon et l'Allemagne, Plon, 1942.
Dupeux (L.)
Histoire culturelle de l'Allemagne, P.U.F., 1989
Hayek (F. von)
La Route de la servitude, P.U.F. (Quadrige), 1985.
La Gorce (P.-M. de)
La Prise du pouvoir par Hitler, Plon, 1982.
Ludwig (E.)
Bismarck, Payot, 1984.
Pourtalès (G. de)
Louis II de Bavière, l'Age d'Homme, 1982.

• Musique
Autexier (Philippe A.)
Beethoven, la force de l'absolu, Découvertes Gallimard, 1992.
Bouchet (Paule du)
Magnificat, Jean-Sébastien Bach, le Cantor, Découvertes Gallimard, 1992.
Cœuroy (A.)
Wagner et l'esprit romantique, Gallimard, 1965.
Godefroy (Ph.)
Wagner, l'opéra de la fin du monde, Découvertes Gallimard, 1988.
Schlœzer (B. de)
Introduction à Jean-Sébastien Bach, Gallimard, 1979.

• Littérature
Böll (H.)
Le train était à l'heure, Gallimard, 1983.
Döblin (A.)
Berlin Alexanderplatz, Gallimard, 1981.
Gœthe (J. W.)
Les affinités électives, Gallimard, 1980.
Les souffrances du jeune Werther, Gallimard, 1973.
Grimm (J. et W.)
Contes, Gallimard, 1982.
Heine (H.)
De l'Allemagne, Hachette-Pluriel, 1980.
Hugo (V.)
Le Rhin, Bueb & Reumaux (Strasbourg), 1984.
Jünger (E.)
Orages d'acier : journal de guerre, Gallimard, 1974.
Kleist (H. V.)
La marquise d'O, Press-Pocket, 1989.
Malaparte (C.)
Kaputt, Gallimard, 1972.
Merle (R.)
La mort est mon métier, Gallimard, 1976.
Orieux (J.)
L'Aigle de fer, Gallimard, 1985.
Remarque (E.-M.)
A l'Ouest rien de nouveau, L.G.F., 1956.
Après, Gallimard, 1977.
Rilke (R. M.)
Lettres à un jeune poète, L.G.F., 1981.
Salomon (E. von)
Les Cadets, U.G.E., 1986.
Les Réprouvés, U.G.E., 1986.
Staël (G. de)
De l'Allemagne, Flammarion, 1981.
Les Romantiques allemands, Gallimard (La Pléiade, 2 tomes), 1973.
L'Allemagne en poésie, Gallimard (Folio Junior), 1982.

• Documentaire
Cheval (R.)
La Vie allemande, P.U.F. (Que sais-je ?).
Droz (J.)
Histoire de l'Allemagne, P.U.F. (Que sais-je ?), 1991.
Grosser (A.)
La République fédérale d'Allemagne, P.U.F. (Que sais-je ?), 1988.
Landy (P.)
Berlin et son statut, P.U.F. (Que sais-je ?), 1983.

INDEX

CRÉDITS PHOTOGRAPHIQUES

Helmo Aga : 181, 186, 223
Archiv für Kunst und Geschichte : 23, 25, 26, 27, 28, 29, 30, 31, 32, 35, 36, 37, 38, 39, 41, 42, 44-45, 46-47, 48, 49, 50, 51, 52, 53, 54, 55, 57, 59, 61, 62, 64, 65, 108, 269
Ato : 170d
BASF Werkfoto : 132
David Baltzer : 77, 325
Deutsch Presse Agentur : 63, 66, 68, 79
Hector Barrientos : 328, 330
Michael Bienert : 278
Siegfried Bucher : 33, 125, 128, 131, 134, 138, 139, 141, 163, 172, 174, 177
Christoph Busch : 318
Fremdenverkehrsamt Dinkelsbühl : 162
Fremdenverkehrsamt Heidelberg : 126
Fremsenverkehrsamt Nürnberg : 152, 154, 155
Fremdenverkehrsamt Oberbayern : 183
Wolfgang Fritz : 10, 14, 96, 97, 145, 147, 171, 176, 177, 185, 187, 189, 201d, 209, 211g, 211d, 220, 235, 248, 262, 263, 264, 265, 273, 277g, 277d, 337g/d
Fotostudio Furtner : 120, 161, 164, 167, 168
Rainer Gaertner : 104, 105
Wieland Giebel : 6, 258, 344, 345, 347, 348, 349, 350
Gontscharoff : 143
Harald Hauswald : 286, 291, 296, 332, 333, 336
D. & J. Heaton, APA Photo Agency : 12, 124, 164
Hans Höfer : 34, 180
May Hoff : 170
Barbara Hinz : 18, 357, 360, 363, 364, 365, 366, 367, 369, 371, 372, 374, 375, 376, 377
Alfred Horn : 109
Michael Hughes : 292, 314
Photo Jürgens : 313, 352
Rainer Kiedrowski : 112, 113, 114, 115, 117, 133, 212, 214, 215, 216, 221, 224, 225g/d, 257, 259, 266, 270, 271, 287, 288
Karl-Heinz Kraemer : 210
Landesbilstelle Südbaden : 22, 24
Kai Ulrich Müller : 201g, 238, 239, 241d, 282, 283, 285, 290, 293, 294, 295, 306, 307, 310, 312, 322, 354, 356, 362g
Ben Nahayama, APA Photo Agency : 129
MAGO Luftbild : 150
Erhard Pansegrau : 16, 20, 21, 70, 72, 73, 74, 75, 82, 84, 88, 90, 92, 93, 94, 95, 98, 100, 101, 102, 103, 104, 105, 106, 107, 110, 111, 140, 144, 146, 190, 193, 217, 218, 226, 228, 230, 231, 232, 233, 234, 235, 242, 243, 244, 245, 246, 247, 250, 252, 260, 261, 267, 275, 298, 303, 316, 317, 323, 327, 334, 335, 338, 339g/d, 340, 341, 342, 343, 351, 361, 362d, 365, 370g, 378, 379
Gerd Pfeiffer : 148, 175
Archiv Preußischer Kulturbesitz : 127, 324
G.P. Reichelt : 19, 232, 237, 240, 241
Stephan Maria Rother : 319, 326
Günther Schneider : 178, 179, 300, 301, 302
Maja Specht : 157, 159
Rolf Steinberg : 301
Süddeutsche Zeitung : 60, 67
Klemens Unger : 184
Dieter Vogel : 81, 189, 199
Horst Wagner : 236
Christoph Zange : 197, 200